戦略的マーケティングの構図

●マーケティング研究における現代的諸問題●

KMS研究会 [監修]　堀越比呂志 [編著]

同文舘出版

執筆者紹介（章編成順，◎は編集責任者）

◎堀越比呂志	（慶應義塾大学商学部教授）	序章，第4章
趙　　佑鎮	（多摩大学経営情報学部教授）	第1章
小林　　哲	（大阪市立大学経営学研究科准教授）	第2章
戸田裕美子	（日本大学商学部専任講師）	第3章
齊藤　通貴	（慶應義塾大学商学部准教授）	第5章（1, 2, 3, 4, 8）
田嶋　規雄	（拓殖大学商学部准教授）	第5章（1, 5, 6, 7, 8）
松尾　洋治	（名古屋商科大学商学部准教授）	第6章（1, 2, 4, 5）
赤岡　仁之	（武庫川女子大学生活環境学部教授）	第6章（1, 3, 5）
東　　利一	（流通科学大学商学部教授）	第7章（1, 2, 3(2), 5）
小野　裕二	（名古屋商科大学商学部教授）	第7章（3(1), 4, 6）
三浦　俊彦	（中央大学商学部教授）	第8章
青木　茂樹	（駒澤大学経営学部教授）	第9章
小木　紀親	（東京経済大学経営学部教授）	第10章
上野　　博	（東京国際大学商学部教授）	第11章
小西　英行	（富山国際大学現代社会学部准教授）	第12章

はしがき

　本書は，マーケティング研究における戦術と戦略の区別を明確にし，戦略的領域の構造を体系的に示すことを目指して企画された。本書において，戦術的領域とは，これまでマーケティング研究の中心として議論されてきたいわゆる 4P (Product, Price, Place, Promotion) に関する具体的意思決定を指し，戦略的領域とは「4P の計画と具体的実現という戦術的問題を成功させるための事前の安定的場づくりのための分析と対応」と定義された。さらに，本書では，この 4P が計画され実施される場としての戦略的領域を，1) 組織内，2) 他組織との組織間関係，3) 市場，4) その他関連公衆及び制度的環境，の 4 つに構造化し，この 4 方向それぞれにおける分析と安定化のための対応に関するこれまでの研究成果と現代的諸問題を整理することが試みられた。したがって，これまでの 4P を中心としたマーケティングの概論書とは違って，本書においては 4P 自体に関する考察は省かれ，戦略的研究の整理にその焦点が置かれている。この点において，本書は，これまでの類書とは一線を画していると自負している。

　マーケティング管理はもともと企業外への販売行為を達成させるための管理であり，販売員管理から始まり，それをこえて広告，チャネル選択に関する意思決定との統合，さらに生産部門との窓口である製品および価格に関する意思決定を統合する職能部門として発生した。さらにそれは戦後，部門的意思決定を超えたあらゆる企業内行為を市場に向けて統合するマネジリアル・マーケティングとして進化し，それとともに企業外対応として，消費者行動分析，ソーシャル・マーケティング，そして競争戦略といった諸問題を取り込んで展開してきた。これは，企業内の生産にかかわる工場管理として出発した経営管理とは根本的に異なった，管理上の困難さをそこに含み持っていたためといえる。すなわち，企業内行為の管理としての経営管理とは違って，企業外への対応行為を管理するマーケティング管理は，企業外の環境状況が安定しない限り，明確な管理が貫徹されえないという困難さを持っているのである。それゆえ，マーケティング管理においては，そうした企業外の環境状況を少しでも安定化させるための事前作業が重要な問題となってくるのであり，この点に関する長期的，全社的取り組みがまさ

に戦略的領域だったのである。この研究領域は，戦術的な4P研究をこえてより広範で複雑な展開を示してきており，マーケティング研究の構造を不鮮明にしてきている。このような状況において，この戦略的領域に焦点を当て，それを整理し，構造化することによって，マーケティング研究の全体像を明らかにすることがまさに本書の目的なのである。

本書は，KMS（Keio Marketing Society）研究会のメンバーによって執筆された。KMS研究会は，慶応義塾大学商学部の村田昭治名誉教授の下で指導を受け，様々な大学で教員として研究を続けている者たちが中心となって1994年に結成された研究者集団であり，これまでに43回の研究発表会を開催し多岐にわたる論題に関し活発な議論が展開されてきている。この研究会を通して，各メンバーは自分の専門領域の深化とともに，専門分野を超えたマーケティング研究全体の新たな展開を吸収してきている。本書は，このKMS研究会発足20周年を記念して企画されたものであり，2011年9月に開催された第35回研究発表会において打ち合わせが始まり，その後3回の企画検討会議を経て堀越によって本書の設計図が示された後，2回にわたる各章担当者の概要発表，3回にわたる各章の草稿発表を経て，討議を通した内容の修正および，全体的統一が図られた。担当者を決めて各自が執筆して終わりという共著本とは違って，原稿作成後のこうした議論と修正プロセスを経ているという点は内容充実化のための新しい試みであり，本書の特徴といえよう。各章の執筆者は，これまでに蓄積してきた自分の専門分野に関する研究成果をいかんなく発揮しており，特に学説史的観点と，詳細な参考文献リストおよび索引の提示という点を心掛けた。「マーケティング戦略論」はもとより，「マーケティング論」の全体像を体系的に理解するために，大いに活用していただくことを願っている。

末筆ながら，以上のような長きにわたるプロセスを辛抱強く見守っていただき，様々な出版上のご支援をいただいた，同文舘出版の取締役編集局長，市川良之氏に心から御礼を申し上げたい。

2014年7月22日

KMS研究会（編集責任者：堀越比呂志）

（期せずして，村田ゼミ50周年の年，そしてこの「はしがき」を書き終えた日が私事ながら私の還暦の日となった。編集責任者として，本書完成までの苦労とともにきわめて感慨深いため，ここに記させていただく。）

目　次

はしがき……………………………………………………………………………(1)

序章　マーケティング研究における戦略的領域──────────3

1. マーケティング研究の展開と体系性の崩壊………………………………3
2. マーケティング研究の研究対象の拡大の整理と戦略的領域……………5
3. 戦略的領域の構造………………………………………………………………9
4. 本書の構成と概要………………………………………………………………10

第Ⅰ部　組織内および組織間関係への対応

第1章　組織研究の諸問題──────────────────19

1. はじめに…………………………………………………………………………19
2. 伝統的なマーケティング組織に関する研究…………………………………20
3. 調整と統合・市場志向的組織に関する先行研究……………………………21
   (1) 企業組織内部署間の相互作用とその管理　21
   (2) マーケティング関連部署間の衝突　22
   (3) 統合と調整の手段　23
       ―評価システムとコミュニケーション―
   (4) 市場志向性と組織の研究　25

4. インターナル・マーケティングと組織の研究………………………………27
   (1) インターナル・マーケティングの概念と組織内での実行要因　27
   (2) インターナル・マーケティングと組織文化・逆ピラミッド型組織　29

5. 急変する市場環境と組織………………………………………………………31
       ―新しい経営とマーケティング組織―

(4)　目　次

　　(1) 急変する市場環境と組織　32
　　(2) 創造的組織と破壊的イノベーション　33
　　(3) 新しい経営とマーケティング組織　35
　6. おわりに………………………………………………………………40

第2章　チャネル研究の諸問題 ―――――――――――― 45

　1. はじめに………………………………………………………………45
　2. 製造業のチャネル認識………………………………………………46
　　(1) 生産と消費の乖離と社会的分業による架橋　46
　　(2) マネジメント対象としてのチャネルの発見　47
　　(3) チャネル類型選択論からチャネル・システム論へ　47
　　(4) チャネル・システムへの組織内マネジメント手法の適用　49
　3. 疑似権限関係に基づくチャネル・マネジメント…………………50
　　(1) 疑似権限関係の構築方法　50
　　(2) チャネル・パワーの活用　51
　　(3) コンフリクトの制御　52
　　(4) パワー・コンフリクト・モデル　53
　4. 系列チャネルのビジネスモデル……………………………………55
　　(1) 資生堂の系列チャネル　55
　　　　　―日本型 VMS―
　　(2) 系列チャネルの構造　56
　　(3) 系列チャネルの限界　57
　5. 流通主導型チャネルの誕生…………………………………………58
　　(1) チェーンストアの台頭と流通革命　58
　　(2) 第2次流通再編成と流通主導型チャネルへの移行　58
　　(3) 流通主導型チャネルの特徴　59
　　(4) 製造業の対応　61
　6. おわりに………………………………………………………………62

第3章　戦略的提携研究の諸問題 ──────68

1. はじめに………………………………………………………………68
2. 経済学における取引費用分析と組織間関係研究………………70
3. 経営学における戦略的提携研究…………………………………71
   (1) 資源依存アプローチ　72
   (2) 取引費用アプローチ　72
   (3) ポジション・アプローチ　73
   (4) 資源・ケイパビリティ・アプローチ　74
   (5) 組織間学習アプローチと知識ベース・アプローチ　75
   (6) 関係ケイパビリティ・アプローチ　77
4. マーケティング研究における戦略的提携………………………80
   (1) 取引費用アプローチとマーケティングにおける組織間関係　80
   (2) 関係性アプローチとマーケティングにおける組織間関係　82
   (3) 共進化アプローチとマーケティングにおける組織間関係　84
   (4) 組織間学習アプローチとマーケティングにおける組織間関係　85
5. おわりに………………………………………………………………86

第4章　競争戦略研究の諸問題 ──────92

1. はじめに………………………………………………………………92
2. マネジリアル・マーケティングの登場と競争戦略論……………92
   (1) マーケティングと組織間関係の問題　92
   (2) マネジリアル・マーケティングの登場と戦略的問題としての競争　94
3. 経営戦略論における競争戦略論…………………………………95
   (1) 経営戦略論の登場と企業戦略論　95
   (2) 企業戦略論から競争戦略論へのシフト　96
   (3) 競争戦略論内での焦点のシフト　98
4. マーケティング戦略論における競争戦略論……………………100
   (1) 経営戦略論の成果の導入　100
   (2) マーケティング戦略論としての戦略市場計画　102

5. 市場志向的戦略論と事業戦略の諸類型 105
　（1）消費者志向から市場志向へ　105
　（2）マーケティング研究における「市場志向研究」　106
　（3）2つの市場志向と新たな事業戦略類型　107

6. おわりに 112

第Ⅱ部　市場への対応

第5章　市場の理解における諸問題 1 ——————— 119
　　　　　—行動科学的消費者行動研究の諸問題—

1. はじめに 119
2. 1950年代以前【端緒的研究：マーケティング諸手段への個別対応から統合的マーケティングへの変化の中で】.. 120
　（1）経済学と行動科学的アプローチ　120
　（2）消費者行動の先駆的研究　120
　　　　—マーケティング諸手段の個別管理の下での消費者行動研究—
　（3）マネジリアル・マーケティングと消費者行動研究　122
　　　　—技術革新と統合的マーケティングの下での消費者行動研究—

3. 1960年代【発展期：高関与市場と選択行動研究】.................................... 124
　（1）包括的消費者意思決定モデル：タイプⅠ　125
　（2）態度研究と多属性態度モデル：タイプⅠ　126
　（3）マーケット・セグメンテーション研究：タイプⅡ　127
　（4）マーケティング状況と実践　128

4. 1970年代【認知革命の時代：多様な消費者行動の解明に向けて】......... 128
　（1）認知革命と情報処理パラダイム　128
　（2）Bettmanの情報処理モデル：タイプⅠ　129
　（3）消費者関与研究：タイプⅠ・Ⅱ　130
　（4）ライフスタイル研究：タイプⅡ　131
　（5）マーケティング状況と実践　133

5. 1980年代【消費者知識への注目：知識の量的側面から質的側面へ】..... 133
　（1）消費者情報処理の多様性に影響を与える　134
　　　　—要因としての知識に関する研究—

(2) 消費者知識が注目された理由とその意義　135
　　(3) 知識研究が消費者行動研究にもたらした成果　136
 6. 1990年代【知識の客観的側面から主観的側面へ】………………………137
　　(1) ブランドに関する知識　137
　　(2) 主観的で抽象的な統合情報への注目　138
　　(3) 主観的な情報概念が注目された理由　139

 7. 2000年代【革新的消費者行動への再注目】………………………………141
　　(1) 2000年代におけるマーケティング環境の変化と消費者行動　141
　　(2) 革新的消費者行動研究への再注目　144

 8. おわりに……………………………………………………………………………145

第6章　市場の理解における諸問題2 ―――――――― 154
　　　　　―ポストモダン的研究の諸問題―

 1. はじめに……………………………………………………………………………154
 2. ポストモダン的研究とは何か………………………………………………154
　　(1) 消費経験論の登場　155
　　(2) 解釈学的方法の擁護　156
　　(3) ポストモダン的研究の特徴　157

 3. ポストモダン的研究の展開①………………………………………………159
　　　―快楽消費とマーケティング―
　　(1) 芸術消費と遊びの研究　159
　　(2) 感情と経験消費の研究　163

 4. ポストモダン的研究の展開②………………………………………………166
　　　―日本における意味研究の展開と制度発生の問題―
　　(1) Baudrillardの受容と初期の文化的意味研究　167
　　(2) 動態的な意味研究の始動　168
　　(3) 論争以降の動態的な意味研究の展開　170
　　(4) 消費者行動研究に対する文化的意味研究の貢献と課題　171

 5. おわりに……………………………………………………………………………174

第7章 消費者とのリレーションシップ研究の諸問題 ── 180

1. はじめに ……………………………………………………………………180
2. リレーションシップ・マーケティング研究の潮流 …………………181
   (1) 産業財マーケティング　181
   (2) サービス・マーケティング　182
   (3) チャネル研究におけるリレーションシップ　184
3. サービス・マーケティングにおけるリレーションシップ …………186
   (1) サービスの特性　186
   (2) インタラクション　187
4. 顧客満足とリレーションシップ …………………………………………189
   (1) サービス・マーケティングにおける顧客満足研究の変遷　189
   (2) リレーショナル・ベネフィット　190
   (3) 顧客満足の因果的モデル　192
5. 顧客との価値共創 ………………………………………………………194
   (1) サービス・ドミナント・ロジックの特徴　194
   (2) リレーションシップ・マーケティングとS-Dロジック　196
6. おわりに …………………………………………………………………198

第8章 グローバル市場研究の諸問題 ── 205

1. はじめに …………………………………………………………………205
   ―グローバル化する現代の市場―
2. グローバル市場対応の2つの視点 ………………………………………206
   ―問題の所在―
   (1) グローバル市場対応の先行研究　206
   (2) 配置と調整　208
3. 進出国・製品・参入モードの決定（配置課題）………………………209
   (1) 問題の所在　209
   (2) 配置課題の先行研究レビューと，それに基づく1つの解答 ……209
   (3) 配置課題の今日的課題　213
       ―新たな対象の出現―

目　次　(9)

　4. 標準化／現地化の決定（調整課題）………………………………215
　　(1) 問題の所在　　215
　　(2) 調整課題の先行研究レビューと，それに基づく1つの解答　　215
　　(3) 調整課題の今日的課題　　220
　　　　―知識・ノウハウの調整―

　5. おわりに ………………………………………………………………223
　　　―新たなグローバル・マーケティングを求めて―

第Ⅲ部　関連公衆および制度的環境への対応

第9章　CSR 研究の諸問題 ——————————233

　1. はじめに ………………………………………………………………233
　2. 企業の成長と企業環境の変化 ………………………………………234
　　(1) 企業の成長と社会との軋轢　　234
　　(2) 国際的な企業行動基準の設定　　236
　3. 経営学・マーケティング研究における CSR の展開 ………………237
　　(1) 経営学における社会的責任論の展開　　237
　　(2) 経営学における CSR 研究の類型化　　239
　　(3) ソーシャル・マーケティング研究の登場と展開　　242
　　(4) CRM（Cause Related Marketing）　　244
　4. 慈善として CSR から戦略的 CSR へ ………………………………245
　　(1) CSR 展開における政府の対応　　245
　　(2) 企業と社会を取り巻く技術革新や制度的変化　　246
　5. 企業の新たな社会対応戦略 …………………………………………248
　　(1) CSV（Creating Shared Value）　　248
　　(2) サスティナブル・ブランド　　250
　　(3) 企業と社会の新たな関係構築へ　　251
　6. おわりに ………………………………………………………………253

第10章　ステークホルダー研究の諸問題 ── 259

1. はじめに ……………………………………………………………………259
2. ステークホルダーの概念とその位置づけ ………………………………260
3. ステークホルダー研究の変遷とその検討課題 …………………………262
   - （1）ステークホルダー研究の変遷　262
   - （2）ステークホルダーをめぐる検討課題　263
4. ステークホルダー・マネジメントの構図 ………………………………266
   - （1）ステークホルダーの範囲とその類型　266
   - （2）ステークホルダー・マネジメントの構図　267
5. 非営利組織におけるステークホルダーの重要性とその実態 …………272
   - （1）非営利組織におけるステークホルダーをめぐる展開　272
   - （2）非営利組織におけるステークホルダー・マネジメントの実態　274
6. おわりに ……………………………………………………………………277
   ──ステークホルダー研究の課題と展望──

第11章　既存制度への対応に関する研究の諸問題 ── 282

1. はじめに ……………………………………………………………………282
2. 環境変化に伴う制度変化とマーケティング活動 ………………………283
   - （1）環境変化・制度変化・戦略変化　283
   - （2）1990年代以降の戦略的マーケティングの焦点　285
   - （3）知的財産権に焦点をあてた戦略的マーケティングの必要性　286
3. 世界における知財重視政策への転換と知的財産制度 …………………287
   - （1）米国における環境変化と制度変化　287
   - （2）世界的なイノベーション政策の展開　290
   - （3）日本における制度変化　291
4. 製品戦略，ブランド戦略，知的財産権戦略 ……………………………292
   - （1）製品戦略からブランド戦略への変化　292
   - （2）ブランド戦略から知的財産戦略への今後の移行過程　294
5. 特許市場戦略の概説 ………………………………………………………295
   - （1）特許市場戦略のフレームワーク　295

(2) 特許市場戦略各論　296
　6. おわりに……………………………………………………………………299
　　　―特許研究の他のマーケティング研究への波及―

第12章　ICTへの対応に関する研究の諸問題───305

　1. はじめに……………………………………………………………………305
　2. 技術的イノベーションとマーケティング……………………………305
　　(1) 技術的イノベーションの変遷とイノベーションの種類　305
　　(2) 産業革命以後のマーケティングの変化　308
　3. 情報革命とマーケティング………………………………………………310
　　(1) インターネット以前における情報革命とマーケティング　310
　　(2) インターネットによるICTイノベーション　311
　　(3) インターネットによる流通取引の変化　314
　　(4) マーケティングの新たな展開　317
　4. 電子マネーとポイント・システムの展開とマーケティング…………320
　　(1) 電子マネーとポイント・システム　320
　　(2) ビッグデータへの移行とその可能性　321
　　(3) 決済サービスのイノベーションとポイント・システム　322
　　(4) ポイント・システムを中心とするビッグデータの活用　324
　　(5) ビッグデータ時代のマーケティング・イノベーションの現状と課題　325
　5. おわりに……………………………………………………………………326

事項索引────────────────────────331
欧文・略語索引─────────────────────339
人名索引（アルファベット順）─────────────340
人名索引（50音順）──────────────────343

図表一覧

図表序-1	ミクロ・マーケティング問題の戦略的広がり	11
図表1-1	ピラミッド型組織（a）と逆ピラミッド型組織（b）	31
図表2-1	チャネル・パワーの規定因（依存度）	51
図表2-2	チャネル・パワーの規定因（パワー基盤）	52
図表2-3	パワー・コンフリクト・モデルの全体像	54
図表2-4	系列チャネルのビジネスモデル	57
図表2-5	製造主導型チャネルと流通主導型チャネル	61
図表3-1	戦略的提携の種類	69
図表3-2	提携ベースの関係ケイパビリティによる優位性の源泉	78
図表3-3	経営学における戦略的提携をめぐる諸アプローチの知的連関	80
図表3-4	マーケティングにおける協調的組織間関係研究の諸アプローチ	87
図表4-1	事業戦略における4つの市場志向	110
図表5-1	Laaksonenによる関与定義（概念）の分類	131
図表5-2	行動科学的消費者行動研究の分類	146
図表5-3	消費者行動研究の理論展開	148
図表5-4	主要商品分類研究の概要	149
図表6-1	行動科学的研究とポストモダン的研究の特徴の違い	158
図表6-2	感情を扱う研究パターン	165
図表6-3	自己言及のパラドクス	171
図表6-4	静態的／動態的な意味研究がカバーする事象の領域	172
図表7-1	インタラクション・プロセスの階層構造	188
図表7-2	リレーショナル・ベネフィットに着目した研究	191
図表7-3	Reynolds and Beatty［1999］のモデル	192
図表7-4	リレーションシップを盛り込んだ顧客満足モデルの基本的枠組み	193
図表7-5	S-Dロジックの価値共創とG-Dロジックの生産との包括関係	195
図表7-6	S-Dロジックにおける基本的前提の追加と修正	197

図表 8-1	国別ポートフォリオ分析	210
図表 8-2	ターゲット市場の選定	216
図表 9-1	企業の社会責任の3領域モデル	239
図表 9-2	拡張されたマーケティング活動の全領域	244
図表 9-3	企業を取り巻く技術革新とイノベーション	246
図表 9-4	CSVとCSR(狭義)の違い	249
図表 9-5	CSR(広義)の類型化	252
図表 10-1	ステークホルダー関係の変化	262
図表 10-2	ステークホルダーの範囲とその類型	267
図表 10-3	ステークホルダー・マーケティング・アプローチ	269
図表 10-4	ステークホルダー・マネジメント・プロセス	270
図表 10-5	刈谷豊田総合病院のステークホルダーへの対応状況	275
図表 11-1	戦略的マーケティング研究の構造	285
図表 11-2	先進5ヶ国の貿易収支(1980〜1990年代)	288
図表 11-3	米国における有形資産・無形資産の変化	289
図表 11-4	特許市場戦略のフレームワーク	296
図表 12-1	技術的イノベーション	307
図表 12-2	アメリカにおけるマーケティングの3段階	309
図表 12-3	本質的3特性から生ずる派生的11特性	313
図表 12-4	インターネット上の取引の分類	314
図表 12-5	ポイントと電子マネーの相違点	321
図表 12-6	各費用項目における現状利用している決済手段	323

戦略的マーケティングの構図
―マーケティング研究における現代的諸問題―

序章

マーケティング研究における戦略的領域

1. マーケティング研究の展開と体系性の崩壊

　マーケティング研究は，19世紀末から20世紀初頭のアメリカにおいて，主として農産物を中心とした流通への関心と，その流通への製造業の介入行為への関心のもとに登場する。前者が現在におけるマクロ・マーケティング研究，後者がミクロ・マーケティング研究に対応し，マーケティング研究は，当初から大きく2つのマーケティング研究が併存していたといえる。

　本書で対象とするミクロ・マーケティング研究のパイオニアを，A. W. Shaw や R. S. Butler の著作に求めるなら，その研究の歴史は約1世紀になる。この間，様々な研究対象や研究方法が追加されるとともに，その内容は複雑さを増してきた。

　ミクロ・マーケティングは，製造業が積極的に流通および市場に介入する中で生じてきた，セールスマンシップの問題，広告実践の問題，チャネル選択の問題を統合的に行う必要から生じ，さながらセールスマンシップにかかわっていた販売部門がマーケティング部門へと変化する中で登場してくる。そして，そこではさらにマーチャンダイジングというマーケティング部門と生産部門の調停の問題も包含して，マーケティング部門によるいわゆる4Pミックスを中心とする意思決定の部門管理は，1930年代には確立され，マーケティング研究においてもそうした体系を持った総論的文献が登場するようになる。

　第2次世界大戦後は，マネジリアル・マーケティングの登場によって部門管理的マネジメントから，全社一丸となったマーケティングの実践が推奨されるようになり，トップマネジメントの問題がマーケティングの領域に包摂されることになる。すなわち，企業の成長の方向性や企業内の効率的資源配分を決定する企業戦略が包摂され，経営学との領域的接近が生じるようになる。さらにこの時代に，企業全体を取りまとめる理念としてのマーケティング・コンセプトの中心概

念としての消費者志向が注目されるとともに，消費者行動研究がマーケティングの重要な下位研究分野として出現するとともに，企業の多国籍化の進展によって国際マーケティング研究もマーケティング研究の重要な分野として展開していった。

さらに，1970年代になると，1960年代を通して進展してきたコンシューマリズムの進展とともに企業の社会的責任が厳しく問われるようになり，企業活動の外部不経済に対する対処を企業自身が真剣に考えなければならない状況になる。こうして，マーケティング活動をより広い社会的観点やエコロジーの観点からアセスメントするという新たなマネジメント問題が出現し，ソーシャル・マーケティングあるいはエコロジカル・マーケティングといった新たな研究動向が登場する。またこの社会的視点への拡張という動向と連動して，Kotler and Levy[1969]を発端としたいわゆるマーケティング概念拡張論争が起こり，マーケティング行為の主体における営利企業から非営利企業への拡張，マーケティング行為の標的における消費者からすべての関連公衆への拡張，マーケティング行為において取り扱われる客体における商品・サービスに加えてアイデアをも包含する拡張という3つの方向における拡張が学会の動向となり，市場交換を超えたあらゆる交換行為の研究がマーケティング研究として包摂されることとなった。

また，1980年代以降になると，科学哲学的知識をベースにマーケティング方法論論争が展開され，70年代までのマーケティング研究においてパラダイム化されてきた感のある行動科学的研究プログラムの根底にある，論理実証主義的あるいは論理経験主義的科学観への異議表明がなされ，主流派の方法とは違った解釈学的方法や歴史的方法の復権が叫ばれた（堀越［1997］）。そしてこの展開とともに，マーケティング研究の理論化の機運が再び盛り上がり，経済学的アプローチの復活とともに近隣諸学科の様々な理論的成果がマーケティング研究に導入されるようになる。この過程で登場したマーケティングの新たな研究領域としては，解釈学的方法の示唆とともに出現した消費経験論の登場，サービス・マーケティング研究と産業財マーケティング研究の進展とともに出現した関係性マーケティング研究の2つがあげられる。特に後者では，折からの不況を背景に消費者への短期的販売から長期的関係性へのシフト，組織間の対立的競争関係から戦略的提携のような協調的関係性へのシフトといった出来事への注目から多くの研究成果が生み出されるとともに，行為を対象としたこれまでのミクロ・マーケティング研究から一歩前進して制度発生の研究への関心が高まりつつあり，これまで

のミクロ・マーケティング研究とマクロ・マーケティング研究の分断状況を打ち破る可能性を秘めている。また，この頃から Porter [1980] を筆頭に本格的に展開されだした経営戦略論における競争戦略論の成果が取り入れられていく。

以上のような主たる研究対象の拡大に加えて，1990年代以降はインターネットの普及とともに情報革命が進展し，それに伴う制度的変化を中心に，さらにより細かな日々の変化に対応したトピックの追及により，マーケティングと呼ばれる研究領域は膨れ上がり，その内容の複雑さが増し，それとともに，マーケティングという行為の全体像をとらえることが難しくなってきているのが現状であるといえる。

代表的教科書である P. Kotler の教科書を見てみても，増大するトピックの追加を重ねていくうちに，電話帳のような大部になるとともに，その体系性がぼやけ崩れてきているように思える。特に，4P を中心とした構造化だけで現在のマーケティング研究全体を体系的に示すことは困難になってきており，マネジリアル・マーケティングの登場以後は，特に戦略と戦術の区別を明確に示すことが難しくなり，混乱している。このようなマーケティング研究の現状においては，マーケティング実践家およびマーケティングを学ぶ学生の双方にとって，様々なマーケティングの知識を学んだにもかかわらず，その焦点や構造がよくわからない，という状況が生じてきているように思う。それゆえ，4P 論以外の部分が肥大化した現代的マーケティング研究の全体像を示す新たな中心的視点の提示は急務であるといえるだろう。

2. マーケティング研究の研究対象の拡大の整理と戦略的領域

さて，以上で述べたミクロ・マーケティング研究における時系列的な研究対象の拡大化の状況を，戦略的領域の明確化と拡大という観点からもう少し整理して示してみよう。

まず，ミクロ・マーケティング研究のパイオニアである A. W. Shaw と R. S. Butler においてマーケティング研究の対象はどのようにとらえられていただろうか。

Shaw において，マーケティングは，生産活動，流通活動，助成的活動という3つのタイプの企業活動のうちの流通活動を意味していると自ら述べ（Converse

［1959］p.39，訳書，p.64），その流通活動をさらに需要創造活動と物的供給活動の2つに分けたうえで，需要創造活動にその焦点を絞り，さらにその需要創造活動における施設活動と業務活動という2つの活動のうちでも業務活動に限定して検討を加えた（Shaw［1915］）。需要創造活動における業務活動の中心的問題は，商品についての差別的アイデアを，中間商人，自社の販売員，そして広告の3つの手段の組み合わせによって伝達し，その需要曲線を右上方にシフトさせて新たな消費者余剰を生み出すことによって，市場価格以上での販売を可能にすることであった（*ibid.*, Chap2）。このように，Shawにおいては，生産者の販売員活動や広告活動の帰結が差別化を前提とした独占的競争の状況下において意味づけられるとともに，それら販売員活動や広告活動が「中間商人の機能の一つ，販売機能を生産者が引き継ぐのを可能にするために用いられている」（*ibid.*, p.89）として，内部的手段としての広告や販売員と外的な手段としての中間商人との関係が理論的に理解されており，当時の生産者において顕著になってきた販売員活動や広告活動の重要性が指摘されている。そして，3つの手段の組み合わせを適切に編成するためには市場の分析が必要であるとされ，そこでは市場細分化的発想も提示されている。

以上から，Shawにおけるマーケティング研究の中心的対象は，市場分析をし，差別化を前提として価格政策との関係を考えながら3つの需要創造手段の組み合わせを考えるという点にあり，市場分析に続く4Pミックスというマーケティング・マネジメントの中心的構造を持っているといえる。さらに，詳細に検討されているわけではないが，企業活動の合理化において「均衡」と「相互依存」の2つの原理を重視するという点が強調されており，単なる部門管理を超えた企業活動全体の統合に関するマネジリアル・マーケティング的な発想の原型を読み取ることもできる。また，その原理は企業の外部問題としての一般的公衆の考慮にも適用されるのであり，後のソーシャル・マーケティングにつながる発想の原型も見受けられる（*ibid.*, chap1）。しかし，その考察の量からするならば，あくまでその研究の焦点は部門管理的マーケティング・マネジメントにあったといえるであろう。

次に，Butlerであるが，彼においてマーケティングとは，販売員と広告でもなく，その両者に共通するものであり，それは「販売キャンペーンの背後にある計画」とされ，より具体的にそれは「製品」，「市場」，「取引チャネル」という3つの「取引諸要素」の分析であるとされた。しかし，広義には販売員と広告の問

題も含むとされ，後にこの取引諸要素の分析に「価格」も加えられることによって，Shaw と同様，市場分析に続く 4P ミックスというマーケティング・マネジメントの中心構造がそこに示されることになった。そして Butler においては，「取引関係の分析」として Shaw においても見られたマクロ的流通構造の分析にかなりの重点が割かれており (Butler, et al. [1914], Butler [1917])，さらに前述のようにそれに基づいたチャネル選択の問題が販売員と広告の意思決定に先立つ取引要素の分析として位置付けられているという点から，Shaw とは違って 4P のなかでも Place に重点が置かれており，ディーラーからの協同を得ることの重要性などが指摘されている。また，Butler における市場分析においては，競争状況の分析も含められており，分析－計画－実施－統制というマネジメント・サイクルに沿ってより具体的なステップが論じられている。ただし，そうした計画プロセスの記述的側面が強く，それらの活動の帰結や関連に関する理論的理解は見られず，明らかに部門管理的関心からのみ記述がなされているという点で，Shaw とは異なっている。しかしながら，Butler においては，Shaw 以上に 4P に先立つ計画の重要性を指摘し，計画と執行の分離を明確にしているという点は重要な貢献であるといえる。そして，このことは，4P の具体的な決定と執行という戦術的問題とは区別される，より戦略的な領域の区分が意識されていたと理解できる。

　以上から，ミクロ・マーケティング研究のパイオニア達においては，①生産者における 4P ミックスという問題が中心にあること (Shaw, Butler)，② 4P ミックスの決定に先立って，市場分析 (Butler においては競争分析も含む) といった外部環境分析のより戦略的な研究領域が示唆されたこと (Shaw, Butler)，③ 4P ミックスは差別化とその伝達による需要曲線のシフトによって需要創造を実現するために行われるのであり，Promotion に相当する販売員と広告という手段の出現という点に重要性を見ているということ (Shaw)，④ 4P の中でも，Place に対応する中間商人にかかわるチャネルの問題は内部的な意思決定が貫徹するその他の 3P とは異なった準備が必要であること (Butler)，が示されていたといえる。ただし，こうしたパイオニアたちの体系はそのまま浸透することはなく，販売員管理，広告管理といった個別管理的研究がそれぞれ展開していき，これらの統合という問題が実践上でも要請されるとともに 1930 年代の総論的文献の中に復活してくるのである。

　このように，第 2 次世界大戦前のマーケティング研究においては，4P の実施，

4Pの統合的計画，市場分析という3つの層が区別できるのであり，後2者はより戦略的な領域として考察されていたといえるだろう。

第2次世界大戦後は，マネジリアル・マーケティングの登場とともに，Shawにおいて示唆されていた全企業活動の統合という問題が登場し，経営戦略論における企業管理的成果がマーケティング研究において導入されるとともに本格的に展開し，マーケティングの研究領域として定着していく。ここでは，部門を超えてマーケティングを中心とした組織内的統合が新たな戦略的問題として取り上げられるようになるのである。

市場分析という当初から指摘されていた戦略的研究領域は，1950年代以降に消費者行動研究が本格的に推進されていくとともに，そしてまた国際マーケティング研究におけるグローバルな市場研究と連動して，その内容が拡大していく。

また，Butlerにおいて市場分析内で明確に区分して分析されていた競争戦略研究は，遅ればせながら1980年以降に経営戦略論での展開に対応して進展していくようになり，Porterのポジショニング論から1990年代以降は資源ベース論を中心に展開していった。そして，これら市場分析と競争分析そしてその戦略的対応は，マーケティング研究における戦略的領域であるとして，「STP (Segmentation, Targeting, Positioning)」と呼ばれるようになる。

4Pに関しては，特に製品に関する研究において，製品開発，プロダクト・ライフ・サイクル，そしてブランドというより戦略的な研究領域が進展する。チャネル問題に関しては，Butlerにおいて明確に示されていたチャネル選択論以上に戦略的な問題としてチャネル管理の研究が進展する。この研究動向は，当初のチャネル組織拡張論から1970年代のパワー・コンフリクト論を経て1980年代後半以降からはチャネル・パートナーシップ論として展開していく。プロモーションに関する戦略的問題は，ShawおよびButler双方において，価格競争を回避する手段としてのブランドの問題とのかかわりで論じられていたが，第2次世界大戦後，ブランド・イメージ，ブランド・ロイヤルティの測定といった消費者行動研究の中での展開が主になり，その後ブランド研究自体は一時下火になる。ブランド研究の本格的展開は1980年代以降であり，折しも高まりつつあった解釈学的方法や記号論の影響を受けつつ，長期的に安定したブランド・イメージをブランド・エクイティとしてとらえる研究が高まるとともに，1990年代以降は，ブランド・アイデンティティという概念を中心にブランド構築の問題に重点がシフトし，あらゆるマーケティング・コミュニケーションの統合という戦略的問題

がIMC（Integrated Marketing Communications）研究という名のもとに高まりを見せるようになる。そして，こうした戦略的問題の出現とともに，これらに共通の問題として関係性の問題が認識されていくのである。

以上の競争も含んだ市場および4Pにおける戦略的な研究領域の進展に加えて，1970年代に生じたソーシャル・マーケティングやマーケティング概念拡張論争によって，新たな戦略的研究領域が加わることになる。この領域は，企業の社会的責任（CSR）研究，より広い関連公衆に関するステークホルダー研究などと連動しながら展開していく。さらに，1990年代以降に急速に進展したICTの普及とともに，これらの関連公衆との関係を規定するインフラや諸制度への対応の問題が新たな戦略的問題として重要視されてくるのである。

3．戦略的領域の構造

「戦略的」という言葉自体は相対的な表現であり，より長期的で全社的な意思決定を意味している。前述のように，第2次世界大戦前においては，4Pの実施，4Pの統合的計画，市場分析という3つの層が区別でき，Butlerにおけるように，4Pの実施と区別して，それ以外の層を戦略的領域と考えることができる。それにもかかわらず，統合的計画ではない4P個々の計画であっても，例えば製品戦略やチャネル戦略というように戦略と呼ぶ文献は現在でも少なくない。さらに，すべての意思決定を戦略と呼び，戦術と戦略の区別のないものもある。しかし，部門管理をこえて全社的管理へと移行した第2次世界大戦後のマーケティング管理においては，市場分析以上にそれ以外の関連領域に対する戦略的課題が拡大していったのであり，その肥大化した戦略的領域を明確に示すことは前述のように急務であると考える。それゆえ本書では，4Pの実施および4Pの統合的計画の2段階までを戦術的領域と考え，戦略的領域の行為を，市場分析以上の「4Pの計画と具体的実現という戦術的問題を成功させるための事前の安定的場づくりのための分析と対応」と考えたい。

こう考えると，前節で述べたような戦略的領域の拡大は，4Pに影響を与えるどの行為主体に向かっての事前の場づくりなのかという観点から，マーケティング戦略を以下の4つの方向に向かっての行為の拡大として理解できる。すなわち，1）組織内への対応行為，2）他組織との組織間関係への対応行為，3）市場

への対応行為，4）その他関連公衆および制度的環境への対応行為，の4つである。現代のマーケティングにおいては，この拡大された4つの方向での戦略的業務が不可欠なのであり，この4つの方向での安定的場づくりによってこそ，2）と3）に属する4Pミックスの戦術的諸行為が規定され成功に導かれるといえる。

この視点によれば，マーケティング研究における内容的拡大は，この4つの業務における戦略的対応の進展として理解できる。すなわち，初期のマーケティングの主要業務は，1）におけるマーケティング部門内でのセールスマン，広告，マーチャンダイジングの組織的統合に関する管理業務，2）におけるチャネル・メンバーに対するPlaceに関わる業務，および3）における市場に向かってのProduct, Price, Promotionそれぞれの計画的調整と実施にかかわる業務という範囲にすぎなかったが，1）においては企業の全部門にかかわりそれらを統合管理する企業戦略や組織戦略，2）においては競争戦略や戦略的提携といった様々な関連企業への対応の問題，3）においては消費者行動の本格的理解から始まり，短期的販売を超えた消費者との長期的関係性や購買後の消費経験の問題，そしてターゲットのグローバルな拡大に対処する問題，および4）のすべて，特にソーシャル・マーケティングを中心とした消費者以外の関連公衆に対する環境的対応とインターネットや法規制を中心とした制度的状況への対応の問題，といった諸問題が現代のマーケティングの重要な戦略的研究課題として拡大包摂されてきているのである。

以上の拡大された戦略的領域の構造を視覚的に示したのが，図表序-1である。

4．本書の構成と概要

以上から，本書は，第Ⅰ部　組織内および組織間関係への対応，第Ⅱ部　市場への対応，第Ⅲ部　関連公衆および制度的環境への対応，という3部構成によって，4Pの統合的計画と実施という戦術的領域以外の肥大化した戦略的領域における研究の概要を体系的に示すことを目的としている。以下本書の道案内をしておこう。

第Ⅰ部では，現代的マーケティングの4つの戦略的基本業務のうち，組織内への対応行為と組織間関係への対応行為の2つにかかわる戦略的諸問題が検討される。

序章 マーケティング研究における戦略的領域　11

図表序-1　ミクロ・マーケティング問題の戦略的広がり

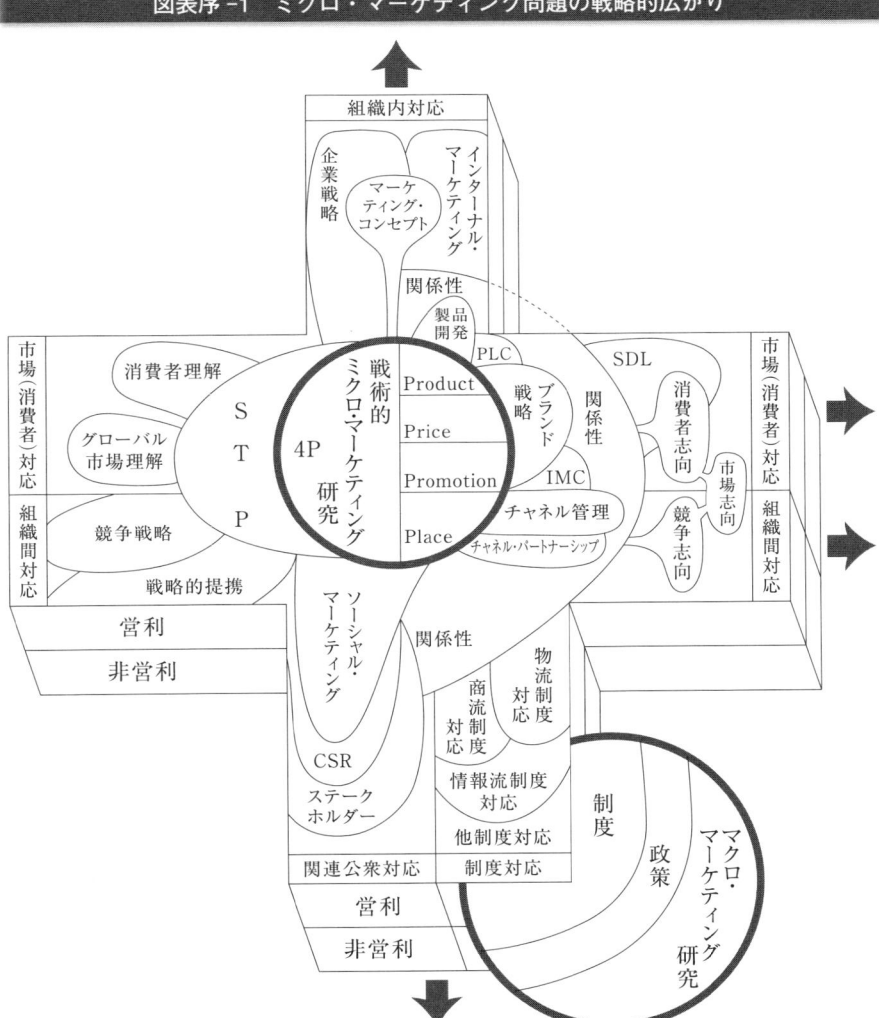

第1章「組織研究の諸問題」では組織内への対応行為の研究として組織研究が取り上げられる。組織研究は，もともと経営学の分野で展開されてきた成果であるが，前述のように，マネジリアル・マーケティングの登場以降，マーケティングにおいても重要な研究領域となり，Kotler 等の教科書においてはインターナル・マーケティングと呼ばれる領域となった。また，この領域は，サービス・マーケティングにおける接客要員教育の重要性の観点からも重要視されてきている。ここでは，当初，マーケティング部門の目的を遂行するための組織編成として，機能別組織やマトリックス組織といった組織形態に関する研究に始まったが，次第に，他部門を消費者志向のコンセプトにまとめ上げるための市場駆動型の組織の問題が1980年代以降再び注目されてきている点，さらに，急変している現代の市場環境に適応するための組織論や経営学における新たな組織論の方向性からも影響を受けて，従来の垂直型組織論の枠組みに代わって，水平型・ネットワーク型の組織論と，イノベーションを中心とした組織の問題が重要視されてきている点等，が指摘される。

　第2章「チャネル研究の諸問題」においては，組織間関係への対応のうちでも，古くからマーケティング研究のメインの課題だったチャネル研究を取り上げる。そこでは，チャネルという組織外活動を自らの管理対象として取り込むに至る経緯に始まり，流通パターンの選択から複数組織が介在するチャネルの管理問題へのシフト，さらにチャネル管理の主役が製造業から流通業に移行する中で，従来のパワー・コンフリクト論に基づく対立制御型チャネル管理の限界が指摘される。

　第3章「戦略的提携研究の諸問題」では，前章における諸議論を通じて明らかにされたチャネル関係に関する問題状況を受け，チャネル・メンバー間の協調的関係構築の問題に焦点があてられる。戦略的提携を巡って経済学や経営学の中で展開されてきた諸アプローチを整理した上で，製販同盟という形でなされるSCM の情報共有や製品の共同開発に注目し，近年マーケティング研究で議論されている協調的な組織間関係の形成に関する組織間学習や知識創造の問題が指摘される。

　第4章「競争戦略研究の諸問題」では，組織間関係への対応のうちでも対抗的組織間関係に関する競争戦略研究の展開が取り上げられる。この研究成果は，ほとんど経営戦略論において展開されてきた成果の導入によっているが，そこにおける M. E. Porter 以後の経営戦略論の焦点が競争志向にシフトしたこと，そし

て資源ベース論の登場以降はPorterの外から内へという分析方向が，資源ベース理論の登場によって内から外へという分析方向へ変わったことの2点が指摘される。そして，マーケティング研究における市場志向研究において競争戦略論の分析の方向性における2つの動向を適切に組み入れた上で，さらにその競争偏向の動向を消費者志向と融合させた統合的事業戦略論の可能性が示唆される。

第Ⅱ部は，ターゲットとしての消費者あるいは顧客の集合としての市場への対応という，マーケティングにおいて最も中心的と思われる業務が検討される。ここでは，4Pの戦術的意思決定や技法的考察ではなく，それを規定し生かすための市場の理解と戦略的対応に関する研究に焦点があてられる。

第5章「市場の理解における諸問題1」では，市場への対応への根拠となる市場理解に関して，戦後登場し今日まで膨大なエネルギーが投入されてきた，行動科学的消費者行動研究が取り上げられる。消費者行動研究が心理学，社会学，社会心理学などの行動科学から多大な影響を受けながら発展しつつも，各年代における企業のマーケティングや消費者の行動とも密接に関わってきた様子が描かれる。また，各年代の主要な研究成果がいかなる集計水準の消費者行動を研究対象としてきたのかについても論じられ，集計水準を高める研究の志向という観点から，消費者行動研究の展開の方向性が示される。

第6章「市場の理解における諸問題2」では，第5章で述べられた主流派の消費者行動研究への異議から生じたポストモダン的研究が取り上げられる。ポストモダン的研究では，主流派における焦点であった消費者のブランド選択行動ではなく，購入後の使用行動に焦点をあてた「消費経験論」を展開した点に特徴がある。本章では，その下位分野を構成している「快楽消費研究」と「意味研究」が紹介され，それらにおいて従来の行動科学的研究とは異なる市場の理解が提供されていることが指摘される。

第7章「消費者とのリレーションシップ研究の諸問題」では，ノルディック学派のサービス・マーケティング研究とIMPグループの産業財マーケティング研究の潮流が連合し，1982年にAMAの開催したサービス・マーケティングの会議以降大きな研究潮流となった関係性マーケティング研究の展開が取り上げられる。特に，消費者との関係性形成の研究に焦点があてられ，そうした関係性が価値の提供や顧客満足研究に及ぼした影響が検討され，さらにそこから出現したS. D. L.（Service-Dominant Logic）という新たな視点が紹介される。

第8章「グローバル市場研究の諸問題」では，市場のグローバル化に対する対

応として，進出すべき国や参入モードの決定から，各対象国市場へのグローバル・マーケティングの標準化／現地化の決定問題などの戦略的問題が扱われる。前者の進出国や参入モードの決定に関しては，インターネット市場や新興国市場が進展する中，従来型の段階論的戦略が必ずしも通用しないことが示され，また，後者の標準化／現地化の決定に関しては，様々なバランスのとり方が提案される。

　第Ⅲ部は，第Ⅰ部で取り上げられた特定の価値を提供するための諸組織，そして第Ⅱ部で取り上げられたそれを受け取るターゲット市場を超えて，それらを取り巻くより広い外部環境として，関連公衆および制度的環境への対応に関する諸問題が検討される。

　第9章「CSR研究の諸問題」では，1960，70年代の公民権運動や環境保護運動，消費者運動などを通して，企業活動と社会との関係が問われていく過程が描かれ，CSRやソーシャル・マーケティングといった研究の展開が示される。そして，少なくとも短期的にはコストセンターであったCSRが，CRM（Cause Related Marketing）へ，さらにはCSV（Creating Shared Value）やサスティナブル・ブランドの確立へと重点がシフトし，企業の競争軸や持続性と社会の課題を両立する戦略へと展開しているという点が指摘される。

　第10章「ステークホルダー研究の諸問題」では，第9章とも関係するステークホルダー研究を取り上げ，ステークホルダーの概念，ステークホルダー研究の変遷，ステークホルダーの範囲とその類型を概観したのち，ステークホルダーをめぐる検討課題やステークホルダー・マネジメントの構図が様々な視座から論じられる。さらに本章では，非営利組織におけるステークホルダーに焦点があてられ，とりわけそこでのステークホルダー・マネジメントが重要であることが指摘されるとともに，ステークホルダー研究全体としての今後の諸問題が提示される。

　第11章「既存制度への対応に関する研究の諸問題」では，マーケティング活動にかかわる既存の制度への対応が取り上げられる。第9章でもふれられた法令遵守とも関連して，環境変化・制度変化・戦略変化の関係を説明した上で，近年起きた大きな制度変化である知的財産権重視政策に焦点があてられる。特に，マーケティング理論に求められている戦略変化としての知的財産権戦略の中でブランド戦略論と並んで重要な分野である特許市場戦略の理論的フレームワークが概説され，その4つの各論である自社開拓市場戦略，資産価値活用戦略，事業提

携化戦略，オープン化戦略が説明される。
　第12章「ICTへの対応に関する研究の諸問題」では，企業活動を根底から転換させる可能性のある技術的環境の変化へのマーケティング活動における戦略的対応が考察される。特にICTの出現とそれへの対応としての新たなマーケティングの試みという現代的状況に焦点があてられ，さらに，電子的決済やポイントシステムの進展が大きなマーケティング活動の変化を生み出しつつあるという点が指摘される。

【参考文献】
堀越比呂志［1997］「マーケティング方法論論争の展開とその知的背景―その1―，―その2―」『青山経営論集』第32巻第2号，第3号。
Butler, R. S. [1917], *Marketing Methods*, Alexander Hamilton Institute.
Butler, R. S., H. F. DeBore and J. G. Jones [1914], *Marketing Methods and Salesmanship*, Alexander Hamilton Institute.
Converse, P. D. [1959], *The Beginning of Marketing Thought in the United States: With Reminiscences of some of the Pioneer Marketing Scholars*, Bureau of Business Research: The University of Texas.（梶原勝美訳［1985］『マーケティング学説史概論』白桃書房。）
Kotler, P. and S. J. Levy [1969], "Broadening the Concept of Marketing," *Journal of Marketing*, Vol.33 (January).
Porter, M. E. [1980], *Competitive Strategy*, The Free Press.（土岐坤・中辻萬治・小野寺武夫訳［1982］『競争の戦略』ダイヤモンド社。）
Shaw, A. W. [1912], "Some Problems in Market Distribution," *Quarterly Journal of Economics*, Vol.26, No.4.
―――― [1915], *Some Problems in Market Distribution*, Harvard Univ. Press.（丹下博文訳［1998］『市場流通に関する諸問題』白桃書房。）

（堀越　比呂志）

第Ⅰ部
組織内および組織間関係への対応

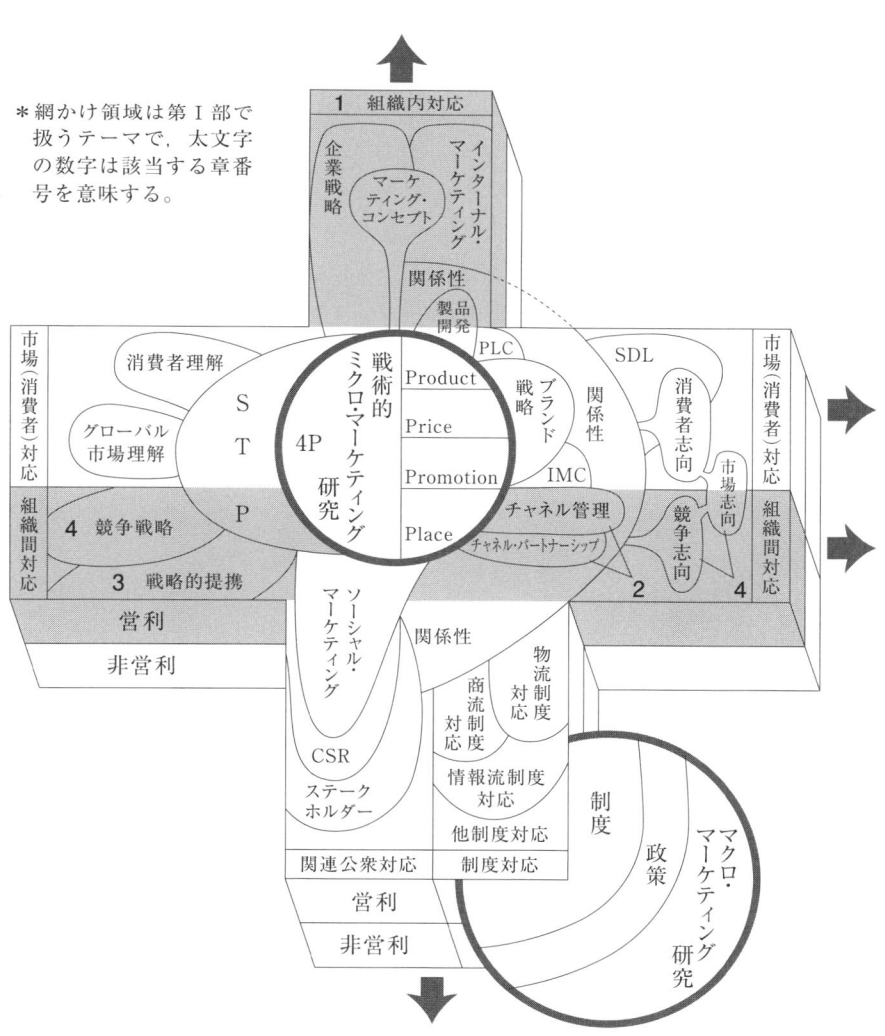

* 網かけ領域は第Ⅰ部で扱うテーマで，太文字の数字は該当する章番号を意味する。

第1章

組織研究の諸問題

1. はじめに

　マーケティングが期待通りに会社内で効果・効率的に遂行・実践されるかどうかの問題とは，マーケティング活動に関係する「ヒトの問題」であり，経営内外における「組織の問題」である。ここでのヒトの問題とは，市場の要求に対応するマーケティング機能を担う組織構成員に関わる諸般の問題である。そして，経営内における組織の問題とはマーケティング組織をどのようにつくるか，あるいは会社組織内の対応行為のことであり，経営外における組織の問題とは第2章で考察されるチャネル構築の問題等である。本章では，「ヒトの問題」と会社組織内の対応行為を中心とする「組織の問題」を考察することにする。

　現代経営においてマーケティング・コンセプトはすでによく知られており，その考え方は経営哲学として受容され，十分に期待されているにもかかわらず，組織現場での実践・履行は容易ではない。マーケティング・コンセプトの全社的な浸透や，組織構成員のモティベーションを如何に上げてマーケティングの成果に結びつけるか，組織構成員の各々が持つ折角の優れたアイデアを埋もれさせず製品コンセプトに如何に結実させるか等々，いずれについても現実のマーケティングにおける組織の問題として我々は向かい合わなければならない。それは企業がマーケティング活動を行う仕組み，つまりマーケティング組織をどのように組むかがその企業の市場成敗を決する重要な要因の1つだからである。

　本章では，マーケティング論に限らず経営組織論や人事管理論から現代のマーケティング環境の変化によって生ずる「マーケティングと組織の問題」を整理検討し，いくつかの結論を導くことにする。そのためにまず，「組織構造」と「組織内への対応行為」の研究として流れのいくつかを検討し，それらの流れからどのような理論的・実践的知見が得られるかを述べる[1]。

2. 伝統的なマーケティング組織に関する研究

　伝統的にマーケティング組織に関する1970年代までの論議の焦点は，マーケティング課業を計画・執行し監視するために企業で利用されてきた「組織構造形態」におかれていた。一般的に，マーケティング研究における組織形態の基本的類型は，機能別組織，製品別組織，市場別組織，マトリックス組織等で大別されている（Weitz and Anderson [1981]）。

① 「機能別組織（職能部門制）」は，市場調査管理者，営業管理者，広告管理者等の機能分化されている多様なマーケティング専門家が，彼らの活動について会社全般を調整するマーケティング担当トップ（例えば，副社長）に報告する形態として，最も単純で一般的なマーケティング組織形態である。

② 機能，製品または顧客集団の数が増加することでマーケティング担当トップ（例えば，副社長）は，これ以上マーケティング部署が対応すべき挑戦的な変化を効果的に管理ができず，機能別組織の維持が難しくなる際に，新しい組織形態が現れる。その1つ「製品別組織」は，製品管理者のような特定の製品に対する責任が指定された新しい階層管理者の追加によって変化に対応しようとする。この組織形態は機能別組織を代替するというよりは，マーケティングプログラム担当者である他の階層管理者が追加されるという点で違いがあり，幅広く多様な製品を扱っている企業に適している。

③ さらに，企業は複数の市場が持つ様々に異なるニーズとこれに伴う複数のマーケティング戦略とプログラムの調整の問題を抱えるようになる。このような状況下では「市場別組織」が適しており，これは製品別組織と形態は類似している反面，製品管理者が特定の顧客のためのマーケティング組織を担当する市場管理者に代替されるという点で異なる。

④ 他方，同一の組織ヒエラルキーレベルでの資源管理者（機能的管理者）とプログラム管理者（製品管理者と市場管理者）の全てを結合させた組織形態が「マトリックス組織」である。これは，特定の製品や市場または全ての部門と関連したプロジェクトに関する作業を行うヒトのグループやチームがその例である。若干言い換えれば，この組織は，プロジェクト組織と機能別組織を結合させた一連の混合構造である（Cleland and King [1975]）。マトリックス組織は，機能別組織の持つ専門化による効率性と，市場別組織の持つ市

場への柔軟性を確保することで，より複雑な問題に対して質の高い革新的な解決を促進できる（岸田 [2009]）。

これらの組織形態的観点は，マーケティング活動を組織化するために企業が用いる多くの組織体系を分類するのには有用である反面，この観点はいくつかの欠点を持つ。すなわち，組織形態研究における欠点としては，組織内の諸活動が構造化され調整される方法上の特徴や違いを見逃しているということである。例えば，同一の製品別組織といえども消費財の生産会社と産業財の生産会社での実際的運用とでは，製品管理者の責任と権限，製品管理者と他の部署が持つ相互作用の性格，マーケティング成果に対する製品管理者の影響等で顕著に異なるのである。また，この組織形態的観点は，構造と成果の関係を意識していない。組織理論では，特定の構造がどのような状況でより良い成果を出すかを提案するのが一般的である。しかしながら，マーケティング論における組織形態的観点では，マーケティング成果が諸々の側面で測定できるにもかかわらず，構造と成果の関係を明確には扱っていなかった。

組織内のマーケティング担当者と他部署担当者との間の相互作用はシステム的観点でみることができるが，これによって理論的および管理的問題からの疑問が生じる。その疑問とは例えば，マーケティング部署と他の部署間にはどのような相互作用があるのかといった類である。このように伝統的なマーケティング組織に関する研究の足らざる点によって，マーケティングと組織に関する研究には，以下で述べるようないくつかの流れが生じるようになった。

3．調整と統合・市場志向的組織に関する先行研究

(1) 企業組織内部署間の相互作用とその管理

企業組織内におけるマーケティング部署と関連部署間との相互作用は，マーケティング理論の開発に重要である。Wind [1981] は，マーケティングとその他機能との間の相互依存的関係が持つ重要性を強調した。彼はマーケティング計画が，生産，人事，研究開発等の企業の他の部分の計画と一貫性を持って，企業全

体の計画として統合されるべきであり，マーケティングと関連部署との相互依存性による緊張・衝突は，各機能部署が持つ特性としての課業の遂行，責任および評価システムにおける違いが存在するために生じると主張したのである。

一般に「マーケティングの成功」は，組織構成員の多くが理屈としては納得して初めて達成されるにもかかわらず，部署間の衝突は少なくなく，企業の利潤に負の影響を及ぼす。自分の部署業務だけを完了し，次の部署に丸投げする様な業務伝達は，組織のシナジー創出に支障を来し兼ねないことはいうまでもない。組織構成員は顧客ニーズと部署業務の統合と関連部署の有機的協調が，マーケティングの重要な成功要素であるということを認知する必要がある。そして，組織内の関連部署の有機的協調が最も必要なマーケティング課題こそ「新製品開発」であり，1970年代後半から多くの関連研究が行われてきた。

新製品開発は，企業の意思決定上重要性が大きいため，企業全体の共通目標が設定され注意深く扱われなければならない。なぜなら，新製品開発は企業の死活を決する意思決定であるためである。新製品開発時に関与する主な部署はマーケティング，研究開発，および生産部署である。伝統的に，これら3部署は衝突を繰り返してきた。革新的な新製品戦略の日々の戦略実行において重要な役割を遂行しているにもかかわらず，各集団で行われる意思決定パターンには不一致がみられるのが一般的な現象なのである（Shapiro [1977]）。

(2) マーケティング関連部署間の衝突

会社組織内におけるマーケティングと生産機能の相互依存性は，新製品開発過程で特に重視される。新製品開発のための新しい設備への投資は，新製品の需要量，需要の時期およびチャネルに関する市場調査をもとに行われなければならない。これ以外にも，目標とすべき品質レベルの決定，製品ラインの幅と深さの決定といった長期的意思決定問題において，両機能は相互依存関係を維持しなければならない。協調が重要であるにもかかわらず，衝突が起きる理由は，各々部署の関心領域が違うからである。マーケティングは需要者の刺激に目的をおき，生産は需要を充足するための供給の調節に目的をおくため，両者の下位政策および行動代案が互いに対立と衝突を生じさせるということなのである（Crittenden, et al. [1993]）。

マーケティング部署と生産部署の関心分野をみると，生産部署は生産能力，設

備配置，工程技術，品質等に関心を持ち，マーケティング部署はターゲット顧客，品揃え，広告，サービス等に関心を持つ。両部署間の戦略の実践過程において業務協調の必要性は高く，経営資源を使用する過程での相互依存性も高い。例えば，生産部署による生産能力拡張はマーケティング部署の長期需要予測に依拠しなければならず，工場配置・技術は製品の潜在需要等の仮定下で行われる。したがって，両部署の意見調整は双方的であるべきで，製造に偏重するあまり，円滑な運営という美名のもとに顧客が忘れられるという点を，Shapiro [1977] は指摘している。

　一方，マーケティング部署と研究開発部署も，新製品開発活動において緊密な関係にある。マーケティング部署と研究開発部署間に衝突が形成される理由としては，時間的圧迫と距離上の懸隔，地位権限の不一致，部署間衝突に関する最高経営者の無知，最高経営者の依怙贔屓等が指摘されている（Shapiro [1988]）。

　研究開発部署は大部分が研究員や専門技術者等で構成されている。通常彼らは企業の販売活動や消費者ニーズには関心が薄く，技術的問題に没頭する傾向がある。反面，マーケティング部署は顧客志向的特性が強い。衝突の背景には，両部署間の価値観と思考体系，作業環境，学習スタイルおよび文化的教育的な違いがある。マーケティング研究者はこれらの衝突をどのように管理するかが，組織の有効性に決定的影響を及ぼすと主張している（Shapiro [1977]）。

(3) 統合と調整の手段
―評価システムとコミュニケーション―

　新製品開発過程で機能間の調整を容易にしてくれる組織形態は，マトリックス組織，社長直属の委員会，タスクフォース等がある。高位レベル（例えば社長直属）管轄の別動部隊をつくることで，新製品開発を社内で強調する方法である。しかし，新製品部署等を別途運営するのが難しいのであれば，マーケティング，研究開発，生産部署を調整・統合する明示的な手続き過程が必要になってくる。

　在来の新製品開発を中心テーマとする組織内管理の研究は，最も多く使用されてきた「調整と統合」いう用語以外にも，協力，提携，相互作用，シナジー，結合またはインターフェイス等の類似の用語が，混在した状況で行われてきた。

　調整は「衝突を解消するための相互依存性の管理」と定義され，統合は「組織目標を達成するために異なる下位システムの活動をひとつに統一する過程」，あるいは，「価値の共有，共通目標への相互関与及び行為がよく提携されている状

態」(Sounder [1977]) と定義されている。調整と統合の概念に大きな違いはないものの，調整は統合の下位概念といえる。

　各部署における目的が相反する関係は，これら3部署の評価・報償システムが異なることに起因するところが大きい。現代の組織は各部署別の成果尺度によって評価されるのが一般的であり，マーケティング関係者は市場シェアを基準に評価され，その増大の水準によって報償を受ける。これに対して，研究開発関係者は，製品性能の向上や市場シェア増大の如何とは関係なく技術向上程度によって報償が支給される。したがって，報償システムは両当事者の利害関係を同時反映することが望ましい (Carroad and Carroad [1982])。そうすることで，評価・報償システムによって，従業員の製品に対する関与水準や職務遂行上のリスクに対する受容姿勢が変わる。

　Sounder and Chakrabarti [1978] は，共通報償システムの導入程度が，統合の有効性に優位な影響を及ぼす事実を発見した。マーケティングと他の機能部署間の相互作用的観点からみて，評価・報償システムは機能間調整と統合において重要な役割を遂行することになる。革新的新製品開発において機能間調整と統合が促進されるためには，マーケティングが販売目標，生産はコスト削減，研究開発は製品開発期間だけで評価されるという従来の方法は止揚されるべきなのである。

　評価・報償システム以外の重要な統合の手段としては，「コミュニケーション」がある。革新的な新製品開発における統合の最も大きな障害要因は，顧客の要求の非伝達，情報交換の不適切なタイミングという事実が明らかとなっている。これらは，コミュニケーションの向上が機能間調整および統合の必修条件であることを意味する (Gupta, et al. [1985])。コミュニケーションという単語の意味は様々であるが，ここでは「意味のある情報の伝達過程」とする。

　新製品開発過程での関連部署間のコミュニケーション向上のために伝統的に提示されてきたメカニズムには，教育訓練，ワークショップ等がある。また，各々の機能間代表者を選び，それぞれの機能部署の会議に参加させることや，関連部署が共同会議を定期的に開催することや，事務室配置を換えることも，コミュニケーションを増大させる方法になる (Weinrauch and Anderson [1982])。

(4) 市場志向性と組織の研究

　上記の「部署間の調整と統合」というマーケティング課題は，顧客に対する価値創出という点では，「マーケティング・コンセプト」および「市場志向性」と一脈を通じている。Felton [1959] の先駆的研究では，マーケティング・コンセプトを「企業内部で遂行されている多様な機能によって融和されている全てのマーケティング機能の調整と統合を重要視することで，長期的観点から利潤極大化を究極的に図ろうとする企業精神」と定義しており，また，統合の問題を扱っている Shapiro [1988] も，その実践の難しさにもかかわらず，企業は顧客価値創出を目標に，組織内の全ての機能を統合することにより組織構成員は「市場志向性」を受け入れるべきであると主張している。このような主張を鑑みると，マーケティング・コンセプトと市場志向性は組織哲学の問題として強調される必然性があったといえる。そして，McNamara [1972] は，マーケティング・コンセプトを経営哲学として意味づけし，「統合志向性」に加えて，「顧客志向性」と「収益志向性」の必要性を企業全体で受け入れる組織内環境が醸成されるべきであると主張した。

　マーケティング・コンセプトの登場は，以前に比べて企業活動を顧客志向的に変化させたという点では大変肯定的に作用した。しかしながら，抽象的概念の特性故に，多様な顧客ニーズに対する適切な理解と迅速な反応を向上させる具体的実践方法を提示するにはいたらなかった。

　市場志向性に関する体系的で実践的な研究は，上記問題点を克服するために1990年代から進められて来て，現在に到るまで実務者からも関心を受けている。研究者の市場志向性を定義する観点は大きく2つに分けられることで，その内容と実践的含意も多少の違いをみせている。

　詳細は第4章で論じられるが，第1の観点は，「組織内活動」に注目する行為的観点からの市場志向性の研究である。これらの研究は，市場志向性がマーケティング・コンセプトの具体的実践方案と関連した意味であることを明かしながら，市場志向的企業の組織内行為はマーケティング・コンセプトの内容と本質的に一致するという点を強調した。Kohli and Jaworski [1990] は，現場インタビューを通じての結果をもとに，「市場情報の創出」，「市場情報の拡散」，「市場情報に対する反応」等が市場志向性を構成する重要なサブ要素であることを指摘した。

市場情報の創出は，単純に顧客が表現するニーズを意味するだけでなく，それに影響を及ぼす環境変数（例えば，政府規制，技術，競争企業等々）までも含む広い概念として捉えられている。また，組織内での効果的な市場情報の拡散が活発に行われるためには公式的な拡散努力だけでなく非公式的な拡散努力が必要であることも主張している。非公式的な私的対話を活用し情報提供することで，組織構成員が顧客ニーズについて，より関心を持つようになるのである。そして，市場情報に対する反応とは，創出拡散された市場情報に反応して起こされる行為を意味する。これはターゲット市場の選択，顧客の現在と未来のニーズを満足させる製品の提供等の形で示される。市場情報に対する効果的反応が可能になるためには，全ての部署が市場の動向に適切に対応できるよう協力する必要がある。

　次に市場志向性に対する第2の観点としては，「組織特性」に注目した文化的観点の研究がある。これら文化的観点からの研究は，Narver and Slater ［1990］が代表的であり，これまで多様な実証研究を通じてこの概念が活発に使用されている。

　持続可能な競争優位を築くために企業は，特定の企業文化を開発維持しようと努力する。その一方で，このような企業文化は，企業にとって必要である組織構成員の行為を誘発する。特に市場志向性の場合，顧客に優れた価値を提供し，これを通じて優れた成果を達成するために必要な行為を最も効率的に誘発する「組織文化」という観点で重要な意味があるのである（Shapiro ［1988］）。

　Narver and Slater ［1990］は，市場志向性のサブ要素として「顧客志向性」，「競争者志向性」，「諸機能間の調整」等をあげた。第1に顧客志向性は，顧客のバリューチェーンやターゲット顧客を理解することで競争優位価値を持続的に提供することを意味する。第2に競争者志向性は，現在の，および潜在的な主要競争者の短期的強みと弱みおよび長期的戦略に対する理解を意味する。第3に部署間調整は企業全部門の統合的努力を意味する。つまり顧客価値を創出するということは，単純にマーケティング機能だけを通じて行われるのではなく，組織内部の全ての機能が適切に調和されることでこそ可能になるのである[2]。

　また，Slater and Narver ［1995］は，市場志向性の高い学習組織ほど顧客満足が高まるとしている。企業が市場志向性を追及することで究極に期待する効果は事業成果の向上であるが，Jaworski and Kohli ［1993］は，これを「社員満足」の側面からも説明している。つまり，市場志向性の程度が高いほど社員の士気が向上し，結果として事業成果が向上するということであり，このような考え方

は，組織構成員を内部顧客として扱うインターナル・マーケティングの考え方と強く類似したものである。次節において，インターナル・マーケティングの側面から市場志向性と組織の問題を検討する。

4. インターナル・マーケティングと組織の研究

(1) インターナル・マーケティングの概念と組織内での実行要因

インターナル・マーケティングは，1970年代のサービス・マーケティング研究の初期から主張されてきた（Berry and Burke [1976]）。サービス・マーケティングでは，サービスの生産と消費は同時に行われ，しかも，顧客の参加が前提となるために，顧客と直接に相対する「接客要員＝組織構成員」の存在が重要となる。インターナル・マーケティングの価値観は，有形財のマーケティングとは異なるのである。

また，上述の調整と統合や市場志向性のマーケティング研究と比較すると，インターナル・マーケティング研究では，企業と従業員との関係において相互尊重，長期的観点，ウィンウィン戦略がより強調されている。組織構成員としての従業員は，企業にとって「操作の対象」というよりは「パートナー」や「価値の共同生産者」として新しく位置づけられるのであり，この価値観は本章5.で論じる「新しい経営」や第7章で考察する「関係性マーケティング」のオリジンといえる。

インターナル・マーケティングとは，組織内での従業員の職務環境に対する満足を高め，彼らの業務遂行をより正確にさせることで，組織で生み出す製品やサービスの品質を向上させ，究極的には顧客満足を高めるという前提から出た概念である。これは最終消費者を外部顧客としてみるのと同様，企業の従業員を内部顧客として，彼らの職務を内部製品としてとらえマーケティングミックスを提供するという（Berry [1981]），一種の人的管理の側面を含む概念である。

Winter [1985] は，インターナル・マーケティングを組織目標達成のために従業員が組織の中で自分の位置を理解し認識する過程とし，これを従業員管理のメカニズムとして示しており，またGlassman and McAfee [1992] は，企業内の

人事がマーケティング機能のための資源になりうるとし，インターナル・マーケティングの役割を「マーケティングと人事機能の統合」であるとしている。

このような観点に立脚し，Berry and Parasuraman［1991］は，インターナル・マーケティングの主要目的が立派な従業員を採用し，彼らの能力を開発して高いサービス品質を提供する動機を付与し，これらを維持することにあるとしており，また Grönroos［1981］は，インターナル・マーケティングを企業内の多様な部署機能を顧客志向的に統合する機能を担うとも述べている。

インターナル・マーケティングの実証的研究では，主にインターナル・マーケティングを実践できる個別構成要因としての実行要因に関する内容が数多く，これらの研究を総合するとその大部分は，教育訓練，組織内部のコミュニケーション，サービスを提供する従業員に対するエンパワーメント，経営者の能力と支援の側面，および報奨システム（雇用安定，福利厚生）の側面からのものである。これらのインターナル・マーケティングとその実行要因は，従業員が提供するサービス品質に直結するのであり（Lings［1999］），これらの要因を整理すると以下の通りである。

① 採用・人的管理：採用は，良いサービスを提供するために，何よりも良質の人的資源を確保しなければならない，という考えからみて重要である。

② 教育・訓練：従業員に対する教育訓練は，企業目的を達成するために従業員の知識と能力を向上させ，企業環境に適応する態度を育むことで職務を効果的に遂行することを支援するための計画された組織的活動である，と定義できる。Tomes［2003］は，教育訓練の役割が単純に人的資源開発に限定されず，組織内部の「知的資本創出」に焦点を合わすべきと主張する。効果的な教育訓練による人的管理は，組織革新の原動力および組織文化の主唱者を生み出すものである。

　教育訓練の目標は，従業員が組織のミッションと戦略を理解し，マーケティングに対する好意的な態度を持ち，結果として顧客サービスの熟練度を増進させることにある。訓練プログラムによって，従業員に対し市場志向性の重要性を伝えることができ（Grönroos［1990］），それが市場志向性に対して持つ否定的態度を払拭させる重要な手段になり得る（Piercy［1995］）。また，市場志向性遂行のために要求される専門技術や顧客ニーズに対する感覚も提供できる（Ruekert［1992］）。したがって，組織において内部顧客志向性と市場志向性が共に発展するためには，従業員に対する教育訓練が先行しな

③ 経営層支援：多くの研究者は，最高経営者の従業員支援を，組織の内部顧客志向性と市場志向性の高揚のための必修条件として提示している（Webster [1988]：Lukas and Maignan [1996]）。市場志向性を誘導するよう組織雰囲気を醸成し，従業員の市場志向性行為を激励鼓舞することは，上級管理者の持続的経営責任である。市場志向性に対する経営者層の持続的支援が無いと，従業員は以前の態度に戻ってしまう。組織リーダーは従業員のロールモデルである故，内部・外部顧客に対する献身をみせるべきである（Lukas and Maignan [1996]：Kohli and Jaworski [1990]）

④ 権限委譲：権限委譲とは従業員に可能な限り最大の意思決定権を付与することであり，従業員が特別な問題に直面したときに自信を持って挑戦できるようにすることである。権限委譲に基づく迅速な意思決定は，急変する環境に対処できる手段になりうる（Berry [1995]）。権限委譲の利点は，顧客要求とその問題に迅速に対応でき，情熱的な雰囲気で顧客に接触し，革新的なアイデアを開発し，ロイヤルティーの高い顧客を創出することにある（Bowen and Lawler [1992]）。

以上，インターナル・マーケティングの実行要因について考察したが，インターナル・マーケティングでは内部顧客という「ヒト＝従業員」を動機付与することに重点をおいており，従業員の欲求を充足させる経営能力によって最終顧客の欲求を充足させる能力も決定されるという考えが土台になっている。もちろん，従業員に対する動機付与は人的管理論や組織論でも扱われているが，その狙いの当初の背景には製造業の生産過程での「コスト」節減がある。それに比べると，インターナル・マーケティングは，顧客志向的思考をする従業員が企業の一次的顧客であり，従業員は長期的に「投資」に値する決定的な利潤増大の源泉という視角に基づくものであるため「マーケティングと組織論の接点」ともいえよう。

(2) インターナル・マーケティングと組織文化・逆ピラミッド型組織

インターナル・マーケティングは単に組織の価値を伝播する手段だけでなく，この概念自体がすでに新しい組織文化の始まりである。組織文化を変えるのは実

践として難しいといわれている現実のなか，インターナル・マーケティングの導入は組織文化と組織内命令体系の変化につながることが期待される。期待される成果をあげるためには，顧客志向の概念が組織の全活動と組織文化の根幹になるべきである。これらの主張は「統合と調整」のこれまでの示唆に連なるものでもある。

　組織行為の中心に顧客志向という価値をおくということは，人事管理部署もマーケティング部署と同様に顧客ニーズに合わせて人的管理を調整する必要があることを意味する。このような調整のためには人事管理に対する戦略的アプローチが必要である。例えば，人事管理部署所属のヒトの評価については，顧客サービス志向性等の新しい基準で評価することである。さらに，会社の新しいビジョンに対応する事業を遂行するヒトを「支援」することで，人事管理部署が会社の戦略的パートナーとなる。

　従業員を顧客として扱うということはマネジメントに対する新しいアプローチを意味し，後節で述べる新しい経営のパラダイムに連なるものである。組織が従業員の要求を理解し充足させるために努力するという考えは，従業員との協議が必要であるため，経営形態がより「参加型」であることを意味する。参加型経営を前提とするインターナル・マーケティングプログラムは，統制的な中央集権型経営形態で運営する組織では失敗するであろう。

　この点に関して Albrecht［1988］は，中央集権型組織の限界を指摘しながら，「逆ピラミッド型組織」の必要性を主張している。彼は，企業外部に良質のサービスを提供するためには，先に企業内部に良質のサービスを提供できる組織体制を構築することを前提とし，顧客と企業が接触する「決定的瞬間」が蓄積されることによって顧客の企業に対する認識が決定されるとした。そして，企業が内部顧客を重視しない限り真の顧客満足は生じず，従業員は自らの組織を誇らしく思うときに，最終顧客に対して真の満足を与えるよう努力するであろうと主張した。

　さらに彼は，顧客満足経営においては，段階別管理者層が顧客にサービスを提供する第一線の従業員を支援する必要性を強調し，逆ピラミッド型組織を提示したのである。逆ピラミッドの組織体系では顧客が最高点に位置しており，次に重要なのが顧客満足を実現するために顧客と直接接触する従業員であり，現場の従業員を助けるのが中間管理者層であるとする。管理者層は顧客接触に関係する従業員を訓練し，彼らの高い熱意と意欲を以て業務を遂行できるよう支援すべきで

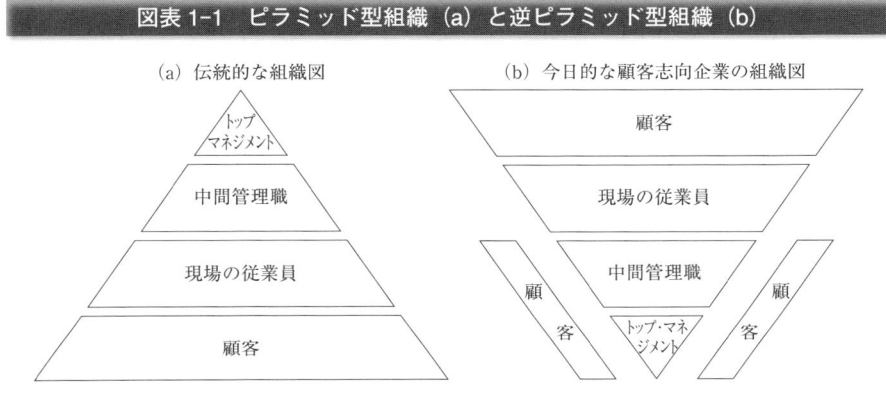

図表1-1 ピラミッド型組織（a）と逆ピラミッド型組織（b）

(a) 伝統的な組織図

- トップマネジメント
- 中間管理職
- 現場の従業員
- 顧客

(b) 今日的な顧客志向企業の組織図

- 顧客
- 現場の従業員
- 中間管理職
- トップ・マネジメント
- （両側に）顧客

（出所）Kotler［2000］訳書，p.32.

あり，彼ら管理者層を支援するのがトップマネジメントである。Kotler［2000］も『マーケティングマネジメント―ミレニアム版』において，トップマネジメントが頂点にある伝統的な組織図を時代遅れとし，Albrechtと同様に逆ピラミッド型組織図を「今日的なマーケティング組織の在り方」として主張した（図表1-1）。

加えて，Grönroosを代表とするサービス・マーケティング研究の北欧学派も，組織の全マーケティング活動を専門的に計画・実行する一部署に任すのではなく，全従業員がマーケターとしてマーケティングの責任を持つためには逆ピラミッド型組織による水平（フラット）化を強く主張している（Grönroos［2007］訳書，pp.293-322）。

逆ピラミッド型組織は，市場と企業の境界が明確ではない緩やかな組織として，現場従業員の自主性と創造性を奨励する組織として，また，不確実性が高い環境下での適応の柔軟性が高い組織として注目すべきであろう。

5. 急変する市場環境と組織
―新しい経営とマーケティング組織―

現代市場が急変していることに従い，新たな組織論に対する要求も高まっている。これまで研究と実践の両面で組織構造や組織内行為についての多様な示唆が

提示されてきており，これらに共通するのは，「小さくて柔軟で俊敏な」，「創造的」，「水平的・ネットワーク的」な組織論である。そして，これらの主張の背景には現代の経営・市場環境の変化がある。以下では，現代市場の特性に適合する経営と，それに伴う組織論の新しい主張について論じるようにする。

(1) 急変する市場環境と組織

現代市場の特性としては大きく，短期化，細分化，混乱化があげられる。「短期化」とは，製品ライフサイクルが短くなり，ファッションのように目まぐるしく変化していることである。顧客ニーズの急変という環境変化に対応するためにはそれに見合った組織文化を備えなければならない。「細分化」とは市場自体が小さくなっていることであり，また，Penn and Jalesen［2007］の「マイクロトレンド」に示されているように，従来は微々たるセグメントと思われた顧客グループが社会全体に大きな影響を及ぼすことから，市場を極度に細分化して洞察するメリットにここでは注目するものである。顧客ニーズの更なる多様化と個性化は，市場の「不確実性」，すなわち，カオス状態の深化をもたらしており，どの事業や製品が成功するかの予測が難しくなっているという意味での市場の「混乱化」である。これらの市場特性に適応するために，実践の面で「小さくて柔軟で俊敏な」組織へのアプローチが主張されるようになった。

現代市場に適応するために組織を小規模化すべきなのは，市場が小さくなっているという理由もあるが，市場の性格が知識創造性を軸としたものに変化しているという理由もある。このような市場に適応するためには，アイデアを出す創造的行為が重要であり，組織は知的資本・知識労働者をいかに使用するかに関心を持たざるを得ない（Drucker［1992］）。大きな組織は変化に対する適応が遅いため，知識労働者としての「個人」が，創造性を発揮できる自律的でスピーディーな小規模チームとして組織を運営すべきということである。急激な環境変化に素早く適応するために，小さな組織が要求されているのである。

しかしながら，組織は変わりにくい。何故なら潜在意識のなかで定着した組織文化があるからである。1つの市場を支配した企業が消える理由は，定着した組織文化を変えるのが難しいからである。言い換えれば，組織内では現状維持を固守しようとする組織文化があるため，柔軟な組織に変化するのは難しいということである。変化の唯一の方法は，破壊である。破壊とは，組織を解体するか分離

するということであり，解体するということは性格の異なる事業部を独立的組織として分け，企業を独立的事業部の連合・連邦体として構成するのである（Handy [1990]）。また，分離するということは，性格の異なる事業部を独立会社として設立するということである。定着した組織文化を打破し急変する環境に適応するためには，状況によって絶えず組織を解体したり分離したりする柔軟な仕組み（前野［2006］）が必要である。

(2) 創造的組織と破壊的イノベーション

　これまでの「マーケティングと組織の問題」を解く重要な観点の1つは，第3節まで示された通り「顧客」であった。それでは，顧客が望む通りの製品とサービスを提供すれば，企業は継続して成果を出せるのだろうか。この質問に断固として違うと答える経営学者の代表としてChristensen（クリステンセン）［1997］［2013］がいる。彼は「多数決の誤謬」がありうる点を強調している。大部分の人々が望むことが，必ず正しい方向ではないという意味である。Christensenは，顧客の要望に耳を傾け，市場の動向を注意深く調査し，多数が望む通りにだけ会社を経営した場合，結局優良企業もリーダーの座を奪われると警告し，人々が行かない道を開拓する，「破壊的イノベーション」を追求することを主張する。

　既存の多くの企業は持続的イノベーションに注力してきた。持続的イノベーションとは，徹底的に既存顧客のニーズに対応しながら顧客満足を生み出す戦略である。一方で，不確実性が深化している現代の市場では，「市場調査は行うな」という極端な言い方をするAPPLE社のJobsのような異端の経営者もいる（Lashinsky［2012］）。「顧客の声を傾聴しろ」ではなく，逆説的に「顧客の声を無視しろ」という話である。破壊的イノベーションにつながる新製品は，既存の顧客が持っている考えを超越した製品コンセプトであることが往々にあり，これが意味するものは，マーケティングマネジャーあるいはCEOの市場に対する感覚・センス・感性に基づく洞察力と直観で意思決定することもありうるということである。破壊的イノベーションを生み出す「創造的組織」が求められるといえよう。

　「経験価値マーケティング」という用語の創始者であるSchmitt［2007］も，Christensen同様に，市場を一挙に覆す，創造的で大胆なアイデアをもとにしたマーケティングを強調する。また，創造性を潰す「組織の壁」をいかに打ち破る

かに集中すべきであるとする。彼はそのために「組織内の固定観念」からはみ出て考える「発想の転換」が必要であるとし，創造性を備えた製品を出すためには顧客の体験・感性を活用して製品購買につながる経験価値マーケティング戦略を提案した。新市場を創造する製品のコアとして，「機能」や「スペック」よりも，このような「体験」や「夢」，「デザイン」，「物語」等のキーワードが，近年実践面で注目されるようになってきている。マーケティングの「科学」としての側面だけでなく「アート」としての側面にも，世間の注目があたっているといえよう。

　Hamel [2007] は，組織内の複雑な手続きと階層性は自由奔放な人間の本性を規則に順応するよう強要してきたと批判し，人間の想像力を活かす新形態の組織づくりに努力すべきと強調している。加えて，Wall Street Journal 誌で 2008 年に「最も影響力のあるビジネス思想家」に選定されたこともある Hamel は，「組織を細かく分ける」ことを主張する。彼は，グーグル社が市場価値 200 億ドルの会社に発展したのは，社員 4 ～ 5 人だけで構成された小規模チームが有機的に作用した成果であるとし，何百人もの職員が 1 つのチームにいれば創造性を無くし，全員が同じ考えをするだけであると批判している。こうした批判は，現代における世界経済が知識基盤経済から創造性基盤経済へ変化し，同時に市場を抜本的に変えるような経営とマーケティングが要求されている時代背景のもとで，「創造性を活かす組織」に変化しなければならない，という問題意識からの指摘である。

　しかしながら，現実の企業において，創造性を活かす組織，感性豊かな個人が活躍して創造的マーケティングを遂行する組織は限られている。新しい組織論を阻む要因，言い換えれば，現実世界で大胆にそのような組織をつくれない大きな阻害要因は，20 世紀の産業化時代につくられた「垂直型組織論の枠組み」であろう。21 世紀社会が異なる組織像を要求しているにもかかわらず，社会は依然として産業化時代につくられた垂直型組織論の枠組みを引きずっているのである。

　20 世紀産業化時代を規定する最も大きな社会構造の特徴は，「垂直社会」である。社会システムは勿論のこと，企業・国家組織が職責の上下関係・秩序，手続と統制，すなわち，垂直的階層組織でつくられてきた。垂直社会のパラダイムは，産業革命以来，人々の意識を支配する組織論として位置づけられてきた。加えて，現代社会学の父として呼ばれる Weber は，垂直社会の組織構造を官僚制

として規定し，官僚制が組織の能率と合理性を高める最高の組織制度であると主張した。

　官僚制に属する全ての構成員について，職位と序列に伴う権限の大きさと責任が定められる。職位を付与された組織構成員は，その範囲内で考え行動しなければならない。ピラミッド型の組織構造を持つ官僚制は長い間，組織の合理性，専門性，効率性を活かす最高の制度として，多くの組織で使われてきた。言い換えれば，官僚制組織は組織構成員が互いに協働し，絶えず相互作用しながら組織が望む目標を達成する上で最も効果的と検証された枠組みと考えられてきた。

　産業化時代には組織が一人のリーダーのパワーをもとに一糸乱れずに動きながら大きな成果を出してきた。しかしながら，官僚制は下級者が上級者の命令に無条件に服従しなければならない特性故，上級者の不合理な決定にまでも従わなければならないという副作用を起こした。社会が発展し厳格であった階層意識が薄れるようになると，階級に関係なく自分のやりたいことをしたい，創造性を活かしたいという社会雰囲気が形成され，破壊的イノベーションを引き起こす製品が注目されるようになったために，新しい組織論が期待されており，その代案として，水平型・ネットワーク型・逆ピラミッド型の組織が台頭しているのである。

(3) 新しい経営とマーケティング組織

　社会学者 Rifkin［2011］は，19〜20世紀までの産業革命の時代，垂直的な全てのパワー関係がピラミッド形態に組まれていたが，インターネットが支配する21世紀では，水平的関係にパワーが再編されると予見する。水平的パワーが垂直的パワーに代替するためには，リーダーや組織が協力的ネットワークを効率的に構築する必要があるとしている。従来はネットワーク・水平型組織が，独特の価値観や個性を持ったリーダーが行う僅かな特殊事例であり（川合・水口［1995］），机上の理想ともいわれたが，組織を水平型に転換し成功した企業が増えつつある。

　機能性衣類メーカーである GORE 社は30年以上の連続黒字を出す負債無しの巨大優良企業である。ここでは，仕事をさせるトップマネジメント的存在は無く，中間管理職の媒介無しの直接の社内コミュニケーションが特徴である。創業者の Gore が考案したこの構造は，組織構成員が雇用主と従業員間の上下関係で連結されたものではなく，対等な関係である完全な水平型マトリックス組織であ

る。

　職位や統制の範囲，報告体系，組織図がなく，直属上司もいない。職員に対しては，従業員という言葉ではなく同業者と呼ぶ。職員は自らの職責を自らが定める。業務はプロジェクト毎に小規模チームが決定され解体される形式で進行され，同業者は職位に関係なくチーム構成員の採用決定権を持つ。同じ形式で組織員がリーダー（CEO）を選定する。組織構成員は誰でもアイデアを出し，アイデアを出した人がプロジェクトの社内説明をし，ヒトを募集するのである。

　世界的ネットワーク企業でありチームワークと組織の柔軟性を強調するCISCO 社（Oreilly and Pfeffer [2000]），トップから発する戦略計画がなく人事部がないために組織構成員を統制するシステムを有してないブラジルの SEMCO 社（Semler [2004]），さらに，組織内階層の全廃・制作チームへの全権付与・試行錯誤を容認する組織文化を打ち出した結果としてヒット作の興行率 100% を記録している映画制作の PIXAR 社（Capodagli and Jackson [2009]）等も，GORE 社同様に「組織構成員個人」の挑戦的で創造的なアイデアを引き出しており，これら成功事例の企業は，20 世紀の経営学の遺産にそのまま従ってはいない。自律的な組織，創造性を第 1 とする組織原則を実践しているのである。

　かくして縦割組織の中で視野が狭まっている苦境から，部門最適に陥りがちな閉塞状況を打破し，広く組織内個々人の英知を結集してイノベーションを起こすべき必要に迫られているマーケティング組織について，従来の垂直型組織観から脱し，不確実な環境のもとで個人が自発的に創造的成果を生み出す可能性を秘めた創造型・水平型・ネットワーク型組織に注目することによって，新しい経営とマーケティング組織に関する課題を以下に表記する示唆が得られると思料する。

①　柔軟性の高い組織

　不確実性が高い環境下での組織にとって，「柔軟性」を確保することが何より重要である。マーケティング組織が，未来予測の難しい環境に対し柔軟に適応するということは，間断なく起きる環境変化に応じて，俊敏に意思決定とマーケティング活動を行うことを意味する。高い不確実性は，ある瞬間には市場危機の形態として，またある瞬間には市場機会の形態として直面するために，こうした状況下で効果的に対処できる柔軟性の高い組織が必要となってくる。

　組織の柔軟性を高めようとする経営努力は，組織の階層数を減らす「スリム化」と市場の位置に近い「現場中心」の意思決定の強化を通じて現れる。加え

て，急変する環境での事業成否を決定する要因の1つが「俊敏性＝スピード」である。デジタル技術革命によって製品開発競争におけるスピード基盤競争が加速化されている。緻密で立派な計画を立てたとしても，市場参入のタイミングを逸すれば競争で淘汰されかねない現実からも，スピードの重要性は以前より大きくなっている（Goldman and Preiss［1994］）。すなわち，多くの市場でデファクトスタンダードとしての先占と一人勝ちのゲームのルールが広がることにより，スピードの重要性は増大している。意思決定の過ちを最小化することに重点を置いた官僚的意思決定の組織では，急変する顧客中心市場のダイナミックスに効果的に対応できない。

　安定的環境下での伝統的な戦略計画に基づくマーケティング・マネジメントの最初のステップは，未来の環境変化に対する予測であり，その際に不必要な事業・製品単位を削ぎ落とすことが一般的である。その反面，急変する環境下における差別化の有効な方法は，可能な限り多様な選択肢を持つことである（沼上［2009］）。どのような選択肢が今後市場で選択されるかは予測が難しい故に，「トライ＆エラー」で実行し，うまく行きそうな事業・製品に俊敏に資源を集中させる経営が求められる。そして，どのような選択肢が市場での反応が良いかを早期に把握するための，市場からのリアルタイムのフィードバックが必要である。

　Collins and Porras［1994］の研究によれば，長期的に成功を収めた一流企業は，彼らの最高の業績が詳細な戦略計画に基づいて達成されたというよりは，あれこれの試行のなかで偶然に達成されたことが多いという。ヒット商品も，設計や計画の結果というよりは，試行錯誤を通じた失敗から得られる結果であるという指摘に注目すべきであろう。

② 混沌の醸成と異端者の存在
　知識情報化時代の組織運用は，創造性とイノベーションが中心軸として位置づけられる。そして，組織にイノベーションを起こすためには，意図的に混沌を醸成すべきである（野中・陸［1987］p.62, p.242）。創造的イノベーションは混沌から生じるということであり，組織の成功は構成員個々人の主導権によって左右される。個人の主導権は混沌的で不安定な状態でこそ可能である。混沌とした環境では結果を予測するのが難しいため，統制もままならない。緊張と逆説，協力と衝突が共存するダイナミックな組織は，より創造的である。無秩序と不安定の混沌状態にあるとき，組織にはイノベーションのための土台がつくられるのであ

る。

　「多様性」を受け入れた組織は，初期に混沌が生じるが，その混沌を新しく秩序化しようとする「自律的作用」が起きる（田坂［1997］）。個人が混沌のきっかけを与えることに注目すべきであり，その混沌を与える存在の異端者・変わり者を受け入れるべきである。イノベーションをもたらす「ひらめき」のことを「セレンディピティ」とも呼ぶが，組織内に異端者を引き合わせることで新たな発見や価値を生む「セレンディピティ」が起こりやすくなるといえる（Brafman and Pollack［2013］）。

　ヒット商品という宝のネタは周辺と辺境に潜んでおり，ヒット商品を生み出すヒトと事業アイデアは，会社の辺境・本社スタッフや社内首脳部と直接関係のない圏外に存在するのがしばしばである。日本ビクターの VHS ビデオプロジェクトは，会社組織からはみ出た辺境のヒトを，会社組織がその存在と活動を無視していたために成功した事例である。

　「異端者」の自律的行動を保障・優遇することで新しいアイデア開発を触発する方法や，マーケティングの「アート」的側面も重視される方法，資源および権力が優秀なアイデアや提案に自然に反応できるように，内部組織体系を設計する必要がある。言い換えれば，将来のイノベーションにつながるアイデアとヒトが，組織の管理に埋没し，その成長の芽を摘まれるという失敗を犯さないためには，進取的で破格のアイデアと提案が高く評価される組織環境と報奨が必要なのである。そのために，優秀な提案が直ちに発見できるよう，情報が開放され，コミュニケーションが円滑であることが条件となる。

③　ネットワーク組織と価値共創

　1990 年代以降のグローバル市場の台頭と IT 技術の向上に伴う，「新しい経営」における現実の大きな流れとして，組織間ネットワークおよび社会的ネットワーク活用の拡散が現れており，組織の境界もより曖昧模糊化している。変化の速度が速い環境では必要な資源全てを組織内部で保有運用する場合，活用度が落ちる資源が頻繁に発生する。したがって，必要な資源を保有している諸組織とネットワークを形成しながら相互利益になる状況を作り出すように資源を共有できる方向に組織は発展している。さらには，組織内構成員の対内外の社会的ネットワークはイノベーションの基盤として活用される可能性が高まっている。

　顧客は，自らのニーズを充足させてくれるヒトを望んでいる。組織内構成員が

顧客とコミュニケーションするためにソーシャル・ネットワークにアプローチすることは，ネットワーク化のささやかながらも立派な一歩になる。ネットワーク化を行うことで，組織内外部の孤立したグループを1つに連結できる社会的きっかけづくりになる。このようなものを連結し，情報の流れを上下垂直に増やせば，ヒトは互いを発見し合い，コミュニケーションし，自らがチームやコミュニティーをつくってアイデアを交換し，プロジェクトを引出す環境を醸成することが可能である。このようなネットワーク化は，個人の創造性を抑えていた官僚主義の統制を弱体化させることが期待できる（Gray and VanderWal［2013］）。緩やかなネットワーク連結は，新しい知識の流れに寄与していることが確認されており，そのように確保された知識と情報は革新的アイデアの創出を刺激する。柔軟な組織原理を持つネットワーク組織はイノベーション競争に強い（若林［2009］）。

　そして，ネットワーク組織は基本的に部署間統合およびデータベース活用を前提とするため，マーケティング・コンセプト遂行のための組織として最も適した形態とみることができる。ネットワーク組織における組織と市場の両者は相互作用する要素間の複雑なネットワークとして認識されており，未来のマーケティング会社組織の根幹に位置するものは，グローバルで複雑膨大な市場の情報とニーズを仲介する機能であるとAchrol［1991］は予見した。また，ネットワーク組織での購買者と販売者は互いの境界を区分している，排他的立場で別個に認識されるのではなく，互いが連携する統合的ネットワークの構成因子として見做されており，したがって，顧客は製品サービスを受動的に受容する存在としてではなく，共同生産者として扱われる。すなわち，消費者を操作の対象ではなく，「プロシューマー」として扱うということである。プロシューマーとは製品の生産に関与する，つまり生産者の役割を担う消費者を意味する（Tofler and Tofler［2006］）。

　新しい経営コンセプトを発信し続け，ソーシャル・メディア，オープンイノベーションなどを早くから予言していたPrahalad and Ramaswamy［2004］も，顧客をイノベーションの主体的な役割に位置づけ，「顧客との価値共創」が企業競争優位の源泉であると主張している。さらに彼は，ネットワーク化による価値創造の機会の拡大は，市場機会の拡大を意味し，このような現実は我々に発想の転換を促しているとしている。すなわち，「企業が主体となって価値を創造する」から「消費者を主体にして価値を共創する」へと考え方を改めるためには，「組織の視点で個人を見る」のをやめて「個人を中心に据えて組織を眺める」ことを

強調しているのである。

6. おわりに

　慶応義塾大学の片岡［1967］の先駆的なマーケティング組織研究では，マーケティング組織論の「究極」の課題を，「集団的利益と個人の利益とを合致させることである」と早くから喝破していたが，この指摘の妥当性は本章の考察においても確認されたといえよう。マーケティング組織における調整と統合の問題は，集団的利益により一層焦点があたっており，新しい経営におけるイノベーションの問題は，個人の利益により一層焦点があたっている。世界の組織論の最前線は，個人の自律を促し，柔軟なヒトの結びつきから創造的活動を促す組織の研究である中で，上記における両問題の側面は，実践の場においては二者択一ではなく，同時に考慮しなければならないものであろう。

　マーケティング組織の成功は環境に対する安定性と不安定性，厳格な統制と柔軟な支援，集権と分権といった相互矛盾と緊張衝突を維持管理する組織の能力，および創造性を持つ個人を活かす能力とに関わる挑戦的課題であることを指摘して，本章の結びとしたい。

【注】
1) 本章で論じるマーケティング組織とは，狭くはマーケティング活動を専門的に計画や実行する一部署，例えば，マーケティング企画部署や販売部署等を意味するが，広くはマーケティングを会社全体に届かせた結果としての組織をも意味する。マネジリアル・マーケティング登場以前のマーケティング組織の実践論が，相互に独立したマーケティング活動に関わる各々の部署管理であったのに比べ，マネジリアル・マーケティング登場以降のそれは，マーケティング活動における統一的な全社管理であり，これらの変遷がマーケティング組織論と関連深いことを留意すべきであろう（森下［1959］）。
2) 市場志向的組織の根幹には，顧客優先という哲学信念が位置づけされているのだが，単純にそのような哲学信念を持つだけでは，その成果は保障できない。戦略計画と市場志向的組織について諸々の示唆を与えている Day［1990, 1994］は，「市場駆動戦略」の持論を展開するなかで，顧客志向的管理哲学を反映しようとする組織構造の構築において，以下のような内容を含めることで企業全体に渡って市場志向性を企業文化として昇華させることを提示している。それは，1つ目に，顧客志向性と関連した一連の過程，価値が企業活動の全ての側面と構成員の全ての行動に浸透するようにする。2つ目に，これらの行動は，顧客の要求と行為，競争者の能力と意図に対する深い理解を共有することに基礎を置く。3つ目に，市場志向的組織構造の目的は，顧客を満足させることで競争者より優れた成果を出すためのものである，ということである。

【参考文献】

片岡一郎［1967］「マーケティング組織」清水晶編著『マーケティング通論―原理と事例』同文舘出版，pp.131-159.

川合　歩・水口清一［1995］『バーチャル社会と意識進化』日新報道，pp.130-156.

岸田民樹［2009］『組織論から組織学へ―経営組織論の新展開』文眞堂，pp.64-66.

クリステンセン，クレイトン・M.［2013］『C.クリステンセン経営論』DIAMOND ハーバード・ビジネス・レビュー編集部編訳，ダイヤモンド社．

田坂広志［1997］『複雑系の経営』東洋経済新報社．

野中郁次郎・陸　正編著［1987］『マーケティング組織』誠文堂新光社．

沼上　幹［2009］『経営戦略の思考法』日本経済新聞社，pp.37-53，pp.288-296。

前野芳子［2006］「EDコントライブ株式会社」『ネットワーク社会の企業組織』清文社，pp.128-136。

森下二次也［1959］「Managerial Marketingの現代的性格について」『経営研究』大阪市立大学商学部40号，pp.1-29。

若林直樹［2009］『ネットワーク組織―社会ネットワーク論からの新たな組織像―』有斐閣．

Achrol, R. S. [1991], "Evolution of the Marketing Organization: New Forms for Turbulent Environments," *Journal of Marketing*, Vol.55(Oct), pp.77-93.

Albrecht, Karl [1988], *At Americas Service*, Dow Jones-Irwin.（鳥居直隆訳［1990］『逆さまのピラミッド―アメリカ流サービス革命とは何か―』日本能率協会。）

Berry, L. L. [1981], "The Employee as Customer", *Journal of Retail Banking*, 3(1), pp.33-40.

────── [1995], *On Great Service*, New York: The Free Press.

Berry, L. L. and A. Parasuraman [1991], *Marketing services: Competing through quality*, New York: Free Press.

Berry, L. L. and M. C. Burke [1976], "Improving retailer capability for effective consumerism response," *Journal of Retailing*, 52(3), pp.3-14, p.94.

Bowen, D. E. and E. E. Lawler [1992], "The empowerment of service workers: what, why, when, and how," *Sloan Management Review*, Spring. pp.31-39.

Brafman, O. and Judah Pollack [2013], *The Chaos Imperative: How Chance and Disruption Increase Innovation, Effectiveness, and Success*, Crown Business.（金子一雄訳［2014］『ひらめきはカオスから生まれる』日経BP社。）

Capodagli, Bill and Lynn Jackson [2009], *Innovate the Pixar Way: Business Lessons from the World's Most Creative Corporate Playground*, McGraw-Hill.

Carroad, P. A. and C. A. Carroad [1982], "Strategic Interfacing of R&D and Marketing," *Research Management*, 25(1), pp.28-33.

Christensen, M. [1997], *The Innovation's Dilemma*, President and Fellows of Harvard College.（伊豆原弓訳［2000］『イノベーションのジレンマ』翔泳社。）

Cleland, D. I. and W. R. King [1975], *Systems Analysis and Project Management*, McGraw-Hill, p.234.

Collins, J. C. and Jerry I. Porras [1994], *Built to Last*, HarperCollins Publishers.

Crittenden, V. L., L. R. Gardiner and A. Stam [1993], "Reducing Conflict Between Marketing and Manufacturing," *Industrial Marketing Management*, Vol.22(Nov), pp.299-309.

Day, G. S. [1990], *Market Driven Strategy: The Pursuit of Competitive Advantage*, West Publishing.

────── [1994], "The Capabilities of Market-Driven Organization," *Journal of Marketing*,

Vol.58(October), pp.37-52.
Drucker, P. F. [1992], *Managing for the Future*, Routledge.（上田惇生，田代正美，佐々木実智男訳［1992］『未来企業―生き残る組織の条件―』ダイヤモンド社。）
Felton, A. P. [1959], "Making the Marketing Concept Work," *Harvard Business Review*, Vol.37, pp.55-65.
Glassman, M. and B. McAfee [1992], "Integrating the Personal and Marketing functions: The Challenge of the 1990s," *Business Horizons*, 35(3), pp.236-238.
Goldman, S. L. and Kenneth Preiss [1994], *Agile Competitors and Virtual Organizations: Strategies for Enriching the Customers*, Wiley.（紺野登訳［1996］『アジル・コンペティション―速い経営が企業を変える―』日本経済新聞社。）
Gray, Dave and Thomas Vander Wal [2013], *The Connected Company*, O'Reilly Media.（野村恭彦監訳，牧野聡訳［2013］『コネクト―企業と顧客が相互接続された未来の働き方―』オライリージャパン。）
Grönroos, C. [1981], "Internal Marketing:An Integral part of Marketing theory," In J. H. Donnelly and W. R. George(Eds.), *Marketing of Service*, Chicago, Ⅱ: American Marketing Association, pp.236-238.
―――― [1990], "Relationship Approach to Marketing in Service Contexts: The Marketing and Organizational Behavior Interface," *Journal of Business Research*, 20(1), pp.3-11.
―――― [2007], *Service Management and Marketing: Customer Management in Service Competion*, 3ed., John Wiley&Sons.（近藤宏一監訳・蒲生智哉訳［2013］『北欧型サービス志向のマネジメント―競争を生き抜くマーケティングの新潮流―』ミネルヴァ書房。）
Gupta, A, K., S. P. Raj and David Wilemon [1985], "The R&D-Marketing Interface in High Technology Firms," *Journal of Product Innovation Management*, Vol.2, p.12.
Hamel, Gary [2007], *The Future of Management*, Harvard Business School Press.（藤井清美訳［2008］『経営の未来―マネジメントをイノベーションせよ―』日本経済新聞社出版。）
Handy, Charles [1990], *The Age of Unreason*, Boston:Harvard Business School Press.（平野勇夫訳［1994］『ビジネスマン価値逆転の時代―組織とライフスタイル創り直せ』阪急コミュニケーションズ。）
Harris, L. C. [2000], "The Organizational Barriers to Developing Market Orientation," *European Journal of Marketing*, 34(5/6), pp.598-624.
Jaworski, B. J. and A. K. Kohli [1993], "Market Orientation: Antecedents and Consequences," *Journal of Marketing*, Vol.57(July), pp.53-70.
Kohli, A. K. and B. J. Jaworski [1990], "Market Orientation:The Construct, Research Proposition, and Managerial Implications," *Journal of Marketing*, Vol.54（April), pp.1-18.
Kotler, P. [2000], *Marketing Management:Millennium Edition*, Prentice-Hall, Inc.（月谷真紀翻訳［2001］『コトラーのマーケティングマネジメント―ミレニアム版―』ピアソン・エデュケーション。）
Lashinsky, Adam [2012], *Inside Apple -How Americas Most Admired and Secretive Company Really Works-*, New York:Grand Central Publishing.（依田卓巳訳［2012］『インサイドアップル』早川書房。）
Lings, I. N. [1999], "Managing Service Quality with Internal Marketing Schematics," *Long Range Planning*, 32(4), pp.452-463.
Lukas B. A. and I. Maignan [1996], "Striving for quality: The Key Role of Internal and External Customers," *Journal of market focused management* Vol.1, pp.175-197.

McNamara, C. P. [1972], "The Present Status of the Marketing Concept," *Journal of Marketing*, Vol.56, pp.53-71.
Narver, J. C. and S. F. Slater [1990], "The Effect of a Market Orientation on Business Profitability," *Journal of Marketing*, Vol.54(October), pp.20-35.
Oreilly, C. A. and Jeffrey Pfeffer [2000], *Hidden Value: How Great Companies Achieve Extraordinary Results with Ordinary People*, Harvard Business Review Press.
Penn, M. J. and E. K. Jalesen [2007], *Microtrends: The Small Forces Behinds Tomorrows Big Change*, Twelve.（三浦展訳［2008］『マイクロトレンド―世の中を動かす1％の人々―』日本放送出版協会。）
Piercy, N. F. [1995], "Customer satisfaction and the internal market: Marketing our customers to our employees," *Journal of Marketing Practice: Applied Marketing Science*, Vol.1 Iss: 1, pp.22-44.
Prahalad, C. K. and Venkat Ramaswamy [2004], *The Future of Competition*, Massachusetts: Harvard Business Review Press.（有賀裕子訳［2013］『コ・イノベーション経営―価値共創の未来に向けて』東洋経済新報社。）
Rifkin, Jeremy [2011], *The Third Industrial Revolution: How Lateral Power is Transforming Energy, the Economy and the World*, Palgrave Macmillan.（田沢恭子訳［2012］『第3次産業革命』インターシフト。）
Ruekert, R. [1992], "Developing a Market Orientation: An Organizational Strategy Perspective," *International Journal of Research in Marketing*, 9(3), pp.225-245.
Schmitt, B. [2007], *Big think strategy:How to leverage bold ideas and leave small thinking behind*, Boston: Harvard Business Press.（樫村志保訳［2008］『大きく考える会社は、大きく育つ―大胆な発想を阻む組織の壁を打ち破る方法―』日本経済新聞出版社。）
Semler, Ricardo [2004], *The Sevenday Weekend:A Better Way to Work in the 21st Century*, New Ed.（岩元貴久訳［2006］『奇跡の経営』総合法令出版。）
Shapiro, B. P. [1977], "Can Marketing and Manufacturing Coexist?," *Harvard Business Review*, 55(5), pp104-114.
――― [1988], "'What the Hell Is 'Market Oriented'?," *Harvard Business Review*, 66(6), pp.119-125.
Slater, S. F. and J. C. Narver [1995], "Marketing Orientation and the learnig organization," *Journal of Marketing*, Vol.59(July), pp.63-74.
Sounder, W. E. [1977], "Effectiveness of Nominal and Integrating Group Decision Process for Integrating R&D and Markeing", *Management Science*, February, pp.595-605.
――― [1988], "Managing Relations Between R&D and Marketing," *Industrial Marketing Management*, 5(1), pp.6-19.
Sounder, W. E. and A. K. Chakrabarti [1978], "The R&D-Marketing Interface: Results from an Empirical Study of Innovation Projects," *IEEE Transactions on Engineering Management*, EM-25, No.4, pp.88-93.
Tofler, Alvin and Heidi Tofler [2006], *Revolutionary Wealth*, Knopf.（山岡洋一訳［2006］『富の未来』講談社。）
Tomes, A. [2003], "UK Government Science Policy: The Enterprise Deficit Fallacy," *Technovation*, 23(4), pp.785-792.
Varey, R. J. and B. R. Lewis [1999], "A Broadened Conception of Internal Marketing", *European Journal of Marketing*, 33(9), pp.926-944.
Webster, F. E., Jr. [1988], " Rediscovering in the Marketing Concept," *Business Horizons*, 31(May-June), pp.29-39.

Weitz, Barton and Erin Anderson [1981], "Organizing and Controlling the Marketing Function," *Review of Marketing 1981*, B. M. Enis and K. J. Roering, eds., Chicago: American Marketing Association, pp.134-142.

Weinrauch, J. D. and R. Anderson [1982], "Conflicts Between Engineering and Marketing Units", *Industrial Marketing Manaement*, 11(2), pp.291-301.

Wind, Yoram [1981], "Marketing and the Other Business Function," *Research in Marketing*, Vol.5, pp.237-264.

Winter, J. P. [1985], "Getting your house in order with internal Marketing: A Marketing Prerequisite," *Health Marketing Quarterly*, 3(1), pp.69-77.

(趙　佑鎮)

第2章

チャネル研究の諸問題

1. はじめに

　製造業のマーケティングにおいて，チャネルは，マーケティング・ミックスの1つであるPlaceに位置づけられるが，以下の2点において他のマーケティング・ミックスと異なる特徴を有する。

　第1に，チャネルは，マーケティングの最終局面である消費者への製品の受け渡しを主な活動としており，すべてのマーケティング活動がそこに集約される。そのため，チャネルは，他のマーケティング・ミックス活動から独立して存在し得ず，また，他の活動へも少なからず影響を与える。

　第2に，チャネルの目的は生産と消費を架橋することにあるが，架橋活動すべてを単独で行うのは難しく，多くの場合，それを専業とする流通業者が介在する。そのため，チャネルは，第三者の介入を前提とした計画の立案と遂行が必要となり，第1章で論じた組織内での調整のみならず，組織間の調整が大きな課題となる。

　ところで，製造業は，最初からチャネルを自らのマネジメント対象として認識していたわけではない。そこで，本章では，製造業がマネジメント対象としてチャネルを認識した経緯から議論を始め，組織間関係を前提としたチャネル・マネジメント手法の確立，そして，チャネル・マネジメントの主導権が製造業から流通業へ移行する過程を追いながら，これまでチャネル研究が取り組んできた課題について考察する。

2. 製造業のチャネル認識

(1) 生産と消費の乖離と社会的分業による架橋

　そもそも、マーケティングにおけるチャネル問題は、生産と消費が乖離しており、これを架橋しなければマーケティング目標すなわち消費者ニーズを充足できないことから生じる。

　生産と消費の乖離とは、地理的乖離、時間的乖離、情報の乖離、社会的乖離を言い、これらを架橋するのがチャネル活動である（田島［1990］）。地理的乖離を架橋するため生産地から消費地まで製品を移動し（輸送活動）、時間的乖離を架橋するため必要なときまで製品を一時的に保管する（保管活動）。また、情報の乖離を架橋するため製品の特徴を消費者に説明し（情報提供活動）、金銭と引き換えに製品の所有権が消費者に移行し社会的乖離が架橋される（取引活動）[1]。

　このように、チャネル活動は生産と消費を架橋する様々な活動の集合であるが、そのすべてを製品の生産者である製造業が行うのは必ずしも得策ではない。なぜなら、生産活動とチャネル活動の最適活動量が一致するとは限らず、効率性が低下することがあり得るからである。

　社会的分業は、こうした問題を克服するために考えられた人類の知恵だが、チャネル活動も例外ではない。生産活動とチャネル活動が分離し、チャネル活動を専業とする流通業が誕生する。そして、流通業は、チャネル活動間の最適活動量の違いから、さらに卸売業や小売業へと分化していく[2]。製造業も同様である。生産に関わるすべての活動を単独で行うのは非効率であり、複数企業がそれを分担して行うようになる。

　このように、チャネル活動は、社会的分業により数多くの企業によって担われ、各企業は市場取引によって結びつく。その中で、流通業者を介した製造業と消費者との関係を B to C (Business to Consumer)、製造業同士の関係を B to B (Business to Business) と呼ぶ。そして、B to C において、製品を提供する側として消費者と向き合う部分（製造業と流通業）をコマーシャル・チャネルと言うが、本章では、特に断りがない場合、このコマーシャル・チャネルを単にチャネルと呼ぶ[3]。

(2) マネジメント対象としてのチャネルの発見

さて，上述したように，チャネルとは，流通業を介した製造業と消費者との関係を指すが，製造業は最初からチャネルをマネジメント対象として認識していたわけではない。と言うのも，製造業と直接取引しているのは流通業であり，流通業に製品を販売した時点で，製造業の経済活動が完了するからである。

しかし，チャネル全体をみると，生産と消費の架橋はこれで終わらず，製品が流通業から消費者に渡って初めてそれが完結する。したがって，消費者が製品を購入しない限り，本当の意味で売れたことにはならず，製造業が流通業に販売した時点ではまだ「仮の売上」に過ぎない。

これは，供給が需要を下回り，流通業が製造業から購入した製品を消費者に滞りなく販売できているうちは問題にならない。しかし，供給が需要を上回るようになると様相は一変する。流通業が製造業の望む量を購入しなくなったり，売れないことを理由に価格の引き下げを迫るなど，製造業による流通業への販売に様々な支障をきたすようになる。そして，このような供給過剰状態が恒常化したのが，19世紀末に産業革命により生産量が飛躍的に増加したアメリカであり，ここで製造業は，自らの経済活動を阻害するものとしてチャネルを認識するようになる。

マーケティングの古典と言われる *Some Problems in Market Distribution*（『市場流通に関する諸問題』）を著したShawは，その著書の中で，それまで流通業に任せていた活動も，工場での生産と同じように，製造業の責任範囲だと主張する（Shaw [1915]）。これは，製造業が流通業と消費者との売買を自らの市場とみなし，そこに至る過程を自らの活動として捉え直すことを意味する。まさに，マネジメント対象としてのチャネルの発見がここにある。

(3) チャネル類型選択論からチャネル・システム論へ

しかしながら，流通業の活動内容や複雑に絡み合った取引関係を理解するのは難しく，初期のチャネル研究は，チャネル・マネジメントの必要性は認識されていたものの，商品別，機関別，機能別という限定された視点からチャネルを記述することに止まっていた（荒川 [1978]）。

こうした状況の中で，チャネル・マネジメントに有効な概念として登場するの

がチャネル類型選択論である（碇井［1999］）。チャネル類型選択論は，多様なチャネルをいくつかのタイプに分類し，その中から適したものを選択するものであり，チャネルにおける取引相手の垂直的選択（卸売業か小売業か）に端を発する（Butler［1911］）。そして，この取引相手の垂直的選択（長短基準）の他に，取引相手の数（広狭基準）や取引相手に占める自社の取引比率（開閉基準）など，チャネルを分類する際の基準がその後いくつか提示される（風呂［1968］）。

一方，Butler, et al.［1914］は，チャネルの分類基準としてPerlinが百貨店調査から見出した「買回品（shopping goods）」「最寄品（convenience goods）」という製品特性に注目する。この製品特性に基づくチャネル分類は，その後，Copeland［1927］に引き継がれ，Duncan［1954］の提示した開放的チャネル，選択的チャネル，排他的チャネルの3つのタイプとして定着する[4]。

このチャネル類型選択論は，多様なチャネルを類型化することで，チャネル政策を包括的に考察することを可能にする。また，チャネルを選択対象にすることで意思決定問題として扱うことが可能となり，チャネル・マネジメントの発展に大きく寄与したと言える。

しかし，製造業が望むチャネルが常に存在するとは限らず，その場合，チャネルを「選択」するのではなく，自ら「構築」することが求められる。ところが，チャネル類型選択論は，利用可能なチャネルがすでに存在し，その中から最適なものを選ぶことを前提としており，チャネル構築に関してほとんど議論していない（石原［1969］）。

以上の理由から，チャネル研究の関心は，チャネル選択からチャネル構築へと移行するが，このときに大きな影響を与えたのが，1950年代に広まったシステムズ・アプローチである（Alderson［1957］，Ridgeway［1957］）。中でも，チャネル研究におけるシステムズ・アプローチの有用性を指摘した代表的な研究者であるMcCammonとLittleは，チャネルを「特異な行動パターンを有する操作システム」とみなし，その特徴を以下のように述べている（McCammon and Little［1965］pp.329-330）。

① チャネルは，予定された結果を生み出すために構造化された相互に関連する要素から構成される。
② チャネル構成員は，相互に受容されたチャネル目標を達成するよう努力する。この目標は，チャネル構成員の個別目標と一致しないことがしばしばあるが，交渉および調整過程を通して，チャネル目標と個別目標の一致が図ら

れる。
③ チャネル構成員によって遂行される活動は連続的であり，この活動はマーケティング・フローとして認識される。
④ チャネルは，それへの参加が任意であるという意味で，オープン・システムとみなすことができる。
⑤ チャネルは，通常，単独の企業によって管理される。その企業はチャネル・キャプテンと呼ばれ，チャネルで行われるほとんどすべての活動を統括し調整する。
⑥ チャネル構成員の行動は，チャネル・キャプテンが作成した行動規範またはチャネル構成員全員が有する集団規範に規定される。

このように，チャネルをシステムとして捉えることで，構築すべきチャネルの姿が明確になり，人々の関心は垂直的マーケティング・システム（VMS：Vertical Marketing System）の構築へと移行していく（石原［1973］，米谷［1974］）。

(4) チャネル・システムへの組織内マネジメント手法の適用

以上，チャネルを垂直的マーケティング・システム（以下，VMS）と認識し，研究の中心課題がチャネル選択からチャネル構築へと移行するが，ここで問題となるのがその構築方法である。

この点に関し，当初，VMS を 1 つの組織とみなし，VMS に組織内部のマネジメント手法を適用しようとする動きが起こる。いわゆるチャネル拡張組織論がそれである（石井［1983］）。しかし，複数組織からなるチャネルを 1 つの組織とみなすことと，1 つの組織としてマネジメントすることは別の問題である。もし，組織間の活動を組織内と同じようにマネジメントできるのであれば，そもそも組織という概念を持ち出してマネジメントを議論する必要はない。組織内と組織外でその手法が異なるからこそ，組織内に固有なマネジメントが存在する。

チャネルは，すでに述べたように，社会的分業により制度的に独立し自律した組織が市場取引によって結びついたものである。一方，VMS は，この複数組織からなるチャネル活動を，あたかも組織内のようにマネジメントすることを求めている。そして，この矛盾を解決するために注目されたのが「権限関係」である。一般に，組織内では，雇用関係を前提とする権限関係によって意思決定が調整される。一方，独立した組織から構成されるチャネルにはこの種の権限関係は

存在しない。しかし，何らかの方法でこれと似た仕組みを構築できれば，あたかも1つの組織のようにチャネルをマネジメントすることができる。

こうして，チャネル研究は，疑似権限関係の構築によるチャネル・マネジメントを模索するようになる。

3. 疑似権限関係に基づくチャネル・マネジメント

(1) 疑似権限関係の構築方法

制度的に独立した組織間に疑似権限関係を構築し，他の組織の意思決定に影響を与える方法として，一般に，以下の3つがあげられる（江尻 [1979]）。第1は，資本関係に基づく統制であり，株式取得による経営への関与などがこれに該当する。第2は，契約関係に基づく統制であり，事前に合意した項目に関し影響を与えることができる。そして，第3が社会的関係に基づく統制であり，人間が有する主従意識を利用して他の組織の意思決定に影響を与える[5]。

これら3つの方法の中で，最初の2つは社会制度として保証された方法であり，また，組織内の権限関係との類似性から，他の組織への影響度は，社会的関係よりも契約関係，そして，契約関係よりも資本関係に基づく統制の方が強く，望ましいと言える。しかし，資本関係に基づく疑似権限関係の構築が最も優れた方法かと言うと，必ずしもそうではない。なぜなら，資本関係に基づく統制は費用がかかり，適用範囲が限られるからである。契約も同様である。資本関係ほど費用はかからないものの，契約業務等に関する費用が発生するため，既存の取引に依拠した社会的関係に基づく統制よりも費用がかかる。したがって，これらの方法は，効果と効率がトレードオフの関係にあり，どれが優れた方法か一概に決めることはできない。

こうした状況の中で，チャネル研究が注目したのは，第3の社会的関係に基づく統制である。他の2つが，財務や法務と言った他の学問分野に基礎を置くのに対し，社会的関係に基づく統制は，チャネル研究の中核をなす取引関係を基礎としていること。また，資本関係や契約関係に基づく統制は，強力ではあるものの細部にまで行き届かず，社会的関係に基づく統制が並行して行われることなど

が，その理由としてあげられる。そこで，以下では，社会的関係に基づく統制に絞って議論を進めよう。

(2) チャネル・パワーの活用

チャネル研究において，社会的関係に基づく統制の有用性を最初に提唱したのは Stern [1971] である。彼は，チャネル・システムの基本が社会システムにあり，チャネルの経済的側面はその下位システムに過ぎないと主張し，社会的関係を規定するパワー概念に注目する。

ここで言うパワーは Dahl [1964] のパワー概念に基づくものであり，チャネル・システムにおける社会的関係を規定するチャネル・パワー（channel power）は「任意のチャネルにおいて，異なる流通段階に位置するチャネル構成員のマーケティング意思決定に影響を及ぼす能力」（EL-Ansary and Stern [1972], p.47）と定義される。そして，チャネル・パワーの規定因として，依存度とパワー基盤の2つに注目する[6]。

依存度（dependence）とは，何らかの理由で他者を必要とする程度であり，依存度に基づくチャネル・パワーとは，自分に対する相手の依存度の高さを利用して相手のマーケティング意思決定に影響を及ぼすことを言う。なお，依存度の具体的な内容は，Emarson [1962] の依存概念に基づき，図表 2-1 のように定式化される（EL-Ansary [1975]）。

図表 2-1 チャネル・パワーの規定因（依存度）

$P_{ij} = f(D_{ji})$
$D_{ji} = g(G_{ij}, M_{ji}, A_{ji}, C_{ji})$

ただし，
  P_{ij}：チャネル構成員 i のチャネル構成員 j に対するパワー
  D_{ji}：チャネル構成員 j のチャネル構成員 i に対する依存度
  G_{ij}：チャネル構成員 i がチャネル構成員 j の目標達成に介在する程度
  M_{ji}：チャネル構成員 j がチャネル構成員 i の介在する目標達成に投下する努力量
  A_{ji}：チャネル構成員 j がチャネル構成員 i 以外に利用可能な代替案
  C_{ji}：チャネル構成員 j がチャネル構成員 i との関係を破棄し代替案に移行するためのコスト

（出所）EL-Ansary [1975] p.62.

図表 2-2　チャネル・パワーの規定因（パワー基盤）

パワー基盤	定　　　義
報　酬	チャネル構成員 j がチャネル構成員 i の要求を受け入れることで，i から j に何らかの利益がもたらされるという信念
制　裁	チャネル構成員 j がチャネル構成員 i の要求を受け入れない場合に，i が j に何らかの不利益を及ぼすという信念
正当性	チャネル構成員 j がチャネル構成員 i の要求を受け入れることを義務づけられているという信念
一体化	チャネル構成員 j がチャネル構成員 i の要求を受け入れることで，i の仲間になり得るという信念
専門性	チャネル構成員 j がチャネル構成員 i の要求を受け入れることで，i が有する専門的能力を享受できるという信念

（出所）Hunt and Nevin [1974] p.187 を一部修正。

　一方，チャネル・パワーのもう1つの規定因であるパワー基盤（power-base）は，Simon [1953] のパワー概念に基づくものであり，代表的なパワー基盤として，①報酬（reward），②制裁（penalty），③正当性（legitimacy），④一体化（referent），⑤専門性（expert）の5つがあげられる[7]。なお，パワー基盤には，強制的（coercive）および非強制的（non-coercive）パワー基盤や，経済的および非経済的パワー基盤といった影響力の質的差異に注目した分類も存在する（Hunt and Nevin [1974]，Etgar [1978]）[8]。

(3) コンフリクトの制御

　チャネル・パワーは，他のチャネル構成員のマーケティング意思決定に影響を及ぼすが，彼らがこちらの望むことをすべて受け入れるとは限らない。そのとき発生するのがコンフリクトである。

　コンフリクト（conflict）とは，「他のチャネル構成員が自らの目的達成を阻害していると認識すること」（Stern and EL-Ansary [1977] p.283）を指し，それが発生するのはチャネル構成員が相互依存の関係にあるからだと言う（石井 [1983]）。すなわち，伝統的チャネルのように，組織が市場取引だけで結びついているなら，互いに干渉することなく，コンフリクトも発生しない。コンフリク

トとは，全体最適のために個別組織の自律性が阻害される VMS だからこそ発生する問題なのである（Bowersox, et al.［1980］）。

したがって，VMS の構築を目指す組織にとって，コンフリクトの解消は，チャネル・パワーによる疑似権限の構築に並ぶマネジメント課題の1つと言えるが，その原因は①目的の相違，②活動領域や役割認識の相違，③現実認識の相違など，認識の相違に基づくものが多く，いかにコミュニケーションを促進し組織間での認識の共有化を図るかが重要となる（石井［1983］）。

また，VMS を構築しようとするが故にコンフリクトが発生することはすでに述べた通りだが，これはチャネル・パワーの行使自体がコンフリクトの原因になり得ることを示唆しており，事実，それを支持する実証研究もいくつか存在する（Walker［1972］，Wilkinson［1981］）。しかし，その一方で，チャネル・パワーの行使によりコンフリクトが解消されるという研究もあり，両者の関係はかなり複雑だと言える（Lusch［1976］，Brown and Frazier［1978］）。

(4) パワー・コンフリクト・モデル

以上，VMS を構築する上で必要なチャネル・パワーとその過程で発生するコンフリクトに関する研究を概観したが，この2つの概念を中核とするチャネル・マネジメント体系をパワー・コンフリクト・モデルと呼ぶことにしよう。

図表2-3は，このパワー・コンフリクト・モデルの全体像をレビューしたものだが，その内容は以下の通りである（Gaski［1983］）。

▶パワー基盤は，強制的・非強制的かを問わず概ねチャネル・パワーを高める（一部例外有り）。
▶相手の依存度は，自らのチャネル・パワーを高める。
▶チャネル・パワーの行使は，相手のコンフリクトを高める。ただし，非強制的パワー基盤に基づくチャネル・パワーの行使は，逆にコンフリクトを低下させる。
▶チャネル・パワーの行使は，相手の満足度を低下させる。ただし，非強制的パワー基盤に基づくチャネル・パワーの行使は，逆に満足度を高める。
▶チャネル・パワーの行使はチャネル成果を向上させるが，コンフリクトはチャネル成果を低下させる。
▶相手が拮抗力を持つと，チャネル・パワーは低下する[9]。

54　第Ⅰ部　組織内および組織間関係への対応

図表 2-3　パワー・コンフリクト・モデルの全体像

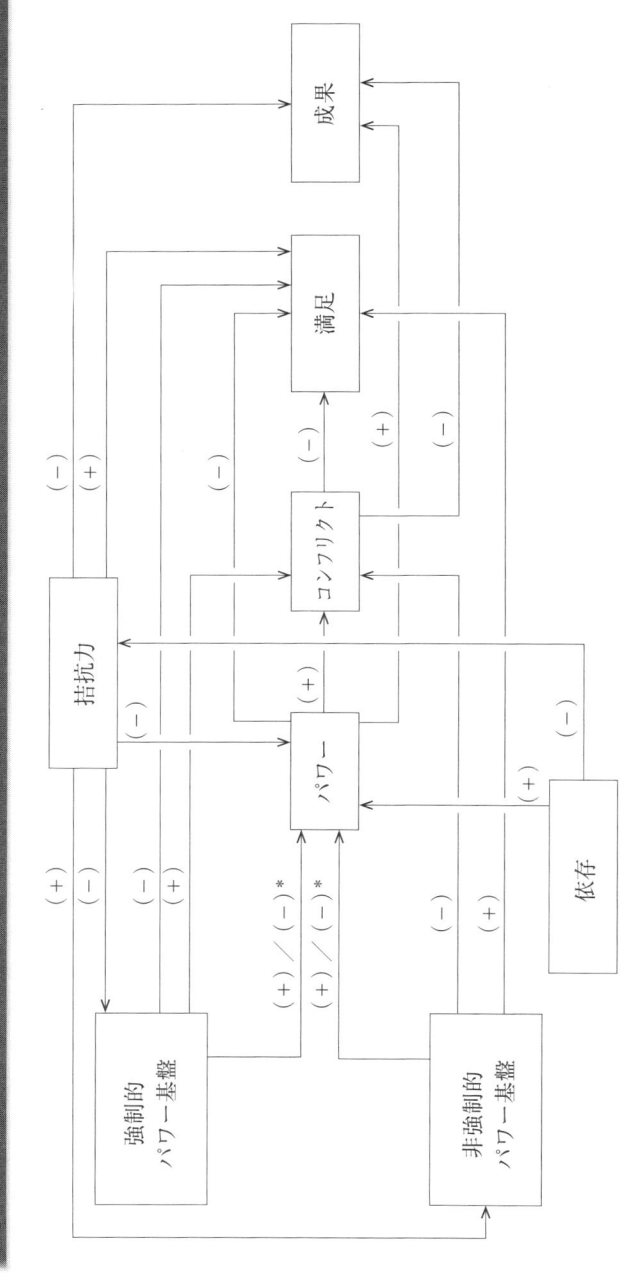

+ ＝正の関係
− ＝負の関係

(注)「依存」「コンフリクト」「満足」は、パワーを行使される側の状態を指す。
(出所) Gaski [1983] p.14.

▶相手の依存度が高いと，自分に対する拮抗力は低下する。
▶相手が拮抗力を持つと，自らがチャネル・パワーを行使する際，強制的パワー基盤の使用が抑制され，非強制的パワー基盤の使用が促進される。

4. 系列チャネルのビジネスモデル

 ところで，前節で議論したチャネル・パワーは，自ら望む行為を相手から引き出すための手段であり，行動レベルでの調整だと言える。一方，構造レベルすなわち自らが望む行動を誘発する仕組みを作ることで調整する方法もある。いわゆる日本型VMSと言われる「系列チャネル」がそれである。そこで，資生堂を例に系列チャネルについて考察してみよう。

(1) 資生堂の系列チャネル[10]
── 日本型VMS ──

 資生堂は，1872（明治5）年の創業以来，西洋文化と日本を代表する繁華街・銀座のイメージを背景に高品質・高価格製品を提供し続け，化粧品市場で一定の地位を確立した。しかし，第1次世界大戦の戦後不況の中，その高級イメージが災いし，おとり商品の対象となり，資生堂のみならず，それを扱う小売店の経営をも圧迫していた。そこで，1921（大正10）年，個人商店から合資会社に改組し初代社長に就任した福原信三は，取引相手である流通業との共存共栄を提唱し，チャネル改革に乗り出す[11]。

 1923（大正12）年，まず希望する取引卸と「資生堂化粧品連鎖店取次店契約」を結ぶ。この契約は，定価販売に賛同した連鎖店（小売店）にのみ定価で製品を納入することを定めたものであり，これにより泥沼の値引き合戦から逃れることができる。ただし，この種の契約を結ぶことで，他の化粧品会社の製品を扱うことができなくなる可能性があるため，資生堂が常備しなければならない製品を用意し，定価販売を側面から支援することも契約で謳っている。

 次に，資生堂は，取次店契約を結んだ卸の中から有力な者を選び，特約店契約を結ぶ。その目的は，有力取次店に地域の一手販売権を与えることで，卸売段階の集約を図ることにある。その後，これら特約店と共同出資により販社を設立。契約に基づく統制から資本関係に基づく統制へと移行する[12]。

そして，卸売段階の統制を強めた資生堂は，連鎖店の直接支援に乗り出す。例えば，目標額に達した連鎖店に報奨金を給付する年間取引契約の締結（1929年）や連鎖店向けセミナーの開始（1935年），美容部員の強化（1959年）や資生堂化粧品コーナーの設置（1962年），資生堂花椿会（顧客組織）の設立（1962年）などがそれである。

こうして，資生堂は，自ら系列チャネルを構築し，日本最大の化粧品会社へと成長するとともに，これに刺激を受けた他の大手化粧品会社も，同様の系列チャネルの構築を試みることになる。

(2) 系列チャネルの構造

系列チャネルは，製造業−卸売業−小売業の3段階で構成されるチャネルを，卸売業は資本関係，小売業は契約関係という異なる方法を用いて統制する。また，同時に社会的関係に基づく統制を行うことで，チャネル・パワーのさらなる向上を図っている。例えば，報奨金の提供（報酬）や小売店向けセミナー（専門性）がそれである。このように，系列チャネルは，複数の疑似権限関係の構築方法を上手く組み合わせることによって，多段階チャネルのVMS化を実現している。

そして，系列チャネルを機能させる上で，重要な役割を担っているのが取引依存度である。取引依存度は，すでに述べたようにチャネル・パワーの源泉の1つであるが，系列チャネルではそれ以上の役割を有する。すなわち，流通業の取引依存度を高めることで，彼らをブランド内競争からブランド間競争へ導くことができるのである。

流通業は，通常，競合店が同じ製品を取り扱うため，同じ製品間で競争を行うことになる（ブランド内競争）。しかし，取引依存度を高めることで，資生堂の製品を扱う流通業とそうでない流通業の競争となり，製造業の競争関係と一致する（ブランド間競争）。これは，系列チャネルにおいて，製造業と流通業がWin-Winの関係になることを意味しており，福原信三の言う「共存共栄」がシステムとして埋め込まれていることを示している。

こうして，両者が協力して獲得した利益は，資生堂のチャネル・パワーの源泉となるとともに，様々な支援を通して流通業に還元される[13]。製造業がチャネル・キャプテンとして流通業との共存共栄の仕組みを構築し，流通業に思い切っ

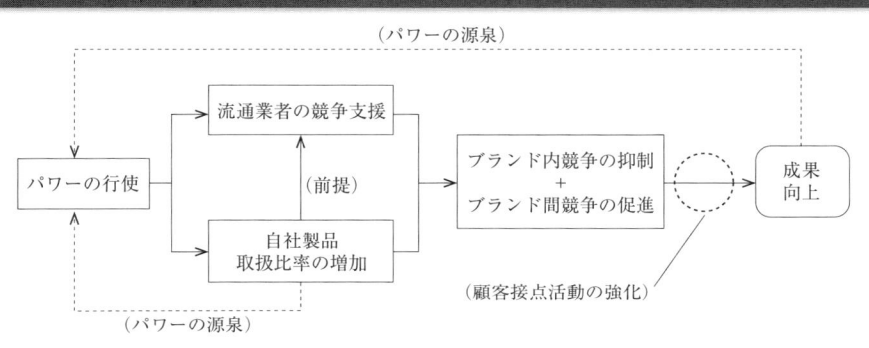

図表 2-4　系列チャネルのビジネスモデル

（出所）小林［2006a］p.90.

た支援を行うことで，チャネル全体の競争力を向上させる。そして，獲得した利益を再びチャネルへ投資することで，競争力のさらなる強化を図るという好循環系がそこに存在する（図表 2-4 参照）。

(3) 系列チャネルの限界

しかし，このように高度に洗練された系列チャネルも万能ではない。上述したように，系列チャネルが機能するには取引依存度を高める必要があるが，これがその普及を妨げる要因となる。と言うのも，流通業の必要とする品揃えと製造業の提供可能な品揃えが一致しなければ，取引依存度を高めることができないからである。系列チャネルが優れたチャネル・マネジメント手法でありながら，それほど普及しなかった理由はここにある。

また，共存共栄の仕組みを構築する系列チャネルは，組織間に関係特定的な投資を発生させ，関係の長期継続を促す。このような関係は，経済の安定成長期において有効に機能するものの，経済の縮小期や構造転換期では逆に足かせとなる。なぜなら，長期継続的かつ包括的な組織間関係がチャネル・マネジメントを硬直化させ，環境変化への迅速かつ柔軟な対応を阻害するからである。

1980 年代後半，情報通信技術の発展等により，チャネルを取り巻く環境は大きく変化する。そして，これに呼応するように，系列チャネルを頂点とする製造業のチャネル・マネジメントも大きな転換を迫られることになる。

5. 流通主導型チャネルの誕生

(1) チェーンストアの台頭と流通革命

前節において，1980年代後半，チャネルを取り巻く環境が大きく変化したと言ったが，その主役となるがチェーンストアである。チェーンストアは，主に小売業やサービス業で「同じタイプの複数店舗を中央集権的な本部主導システムで統合的に管理しようとする企業」（田村［2001］p.213）を指し，20世紀初頭，アメリカを中心に新たな経営手法として広く普及する[14]。

チェーンストアの特徴は，店舗の標準化による大量かつ迅速な出店にあるが，それを支えるのが，仕入機能と販売機能の分離による店舗作業の軽減である。そして，各店舗の仕入機能を一手に担うのが本部で，その活動内容は卸売業のそれとほぼ同じであることから，チェーンストアは，既存の卸売業を飛び越え製造業と直接取引するようになる[15]。

このチェーンストアが，日本で本格的に普及し始めたのが1960年代。それを受けて，林［1962］が『流通革命論』の中で説いた問屋無用論が世間の注目を浴びる[16]。問屋無用論とは，チェーンストアの普及に伴い既存の卸売業が不要になるというものであり，チェーンストア先進国であるアメリカの状況を考えると当然の主張だと言える。

ところが，大方の予想に反し，日本では，チェーンストアが普及しても既存の卸売業は減らないばかりか逆に増加するという奇妙な現象が起こる。その理由として，嶋口［1984］は，チェーンストアが店舗開発の原資を確保するため，既存の流通制度（卸売業）を利用し，自社内に資金を滞留させたこと。また，限られた経営資源を店舗に割り振るため，本来，本部が行うべき仕入や店舗への配送を既存の卸売業に任せたことで，両者が補完的関係となり，チェーンストアの成長とともに既存の卸売業も発展したと指摘している。

(2) 第2次流通再編成と流通主導型チャネルへの移行

しかし，1980年代後半，この様相が一変する。情報通信技術の発達や消費税

導入を受けて，大手チェーンストアがPOSシステムを導入し，小売業の情報化が一気に進む[17]。その結果もたらされたのが，本部での売上情報の一元管理と製品の単品管理である。

確かに，これ以前も売上情報は本部で管理していた。しかし，卸売業が各店舗へ直接配送していることもあって，本部を経由せずに卸売業と取引することも少なからず存在し，本部が店舗の売上を正確に把握するのはかなり後のことだった。それが，POSシステムの導入により瞬時に把握できるようになる。

また，情報化を進める過程で，彼らは，「単品管理」という新たな製品管理手法を導入する。従来，小売業は，利益を度外視した目玉商品で顧客を吸引し，利幅の高い製品を一緒に買ってもらうことで利益を確保するなど，製品を組み合わせて全体最適を図る品揃え政策を重視していた。しかし，POSシステムにより，個々の製品の売上が簡単に把握できるようになり，チェーンストアの製品管理は，製品を個々独立して評価し，貢献度の高い順に陳列する単品管理に移行する（緒方［2000］）。

さらに，この動きは大型店のみならず小型店にも普及する。情報通信技術の進歩により，コンビニエンスストアに代表される小型店のチェーンストア化が可能となり，独立系の小売業が減少し，これに呼応するように卸売業も減少し始める。20世紀初頭にアメリカで起こったことが日本でも起こり，上原［1993］は，これを第2次流通再編成と呼んでいる[18]。

そして，これら第2次流通再編成の一連の動きが，製造業とチェーンストアの関係に大きな影響をもたらす（金［2011］）。すなわち，①本部への情報一元化によりチェーンストアの情報量が高まったこと（チェーンストアの専門性向上），②単品管理により，それまでの一括交渉から製品単位の交渉に移行したこと（チェーンストアの依存度低下），③独立系小売業の減少によりチェーンストアの販売比率が高まったこと（製造業の依存度向上）で，チェーンストアのチャネル・パワーが相対的に高まり，両者のパワー関係が逆転する。チェーンストアをチャネル・キャプテンとする流通主導型チャネルの誕生である。

(3) 流通主導型チャネルの特徴

ここで，流通主導型チャネルを定義しておこう。流通主導型チャネルとは，「チェーンストアがチャネル・キャプテンとなり，チャネル全体の調整を図る

VMS」である．したがって，これまで議論してきた VMS は，製造業がチャネル・キャプテンとなり，チャネル全体の調整を図ることから，製造主導型チャネルとみなすことができる．以下，両者を比較しながら流通主導型チャネルの特徴について考察してみよう．

　製造主導型チャネルは，製造業が計画的に開発・生産した製品を川下へ送り，積極的な販促活動により需要を創出するのに対し，流通主導型チャネルは，存在する需要に的確かつ迅速に対応するチャネル活動の延期を特徴とする．

　ここで言う「延期」とは，チャネル活動を可能な限り消費者の購買時点に近づけることを意味し，その目的は需要の不確実性から生じるリスクを軽減させることにある（Alderson［1957］，高嶋［1989］，小林［2000］）[19]．延期することで，需要の予測精度が高まり，不要な製品移動や無駄な在庫を減らすことができるとともに，過剰仕入による値引き販売や売れ残った製品の廃棄費用が減少し，チャネル全体の収益性を高めることが可能となる．

　そして，流通主導型チャネルのもう1つの特徴としてあげられるのが，PB の積極導入である．PB（Private Brand）は，「流通業者が所有し製品の品質や供給上の責任を負うブランド」（木綿［1975］p.25）であり，製造業が所有する NB（national Brand）と区別される．

　この PB が流通主導型チャネルで重視される理由は，その価格競争力と収益性にある．PB は，マーケティング費用を流通業が負担するため，同じ原価の NB より安く仕入れることができる．また，店舗という集客装置を有する流通業は，それほど追加費用をかけずに PB を販売することが可能であり，結果として，収益を確保しながら NB と同等の製品を安く消費者に提供することができる．

　また，品揃えの差別化も PB を重視する理由の1つにあげられる．流通主導型チャネルは，製造主導型チャネルと異なり，小売段階が主な競争次元となるため，製品の価格競争力とともに，品揃えの差別化が大きな課題となる[20]．NB の場合，他のチェーンストアも同じ製品を扱うことが可能だが，PB は，自社で独占することが可能なため，品揃えの差別化手段になり得る[21]．

　これら2つの特徴を含め，製造主導型チャネルと流通主導型チャネルを比較したものを図表 2-5 に示しておこう．

図表 2-5　製造主導型チャネルと流通主導型チャネル

	製造主導型チャネル	流通主導型チャネル
チャネル・キャプテン	大手製造業	大手チェーンストア
チャネル・パワーの源泉	製品販売支援力 取引依存度	顧客吸引力 販売情報
行動目標	ブランド内競争の回避 ブランド間競争の促進	ストア内競争の回避 ストア間競争の促進
市場戦略	需要創造	需要連動
製品政策	NBの強化	PBの開発
価格政策	価格維持	価格引き下げ
プロモーション政策	広告主導	店頭販促主導
チャネル・フローの管理	投機型 （プロダクト・アウト）	延期型 （マーケット・イン）

（出所）筆者作成。

(4) 製造業の対応

　以上，流通主導型チャネルについて議論してきたが，製造業はこのチャネルにどのように対応しているのだろうか。その主要特性であるチャネル活動の延期とPBの積極導入を中心に考えてみよう。

　まず，チャネル活動の延期については，当初，チャネル活動に限定されていた延期が生産活動にも及ぶようになり，対応に迫られるようになる。と言うのも，チャネル活動の延期により製造業の出荷前在庫が増加し，それを減らすには生産活動自体を消費者の購買動向に連動させる必要が生じるからである。

　また，PBに関しては，当初，導入に消極的だったNBメーカーも，次第にPBの生産に着手するようになる。PBは，売場がすでに確保されており，一定の売上が見込めること。そして，自社が提供しなくても，競合相手がPBを提供するため，自社で導入した方がPBを含む全体の損失は小さいというのが，その理由である。

　このように，製造業は，流通主導型チャネルに積極的に関与することで，チャネルにおける自らのポジションを確保しようとする。

6. おわりに

　チャネル研究の諸問題は，製造業がチャネルを自らのマネジメント対象として認識したことから始まる。そして，チャネルは，自社を含む複数の組織から構成されており，組織間にまたがる活動をいかに調整するかが課題となる。ここで，組織内のマネジメントとは異なる社会的関係に基づく疑似権限関係の構築という新たなマネジメント手法が開発されるわけだが，この組織間関係のマネジメントこそ，他のマーケティング活動にはないチャネル固有の課題だと言える。

　その後，製造業のチャネル・マネジメントは，系列チャネルの構築によって1つの頂点に達するが，1980年代後半に始まった情報通信技術の発達により，大きな転機を向かえる。製造主導型チャネルから流通主導型チャネルへの移行がそれである。そして，この変化に伴い，チャネル研究の中心課題も，流通主導型チャネルのマネジメントやそれに対する製造業の対応へとシフトしていく。

　以上，本章では，1900年代の初めから1990年代まで，ほぼ100年にわたるチャネル研究を概観してきた。ここで重要なのは，チャネル・マネジメントの基本原理が，特定の組織（チャネル・キャプテン）を頂点とする垂直的な疑似権限関係に基づいているという点である。この原理は，製造主導型チャネルから流通主導型チャネルへ移行した後も基本的に変わっていない。

　しかし，現在，このチャネル・マネジメント手法が，いくつかの問題に直面している。

　第1は，チャネル・キャプテンに関する問題である。製造主導型チャネルは，企業規模において圧倒的に差がある大手製造業と中小零細流通業によって構成されていた。一方，流通主導型チャネルにも，この種の大手チェーンストアと中小製造業の関係は存在するが，品揃え等の問題を考えると大手製造業との関係も無視することはできない。もちろん，大手製造業に対しても，チャネル・パワーを行使することで，中小製造業よりは劣るものの自らの意思決定に従わせることができるだろう。しかし，大手製造業はそれなりの能力を有しており，一方的に従わせるより，互いに協力し合ってチャネル・マネジメントする方が効果的だと言う意見も存在する。事実，1990年代後半に入り，流通主導型チャネルにおいて流通業と製造業の協調的関係を強調する「チャネル・パートナーシップ」や「戦略同盟」といった言葉が使用されるようになる（尾崎 [1998]，高嶋 [1998]，上原

[1997]）[22]。

　第2は，チャネル構成員間の調整に関する問題である。チャネル・マネジメントにおいて，その手段となるチャネル・パワーは，基本的に取引活動を介して行使される。したがって，直接取引のない相手に行使することはできず，多段階チャネルのマネジメントは難しい[23]。また，回数が限られる取引活動を通して日々の細かな活動を調整するのも限界がある。こうした中，新たなマネジメント手法として注目されているのがサプライチェーン・マネジメントである。サプライチェーン・マネジメント（SCM：Supply Chain Management）は，情報通信システムをプラットフォームとして活用することで，B to C のみならず B to B を含む多段階の組織を連結し，組織間の活動を調整することを可能にする（Oliver and Webber［1992］）。

　第3は，チャネル・マネジメントの目的に関する問題である。製造主導型チャネルは，自社製品の販売が目的であり，何を行うかは比較的明確だった。しかし，流通主導型チャネルでは，PB の開発などチャネル・マネジメントのあり様が成果に大きく影響するため，何を行うかというチャネル・マネジメントの目的設定すなわち戦略的意思決定が重要となる。

　以上の議論は，従来のチャネル研究が前提としていたものとは異なる新たなチャネル認識，すなわち①チャネル・キャプテンを頂点とする垂直的な組織間関係ではなく，対等な立場での水平的な組織間関係を前提とし，②取引による属人的調整ではなく，情報通信技術に基づくシステム的調整によって多段階のチャネル構成員を有機的に結びつけることで，③単に効率性の追求のみならず，新たな価値を生み出す価値共創が求められていることを示唆している。

　しかし，この新たなチャネル認識は，本章で議論してきた従来のチャネル研究の枠組みを大きく超えており，また，マーケティングにおける組織間関係の新たな可能性を示していることから，チャネル研究に関する議論はひとまず終え，章を改めてこの問題を議論することにしよう。

【注】
1）　マーケティング・ミックスにおいて，情報の乖離を架橋する活動として一般的なのは，プロモーション活動（Promotion）であろう。しかし，チャネルも情報伝達の主要手段の1つであり，その果たす役割は大きい。なお，情報の乖離を架橋する活動として，その他に消費者に関する情報を収集する市場調査活動があげられる。
2）　当然のことながら，最適活動量の違いは，生産活動とチャネル活動間のみならず，チャネル活動間にも存在する。

3) もちろん，現実には，流通業が介在するチャネル（間接流通）のみならず，製造業が自ら消費者と取引するチャネル（直接流通）や，流通業以外の第三者が介在するチャネルなど，様々なチャネルが存在する。しかし，そのすべてについて議論するのは難しく，本章では，流通業の介在するチャネルをプロトタイプとし議論を進める。
4) Duncan は，チャネル（channel）の代わりに流通（distribution）という言葉を用いているが，彼の用法が本章のチャネルと同じであることから，不要な混乱を避けるため，本章の用法に倣いチャネルとした。
5) 江尻は，本章の言う資本関係に基づく疑似権限関係によって統制されるチャネル・システムを企業システム，契約関係に基づくそれを契約システム，そして，社会的関係に基づくそれを管理システムと呼んでいる。本章では，企業システムや管理システムなど組織内のそれと混同される可能性があることから，内容は同じものの異なる表現を用いた。
6) ちなみに，Dahl は，パワーを個人，集団または組織によって遂行される他の個人，集団または組織に対する影響や統制と考え，A の B に対するパワーを，「A が干渉しない場合に B がある行動をとる確率と，A が干渉した場合に B がその行動をとる確率の差（確率の純増分）」と定義している（Dahl［1964］p.40）。
7) なお，Hunt and Nevin［1974］は，制裁を強制的パワー基盤と呼んでいるが，強制という言葉が，後に述べる強制的・非強制的パワー基盤の用語としても用いられており，混乱をきたす可能性があることから，ここでは，石井［1983］に倣い制裁と訳すことにする。
8) これらの 2 分類は，どちらも 5 つのパワー基盤をベースとしており，強制的－非強制的パワー基盤では，制裁が強制的，それ以外の 4 つが非強制的，また，経済的－非経済的パワー基盤では，報酬，制裁，専門性の 3 つが経済的，正当性と一体化が非経済的パワー基盤に分類される。
9) 拮抗力（countervailing power）とは，パワーを有する相手に対抗するためのパワーであり，もともと Galbraith［1952］が社会バランスをとるために必要な概念として提唱したものである。チャネル研究もこれに倣い，相手のパワーを阻止するために自らが行使するパワーを拮抗力と呼んでいる。
10) 以下，資生堂に関する説明は，日経流通新聞編［1993］を参照のこと。
11) この流通業者との共存共栄は，福原信三が社長就任時に定めた 5 大主義の 1 つである。ちなみに，5 大主義とは，①品質本位主義：品質を生命とし，つねに最高水準を目ざす，②共存共栄主義：近代的組織を基盤とし，相互繁栄を期する，③小売主義（1955 年，「消費者主義」に改定）：消費者志向の経営に徹する，④堅実主義：合理主義を根底とした科学的経営に徹する，⑤徳義尊重主義：つねに相手を尊重し，正しく誠意ある経営に徹する，の 5 つである。
12) 1929（昭和 4）年時点で，販社の数は全国 17 カ所（北は仙台から南は熊本まで），契約店舗は 7,000 店（全国の化粧品取扱店の約 1 割）に達したと言う。
13) 通常，流通業は競合製品も同時に扱っているため，流通業への支援は外部性が高く消極的にならざるを得ない。しかし，系列チャネルの場合，取引依存度が高く投資効率が高まることから，製造業は流通業に対し思い切った支援を行うことが可能となる。
14) チェーンストアには，単一企業の所有権の下で形成されるコーポレート・チェーン（レギュラー・チェーン），チェーン本部が地域独占的営業権を与えることで加盟店を募るフランチャイズ・チェーン，共同仕入などを行うことを目的に卸売業や独立小売業が連携し主宰するボランタリー・チェーンがある。なお，本章で言うチェーンストアは，これらの中のコーポレート・チェーンに該当する。
15) これは小売業による卸売活動の内部化すなわち後方統合を意味する。流通の川上に位置する製造業が前方統合すなわち流通活動の統制に取り組み始めたのとほぼ同時期に，流通の川下に位置する小売業が後方統合に乗り出したことは，立場の違いこそあれ VMS の有

用性を示すものとして興味深い。
16) 当時の状況を"流通革命"と最初に呼んだのは，田島義博だと言われている（上原［1993］）。
17) ちなみに，1988年の竹下内閣時に消費税法が成立，1989年に施行される。内税や外税の問題，また，実施はされなかったものの製品により税率を変える等の議論もあり，レジ業務が煩雑になることが予想された。これを解消することがPOSシステムを導入した理由の1つにあげられる。
18) 日本における第1次流通再編成期は，流通革命が叫ばれた時代すなわちチェーンストアが本格的に導入され始めた1960年代初頭である。
19) 延期の概念を初めて提唱したのはAldersonだが，彼は延期を「（製品の－筆者注）形態および所有権の変化を可能な限りマーケティング・フロー（チャネル－筆者注）の終わりに近い点（the latest possible point in marketing flow），在庫位置の変化を可能な限り遅い時点（the latest point in time）で生じさせる」こととしている（Alderson［1957］訳書，p.489）。
20) その他にも，店舗立地，店舗設備，店員サービスなどが小売業間競争に影響を与える要因としてあげられる。
21) その他に，PBを導入する理由として，製造業に対する拮抗力の確保があげられる（大野［2010］）。確かに，PBを導入することで，NBを生産する大手製造業への依存度を低下させることが可能となり，製造業に対する小売業の拮抗力は向上する。しかし，本章の言う流通主導型チャネルでのPBの積極導入は，小売業がチャネル・キャプテンとしてVMSを統制している場合のそれであり，上述したパワー関係の改善のためのそれとは異なる（小林［2006b］）。
22) その典型がアメリカにおけるウォルマートとP&Gの関係である（佐藤［1996］）。
23) 事実，卸売業と小売業の多段階を対象とした系列チャネルでは，卸売段階を資本関係に基づき統制（内部組織化）することで，製造業の小売業へのパワー行使を可能にしている。

【参考文献】
荒川祐吉［1978］『マーケティング・サイエンスの系譜』千倉書房。
石井淳蔵［1983］『流通におけるパワーと対立』千倉書房。
石原武政［1969］「チャネル類型選択論批判」現代マーケティング研究会編『マーケティング行動と環境』千倉書房，pp.119-142。
─────［1973］「マーケティング・チャネル論の系譜」京都ワークショップ編『マーケティング理論の現状と課題』白桃書房，第8章所収，pp.177-212。
上原征彦［1993］「"流通革命論"と第2次流通再編成」『マーケティングジャーナル』No.51，pp.12-22。
─────［1997］「製販同盟と流通機構の変化─チャネル・パワー理論の再構築に向けて」『明治学院論叢』No.591，pp.9-27。
碓井和夫［1999］『アメリカ・マーケティング史研究 ─マーケティング管理論の形成基盤─』大月書店。
江尻　弘［1979］『流通論』中央経済社。
大野尚弘［2010］『PB戦略─その構造とダイナミクス─』千倉書房。
緒方知行［2000］『タンピンカンリ─セブン-イレブンにみるIT革命の戦略的進化論─』イーストプレス。
尾崎久仁博［1998］『流通パートナーシップ論』中央経済社。
木綿良行［1975］「プライベート・ブランドと"ツゥー・パラレル・システム"」『ビジネス・レビュー』一橋産業経営研究所，Vol.23, No.2, pp.25-35。

金　昌柱［2011］「小売パワーと流通のパワーシフトに関する実証分析：食品産業における試論的分析」『社会システム研究』立命館大学，No.22, pp.75-94。
小林　哲［2000］「分析装置としての"延期＝投機の原理"」『経営研究』大阪市立大学，Vol.51, No.3, pp.67-83。
―――――［2006a］「チャネル・マネジメントのイノベーション―日本型VMSの確立と進化―」『マーケティングジャーナル』No.100, pp.88-94。
―――――［2006b］「顧客視点のPB分析：ブランド研究における伝統的二分法の再考」『経営研究』大阪市立大学，Vol.56, No.4, pp.193-213。
米谷雅之［1974］「アメリカにおけるチャネル論の発展過程とその検討」『山口經濟學雜誌』山口大学，Vol.22, No.3, pp.230-257。
佐藤善信［1996］「有力メーカーとパワー・リテーラーの戦略的駆け引き」石原武政・石井淳蔵編『製販統合―変わる日本の商システム』日本経済新聞社，第1章所収，pp.19-42。
嶋口充輝［1984］『戦略的マーケティングの論理』誠文堂新光社。
高嶋克義［1989］「流通チャネルにおける延期と投機」『商経学叢』近畿大学，Vol.36, No.2, pp.153-166。
―――――［1998］「製販同盟への展開」『RIRI流通産業』Vol.30, No.4, pp.42-46。
田島義博［1990］『流通機構の話』日経文庫。
田村正紀［2001］『流通原理』千倉書房。
日経流通新聞編［1993］『流通現代史』日本経済新聞社。
林　周二［1962］『流通革命論』中公新書。
風呂　勉［1968］『マーケティング・チャネル行動論』千倉書房。
Alderson, W. [1957], *Marketing Behavior and Executive Action*, Homewood, IL.: Richard D. Iron, Inc.（石原武政・風呂勉・光澤滋朗・田村正紀訳［1984］『マーケティング行動と経営者行為』千倉書房。）
Bowersox, D. J., M. B. Cooper, D. M. Lambert and D. A. Taylor [1980], *Management in Marketing Channels*, New York: McGraw-Hill.
Brown, J. R. and G. L. Frazier [1978], "The Application of Channel Power: Its Effects and Connotations," in S. C. Jain (ed.), *Research Frontiers in Marketing: Dialogues and Directions*, Chicago, IL.: American Marketing Association, pp.266-270.
Butler, R. S. [1911], *Sales, Purchase and Shipping Methods*, Madison, WI.: Extension Division of the University of Wisconsin.
Butler, R. S., H. F. DeBower and J. G. Jones [1914], *Marketing Methods and Salesmanship*, New York: Alexander Hamilton Institute.
Copeland, M. T. [1927], *Principles of Merchandising*, Chicago, New York: A. W. Shaw Company.
Dahl, R. A. [1964], *Modern Political Analysis*, Engelewood Cliffs, N. J.: Prentice-Hall.
Duncan, D. J. [1954], "Selecting a Channel of Distribution," in R. M. Clewett (ed.), *Marketing Channels for Manufactured Products*, Homewood, IL.: Richard D. Irwin., pp.367-403.
EL-Ansary, A. I. [1975], "Determinants of Power-Dependence in the Distribution Channel," *Journal of Retailing*, Vol.51, No.2, pp.59-74, 94.
EL-Ansary, A. I. and S. L. Stern [1972], "Power Measurement in the Distribution Channel," *Journal of Marketing Research*, Vol.9, February, pp.47-52.
Emarson, R. D. [1962], "Power-Dependence Relations," *American Sociological Review*, Vol.27, February, pp.31-41.
Etgar, M. [1978], "Selection of an Effective Channel Control Mix," *Journal of Marketing*,

Vol.54, July, pp.53-58.
Galbraith, J. K. [1952], *American Capitalism: The Concept of Countervailing Power*, Boston, MA.: Houghton Mifflin.
Gaski, J. F. [1983], "The Theory of Power and Conflict in Channel of Distribution," *Journal of Marketing*, Vol.48, Summer, pp.9-29.
Hunt, S. D. and J. R. Nevin [1974], "Power in a Channel of Distribution: Sources and Consequences," *Journal of Marketing Research*, Vol.11, May, pp.186-193.
Lusch, R. F. [1976], "Sources of Power: Their Impact on Intrachannel Conflict," *Journal of Marketing Research*, Vol.13, November, pp.382-390.
McCammon, B. C. and R. W. Little [1965], "Marketing Channels: Analytical Systems and Approaches," in G. Schwartz(ed.), *Science in Marketing*, New York: John Wiley & Sons, pp.321-385.
Oliver, K. R. and M. D. Webber [1992], "Supply Chain Management: Logistics Catches Up With Strategy," in M. Christopher(ed.), *Logistics: The Strategic Issues*, London: Chapman & Hall, pp.63-75.
Ridgeway, V. F. [1957], "Administration of Manufacture-dealer Systems," *Administrative Science Quarterly*. Vol.1, Issue 4, pp.464-483.
Shaw, A. W. [1915], *Some Problems in Market Distribution*, Cambridge, MA.: Harvard University Press.
Simon, H. [1953], "Notes on the Observation and Measurement of Power," *Journal of Politics*, Vol.15, November, pp.500-516.
Stern, L. W. [1971], "Distribution Channels: A Social Systems Approach," in G. Fisk(ed.), *New Essays in Marketing Theory*, Boston, MA.: Allyn and Bacon, pp.301-314.
Stern, L. W. and A. I. EL-Ansary [1977], *Marketing channels*, Englewood Cliffs, N. J.: Prentice-Hall.
Walker, O. C., Jr. [1972], "The Effects of Learning on Bargaining Behavior," in F. C. Allvine(ed.), *Combined proceedings: 1971 Spring and Fall conferences*, Chicago, IL.: American Marketing Association, pp.194-199.
Wilkinson, I. F. [1981], "Power, Conflict, and Satisfaction in Distribution Channels -An Empirical Study," *International Journal of Physical Distribution and Materials Management*, Vol.11, No.7, pp.20-30.

(小林 哲)

第3章

戦略的提携研究の諸問題

1. はじめに

　前章では，マーケティングにおけるチャネル・マネジメントの諸問題に焦点があてられ，製造業者主導型および小売業者主導型の VMS に関する議論が展開された。マーケティングを企業の市場支配行動と定義するならば，消費者に働きかけるプロセスにおいて，流通業者との組織間関係をいかにマネジメントするのかということが重要な戦略問題となる。流通系列化のような製造業者主導型の高度に組織化された VMS に加えて，小売業者の大規模化に伴い，小売業者主導型の VMS も出現し，チャネル構造はより多様化している。しかしながら，近年ではチャネル・メンバー間でのチャネル・キャプテンの座をめぐるヘゲモニー争いを超えて，製販同盟という形で緩やかに結びつきながら，商品の共同開発や協働的に物流活動の効率化を通じて競争優位の確立を目指す協調的な組織間関係が形成され，こうした戦略的提携による組織間関係の管理問題に関心が寄せられている。

　戦略的提携の特徴は，第1に提携の主体はたとえ規模や資産上の格差が存在しても，パートナーは互いに自律的であり対等であること，第2に提携の目的は自社の競争優位の確立という戦略的意図の達成にあること，第3に提携の焦点は戦略的意図のために必要な経営資源にあり，その獲得を巡る双務的な関係が1つの特徴となることが挙げられる（米谷［1993］pp.61-62）。また，戦略的提携は，同業者間との水平的な提携と，製造業者と川上に位置するサプライヤーの間や川下に位置する流通業者との間の垂直的な提携の2つの方向がある。さらに，米谷［1993］は，戦略的提携を組織がもつ知識の移転や創造と捉え，補完型知識の獲得を目的とする「相互補完型」の提携と，新たな知識の創造を目指す「共同創造型」の提携に大別している（p.62）。これを整理すると，戦略的提携は，第1に誰と提携をするかという観点から水平的，垂直的に区分され，第2に提携を通じて

知識の補完と創造のいずれを達成するかという点から相互補完型と共同創造型に分けられ，合計で4つのパターンが認められる（図表3-1を参照）。

　水平的提携で相互補完型の①は，同業種の企業同士が同じ経営資源を結合させることにより，規模の経済性を向上させる場合があてはまる。同業者間でOEM供給を行う場合なども，このパターンに当てはまる。また②は，同業界の企業同士が製品開発技術や生産技術を開発する場合である。とりわけ最先端の基盤技術などの開発スピードを速める場合などに積極的に採用される。第2章で議論されたような流通系列化は垂直的提携であり，なおかつ製造業者は製品の提供をして流通業者は販売活動を行い相互に補完的な関係にあるため③にあたる。また，製造業者と流通業者の垂直的な関係において，製販同盟におけるSCMの効率性を高める協働的な取り組みや，製品の共同開発といった新たな知識の創造を生み出すような戦略的提携が，④の共同創造型の戦略的提携となる。

　本章は上述のような4つの適用領域のうち，マーケティングにおけるチャネル関係のマネジメントに重要となる垂直的な組織間関係で見られる戦略的提携に焦点をあてて議論する。その議論に入る前に，次節以降では戦略的提携に関わる問題を巡る経済学や経営学で展開されてきた諸議論およびアプローチを整理し，最終節において関連諸学科の議論に影響を受けながら進展しているマーケティング研究の議論の変遷を再整理し，知識創造（図表3-1 ④）を軸にした協調的な組織間関係の形成に関わる諸問題に関心が集まっていることを指摘する。

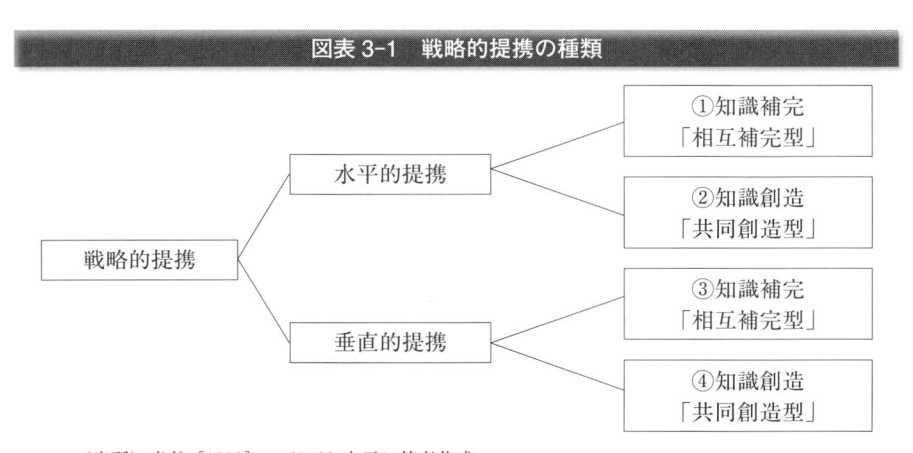

図表3-1　戦略的提携の種類

```
                    ┌─ 水平的提携 ─┬─ ①知識補完「相互補完型」
戦略的提携 ─┤              └─ ②知識創造「共同創造型」
                    └─ 垂直的提携 ─┬─ ③知識補完「相互補完型」
                                   └─ ④知識創造「共同創造型」
```

（出所）米谷［1993］pp.61-62.を元に筆者作成。

2. 経済学における取引費用分析と組織間関係研究

　企業の組織間関係の研究に至る系譜では，経済学における取引費用理論の展開がある。Williamson［1975］は市場を活用することで発生する取引費用に着目し，組織内取引を選択した方が費用を節約しながら資源配分が行えることを指摘した。取引費用分析の枠組では，まず人間行動を限定合理性と機会主義として特徴づける。限定合理性の意味するところは，「合理的であろうと意図されてはいるが，限られた程度でしか合理的ではありえない」ような人間行動である（Williamson［1975］訳書，p.37）。もう1つの機会主義とは，「虚偽の，ないしは実体を伴わない，自分で信じていない，脅しまたは約束」（訳書，p.44）を伴う行動の仮定である。Williamsonが想定する市場取引とは，1回限りの取引であるため，相手を捜すための探索費用，相手と交渉するための交渉費用，そして相手が契約通りの取引内容を履行するかどうかを監視するための監視費用が必要となり，こうした費用が市場を利用するための取引費用となる。

　また環境が不確実性や複雑性という特徴を有す場合，限定的な合理性しか有さない行為主体は取引相手が機会主義的行動を起こすか否かを正しく判断することは難しく，リスクと共に取引費用が上昇する。取引契約を締結する際，経済主体の限定合理性ゆえに事前に契約後のあらゆる行動を網羅することは不可能であり，予測不可能性の度合いが高まると機会主義的な取引相手の自由裁量の余地を増す（Picot and Egon［1997］訳書，p.59）。そこで，市場に代わり，内部の構成員の行動に目が届くような内部組織を利用することにより，市場取引に伴う不確実性のリスクや取引費用を減少させ，機会主義的行為を回避することが可能になる。

　さらに取引の次元として，Williamsonは伝統的な価格理論が前提としていた財の同質性の仮定をあらため，資産特殊性と頻度という概念も導入した。資産特殊性は，一方の取引参加者が当該の取引に必要な特殊的な投資を行う状況の設定を意味し，特殊的な投資によって生じたサンク・コストの存在によって，交渉上弱い立場に置かれる取引相手を機会主義的に利用することが可能になる。不完備情報と限定合理性による契約の不完備という状況は，関係特殊的な投資を必要とするような契約関係において，その投資が埋没費用になった後で不利な条件を押し付けられるというようなホールドアップ問題を発生させる。このような契約関

係においては，他の用途には転用できないような特定の取引相手にのみ利用可能な財の生産への投資を行う状況，そして取引相手が少数に限定されているような状況が考察に導入される。しかし内部組織では取引関係内に慣習やルーティンが形成され，取引相手との間に「暗黙知」のような共有知識や雰囲気が生ずることによって，市場における取引よりも内部組織を用いるインセンティブが生ずることを Williamson は議論した[1]。取引費用経済学では，市場と組織という代替的な資源配分メカニズムの選択において，相対的に低い取引費用で実行可能なメカニズムが選択できることが想定されており，代替的な統治形態の「選択基準」として取引費用が重要な役割を果たす。

Williamson によって定式化された垂直的統合に関わる市場か組織かという二項対立に代わり 1980 年代には，その中間形態である「中間組織」[2] を対象とした研究領域が出現した。今井 [1982] は，市場と組織の間に存在する取引形態として，企業間の協調，企業連合，業務提携，系列，集団化などの緩やかな企業間結合をあげている (p.126)。内部組織と中間組織の分析の基本的な視点の違いはコンフリクトと権限の捉え方にある。組織ではコンフリクトを解消するために強い権限を中枢に調整がなされる一方で，中間組織の場合は，組織間のコンフリクトを所与として，何かしらの協調を生み出すような組織間関係の調整方法を探ることが課題として指摘されている (pp.132-133)。1990 年代に日本の「系列」に代表されるような日本的特質に世界の研究者が注目するようになると，特に自動車産業におけるメーカーとサプライヤーの組織や取引構造などを主題にして，組織間関係に研究関心が集まるようになった[3]。

3. 経営学における戦略的提携研究

上述のような経済学における中間組織の分析と類似した視点をもちながら展開された経営組織論や経営戦略論における組織間関係研究は，市場取引と企業組織の中間に位置する，比較的緩やかな企業間の結びつきによる戦略的提携が行われるメカニズムを分析するという理論的問題を中心に，いくつかパースペクティブを生み出しながら進展した。以下では，それらを概説しよう。

(1) 資源依存アプローチ

　組織論研究の分野では，組織間関係の研究が1950年代末から1960年代初頭から行われていたが，それが本格的な展開を見せるのは，Pfeffer and Salancik [1978] が提唱した資源依存アプローチが支配的なパースペクティブとして成立した1970年代末のことであった（山倉 [1993] p.15）。これは，組織が存続するために経営資源を保有している他組織に依存することに注目して，資源依存という概念を組織間関係を説明する基本概念として使用しながら，組織間関係の形成や維持の原理を説明するものである（p.16）。オープン・システムとしての組織は，外部環境から資源を獲得することによって存続する。資源を提供してくれる外部組織に依存する資源が稀少であればあるほど，その組織に対する依存性が高くなり，その結果，組織間に生じたパワー格差によって資源を依存する組織の存続は脆弱なものになる（今野 [2006] p.70）。組織は自らの自律性を保つために，できるだけ他組織との依存性を均等させようと試みる。資源依存理論は，組織間の相互作用のみならず，組織と組織との間のパワー関係が生じる原因や組織間パワーの均衡化をいかに図るのかということも明らかにしようと試み，組織間調整メカニズムを問題にしている（陳 [2005] p.43）。資源依存理論では，戦略的提携が成立した後のパワー関係の調整に注目する理論であり，一方的な依存関係を回避するために，パワー不均衡への対処が重要なマネジメント課題として議論される（p.47）。資源依存理論では，主に戦略的提携におけるパワー・バランスを確保しながら，組織の自律性を確保するかが中心的なテーマとなる（今野 [2006] p.70）。また，資源依存理論は組織間関係や組織内部を分析するのに留まらず，社会を組織間システムあるいは組織間ネットワークとしてとらえることによって，実質的に社会理論を構築しよう試みる，射程範囲の広い学説である（山倉 [1993] p.16）。資源依存理論は，依存性（dependency）やパワーという社会学的な概念を用い，提携の論理を説明することを試みるアプローチであり，前章のパワー・コンフリクト理論と極めて類似する観点を有す。

(2) 取引費用アプローチ

　1980年代になると，組織間関係理論の分析において，経済学の中で展開されてきた取引費用理論を資源依存理論に代わる枠組みとして採用する研究が現れ

た。既述の取引費用理論の提唱者であるWilliamsonは，資源依存アプローチのようなパワー概念を基盤とする社会学的アプローチに対抗するものとして，自身の取引費用アプローチを認識する（Williamson and Ouchi [1983]）。組織デザインに関する議論の中で，Williamson and Ouch [1983] は，パワーというものが捉え所のない概念であると指摘し，この社会学的用語の使用から離れ，より操作可能な経済学的な形式で議論すべきだと主張している（Williamson and Ouch [1983] p.29）。

　経営学における取引費用アプローチの対象は，市場か組織かといった初期の素朴な問題設定をこえて，ネットワーク組織や長期契約，そして戦略的提携といった中間組織である。取引費用アプローチを採用して戦略的提携に関する議論を展開したものとしてKogut [1988] やAubert, et al. [1996] があげられる。Kogut [1988] は2企業の間で合弁企業を設立した場合を分析し，企業間で情報を開示し技術を共有し成果を保証しようというインセンティブが醸成されることにより，企業間での機会主義的行動が抑制される点を議論している。また提携相手は市場における1回限りの取引とは異なり，信頼のおけるパートナーであるため機会主義的行動を制約する点が議論されている。またDyer [1997] は，日本自動車産業のサプライヤーシステムについて，長期的なコミットメントや情報開示，信頼といった自立的な防衛措置の工夫によって，コストや品質，製品開発といった面で取引コストを抑えながら高いパフォーマンスを達成することを明らかにした。

　取引費用理論においては機会主義が前提とされているため，自然調和的に当事者間での協調や信頼が生まれるわけではなく，機会主義的行動を抑制するためのガバナンスが必要になる。内部組織の場合は権限によって制御可能であるが，提携のような中間組織の場合，Williamson [1983] で導入された「人質」が必要となる（Buckley and Casson [1988]）。取引当事者間の資産特殊的な投資やその他の双務的な拘束統御といった要素により，企業間の相互依存性や互酬性を高めることで提携関係はより安定する点が議論されている（陳 [2005] p.49）。

(3) ポジション・アプローチ

　組織間の戦略的提携に関して，競争ポジションの改善という考え方に基づいて議論を展開したのがPorterのポジション・アプローチである。Porter [1985]

は，業界内における相対的に有利な競争ポジションを確立することで競争優位を実現できると考え，競争優位の源泉を価値連鎖の概念に求めて戦略的提携をとらえている（今野［2006］p.67）。また Porter and Fuller［1986］は，提携をグローバル競争戦略の遂行手段と見なし，この手段が自社内で開発を行ったり，または企業買収を行うことにより低費用で当事者間取引を通じてある特定の活動を行うための組織能力，すなわちケイパビリティを獲得したり，製品やスキルを手に入れることが可能となり，より強いポジションの実現を可能にすると主張している（p.321）。提携の目的は第1に，他の企業と協働することを通じて規模の経済や学習を得ることができること，第2に企業間でそれぞれが持つ知識や能力にアクセスすることができ，これらを獲得したり蓄積することができること，第3にリスクを回避することができること，第4に競争力を強化することができるという点である（pp.322-325）。そして，企業間の貢献度のバランスが補完的に保たれることが提携の安定性を確保するために重要であることを強調している（p.341）。

ポジション・アプローチは，企業の競争ポジションを改善し競争優位を獲得する手段として，類似のまたは異なる価値連鎖を有す企業との戦略的提携を捉える立場であるといえる。

(4) 資源・ケイパビリティ・アプローチ

1990年代になると，資源獲得やケイパビリティにアクセスするための手段として戦略的提携を分析する資源・ケイパビリティ・アプローチが本格的な展開を見せた。このアプローチのより詳細な論点は第4章で議論されるが，資源ベース理論は企業を経営資源の集合体であると見なし企業の所有す様々な経営資源の分析に注目する理論であり，また企業の行動を様々な経営資源の活用による価値の最大化を目指すものとして説明する（安田［2006］p.33）。戦略的提携を通じて，他社が保有する特殊な資源を入手することに加え，その提携企業の資源が自社のそれと結合することによって価値を高めることもある。企業間で複雑で異質な資源が提供され合い，その相互作用によって価値創造が行われると，参加企業の競争力が向上し，新たな事業機会が創造される（p.34）。

このアプローチは競争優位の源泉を企業が保有する資源に求め，市場で取引困難であるような資源やケイパビリティを獲得し，これらを社内に内部化するメカニズムとして戦略的提携の原理を説明するものである。ケイパビリティとは，資

源を有効に活用して特定のタスクや活動を行う組織的能力のことを示す。Teeceらによってダイナミック・ケイパビリティという概念が提唱され，これは「内部・外部のコンピタンスの統合，統合，再配置を実行し，急速な環境変化に対処する企業の能力」(Teece, et al. [1997] p.516) と定義された。組織が有す資源のみならず，それを有効にするケイパビリティという無形資産は模倣困難なものであり，提携を通じて他組織と協働すると，こうした能力にアクセスすることが可能になる。Das and Teng [2000] では，経営資源の特質を財産的資源（設備や特許，資金など財産権として法律で保護された経営資源）と知識的資源（知識やノウハウ，管理手法などの無形資産）にわけ，資源の特性によって合弁会社の設立や契約に基づく提携など，選択される統治構造が異なることが分析されている。

(5) 組織間学習アプローチと知識ベース・アプローチ

戦略的提携の議論において組織間学習を強調するのが組織間学習理論である。Praharad and Hamel [1990] や Hamel [1991] によるコア・コンピタンス論が登場したことが，組織学習論を注目させた要因として指摘されている（今野 [2006] p.72)。コア・コンピタンス理論は，ケイパビリティや資源の蓄積・活用プロセスに注目しており，このプロセスにおいて組織学習は非常に重要な役割を果たす(Praharad and Hamel [1990] pp.81-82)。戦略的提携に参加する企業間で情報の共有や移転が起こることにより，知識連鎖が形成されて組織間学習が行われ，それが知識創造に発展して企業革新をもたらすというのが組織間学習理論の視点である（安田 [2006] p.24)。Hamel [1991] や Doz [1996] は，組織間学習が戦略的提携の成否に影響を与える点について議論している。

松行 [1995] は，戦略的提携を目的の点から2類型している。第1は，欠如する経営資源を補完する加算的な提携関係である (p.117)。これは Badaracco [1991] の定義する製品連鎖にあたり，部品や製品をパートナー企業から調達し，製品ラインのギャップを埋めることで構築される戦略的提携である。第2の類型は，パートナー企業同士の関係が相互作用的・相互反応的であり，乗数的効果が期待できるものである。パートナー同士の良好なコミュニケーション関係を基礎に，新たな技術や製品，事業の開発が進展する場合である（松行 [1995] p.118)。Badaracco [1991] はこれを組織連鎖と名付け，それは新しい知識や能力の学習

および知識の創造を目的とする提携となる。共同研究開発や共同生産を行う過程で，当初の目的であった技術移転だけでなく研究プロセスや生産プロセス，経営ノウハウ，企業文化までをも学習できる機会が出現し，こうして獲得された知識に加え，予測不可能で偶然に出現する情報としての創発的情報もある（松行［1995］p.117）。

　企業の持続的な競争優位の源泉としての知識創造やイノベーションを創出するプロセスは，野中・竹内［1996］のSECIモデルで概念化されているが，その議論の中では暗黙知の理解や学習，組織的共有といったプロセスでは，暗黙知の獲得や蓄積のための「場」の創造が重要であると指摘されている。この「場」の概念と，Wenger et al.［2002］で提唱された「実践コミュニティ」という概念を結びつけて議論しているのが林［2008］である。実践コミュニティとは，「あるテーマに関する関心や問題，熱意などを共有し，その分野の知識や技能を持続的な相互交流を通じて深めて行く人々の集団」と定義される。こうした場や実践コミュニティを通じ，専門的知識を有する多様なメンバーの認知スタイルを尊重しながら彼らの多様な認知アプローチを活用する組織能力が重要となる。林［2008］は，メンバーの専門領域固有の知識が複合的に重なり合う「境界」において，プロジェクト・リーダーがメンバーの橋渡し役を果たすことを強調する[4]（p.24）。またKogut and Zander［1992］は，グローバル企業の提携を促す要因を「社会的コミュニティを創造する」ことにもとめ（p.384），機会主義やモラル・ハザードをコントロールするための高次の組織化原理として，組織間学習を通じた取引に関連する知識や企業文化の共有を重要視する。Kogut and Zanderの主張は，Nelson and Winter［1982］で示されたような進化経済学におけるルーティンの概念や，野中・竹内［1996］の組織間学習の理論を摂取しながら，企業を異質的な知識からなる実体として概念化する知識ベース・アプローチを提唱している。

　組織学習に焦点をあて，それをダイナミック・ケイパビリティの源泉として議論するのがZolo and Winter［2002］である。また，Selnes and Sallis［2003］は，環境の不確実性や取引特殊的投資の存在が，取引費用を削減するために内部化ではなく組織間学習を促すと議論している。組織内や組織間におけるルーティン（Nelson and Winter［1982］）や学習の存在はすでに研究されていたが，それが取引制度の進化にどのような影響を与えるかという点について議論されている。

　上述のように，組織間学習を強調する立場では，企業を暗黙的，社会的，そして経路依存的な組織的知識を生み出すものとしてみる企業観が共有されている

(Foss［1996］p.471)。また資源ベース論が企業を経営資源の束と考えるのに対し，企業を知識の束と捉える立場が知識ベース・アプローチと分類されている（今野［2007］p.370)。組織間学習アプローチや知識ベース・アプローチは，企業間の提携関係について知識移転や学習という側面を強調する研究群なのである。

(6) 関係ケイパビリティ・アプローチ

組織学習を通じ組織間で形成されるケイパビリティに着目する立場が，Jeffrey Dyer を中心に展開されている関係ケイパビリティ・アプローチである（Dyer and Singh［1998］，Dyer and Hatch［2006］，Dyer, et al.［2007］)。関係ケイパビリティとは，企業が資源ベースを意図的に創造，拡大，修正する能力であるダイナミック・ケイパビリティの１つのタイプであり，それを提携パートナーの資源を含む形で拡張したものである。資源ベース論は企業内でいかに競争優位性のある資源を形成してきたかに注目するが，関係ケイパビリティ論は組織間取引にケイパビリティ論を拡張し，企業の優位性は企業が有す取引関係のネットワークによってもたらされるとして，特異な企業間関係が関係レントや競争優位の源泉となるということを強調し，関係レントの追求を関係構築の主な動因と考える。Dyer は，Gulati［1998］による企業間のネットワーク概念を利用してネットワークにおける企業のポジショニングや，他社との直接的，関係的な紐帯の質も優位性の原動力となりうると言及した上で，新しいケイパビリティの構築や獲得は，企業の提携やパートナーシップ，買収を通じて行われることを指摘する。関係ケイパビリティの考え方では知識ベースの視角を取り入れ，関係ケイパビリティを支える要因にナレッジ・マネジメント・プロセスを同定し，「提携ベースの関係ケイパビリティ」（Alliance-based relational capabilities）という概念を中心にして関係ケイパビリティの成果に影響を与える要因として組織間の学習や知識の共有化・内部化を強調する点も特徴的である。

Dyer and Singh［1998］は，競争優位を生み出す関係ケイパビリティの源泉として，図表3-2の通り４つの要因を定式化している（p.663)。取引企業の資源やケイパビリティの組み合わせに競争優位を与えるような特異性をもつということが関係ケイパビリティであり，そうした関係の要因の確立に向けた投資を意図的に実行することによって体系的に創出される。

特殊的資産は，立地特殊的，物的特殊的，そして人的特殊的な資産からなり，

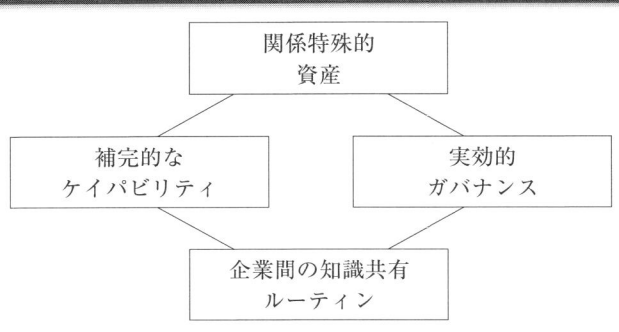

図表 3-2 提携ベースの関係ケイパビリティによる優位性の源泉

```
          関係特殊的
            資産
         ／      ＼
   補完的な        実効的
 ケイパビリティ    ガバナンス
         ＼      ／
       企業間の知識共有
         ルーティン
```

（出所）Dyer, et al.［2007］p.68.

　関係ケイパビリティの議論においては，とりわけ最後の人的特殊資産が重要である。これは取引に携わる人々の間で長期的な関係性の中で培われてきた取引特定的なノウハウや，協働を通じて蓄積された経験，特殊な知識や情報を含み，これらがコミュニケーションのエラーを減じ，取引を効率化する役割を果たし（Dyer and Singh［1998］p.662），提携相手との関係特殊的資産の構築が重要になる。

　また企業間の知識共有ルーティンを促進するためには，Cohen and Levinthal［1990］によって概念化された「吸収能力（absorptive capability）」が必要である（p.128）。吸収能力とは，外的な知識を得るために必要な過去に獲得された先行知識からなり，新たな外部情報の価値を認識し，それを吸収し，企業の目的に応用する能力である。この吸収能力の概念を，Dyer and Singh［1998］は特定のパートナーとの間に応用し，「特定パートナーとの間で価値ある知識を認識し，吸収する能力」（p.669）と定式化している。この「特定パートナー間吸収能力」は，提携相手との関係特殊的な吸収能力に焦点をあて，企業間の提携関係を議論する（今野［2006］p.73）。関係特殊的な吸収能力が高いほど知識共有が促進され，関係レントが大きくなる。また企業は補完性が高い戦略的パートナーをみつけた時により大きな関係レントを生み出すことを指摘し，様々な経営資源の組み合わせによる「戦略的補完性」と，その戦略的補完性を実現するための調整能力を意味する「組織的補完性」（意思決定プロセスや情報システム，組織文化などを含む）の二点が概念化されている（Dyer and Singh［1998］pp.667-668）。

　関係優位の実現に寄与する実効的ガバナンスは，取引に参加する当事者が，パートナーによる機会主義的行動を回避させ，取引費用を最小にして効率性を最

大化するための契約・所有構造を通じて，いかなる統治構造を選択するかという意思決定に関連している。これは法的契約のような第三者の執行力を伴うものと，第三者の介入を伴わない自己拘束的な合意にわかれる。関係ケイパビリティの議論で強調されるのは後者であり，これは，さらに資本関係を伴うようなフォーマルな統治構造ではなく，パートナー間でグッドウィルや信頼といったインフォーマルな統治構造で特徴づけられる。この両者を適切に組み合わせることにより関係優位は影響をうける（Dyer and Singh［1998］pp.669-671）。

　上述のように，関係ケイパビリティ論では資源ベース論とケイパビリティ論，組織学習アプローチ，知識ベース論，そして取引費用理論といった研究群の諸成果を総合的に取り込みながら，提携を通じた組織間関係の形成そのものが競争優位の源泉になることが議論されている。

　経営学において戦略的提携の根本原理を探求する議論の中で展開されてきた諸アプローチの影響関係を示したのが図表3-3である。1970年代末に本格的な展開を見せた資源依存アプローチに対抗するように取引費用アプローチが1980年代に出現した。また経営戦略論においてポジション・アプローチにかわり資源ベース・アプローチが注目を集めた。資源ベース・アプローチと資源依存アプローチは企業を資源の束と考える点で共通する点があるが，資源依存論が資源の保有による組織間関係のパワー・バランスに注目する一方で，資源ベース論は企業の資源獲得や移転のメカニズムを対象にする点で問題意識に違いがある。そして資源ベース論は，資源を活用する組織能力概念の醸成とともにケイパビリティ・アプローチに発展した。進化経済学で提唱されたようなルーティンの概念は，組織内で醸成される知識という点に注目をむかせ，組織間学習アプローチや知識ベース・アプローチ，そしてケイパビリティ・アプローチに重要な知的影響を及ぼした。またケイパビリティ論は，外部環境への適用を問題にするダイナミック・ケイパビリティ・アプローチや，組織間の関係性を問題にする関係ケイパビリティ・アプローチを生み出した。ケイパビリティの学習的側側面と組織間学習の概念が結びつき，学習を受ける側の能力を問題とする吸収能力アプローチは，関係ケイパビリティ・アプローチにおける特定パートナー間吸収能力という概念が生み出されたと整理することができよう。

　本節で示したような経営学の諸アプローチに並行して，マーケティング研究では組織間関係の問題がどのように取り扱われてきたか，次節で再構成しよう。

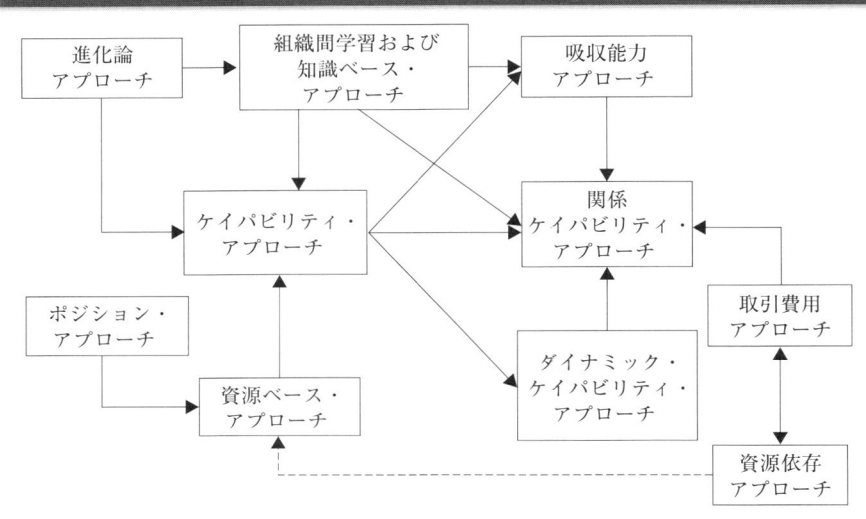

図表 3-3　経営学における戦略的提携をめぐる諸アプローチの知的連関

（出所）筆者作成。

4. マーケティング研究における戦略的提携

(1) 取引費用アプローチとマーケティングにおける組織間関係

　経済学や経営学における研究では，製造業者と部品供給業者などの川上への関係性が対象にされることが多いが，マーケティング研究においては，製造業者と卸売業者および小売業者との川下への垂直的な取引関係がより重要になる。こうした製造業者のチャネル戦略における流通業者との提携関係について，1980年代中期からパワー・コンフリクト論に変わるパラダイムとしてWilliamsonの取引費用理論の枠組を積極的にマーケティング・チャネルの研究に導入しようという動向が見られるようになった。これは経営学において資源依存アプローチから取引費用アプローチへ変化したのと同様のパラダイム・シフトであるといえよう。

　Rindfleisch and Heide ［1997］は，Anderson ［1985］やHeide and John ［1988］をはじめとする取引費用アプローチを採用した諸研究のレビューを行い，製造業

者の前方統合の文脈において，市場契約か内部化かというチャネル選択の意思決定を分析するために取引費用が操作的であり，効率性基準として有効であると評価している。取引費用アプローチは，伝統的なチャネル構造選択論に代わり，チャネル形態（市場取引，組織による内部化）を選択する際の初期条件（行動仮定および状況仮定）を定式化し，取引費用最小化という選択基準を明示して経験的・理論的研究を促進した。経済学や経営学の問題状況と同様に，マーケティングの研究においても市場か組織かという二項対立を超えた議論が展開された。Webster [1992] は，市場取引からはじまり，反復取引，長期的関係，パートナーシップ，戦略的提携（ジョイント・ベンチャーを含む），ネットワーク組織，垂直統合という内部組織に至る7パターンの取引形態に分類した。チャネル・パートナーシップに戦略的目標の共有が加わると戦略的提携になると指摘し，これは企業の競争ポジションを改善したり変化させる目的でなされると説明している（同書，p.8）。また，もう1つの重要な点は，両企業によって共有された目標に加えて，両企業が資本や管理資源へコミットメントを可能にするという点である（p.8）。矢作 [1994] は，このようなWebsterによる定義に基づき，戦略的提携を分析している。またWebsterの戦略的提携の定義，すなわち戦略目標の共有ということを基礎とすると，ほとんどの企業間の提携がそれに当てはまらないことを指摘し，より包括的な概念としてチャネル・パートナーシップという概念で企業の組織間関係や提携関係を議論しているのが尾崎 [1996] である。尾崎 [1996] は寡占メーカーと大手流通業者の間で組織間関係の協力的対応の一形態として，チャネル論的な立場から製販同盟の理論化の試みをしている。製造業者主導型のパートナーシップに加え，小売業者主導によるパートナーシップという新しい製販関係が主要なものとして関心が向けられるべきだと結論づけている。この研究では，製造業者と小売業者の間のパワー関係が依然として残る中，いかに対等性・双務性を維持するイノベーションを生み出して行くか，そのメカニズムを解明しようと試みており，パートナーシップ内におけるイノベーションの促進，管理メカニズムとパワーゲームの抑制メカニズム，パートナーシップ間管理，環境条件の誘導という諸条件が提案されている（尾崎 [1996] pp.219-220）。

　組織間関係の管理が重要なチャネル問題として広く認識されるようになると，組織間の協調をもたらす要因として，取引費用アプローチで提唱された取引特殊的投資という概念が注目された。取引特殊的投資によるホールドアップ問題 (Klein, et al. [1978]) を解消するための人質メカニズム (Williamson [1983]) の概

念が援用されている。戦略的提携の当社企業間で双務的な取引特殊的投資をすることができれば，双方ともその取引から離脱する可能性が低まり安定的な取引関係を構築することが可能となる。チャネル研究において，取引に参加する企業双方による取引特殊的な投資が機会主義的行動を抑制し，短期的な利益を犠牲にして長期的な関係継続を志向するという主張が展開された（Anderson and Weitz [1992]）。

1990年代には，取引費用アプローチで提唱された取引特殊投資がチャネル間取引における安定的な関係を構築する要因として注目を集めた。それは取引費用理論では，Williamsonが仮定した機会主義という人間行動の仮定されていたからである。内部組織ではない戦略的提携のような組織間関係においては，提携相手が裏切り行為をする可能性がある。そこで相手が契約通りに行動させるための仕組みとして，取引特殊的投資を引き出す必要がある。戦略的提携の当社企業間で双務的な取引特殊的投資をすることができれば，双方ともその取引から離脱する可能性が低まり，結果的に安定的な取引関係を構築することができるのである。

このような機会主義というネガティブな人間像を前提とすることに対する直感的な抵抗感に加え，実際の企業間の提携関係において，このような取引特殊的投資を伴わなくとも良好な関係性が構築されている実践の観察から，多くの研究者が機会主義を仮定しない理論構築の必要を訴えるようになった（Wathne and Heide [2000]）。また，関係性マーケティングが1990年代にマーケティング研究で重要なパラダイムとして出現していたこともあり，機会主義を前提とすることなく組織間関係を関係性構築のメカニズムを探求するアプローチが出現した。

(2) 関係性アプローチとマーケティングにおける組織間関係

取引費用アプローチが取引特殊的投資を強調する一方で，チャネル関係の垂直的なコントロールにおいて関係的規範に強調点を置く研究がHeide and John [1992]である。関係的規範は，売手と買手の間の柔軟性（環境の変化に対応する意思），情報交換（取引相手にとって有用な情報を進んで提供する意思），結束（取引関係を維持する意思）という3つの次元に関する取引当事者間の期待からなる（Heide and John [1992] pp.35-36）。関係的規範の役割が垂直的関係において有効であることが経験的に検証されている。

また，Morgan and Hunt [1994] は，関係性マーケティングの成功をもたらす2つの重要な構成要素としてコミットメントと信頼の概念を中心に議論している。Morgan らは，コミットメントを「交換当事者がパートナーとの現行の関係を維持させるために最大限の努力を保証することが重要だと信じること」と定義し，コミットメントのある相手が，その取引関係が無期限に持続することを保証するように務める価値が十分にあると信じているという点に注目する (p.23)。コミットメントと信頼という要素が，組織間の協調関係を生み出すという論理であり，コミットメントを促進する要素は (1) 代替的なパートナーの提供物よりも優れた資源，機会，ベネフィットを提供すること，(2) 高い企業価値を維持し，同様の資源を持つ交換パートナーとの提携をし，(3) 期待，マーケット・インテリジェンス，パートナーの成果の評価を含めた価値ある情報を伝達し，(4) パートナーの優位に対する悪意のある行為を避けようと試みるという4点からなる。また，こうした信頼やコミットメントというような心的概念から説明する Morgan らの議論に対して，取引行為は組織間関係における社会的な関係に埋め込まれていると想定し，構造的埋め込みという概念を提示したのが Uzzi [1996] である。Uzzi [1996] は，Williamson の議論において社会的関係の分析が欠如していることを批判し，組織間または部門間における強い紐帯や緊密な連携によって，複雑で暗黙的な知識の移転がスムーズになると想定している。

　このように，関係性の構築の要素を信頼やコミットメントととらえる考え方は，一見するところ納得の行く説明のように思われるが，翻って考えてみると，信頼を出発点として関係が築かれるというよりは，むしろ契約通りに納期に製品が納品されたり，製造業者の販売キャンペーンに対する流通業者の積極的な協力が得られるといった，双方の利益となるような取引関係で生ずる行動の積み重ねの結果として信頼が築かれるということの方が真理に近いのではないかと思われる。また関係性の構造を提携相手との社会的関係の文脈でとらえる見方も，本来は経済的関係のもとにある提携関係をとらえる観方として適切であるのか疑問が残る。他方で協調を生み出すような企業間の組織間連携のありように目を向け，協力関係が生み出される仕組みについて製販同盟という点から分析する観点も存在する。次項では，情報システムの共有化やサプライチェーン・マネジメント (SCM) の共進化に関する議論を整理する。

(3) 共進化アプローチとマーケティングにおける組織間関係

　垂直的な戦略的提携の具体的な方策として製販同盟に着目する研究群がある。製販同盟の1つのタイプに，企業間での情報共有を目的とするサプライチェーン・マネジメント（SCM）の効率化があげられる。1980年代後半，アメリカにおいてウォルマート・ストアーズとプロクター・アンド・ギャンブルとの戦略的提携を契機として，製販同盟が注目されるようになった（米谷［1995］p.71）。情報化の進展に伴い，POS（Point of Sales）や，日用品業界におけるQR（Quick Response）および加工食料品におけるECR（Efficient Consumer Response）といった，コンピュータ・ネットワークやロジスティクス技術に加え，パートナー企業間での情報共有を可能にする企業間オンラインデータ交換システム（EDI：Electronic Data Interchange）が普及したことにより，POS情報や在庫ならびに生産情報など種々の情報の交換が頻繁かつ自動的になされるようになり，企業間の情報共有を可能とする技術革新によって製販同盟のインフラストラクチャーが整った（p.79）。統合的なロジスティック・システムの開発によって商品供給システムの革新がもたらすような効果的・効率的なサプライチェーンを形成し，取引先との長期的な協調関係の構築することが求められている（p.81）。

　Lambert, et al.［1999］やEisenhardt and Galunic［2000］は，組織間の戦略的提携関係を議論する中で，SCMにおける組織間の共進化概念の提示している。SCMにおける協調が戦略的提携の具体的事例として認識され，共進化の概念を議論している。共進化とは，企業間関係が共に進化するという概念である。企業間関係を高めるためには，交渉力を向上させるためにサプライヤー間に競争原理を導入したり，中央からの一方的なトップダウンによる意思決定が行いながらSCMに取り組む企業群は環境に適応し，その結具業績が高まることによってウィンウィンの関係が構築される（村上［2004］p.107）。製造業者と流通業者の間で，SCMの諸問題に関する協働的な問題解決をめぐり，相互に影響し合いながら各企業情報処理能力を高めて，企業間の品揃え編成の能力とロジスティクス管理能力を向上させて共進化がおこることにより，共同の利益の意識が向上する。共同利益の意識は企業間の相互信頼を醸成し，資源共有の誘引を向上させることが議論されている（村上［2004］pp.112-113）。こうしてSCMにおける情報や知識の共有が提携企業間のSCM能力を向上させた結果，信頼関係が構築されると主張されている。SCMにおける資源の共有を論じる場合，企業間の情報や知識

の共有が重要な要素となり，企業間の情報共有度の向上が，各企業の活用可能な情報や知識の精度を向上させ，延いては各企業の情報処理能力，品揃え編成の能力とロジスティクス管理の能力を向上させる（p.113）。Hult, et al.［1999］では，組織間学習がSCMの成果に正の影響をおよぼすと議論しており，Selnes and Sallis［2003］でもまた，関係的学習を促進することによって，チャネル関係における機会主義的行動を抑制し，組織間関係を向上させることを議論している。

(4) 組織間学習アプローチとマーケティングにおける組織間関係

　上述のようなSCMを通じた情報共有に注目する議論に加え，組織関係そのものが競争優位になると考える関係ケイパビリティの議論では，垂直的な組織間の情報共有や学習を通じた知識の創発といった要素を強調する。

　Dyerらの議論では，自動車産業の事例が頻繁に用いられ，自動車メーカーと，その川上に位置する部品メーカーとの取引関係が引き合いにだされるが，製造業者と，流通プロセスにおいてその川下に位置する流通業者，とりわけ小売業者との関係についても，関係ケイパビリティの観点を応用することが可能である。

　チャネル関係においても，このような情報共有に注目する議論に加え，製販同盟の一形態として，製造業者と小売業者の間の学習や知識の創発を強調する研究も存在する。組織間学習が重要視されており，関係ケイパビリティが競争優位を確立する要素であることが主張されている。例えば秋川・戸田［2013］は，小売業者のプライベート・ブランド（PB）のSCMを分析するなかで製造業者と小売業者の協働を促す諸要因を分析している。大手小業者のPBの場合，PB専用の情報システムが構築されており，小売店での販売動向すなわち需要情報と，製造業者の生産状況すなわち供給情報を両者間で共有することによって，小売業者の在庫管理と製造業者の生産オペレーションの効率化が図られている（p.151）。製造業者と小売業者はリアルタイムの数量データのみならず，こうしたオペレーション情報を文脈に基づいて解釈するための「メタ情報」を共有している。提携関係にある両企業間の相互学習を通じて関係特殊的な知識が共有されることにより，SCMが有効になる（p.151）。

　特に付加価値型PBの場合，価格の低廉化よりも商品の差別化が必要であり，製造業者と小売業者の間で商品開発に関する協働が生まれる（p.153）。セブン－イレブンジャパンが展開するPBのうち，特に惣菜の商品分野では，社内のチー

ムマーチャンダイジングを中心にしながら、セブン-イレブン側からの企画提案に対して、サプライヤーが技術的に回答することを通じて、長年にわたる組織間学習の経験が蓄積されている。また戸田［2011］では、スナック・メーカーと小売業者の間の商談とは別に設定される定期的なミーティングが実効的ガバナンスとして機能し、この場を通じて、販売促進計画の情報共有や新商品のアイディアの創発がなされることが述べられている。製造業者とサプライヤーの間の製品開発に関する学習や知識の創発に関する議論は従来行われてきたが、川下の流通業者との間の知識の創発に関しては、特にPBの共同開発などの活動に関連して議論されている[5]。こうした製造業者と小売業者の間の関係性についても、関係ケイパビリティの形成という観点から分析することで、その提携関係の議論を深化させる可能性が開かれるのではないかと思われる。

5. おわりに

これまで、戦略的提携研究をめぐる諸研究潮流が、協調的関係を形成するための諸条件の分析を中心に展開されているという点を明らかにしてきた。特にマーケティングの垂直的な組織間関係に関する研究では、協調的関係の構築に必要な要素として、取引費用アプローチから取引特殊的投資が、関係性アプローチからコミットメントや信頼が、また共進化アプローチからSCMにおける情報共有が、さらに組織間学習アプローチから知識創発をもたらす組織間学習や関係ケイパビリティといった概念が抽出される。こうした要素が、提携などの組織間関係に特殊的なケイパビリティを形成し、競争優位をもたらすという論理的なパスが展開されている。一連の議論は図表3-4のように整理される。

取引費用アプローチで議論されたような提携関係を保証するための人質の概念や取引特殊的投資は拘束的な関係性の形成であるのに対して、共進化や組織間学習はパートナー同士の能動的な協働によって価値創造を目指すものであるという点で視点が異なる。とりわけ垂直的な関係における組織間の良好な関係構築という点については、提携当事者同士が双方Win-Winになるような関係を維持できるような仕組みが必要となる。提携当事者同士の能動的な関わりを促す、共進化や組織間学習の問題に今後の研究の焦点が集まることが予想されよう。

図表3-4　マーケティングにおける協調的組織間関係研究の諸アプローチ

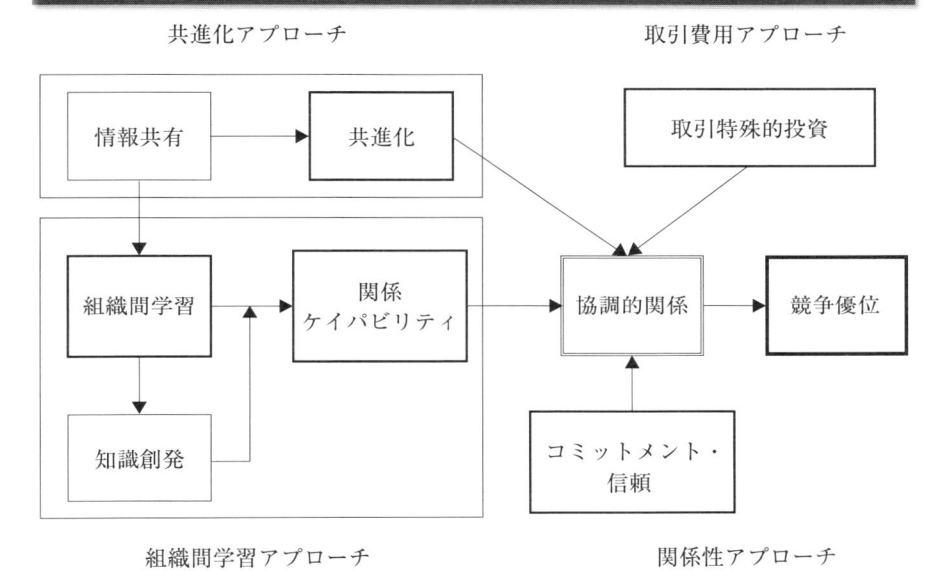

共進化アプローチ　　　　　　　　　　　取引費用アプローチ

[情報共有] → [共進化]
[情報共有] → [組織間学習]
[組織間学習] ⇄ [関係ケイパビリティ]
[組織間学習] ⇄ [知識創発]
[取引特殊的投資] → [協調的関係]
[関係ケイパビリティ] → [協調的関係]
[共進化] → [協調的関係]
[協調的関係] → [競争優位]
[コミットメント・信頼] → [協調的関係]

組織間学習アプローチ　　　　　　　　　　関係性アプローチ

（出所）筆者作成。

【注】

1) 他方でWilliamsonは，内部組織の優位性とは逆の状況，すなわち組織に固有の失敗の存在についても定式化している。詳細はWilliamson［1975］の第7章を参照されたい。
2) Williamson自身もその存在を認め，主要な統治モードとして市場と内部組織の中間に位置するものとして「双務的な市場契約」をあげている（Williamson［1983］p.18）。
3) 中間組織に関する議論は，今井［1992］，後藤［1992］，三輪［1992］，伊藤ほか［1992］，伊丹［1992］を参照のこと。経済学における戦略的提携に関する議論は取引費用理論に限らず，エージェンシー理論やゲーム理論との結びつきも指摘されている。この点については今野［2006］を参照されたい。
4) 十川［2005］でも，組織間学習を実現し促進するために，企業間を橋渡しするリエゾン役を担う人材の重要性が議論されている（p.64）。
5) 小売業者と製造業者の協働的なPB商品開発については向山［2001］も参照されたい。

【参考文献】

秋川卓也・戸田裕美子［2013］「プライベートブランドのサプライチェーン・マネジメント―セブンプレミアムの事例考察から」『ビジネスレビュー』第61巻，第2号，pp.144-156。
伊丹敬之［1992］「中間組織のジレンマ」『ビジネスレビュー』第39巻，第4号，3月，pp.49-59。
伊藤秀史・林田　修・湯本祐司［1992］「中間組織と内部組織－効率的取引形態への契約論的アプローチ」『ビジネスレビュー』第39巻，第4号，3月，pp.34-48。

今井賢一［1982］「内部組織と産業組織」『内部組織の経済学』東洋経済新報社，pp.119-134．
─────［1992］「ダイナミック・ネットワーク─市場と組織の動態的な浸透」『ビジネスレビュー』第39巻，第4号，3月，pp.1-10．
尾崎久仁博［1996］『流通パートナーシップ論』中央経済社．
加藤義忠［2011］「現代流通における情報化の進展」『関西大学商学論集』第56巻，第3号，12月，pp.111-125．
後藤　晃［1992］「中間組織，系列，継続的取引」『ビジネスレビュー』第39巻，第4号，3月，pp.11-19．
今野喜文［2006］「戦略的提携論に関する一考察」『北星論集』第45巻，第2号，pp.65-86．
─────［2007］「イノベーション創出と提携能力の構築─戦略的提携と知識ベース・アプローチの関わりから─」『三田商学研究』第50巻，第3号，8月，pp.365-383．
十川廣國［2005］「戦略的提携と組織間学習─その試論的検討─」『三田商学研究』第48巻，第1号，4月，pp.55-65．
陳韻如［2005］「戦略的提携理論の展開：パースペクティブの比較を中心に」『経済論叢』第175，第4号，4月，pp.40-58．
戸田裕美子［2011］「メーカーのチャネル戦略における関係ケイパビリティの構築─カルビー社のプランニング・ミーティング」渡辺達郎ほか編『流通チャネル─新制度派アプローチによる新展開』有斐閣，pp.142-161．
野中郁次郎・竹内弘高［1996］『知識創造企業』東洋経済新報社．
林　倬史［2008］「新製品プロセスにおける知識創造と異文化マネジメント─競争優位とプロジェクト・リーダー能力の視点から─」『立教ビジネスレビュー』第1巻，pp.16-32．
廣田俊郎［2010］「提携と協働の経営戦略についての基盤的考察」『関西大学商学論集』第55巻，第3号，8月，pp.19-40．
松行彬子［1995］「戦略的提携における知識連鎖と相互浸透」『三田商学研究』第39巻，第1号，4月，pp.107-124．
三輪芳朗［1992］「企業の理論と中間組織」『ビジネスレビュー』第39巻，第4号，3月，pp.20-33．
向山雅夫［2001］「プライベートブランド開発の新構図と商業者機能」『同志社商学』53(1)：pp.34-50．
村上裕志［2004］「SCMの共進化概念の適用に関する一試案」『京都マネジメント・レビュー』第6号，pp.99-115．
安田洋史［2006］『競争環境における戦略的提携，その理論と実践』NTT出版．
─────［2010］『アライアンス戦略論』NTT出版．
矢作敏行［1994］『コンビニエンス・ストア・システムの革新性』日本経済新聞社．
山倉健嗣［1993］『組織間関係─企業間ネットワークの変革に向けて』有斐閣．
結城　祥［2012］「マーケティング・チャネル研究における協調関係論の再検討」『政策科学』19, 3, Mar, pp.179-195．
米谷雅之［1993］「戦略的提携と共生マーケティング」田村正紀編著『マーケティング研究の新地平─理論・実証・方法』千倉書房，pp.57-80．
─────［1995］「製販戦略提携の取引論的考察」『山口経済学雑誌』第43巻，第3・4号，pp.71-103．
Anderson, E. [1985], "The Salesperson as Outside Agent or Employee: A Transaction Cost Analysis," *Marketing Science*, 4, Summer, pp.234-54.
Anderson, E. and B. A. Weitz [1992], "The Use of Pledges to Build and Sustain Commitment in Distribution Channels," *Journal of Marketing Research*, Vol. 29, No. 1, February, pp.18-34.

Aubert, B., S. Rivard and M. Patry [1996], "A Transaction Cost Approach to Outsourcing Behavior, Some Empirical Evidence," *Information and Management*, Vol. 30, pp.51-64.
Badaracco, J. J. L. [1991], *The Knowledge Link: How Firm Compete through Strategic Alliance*, Harvard Business School Press.
Barney, J. [1991], "Firm Resources and Sustained Competitive Advantage," *Journal of Management*, Vol. 17, No. 1, pp.90-120.
Buckley, P. and M. Casson [1988], "A Theory of Cooperation in International Business," *Management International Review*, Special Issue, pp.19-38.
Cohen, W. M. and D. A. Levinthal [1990], "Absorptive Capacity: A New Perspective on Learning and Innovation," *Administrative Science Quarterly*, 35, pp.128-152.
Das, T. K. and B. Teng [2000], "A Resource-Based Theory of Strategic Alliance," *Journal of Management*, Vol.26, No.1, pp.31-61.
Doz, Y. L. [1996], "The Evolution of Cooperation in Strategic Alliances: Initial Conditions or Learning Processes?", *Strategic Management Journal*, Vol.17, pp.55-83.
Doz, Y. L. and G. Hamel [1998], *Alliance Advantage: the Art of Creating Value through Partnering*, Harvard Business Review Press.（志太勤一ほか訳［2001］『競争優位のアライアンス戦略—スピードと価値創造のパートナーシップ』ダイヤモンド社。）
Dyer, J. H. [1997], "Effective Interfirm Collaboration: How Firms Minimize Transaction Costs and Maximize Transaction Value," *Strategic Management Journal*, Vol.18, No.7, pp.525-556.
Dyer, J. H. and H. Singh [1998], "The Relational View: Cooperative Strategy and Sources of Interorganizational Competitive Advantage," *Academy of Management Review*, Vol.23, No.4, October, pp.660-679.
Dyer, J. H. and N. W. Hatch [2006], "Relation-Specific Capabilities and Barriers to Knowledge Transfers: Creating Advantage through Network Relationships," *Strategic Management Journal*, 27, pp.701-719.
Dyer, J. H., H. Singh and P. Kale [2007], "Relational Capabilities: Drivers and Implications," *Dynamic Capabilities, Understanding Strategic Change in Organizations*, by Helfat, Constance E., et al. (Ed.), Blackwell Publishing, USA., pp.65-79.（谷口和弘ほか訳［2010］『ダイナミック・ケイパビリティ—組織の戦略変化』第5章，勁草書房。）
Eisenhardt, K. M. and D. C. Galunic [2000], "Coevolving: At Last a Way to Make Synergies Work," *Harvard Business Review*, January-February, pp.91-101.
Foss, N. J. [1996], "Knowledge-based Approaches to the Theory of the Firm: Some Critical Comments," *Organization Science*, Vol.7, No.5, September-October, pp.470-476.
Gulati R. [1998], "Alliances and networks," *Strategic Management Journal*, Vol.19, pp.293-317.
Hamel, G. [1991], "Competiton for Competence and Interpartner Learning", *Strategic Management Journal*, 12, pp.83-103.
Hamel, G., Y. L. Doz and C. K. Prahalad [1989], "Collaborate with your Competitors and Win," *Harvard Business Review*, January-February, pp.133-139.
Heide, J. B. and G. John [1988], "The Role of Dependence Balancing in Sefegurding Transaction-Specific Assets in Conventional Channels," *Journal of Marketing*, Vol.52, No.1, pp.20-35.
Heide, J. B. and G. John [1992], "Do Norms Matter in Marketing Relationships?," *Journal of Marketing*, 56, April, pp.32-44.
Hult, G. and others [2000], "Global Organizational Learning in the Supply Chain: A Low

versus High Learning Study," *Journal of International Marketing*, Vol.8, No.3, pp.61-83.

Klein, B., R. G. Crawford, and A. A. Alchian [1978], "Vertical Integration, Appropriable Rents, and the Competitive Contracting Process," *Journal of Law and Economics*, Vol.21, No.2, October, pp.297-326.

Kogut, B. [1988], "Joint Ventures: Theoretical and Empirical Perspectives," *Strategic Management Journal*, Vol.9, pp.319-332.

Kogut, B. and U. Zander [1992], "Knowledge of the Firm, Combinative Capabilities, and the Replication of Technology," *Organization Science*, 3(3), pp.383-397.

Lambert, D. M., M. A. Emmelhainz and J. T. Gardner [1999], "Building Successful Logistics Partnership," *Journal of Business Logistics*, Vol.20, No.1, pp.165-181.

Morgan, R. M. and S. D. Hunt [1994], "The Commitment- Trust Theory of Relationship Marketing," *Journal of Marketing*, Vol.58, July, pp.20-38.

Nelson, R. and S. Winter [1982], *An Evolutionary Theory of Economic Change*, Harvard University Press. (後藤晃ほか訳 [2007]『経済変動の進化理論』慶応義塾大学出版。)

Pfeffer, J. and G. R. Salancik [1978], *The External Control of Organizations*, Harper & Row.

Picot, A., D. Helmut, and F. Egon [1997], *Organization*, Schaffer-Poeschel Verlag fur Wirtschaft. (丹沢安治ほか訳 [1999]『新制度派経済学による組織入門, 市場・組織・組織間関係へのアプローチ』白桃書房。)

Porter, M. E. [1985], *Competitive Advantage, Creating and Sustaining Superior Performance*, Free Press. (土岐坤ほか訳 [1985]『競争優位の戦略』ダイヤモンド社。)

Porter, M. E. and M. Fuller [1986], "Coalitions and Global Strategy," in M. Porter (eds), *Competition in Global Industries*, Boston, MA: Harvard Business School Press, pp.315-344.

Praharad, C. K. and G. Hamel [1990], "The Core Competence of the Corporation," *Harvard Business Review*, May-June, pp.79-90.

Rindfleisch, Aric and Jan B. Heide [1997], "Transaction Cost Analysis: Past, Present, and Future Applications," *Journal of Marketing*, October, Vol.61, pp.30-54.

Rumelt, R. P. [1984], "Toward a strategic theory of the firm," in R. Lamb (ed.), *Competitive Strategic Management*, Prentice Hall, Englewood Cliffs, NJ, pp.556-570.

Selnes, F. and J. Sallis [2003], "Promoting Relationship Learning," *Journal of Marketing*, Vol.67, No.3, July, pp.80-95.

Teece, D. J., G. Pisano and A. Shuen [1997], "Dynamic Capabilities and Strategic Management," *Strategic Management Journal*, 18, 7, pp.509-533.

Uzzi, B. [1996], "Social Structure and Competition in Interfirm Networks: The Paradox of Embeddedness," *Administrative Science Quarterly*, 42, pp.35-67.

Wathne, K. H. and J. B. Heide [2000], "Opportunism in Interfirm Relationships: Forms, Outcomes, and Solutions," *Journal of Marketing*, Vol.64, No.4, pp.36-51.

Wernerfelt, Birger [1984], "A Resource-Based View of Firm," *Strategic Management Journal*, Vol.5, pp.171-180.

Webster, F. E. [1992], "The Changing Role of Marketing in the Corporation," *Journal of Marketing*, Vol.56, October, pp.1-17.

Wenger, E., R. Mcdermotto and W. M. Snyder [2002], *Cultivating Communities of Practice*, HBR Press. (野村恭彦監修・桜井裕子訳 [2002]『コミュニティ・オブ・プラクティス』翔泳社。)

Williamson, O. E. [1975], *Markets and Hierarchies, Analysis and Antitrust Implications*, Free Press. (浅沼萬里・岩崎晃訳 [1980]『市場と企業組織』日本評論社。)

――――[1983], "Credible Commitments: Using Hostages to Support Exchange," *American Economic Review*, Vol.73, No.4, September, pp.519-450.

Williamson, O. E. and W. G. Ouchi [1983], "The Markets and Hierarchies Program of Research: Origins, Implications, Prospects," in *Power, Efficiency and Institutions — A critical appraisal of the 'Markets and Hierarchies' pradigm*, edited by Arthur Francis, Jeremy Turk and Paul Wilman, Heinemann Educa-tion Books London, pp.13-34.

Zolo, M. and S. G. Winter [2002], "Deliberate Learning and the Evolution of Dynamic Capabilities," *Organization Science*, 13(3), pp.339-351.

＊本研究は，日本大学商学部平成 25 年度個人研究費の補助を受けて行われたものである。ここに筆者の謝意を記す。

（戸田　裕美子）

第4章

競争戦略研究の諸問題

1. はじめに

　企業活動は，他の様々な企業が活動する中で実施される。そこにおいて，各企業がそれぞれの目的を達成するためには他の企業活動との取引が不可欠であり，必然的に協調的企業間関係が形成されるが，それとは逆に，その目的を阻害する他企業の活動が存在するために，敵対的企業間関係が形成される。前者の協調的関係の形成に関しては，すでに第2章と第3章において詳述された。本章では，後者の敵対的企業間関係に対処するための競争戦略の問題に焦点があてられる。

　以下本章では，1. マーケティングにおいて，競争の問題が長期的な戦略的問題として浮上してきた経緯を示し，2. 経営学における競争戦略論の展開を述べ，3. そのマーケティング論への導入とマーケティング論独自の展開を述べる。そして最後に，4. 以上の研究の展開を踏まえた上で，経営学における競争戦略論の2つの動向を適切に組み入れ，その競争偏向の動向を消費者志向と融合させた統合的事業戦略論の可能性として，市場志向研究に関する最近の研究を取り上げ，新たな事業戦略の諸類型を示す。

2. マネジリアル・マーケティングの登場と競争戦略論

(1) マーケティングと組織間関係の問題

　「マーケティング」が「market」の動詞の意味である「市場に出す」という活動を含意しているということからすれば，マーケティング論の対象とする企業行為は，組織外的な対応活動であり，この点が，本来は企業の組織内活動に焦点の

あった経営学との相違である。そして，マーケティング活動においてその組織外の対応する対象が「市場」であるなら，そこにはより具体的な行為対象として，供給業者，中間商業者，最終消費者，そして，競合他社の4つのタイプが想定できる。この場合，「市場」は，経済学での意味である「売り手と買い手の出会う場所」という意味が想定されている。しかし，経営学やマーケティング論での通常の意味である「買い手の集合」としての市場が想定され，マーケティング活動の主体を何らかの売り手としての生産者とした場合，行為対象は中間商業者と最終消費者の2つに絞られる。生産者が小規模で中間商業者に依存せざるを得なかった時代の企業活動の組織外的対象はもっぱらその商業者であったが，資本主義が進展して力を増した生産者が登場し，最終消費者への直接販売や最終消費者に向かっての商業者のコントロールといった流通支配が進展した時代をマーケティング活動の出現と考えるならば，当初マーケティング論の対象とする企業活動は，中間商業者と最終消費者の2つに対する組織外的な対応活動にその焦点があったといえる。それゆえ，マーケティング研究の初期の焦点は，中間商業者に対するチャネル研究と最終消費者に対する広告研究にあったのであり，この点は，「生産者商人」の主たる課題が，中間商人，販売員，広告の組み合わせの問題であると指摘した，マーケティング研究の父とされる Shaw［1915］においても明らかである。また，Shaw と同様ミクロ・マーケティング研究のパイオニアとされる Butler［1917］においては，市場分析において競争状況の分析も含められているものの，記述は少なく，分析の焦点は，あくまで Shaw と同様，中間商業者，販売員，広告にある。このように考えると，マーケティング研究の初期では，市場の経済学的な意味において想定された，その他の行為対象としての供給業者と競合他社への対応行動に関しては特に区別して焦点が置かれて論じられていたとは言えない。

　以上のことを組織間関係への対応という文脈でとらえなおすならば，中間商人への対応という協調的組織間対応はマーケティング論にとって伝統的な問題であったのに対し，競合他社への対応という敵対的組織間対応の問題は当初はそれ自体を区分して明確には論じられてはいなかったといえる。むしろ，買い手の集まりとしての市場への対応において競合他社とは異なったやり方で対応を調整するということは差別化という暗黙の前提の中で市場対応の中に融合していただけであり，その競合他社との違いを体系立てて考えるという点に特別な焦点が置かれて論じられることはなかったのである。企業間関係における敵対的関係である

競争に本格的な焦点が与えられるようになるのは第2次世界大戦後のマネジリアル・マーケティングの登場においてであった。

(2) マネジリアル・マーケティングの登場と戦略的問題としての競争

　第2次世界大戦後のアメリカにおいて予想された戦後の恐慌は起きなかった。抑圧されていた民間需要が出現し，輸出も順調だったのである。また戦後のアメリカ経済は連邦政府の経済への介入による連邦経費の増大と，東西冷戦構造を背景にした軍需の恒常化という2つの構造的特性を持つことになった。こうした軍事ケインズ主義（萩原［1996］pp.65-77）の下，1949年，54年，58年と3度の景気後退があったものの，60年代はほとんど中断のない景気高揚期となり，Kennedy政権の下での政府の刺激援助策を背景に，企業行動においては，第1に，新たな新製品開発のための研究開発，第2に新たな事業進出のためのコングロマリット的合併という2つの方向での投資活動が顕著になる。

　このように，戦後のアメリカにおける企業行動は，技術革新を中核とした新製品開発競争として展開し，その競争は事業の多角化として拡大していくとともに，この競争環境の変化の下で，マーケティング・マネジメントもそれまでとは違った質的変化を要請されることとなる。技術革新を中核とした新製品開発競争を貫徹するためには，その巨額の投資に見合った長期的に安定した市場の見通しと維持が大前提であり，この見通しと維持のもとに企業全体が活動しなければならず，機能的な諸職能を統合するより上位の職能としてマーケティングが新たに見直されるようになった（森下［1959］p.11）。マーケティング・マネジメントは，もはや企業における一職能部門の管理問題としてではなく，企業の全活動にかかわるトップ・マネジメントとして質的変化を遂げるのである（pp.16-17）。

　こうして登場したマーケティング・マネジメントの新たな段階が，マネジリアル・マーケティングであり，そこでは，新製品開発競争の激化という背景もあって，戦略的問題として他企業との競争の問題が重要視されることとなり，競争の問題が独自に取り上げられるようになってくる。この点が顕著に出てくるのが，マーケティング戦略論に大きな影響を与えた経営戦略論の展開である。次に経営戦略論における競争戦略論の展開を見てみよう。

3. 経営戦略論における競争戦略論

(1) 経営戦略論の登場と企業戦略論

　現在では経営学の中心的研究分野となっている経営戦略論の登場は比較的新しく，1960年代以降に確立されていった分野であり，その問題を指摘し，経営戦略論の骨格を作ったパイオニア的研究者として，A. D. Chandler Jr. と H. I. Ansoff があげられる。

　まず，「戦略 (strategy)」という用語を経営学に最初に導入しこれらの問題に明確に焦点を当て，経営戦略論の道を切り開いたのが，Chandler [1962] であった。本来軍事用語であった「戦略」が企業経営上重要な問題として取り上げられるようになった背景には，19世紀後半以降のアメリカに登場した大企業の成長プロセスにおける問題が登場していた。それは，企業の成長に伴う多角化の傾向とその組織的管理手法としての事業部制の問題であり，Chandler [1962] は，「組織は戦略に従う」という有名な命題を導き出したのである。

　こうして，多角化に関する企業の全社的かつ長期的な意思決定を経営戦略と名づけて経営学における新たな焦点を示した Chandler であったが，彼の関心は多角化を前提としてそれが事業部制をどのように導いたのかという歴史的経緯の研究にあり，組織論的関心のほうが強かったといえる。いかにして企業の成長の方向性を決め多角化を行うのかという戦略自体のより実践的な内容に関して，計画策定的側面を前面に出して戦略論を体系化したのが Ansoff [1965] である。

　Ansoff [1965] では，成長ベクトルとして，製品と市場それぞれの既存および新規という組み合わせから，市場浸透戦略，市場開拓戦略，製品開発戦略，多角化戦略の4つをパターン化した（Ansoff [1965] 訳書，pp.136-137）。このように決定された戦略は，その下位の管理的意思決定および業務的意思決定を通して実行に移されるのであり，Ansoff [1979] では，この点がさらに詳細に展開された。

　以上のように，経営戦略論における最初の問題は，企業の成長の方向を決定する成長戦略に焦点があったが，70年代は多角化した複数の事業活動をいかに管理するのかという資源配分の問題に戦略論の焦点が移動していく。

　このような状況において，コンサルタントにとって簡便で明快な資源配分の指

針を導くテクニックが，B. D. Henderson 率いるボストン・コンサルティング・グループ（以下，BCG）が開発したプロダクト・ポートフォリオ（以下，PPM）という手法であった。(Henderson [1979]，アベグレン：BCG 編 [1977])。BCG の PPM は，縦軸に市場成長率，横軸にはトップ企業に対する（自社がトップの場合は2位企業に対する）自社のシェアの比率である相対的市場シェアがとられたうえで，前者に関しては10パーセント，後者に関しては1を境にそれ以上かそれ未満かで高低を組み合わせて，4つの事業タイプが導出される。すなわち，高成長・低シェアの問題児（Question Marks），高成長・高シェアの花形（Stars），低成長・高シェアの金のなる木（Cash Cows），そして低成長・低シェアの負け犬（dogs）の4つであり，現在保持されている複数の事業をこの4タイプ上にマッピングした上で，それぞれの主たる基本戦略として育成，保持，収穫，撤退が決定されるのである。

以上のように，1970年代までの間に経営戦略論においては，企業の成長の方向性と複数事業間における資源配分の問題に関する全社的意思決定の問題，すなわち企業戦略論が形成されていったといえる。

(2) 企業戦略論から競争戦略論へのシフト

しかしながら，戦略論においては，企業の成長の方向性や複数事業間の調整の問題よりも，次第に個々の事業自体において長期的に競争力を確立するという問題に焦点が移ることになる。

ところで事業レベルの戦略に関しては，企業戦略の展開においても触れられていないわけではない。成長ベクトルにおいては，進出すべき事業の特性が製品と市場の新旧の関係で示されているし，ポートフォリオにおいては，シェアと成長率という市場での成果によって特徴づけられている。しかし，そこには競争の要素が明確に示されてはいなかった。競争状況を分析しより強い事業の確立という事業戦略の基本的枠組みを明確に示したのは，Andrews である。

Ansoff の最初の著書が出版された同年の1965年に，経営戦略論という分野を定着させるのに大きな貢献をした著書が出版される。ハーバード・ビジネス・スクールのスタッフによって書かれた『ビジネス・ポリシー：テキストとケース』(Learned, et al. [1965]) という教科書であり，この著者の一人である K. R. Andrews は，この本の内容から事業戦略論の基本的構造を示した SWOT 分析の

先駆者とされている[1]。すなわち，SWOT 分析とは，事業の内部における強み（Strengths）と弱み（Weaknesses）の分析と，外部における機会（Opportunities）と脅威（Threats）の分析を行い，内部と外部の関係において事業戦略を決定するという枠組みである。この本は，若干の執筆者の顔ぶれの変更を伴いつつも，Andrews によって版を重ねていき，明快に事業戦略論の構造を示していた。しかしながら，前述のように研究の関心は企業レベルの成長の方向性と資源配分の問題に移ったのであり，この事業レベルの競争戦略論の本格的研究は 1980 年代以降に展開されることになる。そしてこの流れを作った立役者が，M. E. Porter である。

双子の赤字の下で苦境にあえいでいたアメリカ企業の救世主として登場し，瞬く間にベスト・セラーとなったのが Porter［1980］であった。この本は大著であるが，その基本的構造は比較的単純であり，競争分析における 5 つの競争要因と 3 つの基本戦略という基本的対応，そして戦略グループと移動障壁という概念による分析レベルの階層性がその中心概念である。

まず，5 つの競争要因とは競争の強さを決める要因であり，新規参入者の脅威，代替製品の脅威，買い手の交渉力，売り手の交渉力，競争業者間の敵対関係からなり，目の前の競争業者以外の「広義の敵対関係」（Porter［1980］訳書，p.20）が想定されており，その基礎は産業組織論にある。しかし，産業組織論においては公共政策の見地から競争を推進し競争を阻害する市場の不完全性は解消すべきものととらえるのに対し，Porter は逆に市場の不完全性こそが企業にとっての収益の源泉になると主張することによって，産業組織論を経営戦略論に連結することを試みたといえる。そして，この 5 つの競争要因の強さの程度によって様々な業界の構造が出現するのであり，「ある企業の競争戦略の目標は，業界の競争要因からうまく身を守り，自社に有利なようにその要因を働かせる位置を業界内に見つけることにある」（同訳書，p.18）としたうえで，その競争優位を実現する基本的な 3 つの戦略タイプを定式化した。それは，差別化と低コストという 2 つの競争優位のタイプと戦略ターゲットの幅の広狭をかけあわせて，4 つのタイプが導出され，広いターゲットを扱う場合の差別化とコスト・リーダーシップの 2 つに狭いターゲットを扱う 2 つのタイプの戦略が集中として 1 つにまとめられ，3 つの基本戦略が定式化される。そして，この 3 つの基本戦略のうちからどれか 1 つを選択することが重要であり，差別化とコスト・リーダーシップの両立を否定している。

さて，このPorterの業界構造分析は，その分析単位を業界においていることから，業界間の競争構造の違いを分析し，魅力的な業界を選択することが想定されている[2]。しかし，このことは，「暗黙のうちに，ある業界内で各企業が直面する脅威や機会は個々の企業にとって全く同じである，と前提を置いていることになる」(Barney [2002] 訳書，上巻，p.215) が，多くの場合，同一業界内における企業間格差は存在している。この点に関する答えとして，Porterは異なる「戦略グループ」の存在という形でこれを認識し，業界全体のレベルにおける参入障壁に対応する概念として「移動障壁」という概念によりこれを説明する。さらに，同一戦略グループ内における企業間格差は，さらに戦略グループ内の企業の地位というレベルでの分析で明らかにされる (Porter [1980] 訳書，p.199)。こうして，業界全体，戦略グループ，戦略グループ内の企業の地位という3つのレベルを通してその企業の最適な位置が探求されるのであるが，前述の5つの競争要因と3つの基本戦略は，このどのレベルにおいても共通の分析ツールとなる。

それでも，Porter [1980] では，3つの基本戦略をどのように実行するのかという点では詳細さに欠けていた。この点を補うために書かれたのがPorter [1985] であり，そこにおける中心的概念が「価値連鎖 (value chain)」である。価値連鎖は，競争優位の源泉を分析するために会社が行うすべての活動とその相互関係を体系的に分析する方法であり，購買物流，製造，出荷物流，販売・マーケティング，サービスからなる5つの主活動，そして，全般管理にかかわる企業のインフラ，人事・労務管理，技術開発，調達活動の4つの支援活動から構成されている。この分析によって，業界構造という外部における脅威と機会の分析から内部の強みと弱みの分析に重点がシフトしたのであり，戦略の焦点は，目指す戦略的ポジションを得るために，どのように活動を選択し組み合わせるかという点になる。しかし，戦略策定の関心が企業内部にシフトしたといっても，Porterの関心のスタートは企業の外部環境であり，外部環境の現状を分析し，そこにおける価格あるいは非価格的な差別化が可能なポジションを選び，それを目指して企業活動を適応させるという，外から内へという分析の方向性は変わっていない。そこでは，SWOTという枠組みのうちOTに重点が置かれている。

(3) 競争戦略論内での焦点のシフト

1980年代の半ば以降，特に1990年代の競争戦略論は，単なる競争優位ではな

く，持続的競争優位という問題の追及が焦点となり，企業内部の経営資源の異質性に注目することによって，Porter とは逆に内から外へという分析の方向性へと研究の動向が変化した。Porter の外への適応という考えにおいては，諸活動を選択し実行する際の経営資源の同質性と，取引を通じての移動可能性が想定されているといえるのであり（Barney [1991] p.100），この想定の下では競合他社のキャッチアップがなされるとともに競争優位は持続的なものとなりえない。それゆえ，Porter の戦略論では企業間における経営資源の異質性を軽視しすぎているという批判が生じることとなる[3]。こうした研究動向の中で登場したのが，資源ベース論と能力ベース論である。

通常の経済学者とは違って，この経営資源の異質性という点に早くから注目していたのが，Penrose [1959] であった。そこでは，企業は生産資源の束と考えられ，しかもその生産資源の束は個々の企業によって異なっており独自性を持つとされる。その独自の生産資源を管理フレームワークによるコントロールを通じて最大限活用することで企業成長が達成できるとされ，多角化とは，そうした独自の資源活用の結果を理解できる市場を追求することによって生じたものだと考えられた。

この Penrose の見解を競争戦略の観点から展開し，自らの立場を資源ベース的視点（resource-based view）と名付けたのが Wernerfelt [1984] である。Wernerfelt は製品の裏側にある経営資源に注目し，あるものが経営資源を保有することによりできる障壁を「資源ポジション障壁」と名付け，その市場の不完全性から企業が超過利潤を得られると考え，競争優位の源泉を企業内部の経営資源に求めた。その後，Rumelt [1987]，Dierickx and Cool [1989] そして Barney [1991] と Barney [2002] といった一連の研究によって持続的競争優位の源泉となる資源の特徴に関する研究が進展していく。中でも，Barney [2002] は，価値（value），希少性（rare），模倣困難性（inimitability），組織（organization）の4つからなる VRIO モデルを提示したことで有名である。

しかし，資源ベース論においては，以上のように明らかにされた特徴を持つ経営資源を保有することは強調されるが，それをいかに蓄積し活用するのか，さらにそれを変化に対応していかに修正するのかというプロセスに関する考察がなされていなかった。この点が明らかにならなければ環境の変化に対応した持続的競争優位は築けない。こうした問題を克服すべく登場するのが能力ベース論であり，その主たる関心は経営資源の保有の問題から経営資源を効果的に活用する組

織能力の問題へと移行することとなる。しかし，この能力ベース論の展開において，その組織能力は，ケイパビリティ（capability）あるいはコア・ケイパビリティ（core capability），コンピタンス（competence）あるいはコア・コンピタンス（core competence）と様々に呼ばれ，資源と能力の区別もされないまま，資源を能力に置き換えて，資源ベース論と同じ静態的な特徴づけに終始する研究が出現し，資源ベース論との違いが明確でないものも多かった。そうした中で，資源と能力を明確に分け，その開発や修正といったプロセスの問題を取り扱ったものとして Prahalad and Hamel [1990]，Hamel and Prahalad [1994]，Nonaka and Takeuchi [1995], Teece, et al. [1997] などがある。特に Teece, et al. [1997] は，こうした動態的な問題を取り扱うために「ダイナミック・ケイパビリティ（dynamic capability）」という概念を明示し，能力ベース論の問題意識を明確にさせたのであり，現在この概念を中心に研究が展開している。いずれにしてもこれらの研究は内から外へという分析方向において SWOT の SW を強調しているといえる。

4．マーケティング戦略論における競争戦略論

(1) 経営戦略論の成果の導入

マネジリアル・マーケティングの提唱は，Kelley and Lazer (eds.) [1958] で明確に宣言されたにもかかわらず，GE などの先進的企業を除いて企業実践において浸透していったとは言えず，研究面においてもその詳細がマーケティング論内部で独自に展開されていったとは言い難い。それは，消費者志向を中心としたマーケティング・コンセプトという理念上の提言でとどまり具体的な展開がなされず，それゆえ，部門間の対立を解消できなかったためと思われる。マネジリアル・マーケティングにおけるトップ・マネジメント的マーケティングの具体的内容の展開は，経営戦略論の成果のマーケティング戦略論への導入を通して実現されていく。

前節で述べたように，経営戦略論のこれまでの成果は，1）多角化を前提とした上での企業の成長の方向性と複数事業間における資源配分の問題に関する企業

戦略論，2）個々の事業におけるポジショニング上の競争優位の確立という問題に関する外的適応志向の競争戦略論，3）2）とは異なった方向での持続的競争優位を持つ経営資源の創造の問題に関する内的開発志向の競争戦略論の3つであるが，これらの成果を逸早くマーケティング論の中に導入していった立役者が P. Kotler であった。Kotler は，マーケティングの教科書『マーケティング・マネジメント』の第1版を1967年に出版して以来改訂を繰り返し，2009年には第13版を出版し，マーケティングの教科書における不動の地位を築いた。そして，この改定の変遷において，経営戦略論の成果を導入しながらマーケティング戦略論としての統合を試みた様子がうかがえる。

経営戦略論の成果1）に関しては，そのプロセスが「戦略的マネジメント・プロセス」としてはっきりと分離され明示されたのが1980年の第4版である。そして，それまで製品政策の方向性やプロダクト・ミックスとの関連で採り上げられていた Ansoff の成長ベクトルと PPM が明確に企業戦略のレベルに位置づけられた[4]。

経営戦略論の成果2）に関しては，Porter の成果が1984年の第5版から紹介されだし，1988年の第6版からは競争に関する章が独立して設けられるようになる。5つの競争要因は当初市場セグメントの評価の文脈で登場するが，次第に競争に関する独立した章において示されるようになり，3つの基本戦略は，事業レベルの戦略問題の文脈で言及される。価値連鎖に関しては，ポジショニングにおける差別化の源泉あるいは顧客価値の源泉という文脈で紹介されており，これは，事業レベルにおける様々な職能の統合というマネジリアル・マーケティングでの提言の具体的展開を示したものと理解できる。経営戦略論の成果3）に関しても，資源ベース理論と能力ベース理論がその区別が明確でないまま1994年の第8版から顧客価値の源泉の文脈で紹介されるようになる。

こうした Kotler のマーケティング戦略論の形成においては，導入した概念の洗練化や新たな概念の導入も行われている。まず Ansoff の成長ベクトルに関しては，第3版から成長戦略として3タイプ9種類の方向性としてまとめなおされている[5]。競争戦略に関しては，第4版から Kotler オリジナルの，リーダー，チャレンジャー，フォロアー，ニッチャーという競争上の地位の区別を提示し，競争戦略の違いが論じられるようになる[6]。これは，Porter の戦略グループの概念を Kotler 流に展開したものと解釈できる。

以上のように，Kotler は，マーケティング論の教科書において，経営戦略論

の成果を導入しながらそれを編成しなおしたり自らのアイデアを盛り込んだりしながら，マーケティング論における戦略的部分を増加させていったのであるが，その増加した戦略的部分の統合的構造化が明確になされていたとは言えない。しかし，Kotler の教科書における継ぎはぎ的アプローチとは違って，経営戦略論の成果 1）と 2）を取り入れながら，マーケティング戦略論としてより明確な構造化を試みた成果も展開していく。それが，次項で述べる戦略市場計画（Strategic Market Planning）と呼ばれる一連の研究動向である。

(2) マーケティング戦略論としての戦略市場計画

　戦略的なマネジリアル・マーケティングの内容に，経営戦略論の成果を取り入れつつ，伝統的な戦術的職能と新たな戦略的職能の関係を統合的に示すという問題に挑戦し，マーケティングを中軸とした経営戦略論をマーケティング戦略論として展開した一連の研究の潮流が出現した。それは，Abell and Hammond［1979］，Grant and King［1982］，Aaker［1984］，そして Day［1984］を代表とする一連の研究と，その日本への紹介とともにわが国で展開された嶋口［1984］，田村［1989］，陶山［1993］，上原［1999］といった研究成果である。ここでは Abell and Hammond［1979］の命名をその総称として用い，この一連の研究動向を戦略市場計画と呼ぶことにする。

　この動向の背景には，マネジリアル・マーケティングの進展における過度の消費者志向，すなわち過度の多角化と過度の製品多様化の進展に対する反省がその背後にある。1970 年代の石油ショックを契機として，市場の成長も鈍りだすとともに，あらゆる方向への事業拡張は不可能であるがゆえに，限られた経営資源における新規事業の選択や複数事業間での資源配分が重要な問題として浮かび上がってきたのである。そして，この問題に取り組んできたのが経営戦略論だったのであり，マーケティング論において前述のような経営戦略論の成果の導入は不可避のことであったといえる。こうして，マーケティングを中軸として，個々の事業や製品群に全社的かつ長期的な効率を目指した資源配分への対応を明示的に組み入れた，より構造化されたマーケティング戦略論として登場したのが，戦略市場計画である。

　そこでは事業の定義や戦略ドメインの決定，定義された事業間への資源配分としてのポートフォリオ分析，事業ごとにおける諸機能の統合という戦略的意思決

定を中心に，伝統的な 4P ミックスというマーケティングの戦術的マネジメントとの連結を図ることが試みられている。マネジリアル・マーケティングにおいては，画期的な新製品の開発を中心としてその事業の成功と安定化のために企業におけるあらゆる機能的職能を統合するという戦略的課業がマーケティングに要請されることになったが，ここではさらに多角化の進展に伴った資源配分というより上位の問題が組み込まれており，マネジリアル・マーケティングよりもより上位の戦略的な問題を包括した「ポスト・マネジリアル・マーケティング」（石井 [1984] p.148）と言える内容になっている。

　しかし以上の特徴を指摘する限り，追加された個々の成果自体はほとんど経営戦略論で展開されたものなので，経営戦略論とどこが違うのかという疑問がわくが，重要な違いはその位置づけや関連付けにある。

　経営戦略論においては，成果 1) の企業戦略から，成果 2) および 3) の事業戦略へと問題関心が移行する際に，競争の問題に重点が移りすぎた。企業戦略では新規事業の評価あるいは事業間の比較において消費者や顧客としての市場への成果という点が視野に入っていたが，Porter 以後の事業戦略論においては Porter の影響力もあって競争の側面に関心が集中する。すなわち，Porter [1988] は「マネージャーの多くは，戦略的ポジショニングをターゲットとしている顧客の観点から説明する。……しかし，戦略の本質は，活動そのものにある。同じ活動をライバルとは違うやり方で進めたり，競合他社とは違う活動に着手する，それが戦略である。さもなければ戦略といっても，単なるマーケティング上のスローガンでしかなく，とうてい競争の舞台で通用するものではない。」（訳書，pp.76-77）と述べ，競争分析とその対応にもっぱら重点を置くのである。これは資源ベースあるいは能力ベースの事業戦略論においても同様である。これに対し，戦略市場計画においてはあくまで戦略の帰結は消費者の集合としての市場にあるのであり，競争業者との違いのみにあるのではない。Porter において，競争構造を分析し，最終的に価値連鎖に示された様々な職能を組み立てる方向は競争業者との違いなのであり，違いがあれば競争優位になることが前提とされている感があり，その違いが消費者にどのように受け取られるのかという視点は軽視されている。それゆえ，経営戦略論においては，成果 1) の企業戦略論から成果 2) や 3) の事業戦略論に移行する際に，消費者の視点や市場成果という点での一貫性を欠いているといえる。これに対し，戦略市場計画においては，最終的な消費者の反応を引き出すための戦略策定という戦略の位置づけのもとに，マーケティングを

様々な機能的職能を取りまとめる役割を果たすメタ職能として中心におき，企業戦略，事業戦略，そして製品レベルでの 4P ミックス的戦術の 3 つの階層の統合を明確にしようとしたという点で経営戦略論とは異なっているのである。戦略市場計画は，Porter の競争戦略論の成果を取り入れているとはいえ，その事業戦略の部分は，消費者志向を中心にしてマーケティングに機能的職能を統合する役割を課したマネジリアル・マーケティングの構造を保持している。そこでは，STP の手順がコアとなっており，ST（セグメンテイション，ターゲッティング）の消費者志向が第 1 にあり，その制約条件として P（ポジショニング）の競争志向が来るという構造を持っているのであり，それは具体的にはその構想の中心にある戦略ドメインの決定において市場分析が第 1 に考えられている点に示されている。これに対し，Porter [1980] ではこの順番が逆転し，しかも買い手の分析に関してはその記述の占める割合がきわめて少ない。競争状況自体，ターゲットが決まらなければ確定しないことを考えればこれは志向の順序が逆転しており，企業成果の最終決定者が消費者であることを考えれば分析の重要度からしても間違っている。こう考えると，本来，経営戦略論はマーケティング戦略論としてしか成り立たないのであり，この点は，戦略市場計画を日本に導入し新たな展開を示した嶋口 [1984] において特に強調されている（pp.16-19）。消費者志向と競争志向の関係の詳細さ，そしてより下位のレベルへの連結に関してはまだまだ多くの問題を残していたとはいえ，とりあえず消費者志向と競争志向の順序づけに関しては，戦略市場計画は経営戦略論における競争戦略論を本来の位置に戻す役割を果たしていたといえるであろう。

　しかしながら，戦略市場計画の一連の研究は，Porter の研究成果が全盛の時代に同時進行的に展開したため，経営戦略論の成果 3) が意味ある形で組み込まれているとは言えない。経営戦略論の成果 1) と 2) は，ともに外から内への分析の流れを持った外的適応志向が強いのであり，この点は戦略市場計画でも同じである。さらに，戦略市場計画において取り入れられた企業戦略論はほとんど経営戦略論からの借り物だったのであり，そこでは市場の成長率やシェアという目の前の結果が強調されやすいという点に変化はなく，当初のマネジリアル・マーケティングに存在していた顧客ニーズへの注視による画期的新製品の内的開発への長期的関心は薄められている。したがって，経営戦略の成果 3) が示唆する内から外に向かっての内的開発重視の事業戦略の可能性に関しては重点が置かれているとは言えないのである。次に，この問題も組み込んだ事業戦略論の可能性を

探ってみよう。

5. 市場志向的戦略論と事業戦略の諸類型

(1) 消費者志向から市場志向へ

　マーケティングは，企業とその外的環境の接点にあり，一貫してその外的環境の中でも消費者あるいは顧客にその焦点を置いてきた。この視点は一経営下位部門においてのみ重要なのではなく，企業全体にとって重要であることを指摘し，企業の基本的機能はマーケティングとイノベーションの2つであると述べて，企業のより上位の職能としてマーケティングを位置づけたのは Drucker であった（Drucker［1954］訳書，上巻，pp.48-54）。彼は，その呼び名が出現する以前に逸早く「マネジリアル・マーケティング」を指摘していたのである。その後，実業界でも GE の副社長 Borch［1957］によって「マーケティングは企業経営の基本機能であり，あらゆる企業活動を支配する傘のようなもの」と表現され「マネジリアル・マーケティング」が推奨されるとともに（pp.3-14），同じ GE の社長 Mckitterick［1957］によって，経営理念としての「マーケティング・コンセプト」に焦点が当てられ，それは，消費者志向，統合志向，利益志向の3つの志向の統合的理念であることが指摘された（pp.71-82）。このマーケティング・コンセプトのうち消費者志向は，すでに述べたように，当初のマネジリアル・マーケティングにおける新製品開発競争という背景の下で，他の追随を許さない画期的な新製品の独自の内的開発という長期的視点を内包していた。そこでは画期的な技術革新を消費者に啓蒙し説得するマーケティングが想定されていたのである。しかし，次第にこの消費者志向は市場細分化による狭いターゲットにおける消費者ニーズへの対応へと変化し，適応型のマーケティングが強調されるようになる。さらに経営資源の配分の問題が浮上し経営戦略論からの影響が強くなるとともに，より素早い適応が目指され，手法としては M&A による新規事業の獲得に奔走し，自社におけるより長期的なニーズを見越しての内的開発という側面が後退していく（Webster［1988］pp.34-35）。マネジリアル・マーケティングで確立された STP の手順は，外への適応に偏重していき，適応する際の資源も同質

的で移動可能な資源に限定されていった。このような展開に関する問題点の指摘として1980年代後半から登場したのが，すでに述べた経営戦略論の成果3）として区別した，資源ベース論や知識ベース論といった内的開発重視の競争戦略論であった。

既述のように，戦略市場計画は経営戦略論の競争偏重を是正したにもかかわらず，経営戦略論のこの第3の成果を取り込んではいなかった。しかし，1990年代以降，市場志向という概念の下でのマーケティング・コンセプトの再評価とともに，戦略市場計画を超えた，あるいはその延長線上の研究としてマーケティング戦略論における事業戦略論の新たな展開が始まることになる。それが，市場志向研究と呼ばれる一群の研究動向である。

(2) マーケティング研究における「市場志向研究」

マーケティング研究における「市場志向研究」は，1987年のマーケティング・サイエンス協会（Marketing Science Institute）主催の「マーケティング志向の開発」と題したフォーラムに端を発し，1990年代以降に本格的な展開を示してきている（Deshpande（ed.）［1999］）。90年代以降の研究の高まりを生み出した最初の論文は，Kohli and Jaworski［1990］とNarver and Slater［1990］であるとされており，市場志向に対する視点として，前者の行動的視点と後者の文化的視点の2つの流れがあるとされている。

行動的視点においては，その行動内容が規定されており，組織全体による市場情報の生成，普及，それへの組織的反応という3つの行動が示されている（Kohli and Jaworski［1990］pp.4-6）。これに対し文化的視点においては，それらの行動を意味づけるより上位の理念として市場志向をとらえており，それは，長期的利益という焦点の下の顧客志向，競合者志向，職能間調整の3つの志向の合成概念であるとされる（Narver and Slater［1990］pp.21-22）。前者の行動的視点は実証的研究のためのモデルとして展開されたもので，後者の文化的視点においてもそれが実証的に展開される場合は構成概念の操作化のために，前者の行動的視点と同様の尺度が提示されるのであり，その点では同様の展開をしている7）。1960年代に高まりを見せたマーケティング・コンセプトの研究においては，理念的提言で終わってしまい，その実証や行動的具体化に関する研究が進展しなかったという問題があったが，この行動的視点における展開はそれを補うものとして評価

できる。

　しかし，マーケティング戦略論の構造に関する問題に関しては，圧倒的に後者の文化的視点のほうが重要である。すなわち，同じ情報収集，普及，反応という行動がなされていたとしても，それをどのような意義を持って行っているのかという理念的構造のほうが戦略上重要だからである。マーケティング・コンセプトにおける消費者志向は顧客志向と同義であるとし，統合志向は職能間調整に対応しており，利益志向は長期的利益に焦点を置くことに示されているとするならば，そこでは，60年代の「マーケティング・コンセプト」で定式化された3つの理念的下位志向に加えて，競争志向が明確に追加されており，消費者志向（市場志向においては顧客志向）と競争志向（市場志向においては競合者志向）の調和の問題が組み込まれている。しかし，この点は戦略市場計画でも試みられていたことであった。問題は，戦略市場計画の延長としてマーケティング論の本来の関心の構造を受け継ぎながら，内から外へという経営戦略論の成果3)の問題をどのように包摂しているかである。

　市場志向研究においては，理念的研究のみで進展しなかった60年代の研究とは違って，市場志向を具体的にどのようにとらえるのかという問題とともに，さらにその市場志向を生み出すための諸条件の探索と，その市場志向が企業の組織的成果にどのように結び付くのかという2つの問題が探求されている。市場志向研究におけるこの3つの問題から多くの研究が生み出され今日までそれが続いているのであるが，市場志向が企業の組織的成果にどのように結び付くのかという3つめの問題の探求において2000年代に新たな展開が生じた。それは，文化的視点から市場志向をとらえる研究者の中から登場した，市場志向の新たなタイプ分けの提言である。

(3) 2つの市場志向と新たな事業戦略類型

　市場志向の組織的成果への結び付きの問題に関する実証的研究が進展するとともに，そこには様々な矛盾する帰結が出現しだす。特に，顧客の声を聴きすぎることによる競争優位性の消失というChristensen [1997]の指摘するイノベーションのジレンマという問題は市場志向研究に影を落とすことになる。この間，市場志向の組織的成果へのポジティブな成果を実現させる媒介変数として「イノベーション」に注目が集まってくる。しかし，この市場志向とイノベーションの関係

ということは，消費者志向と競争志向の調和の問題の具体的展開であり，それゆえその問題を明確に意識している文化的視点からの研究者によって展開されていくとともに，上述のイノベーションのジレンマを解決するべく，Narver, et al.［2004］において市場志向を反応的（Responsive）市場志向と先見的（proactive）市場志向の２つに捉えなおすという提言がなされることになる。

　それは，「反応的市場志向とは，顧客の顕在化したニーズを理解しそれを満たそうとする事業の試みであり，それに対し先見的市場志向とは，顧客の潜在的なニーズを理解しそれを満たそうとする事業の試みである」（p.336）という市場志向の２つのタイプの区別の提言であり，先見的市場志向においては市場においてまだ顕在化していないイノベーションを積極的に提案することが含意されている。このことによって競争戦略の空間は，外から内へという戦略的対応とともにより長期的な内から外へという戦略的対応をも含むように拡大されたといえる。すなわち，外から内への顕在的ニーズに対する外的適応志向としての反応的市場志向の追及によるコモディティ化の進展とそれによる競争優位性の消失というジレンマを回避すべく，持続的競争優位を持った潜在的なニーズに対するイノベーションの開発を可能にするために，内から外へという内的開発重視志向としての競争戦略が先見的市場志向においては含意されているのである。しかし，この２類型では，消費者志向と競争志向の調和という内容が明確に示されてはいない。そこで，市場志向の意味する内容をより詳細に分析し，新たな市場志向の諸類型を体系的に示すことによって，拡大された事業戦略の空間を描いてみたいと思う。

　事業が市場志向の下で，顧客志向を中心に競争に対応する場合の基本的活動は，Drucker が的確に指摘したようにイノベーションとマーケティングである。そして，イノベーションにおける基本的志向は競争志向であり，マーケティングにおける基本志向は消費者（顧客）志向であると考えられるがゆえに，競争志向と消費者志向の統合の問題こそが市場志向的事業経営の戦略の根本問題であり，この両志向それぞれにおけるタイプの違いを掛け合わせることによって，事業戦略のバリエーションを体系的に示せると考える。

　イノベーションに関しては，市場志向の２区分において想定されていた志向されるイノベーションの違いを取り出し明確にする必要がある。すなわち，先見的市場志向において想定されていた持続的競争優位を持ったイノベーションと，反応的市場志向において想定されていた持続的競争優位を持たない比較的容易に採用できる既存技術としてのイノベーションの区別である。ここでは，イノベー

ションの前提にある競争志向を区別し，前者を先見的競争志向，後者を反応的競争志向と呼ぶことにする[8]。

　マーケティングに関しては，Smith［1956］において逸早く指摘されていたように，代替的マーケティング戦略としての製品差別化と市場細分化戦略という2類型の考えを採用したいと思う。「製品差別化は，需要を供給側の意思の方向へ曲げることに関係する」（訳書，p.192）のに対し，「市場細分化は，市場の需要面を開発することを基礎に，消費者あるいは使用者の要求に対し製品やマーケティング努力を合理的かつ明確に適合させることを意味している」（同訳書，p.193）。しかし，製品差別化においては，「自社の製品と競争業者の製品との間の差異を広告したり，プロモーションすることによって製品に対する需要をコントロールする方法」（同訳書，p.193）としての販売志向をもっぱらさしており，消費者志向あるいはマーケティング志向との違いに焦点があてられている。Smithにおける製品差別化と市場細分化の2区分の焦点は，消費者に対する向き合い方の違いにあるのである。しかし，製品差別化自体は，Smithの市場細分化においても，個々のセグメントの消費者の要求に対応して製品開発を行う場合も製品差別化と呼ぶ場合があるし，市場細分化自体は，Smithの製品差別化においても，細分化した後に決定された1つのターゲットの需要曲線にそのセグメントの周りのセグメントの需要曲線を引き寄せるという形で出現しうる。したがって，Smithの強調したかった消費者への向き合い方の違いにのみ言及したい場合，この2類型の命名法は妥当ではない。この点を解決してくれるのが，マーケティングの根底にある消費者志向に2つのタイプの消費者志向があることを指摘した戸田［2010］における分類である。そこでは，Smithにおける製品差別化的な意図のもとに企業側からの提案を消費者にむかって説得するマーケティング実践における消費者志向を「説得型消費者志向」と呼び，消費者の要求に向かってそれに答えたことを消費者に伝えようとするマーケティング実践における消費者志向を「適応型消費者志向」と呼んで，マーケティング活動に基本的に存在する消費者志向に2つのタイプがあることを示した。前者は内から外へという方向性での消費者対応であり，後者は外から内へという方向性での消費者対応を意味している。本章でも，この2類型を採用し，消費者志向にこの2つのタイプがあると考える。

　以上から，理念としての市場志向は，消費者志向と競争志向それぞれにおける対応の方向にかかわる2分類を掛け合わせて，2類型から4類型へと変更すべきであると考える。それを示したのが図表4-1である[9]。

企業は先見的競争志向の下でイノベーションを開発することにおいて経済を動態化しマクロ的な経済成長を実現させてきた[10]。その先見的なイノベーションは顧客に顕在化していたものではないのでそれを企業側から説得する説得的消費者志向に基づくマーケティングが必要になる。これが市場創造志向である。1920年代のアメリカにおける自動車や家電産業の出現，同様に日本における明治期に出現した洋風産業や高度経済成長期における自動車や三種の神器を中心とした家電産業の出現の初期においてはこの戦略が不可欠であったろう。また，マネジリアル・マーケティングの登場の初期においても，画期的な新製品の開発競争という背景の下で，この戦略が実行されたと思われる。

　先見的イノベーションが理解されだすと，その先見的イノベーションの枠組みはそのままでそれを消費者の共通的要望の下により使いやすく改良する問題解決型の先見的イノベーションが開発され，それを適応的に知らせるマーケティングが必要になる。これが市場革新志向である。消費者志向を含まない異なった志向として区別されていた製品志向はこの市場革新志向に対応し，広義の消費者志向における適応型消費者志向を含んだ市場志向の1つのタイプとして位置づけられる。また，生産志向は，非価格的競争優位とは違った価格的競争優位を生み出す生産段階の先見的イノベーションを生み出し消費者の共通的要望に適応型消費者志向を持って対応しているという点でこの市場革新志向に対応しているといえる。マネジリアル・マーケティングの初期は，前述の市場創造志向とともにこの市場革新志向の下での事業戦略が展開されていたと思われる。

　以上の2つの志向の下での戦略における差別化が行き詰まると，今度はよりターゲットを絞って微細な消費者ニーズの違いを見つけそれぞれに対する多様な

図表4-1　事業戦略における4つの市場志向

マーケティング＼イノベーション	消費者志向	
	説得型消費者志向	適応型消費者志向
競争志向　先見的競争志向	市場創造志向	市場革新志向
競争志向　反応的競争志向	市場誘導志向	市場浸透志向

対応を試みる志向へと移行する。これが市場浸透志向である。これは，反応的競争志向の下で，既存のイノベーションを応用した微細なニーズの違いへの対応の実現によって競争優位を得られるセグメントを見つけそこへの適応的なマーケティングを実施するとともに，その複数の保持によって競争優位を築こうとするものであるが，その微細な既存のイノベーションの適用はキャッチアップされやすい上に，イノベーションを短期的に M&A によって獲得しようとする動向とともに，イノベーションのより長期的な内的開発へのエネルギーは失われていく。そこでは，広範な市場ターゲットに対して影響を及ぼすイノベーションを開発しようとする市場革新志向とは違って，保有する資源上の持続的競争優位は次第に薄れてくる。この志向はマネジリアル・マーケティングの展開における経営戦略論の影響の下で急激に強調されるようになるのであり，適応型消費者志向における競争志向との結び付き方の変化，すなわち反応的競争志向との連結として理解できる。

　こうしていよいよ市場がコモディティ化してくるとともに，説得的消費者志向の下でのより強力なマーケティングによって競争優位を築こうとするようになる。これが市場誘導志向であり，強力なブランド・イメージの実現における競争優位が追及されることになる。明確なイノベーションが示されないままに説得的マーケティングが実施されているという点で，この志向はアメリカの 1920 年代に実施されたとされる販売志向に対応しているし，1980 年代以降の不況期におけるブランド戦略もこの志向に対応していると言えるであろう。どちらも，初期のマーケティング学者が真剣に論じたように，反応的イノベーションにおけるコモディティ化が進展した状況においても，消費者が気付いていないイメージ的グッドウィルを説得的に提供しようとする説得型消費者志向をそこに含んでいると解釈できるのである[11]。

　この 4 つの市場志向の類型は事業を行う上での戦略的パターンを意味している。そして，事業の成長に沿って基本的には上述のように，市場創造→市場革新→市場浸透→市場誘導という順番での戦略展開を経ると思われるが，企業の保有する経営資源の違いと競争状況によって様々な事業戦略展開があり得る[12]。さらに，複数の事業をこの 4 タイプの事業に位置付けた上で限られた資源をどのように配分するべきかを決定する場合，これまでのポートフォリオとは違った新たな企業戦略論の展開になりうる。詳細な展開は今後に期待するにしても，市場志向研究の進展は，消費者志向と競争志向の融合を目指した広範かつ体系的な事業

戦略の空間を示した事業戦略論を中心に，マーケティング戦略論と経営戦略論の本格的融合を構築するための方向性を示しうるといえるであろう。

6. おわりに

本章で明らかになったことは以下の5点である。

① マーケティング研究において，競争の問題それ自体に焦点があてられるようになったのは，第2次世界大戦後に登場したマネジリアル・マーケティング論の登場以後である。

② しかし，戦略的競争に関する研究は，経営戦略論における成果の導入という形で展開した。経営戦略論においては，企業戦略論から事業戦略論としての競争戦略論へのシフト，競争戦略論における外から内への外的適応的競争戦略論から内から外への内的開発的戦略論へのシフトという，2つの問題移動があった。

③ 経営戦略論における事業戦略論へのシフトにおいては，競争の側面が強調されすぎていた。しかし，経営戦略論の成果を取り入れて展開した戦略市場計画においては，そのマーケティング論的構造によって，競争戦略論が消費者志向の下での競争戦略という本来の姿に引き戻された。

④ さらに，90年代以降に高まりを見せてきているマーケティング戦略論における市場志向研究においては，経営戦略論の2つ目の問題移動であった，内的開発志向と外的適応志向の2つの統合の問題を，先見的市場志向と反応的市場志向という2つの区分によって組み込もうとする動向が生じた。

⑤ 消費者志向と競争志向のバランスの問題の具体化は，それぞれに対応するマーケティング行為とイノベーション開発行為の組み合わせの問題であり，それぞれにおいて内から外への志向と外から内への志向の2つがあることから，その組み合わせによって，事業戦略のタイプには，市場創造，市場革新，市場浸透，市場誘導の4タイプがあることが示された。この4類型を基に企業戦略と従来からの製品レベルのマーケティング戦術の2つのレベルを連結する中で，新たな戦略論が形成されていくのであり，競争戦略論もその中での統合化の道を歩むと思われる（競争志向の前提として統合されるべき消費者志向にかかわる戦略的対応の詳細に関しては次の第Ⅱ部において検討

【注】

1) Selznick［1957］をSWOT分析のルーツとする者もいる。
2) 「業界がそれほど重要か」と批判されたPorterであったが，この業界の選択という点は，Porterにおいても企業レベルでの成長の方向性が論じられているわけで，前述のPPMの手順との対応が見いだせる。実際，Mintzberg, et al.［1998］においては，PPMはポジショニング・スクールの第2段階として位置づけられている。
3) この点に関して，Porterはその企業の戦略の独自性と持続的競争優位を説明する概念として，バリュー・チェーンの構成要素間の結び付き方の強さを「フィット（fit）」という概念で示し，これこそが持続的競争優位の源泉であるとした（Porter［1998］訳1巻, pp.98-109）。
4) 正確には，Ansoffの成長ベクトルは，第3版においてすでに企業の成長戦略として位置づけが修正されている。
5) すなわち，集中的成長における，市場浸透，市場開拓，製品開発，統合的成長における，後方統合，前方統合，水平統合，多角的成長に関する，同心円的多角化，水平的多角化，コングロマリット的多角化，である。
6) さらに，市場シェアによる規模によってのみ分類されていたこの4類型を，嶋口［1986］は量的経営資源と質的経営資源それぞれの大小を組み合わせたマトリックスによって論理的に分類しなおしている。
7) 同様の指摘に関しては，Deshpande and Farley［1999］，水越［2006］，猪口［2012］を参照のこと。
8) 命名上，この2つの区分とよく似た区分に，Hunt［2000］の，先見的（proactive）イノベーションと対抗的（reactive）イノベーションの2つの区別がある。しかし，この区分において対抗的イノベーションは，競争上劣位にある企業が対抗して採用するイノベーションすべてを含んでおり，イノベーション自体の区別を目指した区分ではないという点で，異なっている。
9) この新たな4類型において，消費者志向と競争志向が同時に存在しない事業活動は想定されていない。それゆえ，消費者志向は，それと対比的に示される生産志向，製品志向，販売志向と対立するものではなく，より高次の概念と考えられている。それゆえ事業活動である以上，これら3つの志向の中にも消費者志向は含まれていると考えるべきである。
　Smithの2類型における製品差別化ではもっぱら市場誘導志向が想定されており，画期的なイノベーションによる製品差別化を実現し，そのこれまでとの違いを積極的に啓蒙しようとして説得型消費者志向が登場する場合，すなわち市場創造は想定されていない。また，Smithの市場細分化では，微細な消費者の要求的相違のそれぞれに対し反応的イノベーションによる実現を試みて適応型消費者志向が出現する場合，すなわち市場浸透と，消費者の広範にわたる共通の要望を先見的イノベーションの開発によって解決する際に適応型消費者志向が出現する場合，すなわち市場革新は区別されていない。そしてSmithの想定している市場細分化は，市場浸透に重点が置かれている。
　また市場志向研究における2類型は，顧客（消費者）志向と競争志向の合成概念であり，顧客志向における潜在的ニーズへの対応と顕在的ニーズへの対応の区別は，説得型消費者志向と適応型消費者志向の区別に対応しているように見えるが，同じではない。そして，顧客志向の2区分は，そこから生まれるイノベーション活動の違いを表すことに焦点が置かれており，先見的イノベーションを生み出す市場創造および市場革新と，イノベーションのジレンマを生み出す市場浸透との対比が想定されており，市場誘導は想定されていな

いと思われる。

　それゆえ，ここで提示された市場志向の4類型は，Smithの2類型と市場志向の2類型よりも広く体系的な戦略空間を示しているといえる。

　最後に，Abernathy and Clark［1985］の4類型モデルは，一見ここで提示された4類型と似ているように見えるが，それはあくまでイノベーションの類型を示しているのであり，分類の意図はまるで異なっている。しかし，その4分類は，本論文における4類型における縦軸をより詳細に示したものとして位置付けられるのであり，その組み込みによるより詳細な市場志向類型の導出は可能である。

10）この点を強調し，常に差別的動態化を生み出す企業行為が競争の実際の姿なのであり，経済学の想定する均質化に向かって均衡状態を生み出す競争は極めて特異なケースであることを指摘し，経済学に変わる競争の一般理論を提唱することを試みたのがHunt［2000］である。

11）これは，広告の経済的社会的便益に関する擁護論として登場したもので，詳しくは戸田［2010］を参照のこと。

12）同様の展開は，Kotler and Armstrong［1989］においても見られる。そこでは，顧客志向があるかないかという軸と競合他社志向があるかないかによって，製品志向，顧客志向，競合他社志向，市場志向という4つの企業の志向を区別し，この順番で志向が変遷するとされている（訳書，pp.678-679）。しかし，消費者あるいは競合他社をともに意識しない事業活動はあり得ないと考える点，そしてそれぞれの志向において内から外への実践と外から内への実践という方向性の違いを組み入れているという点で，本章における4類型はまるで異なっており，注9）でも述べたように，製品志向の意味内容もまるで異なっている。

【参考文献】

アベグレン，J.：BCG編［1977］『ポートフォリオ戦略』プレジデント社。
石井淳蔵［1984］「マーケティング戦略論」田村正紀・石原武政編著『日本流通研究の展望』千倉書房。
猪口純路［2012］「市場志向研究の現状と課題」『マーケティング・ジャーナル』日本マーケティング協会，31(3)通号123。
上原征彦［1999］『マーケティング戦略論』有斐閣。
嶋口充輝［1984］『戦略的マーケティングの論理』誠文堂新光社。
―――［1986］『統合マーケティング』日本経済新聞社。
陶山計介［1993］『マーケティング戦略と需給斉合』中央経済社。
―――［1995］「マーケティング戦略論」阿部真也・但馬末雄・前田重朗・三国英美・片桐誠士編著『流通研究の現状と課題』ミネルヴァ書房。
田中康介［2006］「経営戦略論再考―分析的アプローチから社会的アプローチまで―」『産能大学紀要』産業能率大学，第26巻2号。
田村正紀［1989］『現代の市場戦略』日本経済新聞社。
戸田裕美子［2010］「企業的マーケティング論の統合」マーケティング史研究会編『シリーズ・歴史から学ぶマーケティング第1巻：マーケティング研究の展開』同文舘出版。
荻原伸次郎［1996］『アメリカ経済政策史―戦後ケインズ連合の興亡―』有斐閣。
堀越比呂志［2005］「戦後マーケティング研究の潮流と広告研究③」『日経広告研究所報』222号。
水越康介［2006］「反応型市場志向と先見型市場志向」『季刊ビジネス・インサイト』現代経営学研究所：神戸大学，14(2)通号54。
森下二次也［1959］「続 Manegirial Marketing の現代的性格について」大阪市立大学『経営研究』第41号，pp.1-28。

Aaker, D. A. [1984], *Strategic Market Management*, John Wiley & Sons. (野中郁次郎・北洞忠宏・嶋口光輝・石井淳蔵訳 [1986] 『戦略市場経営─戦略をどう開発し評価し実行するか─』ダイヤモンド社。)
Abell, D. F. and J. S. Hammond [1979], *Strategic Market Planning*, Prentice Hall.
Abernathy, W. J. and K. B. Clark [1985], "Innovation: Mapping the Winds of Creative Destruction," *Research Policy*, No.14, Elsevier Science Publishers.
Ansoff, H. I. [1965], *Corporate Strategy*, McGraw-Hill. (広田寿亮訳 [1969] 『企業戦略論』産業能率短期大学出版部。)
──── [1979], *Strategic Management*, Wiley. (仲村元一監訳 [2007] 『戦略経営論〈新訳〉』中央経済社。)
Barney, B. J. [1991], "Firm Resources and Sustained Competitive Advantage," *Journal of Management*, Vol.17, No.1.
──── [2002], *Gaining and Sustaining Competitive Advantage*, 2nd., ed. (岡田正大訳 [2003] 『企業戦略論：競争優位の構築と持続』ダイヤモンド社。)
Borch, F. J. [1957], "The Marketing Philosophy As a Way of Business Life," *Marketing Series* No.99, AMA: NY.
Butler, R. S. [1917], *Marketing Methods*, Alexander Hamilton Institute.
Chandler, A. D., Jr. [1962], *Strategy And Structure*, MIT Press. (有賀裕子訳 [2004] 『組織は戦略に従う（上・中・下）』ダイヤモンド社。)
Christensen, M. [1997], *The Innovation's Dilemma*, President and Fellows of Harverd College. (伊豆原弓訳 [2000] 『イノベーションのジレンマ』翔泳社。)
Day, G. S. [1984], *Strategic Market Planning*, West Publishing Co.
Deshpande, R. (ed.) [1999], *Developing A Market Orientation*, Sage Publication.
Deshpande, R. and J. U. Farley [1999], "Understanding Market Orientation: A Prospectevely Designed Meta-Analysis of Three Market Orientation Scales," in Deshpande (ed.) [1999].
Dierickx, I. and K. Cool [1989], "Asset Stock Accumulation and Sustainability of Competitive Advantage," *Management Science*, Vol.35, No.12.
Drucker, P. F. [1954], *The Practice of Management*, Harper & Brothers Publishers, NY. (現代経営研究会訳 [1965] 『〈エグゼクティブ・ブックス〉現代の経営　上・下』ダイヤモンド社。)
Grant, J. H. and W. R. King [1982], *The Logic of Strategic Planning*, Little, Brown and Company.
Hamel, G. and C. K. Prahalad [1994], *Competing for the Future*, Harvard Business School. (一條和生訳 [1995] 『コア・コンピタンス経営─未来への競争戦略─』日本経済新聞社。)
Henderson, B. D. [1979], *Henderson on Corporate Strategy*, Abt Books. (土岐坤訳 [1981] 『経営戦略の核心』ダイヤモンド社。)
Hunt, S. D. [2000], *A General Theory of Comretition: Resource, Competence, Productivity, Economic Growth*, Sage Publications, Inc.
Kelley, E. J. and W. Lazer (eds.) [1958], *Managerial marketing: Petspectives and Viewpoints*, Richard D Irwin, inc., Ill.
Kohli, A. K. and B. J. Jaworski [1990], "Market Orientation: The Consyruct, Research Propositions, and Managerial Implications," *Journal of Marketing*, Vol.54 (April).
Kotler, P. [1965], "Competitive Strategies for New Product Marketing over the Life-cycle," *Management Science*, Vol.12-4.
──── [1967], [1972], [1976], [1980], [1984], [1988], [1991], [1994], [1997], [2000],

［2003］，［2006］，［2009］，*Marketing Management*, Prentice-Hall. Inc.
Kotler, P. and G. Armstrong［1989］, *Princioles of Marketing:* 4th ed., Printice-Hall.（和田充夫・青池倫一訳［1995］『新版マーケティング原理』ダイヤモンド社。）
Learned, E. P., C. R. Christensen, K. R. Andrews and W. D. Guth［1965］, *Business Policy: Text and Cases*, Irwin.
McKitterick, J. B.［1957］, "What is the Marketing Management Concept?," *The Frontiers of Marketing Thought and Action*, Chicago: American Marketing Association.
Mintzberg, H., B. Ahlstrand and J. Lampel［1998］, *Strategy Safari: A Guided Tour throught the Wilds of Strategic Management*, The Free Press.（齋藤嘉則監訳［1999］『戦略サファリ─戦略マネジメント・ガイドブック─』東洋経済新報社。）
Narver, J. C. and S. F. Slater［1990］, "The Effect of a Market Orientation on Business Profitability," *Journal of Marketing*, Vol.54(October).
Narver, J. C., S. F. Slater and D. L. MacLachlan［2004］, "Responsive and Proactive Market Orientation and New-Product Success," *The Journal of Product Innovation Management*, Vol.21.
Nonaka, I. and H. Takeuchi［1995］, *The Knowledge-Creating Company: How Japanese Companies Create the Dynamic Innovation*, Oxford University Press.（梅本勝博訳［1996］『知識創造企業』東洋経済新報社。）
Penrose, E. T.［1959］, *The Theory of the Growth of the Firm*, Wiley.（末松玄六訳［1980］『会社成長の理論』ダイヤモンド社。）
Porter, M. E.［1980］, *Competitive Strategy*, The Free Press.（土岐坤・中辻萬治・小野寺武夫訳［1982］『競争の戦略』ダイヤモンド社。）
─── ［1985］, *Comretitive Advantage: Creating and Sustaining Superior Performance*, The Free Press.（土岐坤・中辻萬治・小野寺武夫訳［1985］『競争優位の戦略』ダイヤモンド社。）
─── ［1998］, *On Competition*, Harvard Business School Press.（竹内弘高訳［1999］『競争戦略論Ⅰ・Ⅱ』ダイヤモンド社。）
Prahalad, C. K. and G. Hamel［1990］, "The Core Competence of the Corporation," *Harvard Business Review*, May-June.（坂本義実訳［1990］「コア競争力の発見と開発」『ダイヤモンド・ハーバード・ビジネス』8-9月号。）
Rumelt, R. P.［1987］, *The Competitive Challenge*, Harper & Row.（石井淳蔵ほか訳［1988］『競争への挑戦─革新と再生の戦略─』白桃書房。）
Selznick, P.［1957］, *Leadership in Administration: A Sociological Interpretation*, Row, Peterson.（北野利信訳［1975］『組織とリーダーシップ』ダイヤモンド社。）
Shaw, A. W.［1915］, *Some Problems in Market Distribution*, Harvard Univ. Press.（伊藤康雄・水野裕正訳［1988］『市場配給の理論』文眞堂。）
Smith, W. R.［1956］, "Product Differenciation and Market Segmentation as Alternative Marketing Strategies," *Journal of Marketing*, Vol.21(July).（片岡一郎・村田昭治・貝瀬勝共訳［1969］『マネジリアル・マーケティング上』丸善，20章。）
Teece, D. J., G. Pisano and A. Schuen［1997］, "Dynamic Capabilities and Strategic Management," *Strategic Management Journal*, Vol.18, No.7.
Webster, F. E.［1988］, "The Rediscovery of the Marketing Concept," *Business Horizons*, Vol.31, No.3.
Wernerfelt, B.［1984］, "A Resource-Based View of the Firm," *Strategic Management Journal*, Vol.5.

（堀越　比呂志）

第Ⅱ部

市場への対応

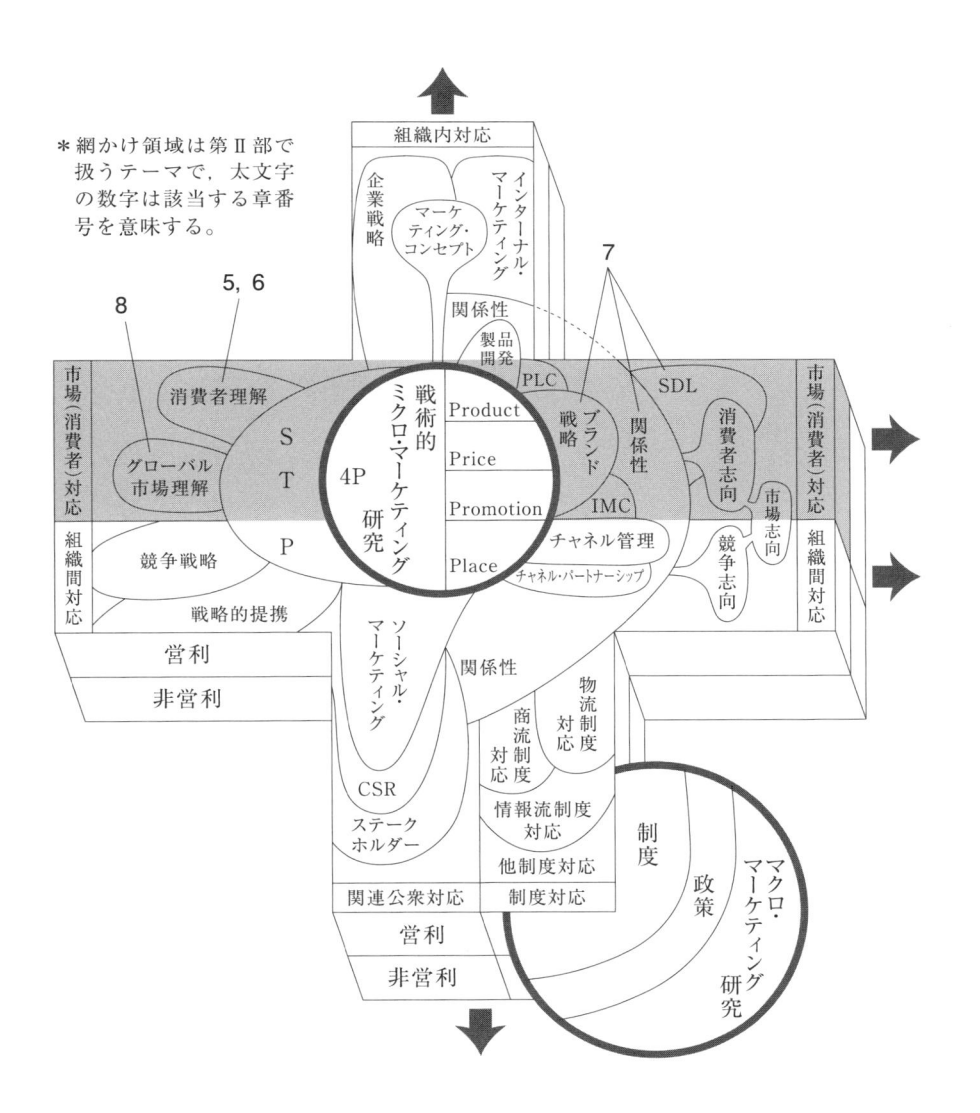

第5章
市場の理解における諸問題 1
―行動科学的消費者行動研究の諸問題―

1. はじめに

　本章の目的は，マーケティング活動の実践に先立ってなされるべき市場の理解という戦略的段階における，消費者行動研究の展開を整理することにある。

　整理するにあたっての本章における第1の視点は，消費者行動研究の研究対象の集計水準における，個別消費者選択行動研究（以下，タイプⅠと記述），類型化研究（以下，タイプⅡ），市場形成研究（以下，タイプⅢ）という3つの研究タイプの区別である。タイプⅠの主要研究テーマはHoward-Sheth，Bettmanモデルに代表される消費者のブランド選択行動モデルなどのミクロ的研究があげられる。消費者関与，知識といった構成概念の研究などもこの分類に入るが，後にタイプⅡへと展開していった。タイプⅡはミクロとマクロ研究の中間的分類と位置付けられ，商品分類研究における消費者の類型化，市場細分化研究といった多様な形で多数輩出された。タイプⅢは，新製品普及過程研究に代表されるように，様々な消費者類型がさらに連動してより大きな市場を形成していくプロセスに関する研究であり，マクロ的市場研究として位置付けられる。マーケティング戦略からみた有用性としての観点では，タイプⅠでの概念規定や理論的研究が十分に行われた上で，タイプⅡ・Ⅲの研究への展開がより有用であると考えられる。こうした視点からの研究の展開の整理の概観は図表5-2および図表5-3で示される。

　本章におけるもう1つの視点は，その時代ごとのマーケティング実践と研究との関連性である。60年代のHoward-Shethモデルに代表される刺激－反応型高関与モデルが，奇しくも当時のマーケティング戦略，消費者特性に一致している。また，その後の消費者情報処理モデルは，80年代以降の高低関与・高低知識消費者といった市場の多様性を理解するための特徴を奇しくも備えている。「奇しくも」という意味は，心理学における刺激－反応連合から情報処理への認

知革命ともいわれることになるパラダイム・シフトは，マーケティング・消費者行動研究とは独立して心理学において起こったものであるにもかかわらず，マーケティングにおける問題を解決するための変化であるかのようなシンクロニシティを見せたことである。これは，消費者行動研究においては，マーケティング実践との関連で研究の焦点が変わっていくことを示している。

以下，この2つの視点の下に，消費者行動研究のうちでもその主流である行動科学的消費者行動研究の展開を整理していくことにする。

2. 1950年代以前
【端緒的研究：マーケティング諸手段への個別対応から統合的マーケティングへの変化の中で】

(1) 経済学と行動科学的アプローチ

この時代には，経済学の伝統的ミクロ経済学における消費者行動選好理論・消費者需要理論に位置付けられる，限界効用理論，無差別曲線による選好理論，顕示的選好理論などのマーケティングへの導入が吟味された。しかし，いわゆる経済学の公準の問題，特に完全情報の公準などによって，マーケティング研究への適用は批判的に扱われた。加えて，製品クラス内での品質の同一性の前提は，自社製品・ブランドの多属性と差別化といったマーケティング特有の戦略問題への示唆を与えるには適していないとして批判された。こうした経済学における問題解決の道として，Katona［1953］による行動科学としての心理経済学などを生み出した。また，1960年代半ば以降多くの研究者の関心を集めたLancaster［1966, 1971］による新需要理論から始まる諸研究も上述の経済学の問題を克服する試みである。しかし，消費者行動研究の流れは，行動科学的・学際的アプローチの隆盛とともに，行動科学的な研究へと勢いを強めていくことになる。

(2) 消費者行動の先駆的研究
―マーケティング諸手段の個別管理の下での消費者行動研究―

1950年代以前の行動科学的アプローチによる消費者行動研究の状況は，1960年代以降のマーケティング分野において本格的発展を遂げる消費者行動研究のいわば黎明期といえるだろう。マネジリアル・マーケティング登場以前は，マーケ

ティング諸手段の個別管理問題に対応した研究が展開された。代表的研究として，広告の発展に伴う広告効果階層研究，製品タイプから特定の戦略を導き出そうとする商品分類研究，消費者の購買ニーズを探るためのモティベーション・リサーチ研究があげられる。こうした研究は，消費者行動研究を基にして行われたが，個別のマーケティング戦略プロセスやマーケティング手段のための研究であり，統合的なマーケティングのための研究は第2次世界大戦後から60年代を待つことになる。

① **広告効果階層研究－タイプⅠ・Ⅱ：ブランド化の進展と広告の重要性**

1911年にはオハイオ大学で"Principles of Advertising"という講座が開講され（Maynard [1942]），この頃になると広告に関する著作も続々と刊行されていった（Gale [1900]，Scot [1903] など）。Shaw [1915] の著作においても，製造業者のブランディングされた製品を中間商人の手によってではなく，製造業者自らが広告を用いて顧客へ製品のアイディアを伝達するというコミュニケーション戦略の原型が経営的観点から提案されていることからも，広告の重要性が認識されていたことがうかがわれる。

当時の広告研究における代表的消費者行動研究は効果階層モデルに見られる。これらは，広告の効果を消費者の認知的反応→情緒的反応→行動的反応の順に生起するとした高関与消費者を前提としていた。AIDA [1898] モデルを嚆矢としてその精緻化が試みられ，今日では後述する消費者関与研究の貢献により，行動的反応→情緒的反応といった低関与型の効果階層も同時に考えられるようになった[1]。

② **商品分類研究－タイプⅡ**

商品分類研究は広告効果階層研究と並んで，マーケティング研究における消費者行動研究の中で最も古く，特に商品分類研究は，現在に至るまで研究者の関心を維持し続けている領域である。この分野における研究の特徴は，消費者の購買行動に基づいて商品を分類し，その分類された行動からマーケティング戦略への示唆を得ようとすることである。

その先駆的研究は，Copeland [1923] による分類で，消費者の買物行動によって最寄品，買回品，専門品に3分類した。Copeland以後，多くの研究者による商品分類研究が行われてきた。その概要は章末の図表5-4「主要商品分類研究の

概要」[2] に示されている。

　Copeland は消費者の買物・購買行動の差異に着目し，それぞれの行動タイプに合わせて商品分類を行ったが，「なぜそのような行動がとられるのか」についての説明は放置されている。その後，消費者関与概念，知識，知覚リスクなどの研究成果を採り入れながら分類基準が整備され，購買・買物行動の理由についての議論が行われ，単なる商品分類ではなく，マーケティング戦略への体系的な示唆が可能となった。

③　モティベーション・リサーチータイプⅠ：購買行動と消費者ニーズの探求

　マーケティングにおける消費者志向が定着すると，「消費者はなぜ購買するのか，どのようなニーズがあるのか」といった，消費者の行動を導く要因としてのモティベーションへの関心が高まっていった。

　代表的な研究としてはフロイトの精神分析を応用した Dichter［1964］があげられるが，1930 年代からすでに研究は始まっている。マーケティング研究においてモティベーション・リサーチが導入された端緒的研究は Britt［1950］，Haire［1950］にみられ，その後 Packard［1957］等に引き継がれて 60 年代まで多くの研究者の関心を集めた。Packard（訳書［1958］）の著書のタイトル『隠れた説得者』において示されているように，これらの分析は広告による深層心理の操作をねらって登場した消費者行動研究と言える。消費者の深層心理への探求を行い，消費者の購買行動やニーズを分析できる点は高く評価されるが，主観的な解釈が常に伴い，その科学的妥当性や普遍性という点から批判され，次第に研究は衰退していった[3]。

(3) マネジリアル・マーケティングと消費者行動研究
―技術革新と統合的マーケティングの下での消費者行動研究―

①　第 2 次世界大戦後のマーケティング状況と実践

　第 2 次世界大戦後，米国における好景気の下，企業間の技術革新競争が展開され，生産設備や新製品開発のための研究開発と新事業進出のための合併・買収へ莫大な投資が行われた。技術革新競争は企業全体の方向性を決める最高経営レベルの意思決定を必要とし，企業のあらゆる活動を統合する役割を担うマネジリアル・マーケティングが登場した。マネジリアル・マーケティングの中心的理念と

しての消費者志向・顧客志向が組織全体の理念となると，消費者行動研究への関心が急速に高まり，消費者のニーズの理解とそれへの適応が重要な課題と認識され，STP（Segmentation, Targeting, Positioning）パラダイムが確立した（堀越［2010］）。その結果，消費者行動研究も個別管理から統合的マーケティング管理のための研究へと変化し，その目的と特徴を変えていくことになる。

1950年代後期から60年代にかけての代表的な研究は，(1) 標的市場決定のために必要な消費者ニーズの理解とマーケット・セグメンテーション，(2) 技術革新による新製品開発競争のための新製品普及問題である。

② マーケット・セグメンテーション研究－タイプⅡ

「製品差別化はマーケット・セグメンテーションを行ったうえで適切なセグメントにおいて行われるべきである」，と初めてマーケット・セグメンテーションの重要性を説いたのはSmith［1956］である。マーケティング戦略の出発点ともいえるセグメンテーションを行うためには，市場を同質的セグメントに分けるための基準が必要となる。

50年代のセグメンテーション基準に関する研究では，デモグラフィクスへの貢献として，社会学における社会階層研究があげられる。1940年代に行われたWarnerらによる社会行動調査（ヤンキーシティー研究とも呼ばれている）で識別された6階層において，中間層であるアッパー・ミドルとロワー・ミドルとでは家具，家電，衣服，食事などの消費金額，レジャーにかける時間，消費目的が異なることを示した（清水［1999］）。この研究を基にMartineau［1958a,b］は社会階層研究を用いて，所得・職業・住居によって5つの階層に分け，所得が同じレベルでもどの階層に属しているかによって消費傾向や小売選択行動が異なることを明らかにした。デモグラフィクスについての本格的研究は1960年代を待つことになるが，Martineauの研究はこの分野における基礎となった。

③ 新製品普及研究－タイプⅡ・Ⅲ

技術革新が消費者にとってのイノベーションとして結実し，市場に普及し始めるようになると，その普及現象を対象として扱う研究が1950年代頃から精力的に行われるようになる。特にマーケティングおよび消費者行動の領域における普及研究に対して最も大きな影響を与えたのは，Rogersによる一連の経験的発見物である。Rogersは主として農村社会学において展開されたイノベーションの

普及に注目し，採用者カテゴリーの識別など，イノベーションの普及に関わるいくつかの要素を提起した。Rogers（訳書［2007］iv頁）によれば，その著書 *The Diffusion of Innovations* の第1版［1962］が出版された時点で，イノベーションの普及に関する文献はすでに405件あり，イノベーションの普及はこの頃の重要な研究テーマであったと言える。Rogers［1962］以降，イノベーションの普及研究は，「新製品の普及」や「新製品の採用」を説明する有用な研究として，1960年代，70年代を通じて消費者行動およびマーケティングの領域へ積極的に取り入れられるようになってきた（例：Zaltman［1965］，Lazer and Bell［1966］，Robertson［1967］，Robertson［1971］）。

普及研究の消費者行動研究への大きな貢献は，採用者カテゴリーと呼ばれる，新製品に対する消費者の反応の違いを類型化した点である。Rogersは，時間の経過とともに新製品を採用する消費者の特性が5段階で変わるとし，この5つのタイプの消費者の連携によって新製品の普及，すなわち特定の製品カテゴリーの市場形成の仕組みを論じている。特に，ある新製品の市場が立ち上がるか否かについては，初期少数採用者と呼ばれる消費者群による採用するか否かと，彼らが他の消費者に影響を与えるか否かに大きく関わっていることを示唆した。このように，普及研究は，採用者カテゴリーの識別というタイプⅡの研究から，新製品の普及というタイプⅢの研究に展開された点において大きな特徴を持っていた[4]。

3. 1960年代
【発展期：高関与市場と選択行動研究】

60年代はマーケティング・マネジメント論が確立し，マーケット・セグメンテーション，標的市場の決定，マーケティング・ミックスの適応と策定というプロセスが定着し，消費者志向の一般化とともに，始点となる消費者行動それ自体の研究が推進されることになった。すなわち，消費者行動研究の本格的な幕開けの時代である。

主要な研究領域としては，上述の意思決定に必要な消費者行動全体を説明するために，心理学のS-O-Rパラダイムを用いた消費者意思決定（選択）包括モデルおよび態度研究（多属性態度モデルに代表される部分モデル），また，セグメ

ンテーション研究では50年代に築かれた礎の上にデモグラフィクス研究が開花し，大きな説明力を持つことから非常に重視されるに至った。

(1) 包括的消費者意思決定モデル：タイプI

60年代は包括的消費者意思決定（選択）モデルの百花繚乱期といっても過言ではない。Andreasen, Nicosia, Engel-Kollat-Blackwell, Howard-Sheth モデルなど数多くのモデルが発表された。この時代のほとんどのモデルに共通する特徴は，心理学において認知革命が起こるまでの支配的パラダイムを用いたS-O-R（学習理論における新行動主義で刺激−生体−反応を表す）モデルであった点である。

最も多くの研究者の関心を集めたHoward-Shethモデル（以下，H-Sモデル）で，その構造と特徴を見てみよう[5]。

H-Sモデルは，以下の3内生変数群と1外生変数群から構成されている。

① 刺激変数
　　商業的刺激−表出的：製品そのものからの刺激
　　　　　　　−表象的：製品そのもの以外からの刺激（広告など）
　　社会的刺激−家族，準拠集団，社会階層からの刺激
② 仮説構成概念
　　知覚構成体−情報処理の機能を持つ変数群
　　学習構成体−意思決定機能を持つ変数群
③ 反応変数
　　注目→ブランド理解→態度→購買意図→購買
④ 外生変数
　　購買重要性，文化，社会階層，パーソナリティ，社会的組織的環境，時間圧力，財政状態

簡略化すれば刺激→知覚構成体→学習構成体→反応となり知覚構成体と学習構成体に外生変数の影響のフローが入っている。

このモデルから以下の消費者行動類型を導いている。
① 拡大的問題解決行動（EPS：Extensive Problem Solving）
② 限定的問題解決行動（LPS：Limited Problem Solving）
③ ルーティン化反応行動（RRB：Routinized Response Behavior）

一般にある製品カテゴリーにおいて購買経験が無いかほとんど無い消費者は，評価基準も態度も形成されていないためリードタイムが最長となる EPS，中程度の購買経験を有する場合は LPS，十分な経験を持ち1つあるいは少数のブランドに強い正の態度を有する場合，RRB 型の意思決定（選択）行動をとると考えられている。すなわち，購買経験とともに EPS → LPS → RRB と移行していくことになるが，RRB はブランド・ロイヤルティを形成するかもしれない。

以上，H-S モデルを概観してきたが，このモデルの変数群は Hull の学習理論，Berlyne の探索行動理論，Osgood の認知理論によって構成されている（Howard and Sheth [1969]）。初期の行動主義における刺激－ブラックボックス－反応（S-R）ではなく，消費者行動の内的心理メカニズムを解明するために刺激－消費者（生体）－反応（S-O-R）を採用したが，刺激－反応連合という概念装置を用いていることには変わらず，消費者の選択行動のような心理的・精神的活動を解き明かすには不適切であると言わざるを得ない（高野[2013] p.18）。

このような方法の問題のみならず，以下のような問題点が見受けられる。
① 高関与消費者が前提で低関与消費者の意思決定については説明できない。
② 刺激に対して受動的な消費者を想定しているため，自らの価値から生じる生活目標を達成するために，積極的に情報探索を行う能動的な今日の消費者行動を説明できない。

(2) 態度研究と多属性態度モデル：タイプⅠ

60年代の包括的消費者意思決定モデルは，非常に複雑で多変量な現象としての消費者行動の，より的確な経験的研究のための枠組みを提供した点で，研究の進展に大きく貢献したが，その後の研究において様々な批判を受け，経験的研究基盤の欠如，操作化および測定の困難性といった問題を露呈した（小島[1984] p.28）。

このような問題点を克服するためには，構成概念の吟味と構成概念間の関係性について明らかにする必要がある。H-S モデルの学習構成体および反応変数の中核概念である態度概念がその後の研究者の注目を集めた。具体的には，社会心理学における期待－価値（Expectancy-Value）モデルに依拠した多属性態度モデルが登場した[6]。

ここでは多くの研究者の関心を集めた Fishbein モデルを用いて議論を進めよ

う。Fishbein モデルは以下のように表わされる (Fishbein [1967])。

$$A_O = \sum_{i=1}^{n} B_i a_i$$

ただし，A_O ＝対象 O に対する全体的態度，B_i ＝対象 O に対する信念の強さ，a_i ＝信念（属性）i の評価的側面，n ＝信念（属性）i の数

このモデルにおいては対象（ブランドなど）に対する態度は信念因子と評価因子の積和として表され，線形代償型モデルと考えることができる。このモデルは構造が単純であるため，マーケティング戦略策定への有用性が高く，かつ操作性が良いことが評価できるが，以下の問題点が指摘されている（小島 [1984]，pp.51-52）。

① 類似属性を持つブランド間の態度測定において，信念因子における属性の所有度と属性の所有量との区別が困難
② 消費者の認知構造に対する情報の過負荷
③ 情報統合過程での単純化と消費者の用いるヒューリスティックスの多様性

(3) マーケット・セグメンテーション研究：タイプⅡ

60 年代になると，社会階層，経済的要因，地理的要因を統合したデモグラフィクスがセグメンテーション基準として高い説明力を有するとして，研究と実践の両面で大きな関心を集めた。しかし，市場の成熟化・多様化とともにその説明力が低下し，70 年代以降は個人の価値とそれが反映された行為としての生活研究から新たなセグメンテーション基準が模索された。結果として，パーソナリティ研究やライフスタイル分析（本章4.(3)で詳述）がデモグラフィクスの説明力低下を補うのみならず，さらに説明力の高いセグメンテーション基準として評価された。しかし，パーソナリティ研究はその後の批判的研究においてその説明力が疑問視され次第に関心が薄れていった（Kassarjian [1971]）ことから，ライフスタイル分析がその後のマーケット・セグメンテーションの中心的役割を果たすことになった[7]。

(4) マーケティング状況と実践

　本節では1960年代の消費者行動研究を概観し，特徴と問題点をあげ，70年代以降，その問題解決に向かう研究へとつながる経緯を述べたが，当時のマーケティング状況および実践との関わりを考えると，ある意味この時代の研究の妥当性も見えてくる。

　当時の消費者は耐久消費財の所有・保有欲求を充分に満たしていたとはいえず，企業の技術開発に伴って市場導入された3C（自動車，クーラー，カラーテレビ）などへの欲求が極めて高く，消費者に対して新製品を中心としたマーケティング刺激を与えて価値を説得することで事足りていたともいえよう。つまり，マーケティング行動という商業的刺激を与えることで製品への欲求を刺激し，購買に向かわせることが比較的容易であった。言い方を変えれば，消費者の価値に基づいて多様な製品へのニーズを考えなくてはならないのは，所有・保有欲求が満たされ，新規需要ではなく買い替え・買い増し需要が発生する時代，すなわち使用価値への転換後であり，マス・マーケティングの60年代ではなく70年代後半から80年代を待つことになる。心理学における刺激－反応連合（行動主義心理学）から情報処理概念装置（認知心理学）へパラダイム・シフトを惹き起こした直接的理由とはほとんど関係がないが，消費者意思決定モデルのパラダイム・シフトは奇妙な一致を見せたのである。

4. 1970年代
【認知革命の時代：多様な消費者行動の解明に向けて】

(1) 認知革命と情報処理パラダイム

　60年代に消費者行動研究に対して多大な貢献と影響を残した行動主義心理学は，新たな概念装置－情報処理パラダイムに基づく認知心理学－へと大変革が起こり，後年，認知革命といわれるパラダイム・シフトをもたらした。行動主義心理学の問題点の解決の困難さの認識に加え，大きな契機となったのは，コンピュータの出現と1956年にマサチューセッツ工科大学で開催された情報科学シンポジュウムであった。

Simon, Newell, Chomsky, Miller らは情報科学シンポジュウムに参加し，電気的活動というコンピュータと脳の類似性に注目し，さらに，コンピュータも脳も同様な情報処理を行っているのではないか，という考えに達した。1967年には Neisser によって *Cognitive Psychology* が著され，情報処理の観点からこれまでの認知に関する断片的な研究を体系化した。こうした認知心理学の誕生は，その後の認知科学，認知神経科学の発展を促した（髙野［2013］pp.17-22）。

(2) Bettman の情報処理モデル：タイプⅠ

消費者行動研究においても心理学のパラダイム・シフトに連動するかのように，それ以前の研究を包摂できる包括的な消費者情報処理モデルが Bettman によって刊行された。以下，その概要を見ていこう。

Bettman［1979］は消費者を情報処理者としてとらえ，意思決定（選択）行動も情報処理行動であると考える。情報処理能力は有限であるためそれをどのように配分するかによって消費者の行動は多様性を持つことになる。多くの情報処理能力をある選択タスクに配分する場合は情報探索量やその処理負荷も大きくなり，精緻な選択が行われる。反対に，少ない情報処理能力の配分は，その選択タスクを単純化することになる。情報の処理はすべて長期記憶にある内部情報（知識）を用いて短期記憶内でなされ，注意，知覚符号化，情報取得と評価，意思決定，購買後のプロセスにおける情報処理の結果は長期記憶へと移されるかもしれない。

情報処理モデルは S-O-R パラダイムと比較すると以下のような特徴を有する。

① 消費者の関与のレベルによって，選択タスクへの情報処理能力の配分量が決定される。H-S モデルでは高関与消費者だけしか扱えなかったが，情報処理モデルでは高関与から低関与への連続的な消費者の選択行動を説明することができる。

② 消費者は刺激に対して受動的な消費者ではなく，能動的に情報探索を行うことができる。この点は今日の消費者を説明するうえで重要な前提であろう。

③ 消費者の柔軟な環境適応性を重視している。具体的にはスキャナーおよび中断メカニズム，中断要因の解釈および反応が常に機能する可能性を持っており，現実的な消費者を想定している。

④ 情報処理パラダイムは，関与研究，知識研究などを包摂できる研究枠組みであり，体系的な研究成果を蓄積できると同時に，80年代以降ますます多様化していく消費者行動を説明する能力を有する。
⑤ 実証研究への操作化が容易である。

(3) 消費者関与研究：タイプⅠ・Ⅱ

　消費者関与研究は社会心理学における Sherif and Cantril [1947] による自我関与 (Ego-Involvement) 概念に源流を遡ることができる。マーケティング研究においては Krugman [1965] が最初に関与概念を用いた研究を行った。彼によれば，テレビ広告は印刷媒体と比較すると低関与であり，その効果は態度変容ではなく認知構造の変化によって購買に影響するという低関与学習による効果である。これ以後，消費者行動研究において多くの研究者によって関与概念が用いられるようになった。

　関与概念は情報処理モデルにおける情報処理能力の配分量の規定要因，すなわち，どの程度精緻な情報処理（選択）行動をとるかを規定する要因として情報処理研究に包摂され発展していった。しかしながら，概念規定が曖昧なまま，研究者によって多様な関与概念が用いられ，同一の用語を用いても異なる概念として使用されるなどの混乱が起きた。こうした状況への問題意識が高まり，80年代からは Finn [1983], Muncy and Hunt [1984], Park and Mittal [1985], 青木 [1989], Laaksonen [1994] などによる概念の整序に向けての研究が起こった。Laaksonen は膨大な関与研究をレヴューし，定義に基づいて3つの分類を行った（図表5-1参照）。

　認知に基づく定義は，「個人と対象との間の認知的リンク」によるもので，最も抽象度が高く，安定的な状態にある分類である。具体的には自我関与，永続的関与，製品関与概念がこの分類に入る。

　個人的状態に基づく定義は，「個人の心的状態の特性」によるもので，抽象度は中程度である。さらに状況中心型と主体中心型に分類され，主体中心型は関与の持続性によって一時的状態と永続的状態に分けられる。状況中心型の例としては状況関与があげられる。一時的状態は動機づけられた状態が一時的にしか続かないもので，永続的状態は状況限定的ではあるが持続するものを表している。

　反応に基づく定義は「実現された反応の特性」によるもので，抽象度は最も低

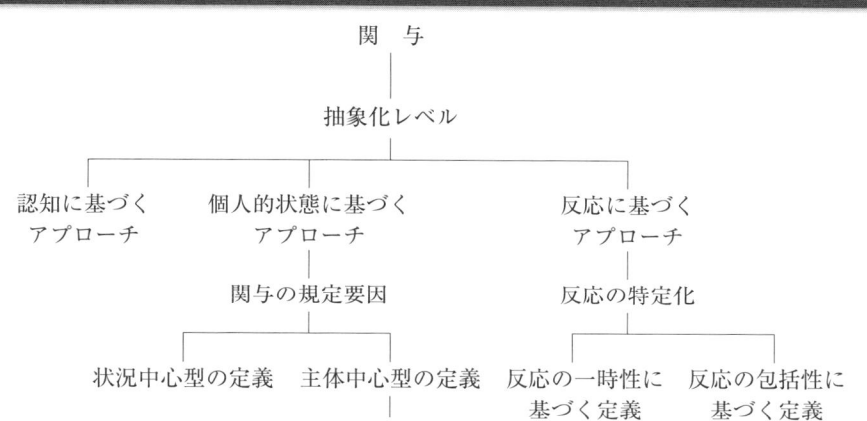

図表 5-1　Laaksonenによる関与定義（概念）の分類

```
                        関　与
                          │
                      抽象化レベル
          ┌───────────────┼───────────────┐
      認知に基づく    個人的状態に基づく    反応に基づく
      アプローチ         アプローチ        アプローチ
                          │                  │
                      関与の規定要因       反応の特定化
                      ┌───┴───┐         ┌───┴───┐
                  状況中心型の  主体中心型の  反応の一時性に  反応の包括性に
                    定義        定義       基づく定義      基づく定義
                                 │
                             関与の持続性
                             ┌───┴───┐
                         一時的状態に   永続的状態に
                          基づく定義    基づく定義
```

（出所）Laaksonen［1994］訳書，p.86。

い。反応の一時性のものと包括性のものに細分類される。反応の一時性は一時的な反応関与であり，反応の包括性はメッセージ反応関与が例としてあげられる。

　以上，Laaksonenの概念整理に基づいて関与概念を概観したが，こうした研究によって関与研究に見られた混乱も秩序づけられたと考えられる。80年代になると関与概念はタイプⅡの類型化研究や知識研究と結びついたPetty and Cacioppo［1986］による精緻化見込みモデルなどへと統合されていくことになる。

(4) ライフスタイル研究：タイプⅡ

　ライフスタイル研究の萌芽は60年代にすでに見られるが[8]，本格的な研究が進展したのは70年代であり，この時代にライフスタイル研究が発展したのは以下のような理由が考えられる。

① ライフスタイル研究への関心の高まりと背景
1) 生活者と新たなライフスタイル
　経済的価値中心の時代から，生活レベルではなく生活の質（Quality of Life）を追求する生活者概念が登場し，同時に新たな価値に立脚したライフスタイルが見られるようになり，それを説明し分析するためのツールが必要となった。
2) 新たなセグメンテーション基準の必要性－所有・保有の価値から使用価値へ
　先進諸国における高度経済成長による個人所得の増大は，耐久消費財をはじめとする物財の所有・保有を可能とし，次第に買替え・買増し需要が中心になった。こうした市場においては，消費者が価値実現の手段としての消費に対して，自らの内的価値に基づいた使用価値を求めるようになるのは必然であった。その結果，性別，年齢，所得，職業，学歴といったデモグラフィクスを中心としたセグメンテーション基準の説明力が低下し，より個人の価値を反映することができるライフスタイル分析が注目を集めた。
3) ライフスタイル分析を支える技術発展
　ライフスタイル研究では，消費者のライフスタイルを説明するために，非常に多くの多変量データを分析する統計的手法とコンピュータの発展が不可欠となる。70年代になると，多変量解析に必要な統計分析ツールや大型コンピュータなどが整備された。

② ライフスタイル研究の系譜
　ライフスタイル研究はその概念的研究を基盤にしながら，特に，新たなマーケット・セグメンテーション基準として非常に高い関心を集めた。70年代前後の代表的研究は以下に示される。
1) ベネフィット・セグメンテーション
　Haley［1968］はある製品（カテゴリー）に対して消費者が求める効用，期待，意味づけ（これらを総称してベネフィット）が異なることから，デモグラフィクスやパーソナリティ特性にライフスタイル特性を加え，ベネフィットによるセグメンテーションを提唱した。
2) AIO アプローチ
　Wells and Tigert［1971］は，消費者の生活の諸局面を全体的に扱うために，生活全般における AIO（活動（Activities），関心（Interests），意見（Opinions））といったライフスタイル変数を提案し，これにデモグラフィクスを加えた分析が

3) ソーシャル・トレンド・アプローチ

Yankelovich [1973] は，アメリカにおけるライフスタイルをソーシャル・トレンド（社会全体での特徴，傾向，変化）として調査・研究を行った。この研究の特徴は，個人のライフスタイル特性の差異ではなく，社会全体の特徴的なライフスタイルを毎年調査することによって，その変化やトレンドを明らかにしようとしている。こうした社会全体のライフスタイルをマクロ的に分析しようとする研究は，SRI（Stanford Research Institute）の VALS（Values and Lifestyles）[1978]・VALS2 [1989] などに継承されている。

(5) マーケティング状況と実践

以上の研究に見られるように，70年代は市場の多様化という変化への対応の時代であったと言えよう。情報処理モデル，関与研究，ライフスタイル研究はいずれも一様に消費者の多様性の説明とマーケティング戦略への示唆の導出をめざしていることが分かる。しかしながら，60年代に登場した本格的消費者行動研究以降は，マーケティング実践とのつながりをあまり持たないタイプⅠの消費者行動研究の増大という傾向が強まっていくことになった。

5. 1980年代
【消費者知識への注目：知識の量的側面から質的側面へ】

前節で述べたように認知革命による情報処理パラダイムの確立は消費者行動研究の発展に大きく寄与することになったが，とりわけ80年代以降，情報処理パラダイムの下で中心的な研究テーマとして扱われたのが，消費者の「知識」である。記憶の中に蓄積された内部情報としての知識の問題は，一連の情報処理プロセスにおいて果たす役割の重要性から，研究の必要性が特に強調されてきた領域である。また，後に述べるように，80年代以降の消費者行動研究は実証型の研究スタイルがパラダイム化していく中で，ますますタイプⅠを目指す研究が増大していくことになる。

そこで，情報処理パラダイムという個別の消費者行動を分析する有効な分析枠

組みが登場したことと，実際の消費者行動においても消費者の「知識」の果たす役割が大きくなったことを鑑みて，本節以降では，タイプⅠの研究，とりわけ消費者知識に焦点をあて，消費者知識に関する研究が1980年代の消費者行動研究，実際の消費者行動，そして企業のマーケティング行動においていかなる意義を有していたのかを論じていく。

(1) 消費者情報処理の多様性に影響を与える
―要因としての知識に関する研究―

　消費者行動研究における知識概念の取扱いについては，1970年代に遡ることができる。初期の知識概念は，「製品精通性」(product familiarity) と呼ばれる一次元的な変数して扱われ，その内容も主に当該製品に関する経験を通して蓄積された知識の量的側面に限定されたものであった (青木 [1994])。そして，研究の焦点は，知識それ自体よりもその効果に当てられ，購買頻度や使用頻度などによって測定される知識の高低が消費者情報処理にどのような差異をもたらすのかが主な研究のテーマとなった。

　一方で，1980年代に入ると，消費者の長期記憶に蓄積された知識の構造的・機能的性質や，その構造化のされ方，すなわち知識の質的側面が消費者の情報処理に与える影響に関心が払われることになる。Walker, et al. [1986] は，知識の構造的側面を捉える基準として，①次元性 (dimensionality)，②分節性 (articulation)，③抽象性 (abstraction) を提案している。そして，構造化された知識を捉える概念として，意味ネットワーク，スキーマ，フレーム，スクリプト，カテゴリーなどの概念が認知心理学や人工知能研究の領域から消費者行動研究に援用され，消費者知識の理解が進むことになる。

　例えば，Peter and Olson [1987] では，消費者が蓄積している知識を，手段－目的連鎖モデルの中で，消費者の知識を抽象性の低いものから順に，具体的属性－抽象的属性－機能的結果－心理社会的結果－手段的価値－究極的価値の6つの異なる水準で捉え，これらが手段－目的という関係で「階層的に構造化」されているとした。

　特に消費者知識研究の発展に大きく寄与した視座は，知識をネットワーク構造として捉えようとした点である。Hutchinson and Alba [1985] は，消費者知識の記述にあたって，ノードと呼ばれる個々の認知要素がつながり，1つの命題として「事実 (fact)」となり，この事実を基本単位として，概念 (concept) やス

キーマ（schema）に体制化されていく過程を示した。消費者の知識を，記憶の中にバラバラに散らばるものとしてではなく，ネットワーク構造をもった「集合体」として捉えることで，知識は製品カテゴリー知識（特製の製品カテゴリーに関する知識の集合体）や，ブランド知識（特定のブランドに関する知識の集合体）など，消費者の様々な知識のあり様を捉えることができるようになった。このように，1980年代の消費者行動研究における知識研究は，その重要性が認識され，そして知識を量的側面ではなく，質的または構的側面から捉えようとした点において大きな特徴が見出せる。

(2) 消費者知識が注目された理由とその意義

① 認知科学の発展とその影響を受ける形での情報処理理論の精緻化

1980年代の消費者行動研究において，なぜ知識概念が注目され，そして研究が進んだのだろうか。1つに，認知科学の発展があげられる。認知心理学での記憶研究の成果や人工知能研究の発展は，一応用領域としての消費者情報処理という文脈における知識研究にも多大な影響を与え，取り上げられる知識概念の内容を豊富なものにするとともに，分析対象となる情報処理の範囲や側面をさらに大きく拡大させていった（青木［1994］）。

② 消費社会の成熟が知識研究に与えた影響

認知科学の発展が消費者行動研究における知識研究の必然的な流れを生みだした一方で，知識研究が注目された背景には当時の実務的な要請とも無関係ではないと考えられる。知識研究が端緒についた1970年代および1980年代は，アメリカにおいても日本においても，国全体として高度経済成長期が終焉し，安定成長期または成熟期を迎えていた。成長期から成熟期への移行は，単に需要の量的変化だけでなく質的変化をももたらす。質的変化とは，あらゆる耐久消費財などを新規購買していた時代から，買い替えや買い増しといった反復購買をする時代へのシフトを意味する。そして，新規購買から反復購買への移行は，消費者に行動の大きな変化をもたらす。

成長期すなわち，消費者がテレビ，冷蔵庫，車，洗濯機，掃除機，エアコンなどの消費財を1つ1つ買い揃えて行く時代においては，消費者は製品に関する知

識を十分に持ち合わせているとは言えず，商業的な外部情報源に大きく影響を受けながら購買意思決定を行わなければならない状態だった。

やがて成熟期に入り，成長期にすでに購入したことのある各耐久消費財を買い替えや買い増しという形で再び購入することになると，消費者は1台目の購買経験や使用経験を参考にしながら購買意思決定を行うことができるようになる。このことは，消費者がその記憶の中にすでに蓄積している製品に関する知識の購買意思決定に与える影響が増大することを意味する。

池尾［1999］は，成長期から成熟期への質的変化の1つを消費者の「製品判断力の向上」と呼んでいる。製品判断力とは，要約度の低い情報を処理できる消費者の能力のことであり，購買経験や消費経験によって獲得された知識の一種である。消費者はこの製品判断力の向上によって，もはや製品の基本機能だけでは満足せず，自分なりのニーズによりよく適した製品を求め，これが需要の個性化や多様化をもたらすとしている。また，製品判断力を向上させた消費者に対しては，全般的に消費者の製品判断力の低かった高度経済成長期に適したマーケティングとは異なるマーケティングが必要であることも述べている。特に，消費者が製品やブランドに関する情報を獲得する際に企業がプッシュ的に介入できる度合は低くなり，企業は消費者が持つ知識の多様性に合わせたマーケティングの実践が必要となる。池尾は1980年代における企業の製品種類多様化の傾向を確認し，それが消費者の多様化に触発されたものであると述べている。

1980年代におけるこうした消費者行動の変化や企業のマーケティングの変化を鑑みると，消費者行動研究において知識が注目された背景には，認知心理学の発展だけではなく，当時の社会的背景や実務的要請に応じるものもあった考えることができる。

(3) 知識研究が消費者行動研究にもたらした成果

こうした知識研究は消費者行動研究においてどのような問題を提起したのであろうか。第3節でも述べたように，1960年代以降の消費者行動研究において中心的な位置を占めてきたのが多属性態度モデルである。多属性態度モデルの大きな特徴は，具体的な製品属性と信念を基に加算的に態度を構成する手順，すなわち，ボトムアップ型処理と呼ばれる情報処理の様式である。ところがボトムアップ型処理は，解釈のために個々の膨大な量の外部データを処理する必要がある。

これには処理の負荷がかかるため，この負荷を軽減する機能が必要となる。また外部データの中には，曖昧なものや信頼性に欠けるものも数多くあるので，これらの選別を効率的に行う機能が必要となる（新倉［2012］p.244）。

そこで消費者の記憶に蓄積された知識が重要な役割を果たすことになる。知識は，莫大な量の外部データを効率よく，さらにそのデータのもつ曖昧さや不適切さへの解釈を助けて，適切な解釈へと導く役割を果たす。また，対象についての概念や認知構造がその解釈を助ける場合もある。これをトップダウン型処理と呼び，消費者があらかじめ持っている知識が情報探索の焦点を方向づけ，その解釈に一致するように実際の外部データが抽出されていくのである。

このように消費者知識に関する研究は，従来の多属性態度モデルが想定していたものとは異なる情報処理の方法を提示し，さらに購買意思決定における情報の「解釈」へも注目したことで，態度段階だけではなく，購買意思決定過程全体に関心をもつことの重要性を示唆した点で，消費者行動研究における大きな成果があったと言える。

6. 1990年代
【知識の客観的側面から主観的側面へ】

(1) ブランドに関する知識

前節では1980年代における消費者行動研究の中心的テーマであった知識の量的側面から質的側面への研究のシフトが示されたが，本節ではさらなる知識研究の発展に注目し，消費者知識研究とマーケティングとの接近について論じていく。

1990年代における知識研究の1つの重要な成果は，ブランド研究への展開である。ブランドとは，売り手の視点からは概ね，自社の商品やサービスを競合他社のそれと区別するための名称や記号などとして捉えられるが，買い手すなわち消費者の視点からは，ブランドは1つの知識の集合体（スキーマ）として捉えることができる。1990年代に入り，ブランドを消費者知識の観点から捉えることで，それまで断片的に議論されてきたブランドの概念が体系化されることになった。

1991年にAakerによって提唱されたブランド・エクイティ（brand equity）では，資産としてのブランドは，ブランド連想，知覚品質，ブランド認知，ブランド・ロイヤルティといった消費者行動研究の中で議論されてきた諸概念から構成されることが示された点で非常に意義深い。その後，Aaker［1996］によるブランド研究はブランド・アイデンティティ論に発展し，ブランドを消費者にどのように知覚されるべきかを決定することがブランド構築において重要であるとの認識の下で，消費者の知識が「戦略目標」としても位置づけられることになった。

　知識研究とブランド論との関係は，Keller［1998］の顧客ベースのブランド・エクイティ（Customer-based brand equity）において一層明確になる。顧客ベースのブランド・エクイティの考え方の下では，ブランドの強さが，消費者の記憶の中に蓄積されている「ブランド知識」によって規定されるとしている。すなわち，あるブランドに関するスキーマが消費者にとって好ましいものであり，他のブランドと比べてユニークなものであるとき，そのブランドは消費者に選択される強いブランドになることが論じられている。

　このように，知識研究がブランド論と結びつくことで，すなわち，集合体としての知識をブランドに関するスキーマとして捉えることで，消費者知識は，多様な消費者行動の単なる説明変数ではなく，マーケティングにおける成果変数としての地位が与えられることになり，この点こそが90年代における知識研究の一つの大きな成果であると言えるだろう。

(2) 主観的で抽象的な統合情報への注目

　ブランドとの関連で消費者の知識が注目された一方で，新倉（［2012］p.159）は1990年代を，様々な情報の役割が主張された「消費者主観」の情報処理研究の時代と呼び，客観的で具体的な個別情報だけでなく，主観的で抽象的な統合情報さえも，同じ情報という概念で捉えることが可能になるとしている。すなわち，製品属性，製品カテゴリー，ブランドに関する情報はもとより，自己に関する知識，自己が知覚する他者に関する情報，感覚属性，イメージ属性，感情など，消費者が主観的に統合した情報も，消費者の情報処理に入力される情報の一種として扱うになった。

(3) 主観的な情報概念が注目された理由

このように，1990年代における知識研究は，ブランド知識も含め，知識として扱える情報の範囲が格段に広がった点に大きな特徴が見出せる。特に，その広がりは，客観的情報から主観的に統合された情報への拡大として捉えることができるであろう。では，より主観的な情報概念が注目された背景にはいかなる理由が考えられるのであろうか。以下では，1990年代における (1) 消費者情報処理研究の進展，(2) 消費社会の成熟化に伴う消費者の変化，そして (3) 企業のマーケティング戦略における実務的要請の3つの観点から論じていく。

① 処理機会に主観的に適応していく消費者観

1990年代における消費者情報処理研究の進展は，消費者が蓄積する知識の「タイプ」に注目するものだけではなく，知識が生成される「方法」に関する研究においても見られ，直観，類推，カテゴリー化といった情報処理の方法に関する知見が蓄積されていった。特にカテゴリー化については，飲み物－茶－緑茶－生茶といった分類学的で静的なカテゴリー構造がある一方で，消費者が課題や状況に応じてはじめてカテゴリーが構造化される場合もあるとされている（新倉［2010］p.96）。こうした考え方は，カテゴリーが臨機応変に創造されるという認知構造の動的な側面を表している。例えば，「仕事の後に飲みたいもの」というカテゴリーを考えてみた場合には，「生ビール」，「コカ・コーラ」，「缶コーヒー」など，分類学的なカテゴリーでは括れない製品やブランドが同じカテゴリーに含まれてくる。このように，1990年代においては，より主観的に知識を生成していく消費者像を捉えようとする試みがなされるようになった。

② 購買意思決定における消費者の自己知識が果たす役割の増大

1990年代における実際の消費者行動の大きな特徴は，その購買意思決定において消費者自身の自己知識の果たす役割が増大した点であろう。自己知識（self knowledge）とは，消費者が自身の記憶の中に蓄積している，自己に関連した知識構造，または自己を中心としたスキーマであり，消費者個人の特性，価値観，信念から構成される集合体である。

あらゆる購買や消費において多かれ少なかれ消費者自身の自己知識が反映されるものであるが，その反映のされ方は消費社会の成熟度によって異なるものと考

えられる。

　A. H. マズローは，その欲求段階説において，人間の基本的に欲求には，生理的欲求，安全欲求，社会的欲求，自尊欲求，自己実現欲求の5つの欲求があるとし，人間は，低次の生理的欲求から高次の欲求へと順番に満たしていくと主張した。この考え方に従えば，戦後日本の消費社会は，食料等の確保などの生理的欲求を充足することに重点が置かれていた1950年代から始まった。続く1960年代は住宅や三種の神器（白黒テレビ，電気洗濯機，電気冷蔵庫）に代表される耐久消費財を購入することで「安全」で快適な暮らしを実現することを志向し，1970年代は3C（Car，Cooler，ColorTV）に代表される耐久消費財を購入することで「人並み」の生活を志向した。1980年代になると，高級ブランドなどを盲目的に購入することなどで自尊欲求の充足を重視し，そして1990年代以降は，消費者自身の価値観，感性，ライフスタイルまたは生き方などをより強く反映した消費を実現していくステージへと移行してきたと考えることができる。

　1990年代以降が自己実現欲求充足の時代として捉えることができるのであれば，1990年代では，購買や消費において消費者の「自己知識」が果たす役割は増大してくることを意味する。例えば，消費者がいわゆるブランド品を購入する際にも，単に高級・高価という理由だけではなく，自分にふさわしいブランドなのかどうか，自分らしいブランドなのかどうかなど，ブランドと自己知識との適合度をも考慮に入れて購買意思決定を行うことになる。また，製品やサービスの形態として，標準化されたものよりも，自分に合うようカスタマイズされたものにより魅力を感じるかもしれない。このように消費者としての成熟度とともに自己知識が購買に反映される度合いは高まっていくと考えられるのである。

③　顧客との長期的関係を築くための戦略への転換

　1990年代におけるマーケティング戦略の1つの特徴は，顧客との長期的関係を築くための戦略，すなわち，関係性マーケティングやブランド・ビルディングといったマーケティングへの注目である。

　関係性マーケティングは，顧客との協調的な関係構築および発展を志向するマーケティング（南［2010］）のことであり，その特徴は，一回きりの取引を前提とするのではなく，継続的な取引を喚起する点にある。特に消費財市場における関係性マーケティングは，1990年代頃から盛んに議論されるようになってきた。関係性マーケティングの実践は，1990年代からのICTの発展によるところも大

きい。ICTの発展によって，顧客のプロフィールや購買履歴などを大量にデータベース化することが可能になり，また，顧客の購買履歴から顧客の好みを割り出し，ターゲティングを行い，そしてネットを通じて個々の消費者にアプローチすることができるようになった。個々にアプローチされた消費者にとっては，その企業のサービスや提案はその消費者にとって特別なものとして捉えられ，すなわち消費者の自己知識と結び付くことになり，うまくいけば消費者はその企業との継続的取引にコミットすることになる。

また，ブランド・ビルディングは，強いブランドを構築することが企業の競争優位を確立する上での重要な取り組みの1つになるという考え方である。関係性マーケティングと同様，強いブランドを作ることも，企業と消費者との長期的関係を構築する上で重要な取り組みとなる。強いブランドとは，Keller［1998］によれば，最終的に消費者とブランドとのリレーションシップを構築することによって達成される。

以上のように，顧客との長期的関係を築くための戦略は，消費者行動の観点からすれば，企業やブランドを消費者の記憶の中で重要な知識として位置づけるための企業の取り組みとして解釈できる。特定の企業やブランドが消費者の記憶の中で消費者の自己知識と強く結びつくのであれば，すなわち，消費者自身が自己知識との関わりの中で企業やブランドに主観的な意味づけを行うことができれば，その企業やブランドは持続的な優位性を構築することが可能であると考えられる。このように，顧客との長期的関係を築こうとする1990年代のマーケティングの特徴を鑑みても，主観的な意味づけを行う消費者の姿を捉える研究は1990年代の消費者行動研究において特に重要性を持っていたものと考えられる。

7. 2000年代
【革新的消費者行動への再注目】

(1) 2000年代におけるマーケティング環境の変化と消費者行動

① ICTの発展と消費者行動の変化

1990年代から2000年代におけるマーケティング環境の大きな変化は，企業お

よび消費者の双方にとってICTの利用可能性が増大したことである。1990年代は，企業は，消費者による認知獲得という目的で，インターネットをプッシュ型広告の配信として活用しており，ネットといえどもマスメディア的色彩が強かった。2000年代前半には，検索連動型広告の登場により，これまでのプッシュ型広告だけの手法から，広告手法の多様化へと進み，特にプル型広告の活用が進んだ。そして2000年代後半になると，CGM（Consumer Generated Media）と呼ばれる，消費者が主体的に情報発信するためのメディアが大きく成長し，また，パソコンとともに携帯電話からのインターネットへの高速通信も普及したため，企業はCGMおよびモバイルの活用にも積極的に乗り出すことになった。さらに2010年以降は，ソーシャル・メディアが台頭し，それに伴い，ソーシャル・メディアを活用したマーケティングの展開が模索されることになる。加えて，スマートフォンの普及によりアプリケーションなど新たな告知メディアや手法が登場することになった。

この間，消費者が処理する情報の量は格段に増加し，消費者が利用するメディアやデバイスの種類も増加した。そして，コミュニケーションのあり方も変わり，消費者は企業から発信された情報をただ受信するだけではなく，能動的に情報発信するようになった。当然消費者は，それ以前の消費者に比べて，他の消費者から発信された情報も含めて，より多くの情報に基づいて購買意思決定を行うことができるようになった。消費者行動研究においても，こうした情報源の多様化が消費者の購買意思決定に与える影響について議論されることが多くなった。

② ハイブリッド製品の普及と消費者行動の変化

ICTの発展とともに，消費者行動の構造的変化に大きな影響を及ぼしたと考えられるのは，1990年代から2000年代を通じて急速に普及した，ハイブリッド製品と呼ばれる製品群である。1990年代から2000年代にかけて，パソコン，デジタルカメラ，光ディスク・プレーヤー・レコーダー，薄型テレビ，携帯電話はもとより，デジタルビデオカメラ，カーナビゲーションシステム，デジタル携帯音楽プレーヤー，スマートフォン，タブレット型端末など，新たな需要を創造する製品群の普及が急速に進んだ。

これらの製品がもつ大きな特徴は，従来の家電製品に，パソコンなどデジタル機器で使われているような部品や機能が内包されている点である。例えば，DVDプレーヤー・レコーダーは，テレビの番組を録画・再生するという基本的

な機能は従来のビデオデッキと変わらないものの，録画方法については，それまでパソコンで使われてきた各種メディアへの保存方法と類似したものになる。このように，1990年代から2000年代にかけて新たに普及している製品の中には，複数の既存製品カテゴリーを横断して機能を内包するものが少なくなく，これらの製品群をハイブリッド製品と呼ぶこととする。

　では，ハイブリッド製品の普及は，消費者の行動にどのような変化をもたらしたのだろうか。通常，消費者が新製品を購買する場合，既存製品を反復購買する場合と比べて，新製品に関して消費者が利用可能な外部情報および内部情報は限定されている。新製品の購買に直面した消費者は，限られた情報の中で採用の意思決定を行う必要があり，特に早期に新製品を採用する消費者は，ある程度，購買に関わるリスクを負いながら，自分自身の判断で採用意思決定を行わなければならない。したがって，新製品を早期に購入できる消費者を分析する際には，購買のリスクを負うことができるかどうかということが相対的に重要な特性として考えられてきた。

　ところが，ハイブリッド製品に代表されるような，製品カテゴリーを横断した新製品を購買する場合には，新製品の採用意思決定に強く影響を与える消費者特性として，リスクに対する態度もさることながら，消費者が自らの記憶の中に蓄積している内部情報，特に，新製品と関わりのある既存製品に関する情報が大きく関わってくるものと考えられる。すなわち，消費者は，仮に新製品に関して利用可能な外部情報が限られていたとしても，新製品が何らかの既存製品カテゴリーの特徴を内包しているような場合には，消費者がすでに記憶の中に蓄積している既存製品カテゴリーに関する内部情報を活用することによって，採用意思決定を行うことが可能になるのである。

　前節で述べたように，今日の消費者は，様々な製品に関する購買経験や使用経験を積んでいるため，既存製品カテゴリーに関する内部情報の利用可能性は高いものと考えられる。特に，新製品を早期に購入できる消費者の識別に当たっては，彼らがどのような既存製品カテゴリーについて，どの程度の内部情報を有しているのかということが相対的に重要な特性として見出すことができるのである。

(2) 革新的消費者行動研究への再注目

　製品カテゴリーを横断した新製品の採用に際しての消費者の内的プロセスに関しては，従来の消費者行動研究の枠組みの中では十分に扱われてこなかった経緯がある。その大きな理由は，消費者行動研究の主要な関心が長らく消費者のブランド選択行動にあったために，新製品を採用するか否かという選択行動については十分な関心が払われてこなかったところにある。

　一方で，消費者による新製品の採用を1つのトピックとして扱ってきたイノベーション普及研究の領域においても，その依拠するところが農村社会学であったことから，主要な関心は消費者どうしのコミュニケーション過程に当てられており，消費者がいかなる情報処理を行って新製品を採用するのかという消費者の内的プロセスに関しては，詳細な分析は行われてこなかった経緯がある。

　このような問題意識を踏まえると，今後の理論課題として，製品カテゴリーを横断した新製品に対して，消費者がどのような心的メカニズムの下で採用意思決定を行っているのかを知るための分析枠組みが必要となってくる。

　1980年代には消費者行動研究への情報処理の導入にともなって，新製品の採用プロセスに関しても情報処理の観点から研究されるようになってきた。しかしながら，あくまで新製品を革新的に採用するイノベーターと非イノベーターを識別するための特性を見出すための研究が主となっていたため，採用プロセスに深く踏み込んだ分析は行われてこなかった。

　ところが，1990年代の後半に入ると，「アナロジー」と呼ばれる認知心理学における情報処理に関する成果を用いて，新製品の採用プロセスに関する詳細な研究を行える可能性が見出され始めた（Gregan-Paxton and John [1997]；Moreau, et al. [2001]）。そこで主張されていることは，消費者が新製品の採用意思決定問題に直面したときに，記憶の中に蓄積されている既存の製品カテゴリーに関する知識を援用して問題解決にあたるというものである。

　異なる製品カテゴリーを横断した情報処理のされ方は，消費者行動の新たな側面を浮き彫りにすることができる。すなわち，これまで新製品の普及研究においてブラックボックスとされてきた，新製品の採用プロセスについての詳細な記述が可能となったのである。特に，イノベーターと呼ばれる，新製品を革新的に採用する消費者が，新製品に関する情報をどのように処理しているのかということを理解するための理論的枠組みが提供されたのである。

このように，「アナロジー」という消費者の情報処理方法に注目した研究は，特定の製品カテゴリー内ではなく，製品カテゴリー間の消費者知識の動態を捉えようとする点で，ブランド選択を中心に扱ってきた情報処理アプローチの新たな方向性を示すことができると考えられる。この点こそが 2000 年代の消費者行動研究における知識研究の 1 つの大きな特徴として捉えることができるのである。

8. おわりに

これまで議論してきたように，本章では，行動科学的消費者行動研究の歴史を振り返りながら，各年代で扱われてきた研究のトピックを社会的文脈の中に位置づける試みを行ってきた。そもそもの本研究の着想に至った背景には，従来の消費者行動のテキストなどにおける歴史の記述が羅列的であったり，理論的展開に関する記述が限定的であったりした点に関する我々の問題意識があった。消費者行動を扱う研究者達が全くの演繹体系の中で研究テーマを決定しているとは考えにくく，各年代の「実際の消費者行動」や「実際のマーケティング」を彼らがどのように認識するのかによって少なからず影響を受けていたと考える方が自然である。そこで本章では，各時代の消費者行動研究者達が当時の消費者行動や企業のマーケティング活動をどのように認識していたのかを推察することによって，行動科学的消費者行動研究が，各年代の社会的文脈と密接に関わってきたことを論じることができたのではないかと考えている。

最後に，行動科学的消費者行動研究の歴史に関するこれまでの整理を踏まえて，消費者行動研究の展開方法についての考察を行うこととする。これまで消費者行動研究で取り上げられてきたトピックを，年代と研究対象の集計水準によって整理すると図表 5-2 のようにまとめることができる。

図表 5-2 から一見してわかることは，消費者行動研究の多くはタイプⅠの個別の消費者行動を分析水準とするものに偏る傾向にあり，タイプⅡの消費者類型やタイプⅢの市場形成を分析対象とした研究があまり多く見られないということである。この点について阿部（[2013] p.20）は，「現代の消費者行動研究は圧倒的に個人としての消費者行動を中心的な内容としており，集合レベルの消費者行動を扱っているもの，あるいは個人行動の集合レベルへの集計の問題を扱っているものはほとんど見当たらない」と述べている。さらに，続けて阿部は，「個人と

図表 5-2　行動科学的消費者行動研究の分類

集計水準	低い ←→ 高い		
研究対象 年代	タイプI 個別の消費者行動	タイプII 消費者の類型化	タイプIII 市場形成
1950年代以前	・広告の効果階層モデル	・購買動機と購買行動からの商品分類	
1950年代	・モティベーション・リサーチ ・準拠集団	・社会階層研究 ・イノベーションの採用者カテゴリー	・イノベーションの普及研究
1960年代	・Howard-Sheth モデル ・多属性態度モデル ・包括的意思決定モデル	・市場細分化研究 ・問題解決行動のタイプ分け（拡大的問題解決行動・限定的問題解決行動・日常的反応行動）	・プロダクト・ライフサイクルと消費者の問題解決行動のタイプ
1970年代	・情報処理モデル ・消費者関与	・ライフスタイル研究	
1980年代	・知識構造	・Assael の購買行動類型（関与×ブランド間の知覚差異） ・精緻化見込みモデル	
1990年代	・ブランドに関する消費者知識 ・多様な情報概念		
2000年代	・アナロジーを用いた新製品採用行動		
研究者の志向	実証志向 ←→ 戦略志向		

しての消費者行動についても，その一貫した理論的な体系というよりは，関連した知識の寄せ集めといった状況を脱しきれていない」と，今日の消費者行動研究に対する課題を投げかけている。

では，タイプIIやタイプIIIの研究成果が相対的に少ないことは何が問題なのであろうか。マーケティングの主体である企業にとっては，必ずしも個々人の行動に関心があるわけではなく，ある集合までまとめられた消費者行動に関心があるのが普通である（阿部 [2013] p.18）ため，集計水準を高めていくことと企業のマーケティングへの有用性は大いに関係があると考えることができる。タイプIの個別の消費者行動を分析対象とした研究が必ずしもマーケティングへの有用性が低いというわけではないが，ターゲット設定や市場創造といった，より「戦

略」的視点に立ったマーケティングを実践していく上では，集計水準の高い消費者行動研究の成果は戦略的な貢献度が高いと言える。したがって，消費者行動研究のマーケティング戦略への有用性を強く意識していく場合には，集計水準の高い分析レベルでの研究成果が求められるであろう。

では次に，なぜタイプⅡやタイプⅢの研究成果が相対的に少ないのであろうか。誤解を恐れずに言えば，集計水準の問題は消費者行動研究者の研究志向の違いの問題として捉えることができる。図表5-2の最下行に示す通り，相対的に実証志向の強い消費者行動研究者はタイプⅠの個別の消費者行動を分析レベルとした研究を志向する一方で，戦略志向の強い消費者行動研究者はタイプⅡやタイプⅢの，より集計水準の高い研究を志向すると考えられる。

タイプⅠの個別の消費者行動に関する研究は，説明変数と被説明変数を固定してしまえば，他の要因をコントロールした上で実証研究に落とし込むことが比較的容易で，変数の組み換え次第で多くの研究成果を上げやすいといった利点がある。もし消費者行動研究者が実証研究に重きを置く場合には，個別の消費者行動研究を志向するであろう。結果として，タイプⅠの研究成果から得られるマーケティングへのインプリケーションは限られた条件下でのものになりがちで，有用性が低いという印象を与えてしまうのかもしれない。

一方，集計水準を上げていくと，先述したように，企業の関心に近づくという意味で戦略的な有用性が高まるが，集団としての消費者行動や経時的な市場のダイナミズムを説明する諸要因をコントロールすることが難しくなり，実証研究に落とし込むことが困難になるというデメリットが生じる。したがって，集計水準の高い分析レベルでは，実証の困難性を補えるだけの戦略的有用性を意識した研究成果を上げる必要があり，研究者には強い戦略的思考とマーケティング戦略に関する洞察が求められることになる。

以上のことを鑑みると，消費者行動研究における理想的な研究の展開方法は，タイプⅠの個別の消費者行動を説明しながらも，それと同じ枠組みで，より集計水準の高いタイプⅡの消費者類型論やタイプⅢの市場形成を論じることによって，戦略的有用性をも高めていくことである。例えば，図表5-3に示されるように，タイプⅠの個別の消費者行動を説明したHoward-Shethモデルは，消費者の問題解決行動のタイプ分け（拡大的問題解決行動・限定的問題解決行動・日常的反応行動）という形でタイプⅡの消費者類型論へ展開され，さらにこれらの問題解決行動がプロダクト・ライフサイクルに従って変化していく様子を説明する

図表 5-3　消費者行動研究の理論展開

集計水準	低い ←――――――――――――――――→ 高い		
研究対象＼年代	タイプⅠ 個別の消費者行動	タイプⅡ 消費者の類型化	タイプⅢ 市場形成
Howard-Sheth モデル	Howard-Sheth モデル →	消費者の問題解決行動のタイプ分け（拡大的問題解決行動・限定的問題解決行動・日常的反応行動）→	プロダクト・ライフサイクルと消費者の問題解決のタイプとの対応
関与研究	消費者関与 →	・Assael の購買行動類型（関与×ブランド間の知覚差異） ・精緻化見込みモデル	
池尾［1999］	製品判断力および購買関与度と購買行動との関係 →	製品判断力と購買関与度による消費者行動分類とマーケティング戦略 →	戦後から今日までの消費者行動の動態とマーケティング戦略の変革
研究者の志向	実証志向 ←――――――――――――――――→ 戦略志向		

ことでタイプⅢの市場形成のレベルに展開された。また，1970年代に始まったタイプⅠの消費者関与研究は，その後の1980年代において，Assael［1987］の購買行動類型や精緻化見込みモデルなどのタイプⅡの分析水準に展開されることで，より戦略的有用性が高まることになった。

　近年の日本における研究では，池尾［1999］の『日本型マーケティングの革新』における理論展開が1つの試みとして取り上げることができよう。池尾は，タイプⅠの個別の消費者行動のレベルにおいて，購買関与度および製品判断力という2つの消費者要因と消費者の購買行動との関係について論じ，続いてタイプⅡの消費者類型論においては，購買関与度の高低および製品判断力の高低によって消費者行動の類型化を行った上でそれぞれに適したマーケティング戦略を提案している。さらに，同じ枠組みを用いて，日本の戦後・高度経済成長期から今日までの市場のダイナミズムとそれに伴う日本企業のマーケティングの変化を説明し，タイプⅢの水準にまで議論を展開している。

　集計水準の低い分析から高い分析への理論展開は，決して簡単なものではないが，「説明」と「有用性」を併せ持つという意味で消費者行動の理論的水準を高めていくものであろう。したがって，消費者行動研究者に今後求められていくのは，タイプⅡやタイプⅢの分析水準の志向，すなわち戦略志向であり，このよう

な研究が増えていくことで，消費者行動研究のマーケティング活動へのインパクトはより大きなものとなっていくであろう。

【注】
1) AIDAモデルは先ず1898年にAID (Attention, Interest, Desire) モデルが提唱され，1990年に最後のActionが加えられAIDAとなった。この点については，Strong [1925] を参照のこと。この研究の系列として90年代以降にインターネットとSNS (Social Network Service) の普及・発展による効果階層や消費者行動の変化をモデル化しようと試みたAISAS (Attention → Interest → Search → Action → Share：電通) モデル，SIPS (Sympathize 共感する→ Identify 確認する→ Participate 参加する→ Share & Spread 共有し拡散する：電通モダン・コミュニケーション・ラボ) モデルなども関心を集めていった。これは消費者行動の様々なタイプの提唱ということでタイプIIへの移行と考えられる。

2)

図表5-4 主要商品分類研究の概要

研究者	分類基準	商品分類	特徴	戦略的示唆
Copeland [1923]	買物努力 購買行動	最寄品 買回品 専門品	記述的でなぜその買物行動が起きるかの説明がない	断片的で主に製造業者の流通戦略と小売業者の戦略
Holton [1958]	期待利益／買回コスト 需要／供給	最寄品 買回品 専門品	購買行動の説明がなされる	無し
Aspinwall [1962a] [1962b]	購買・消費頻度 粗利益 調整 消費時間 探索時間	赤色商品 オレンジ商品 黄色商品	購買行動と対応する戦略への示唆を強調	製造業者の流通・プロモーション戦略
Bucklin [1963]	消費者の知識	買回品・非買回品分類を行った上で 最寄品 買回品 専門品	消費者知識による説明	小売マーケティング戦略
Miracle [1965]	単位価値 購買の重要性 購買時間と努力 技術変化の速度 技術複雑性 サービスへの要求 購買頻度 消費速度 使用範囲	赤色商品〜黄色商品への連続性	Aspinwall 分類の吟味と修正	マーケティング・ミックス全般

研究者	分類基準	商品分類	特徴	戦略的示唆
Kaish [1967]	自我関与 認知的不協和理論	最寄品 買回品 専門品	消費者特性を重視し，Holton, Luck研究の吟味と修正	無し
Enis and Roering [1980]	購買努力 知覚リスク	最寄品 選好品 買回品 専門品	伝統的な最寄品・買回品・専門品を新たな基準から再定義し，選好品を加える	マーケティング・ミックス全般

3) 近年，定性的調査などへの関心とその発展に伴い，Zaltman［2003］によるZMET（Zaltman Metaphor Elicitation Technique: ザルトマン・メタファー表出法）などへの展開がみられる。
4) その後，消費者行動研究の関心がブランド選択に移ってくると，消費者行動研究における新製品普及研究の位置づけは次第に限定的なものになり，新製品の普及および採用が消費者行動研究において再び重要な研究テーマとして扱われるのは，1990年代後半から2000年代頃まで待つことになる。
5) 詳細については以下を参照されたい。斎藤［1982］。
6) 多属性モデルに関する議論は小島［1984］に詳しい。
7) 70・80年代以降は，態度，ヒューリスティックス，関与，知識，知覚リスクなど，消費者行動研究の諸成果を用いた細分化基準が開発されて行くことになった。
8) VALS［1978］SRI International の Arnold Mitchell 等によってErikson, Riesman, Maslow, Fromm 等の研究成果を用いて開発されたライフスタイル分析である。その後VALS2［1989］へと発展した。VALSについてはMitchell［1983］，VALS2［1989］については〈http://www.strategicbusinessinsights.com/vals/about.shtml〉を参照のこと。

【参考文献】

青木幸弘［1989］「消費者関与の概念的整理―階層性と多様性の問題を中心として」『商学論究』第37巻1-4号合併号，pp.119-138。
―――――［1993］「「知識」概念と消費者情報処理―研究の現状と課題―」『消費者行動研究』第1巻第1号。
―――――［1994］「「知識」概念と消費者情報処理―構造的側面と基礎概念―」『商学論究』（関西学院大学），pp.137-160。
阿部周造［2013］『消費者行動研究と方法』千倉書房。
池尾恭一［1999］『日本型マーケティングの革新』有斐閣。
池尾恭一・青木幸弘監訳［1998］『消費者関与―概念と調査』千倉書房。
岸志津江・田中洋・嶋村和恵［2000］『現代広告論』有斐閣。
小島健司［1984］「多属性型態度と行動意図モデル」中西正雄編著『消費者行動分析のニュー・フロンティア』誠文堂新光社。
斎藤通貴［1982］「消費者行動研究への新視点」三田商学研究，25巻2号。
清水 聰［1999］『新しい消費者行動』千倉書房。
高野陽太郎［2013］『認知心理学』放送大学教育振興会。
新倉貴士［2010］『消費者の認知世界』千倉書房。
―――――［2012］「情報処理のメカニズム」『消費者行動論』第6章，有斐閣。
堀越比呂志［2010］「マーケティング研究と経営戦略論」マーケティング史研究会編『マーケティング研究の展開』第8章，同文舘出版。

南知惠子［2010］「関係性マーケティング」『マーケティング』第21章，有斐閣．
Aaker, D. A. [1991], *Managing Brand Equity: Capitalizing on the Value of a Brand Name*, Free Press. (陶山計介・中田善啓・尾崎久仁博・小林哲訳 [1994]『ブランド・エクイティ戦略――競争優位をつくりだす名前，シンボル，スローガン』ダイヤモンド社。)
―――― [1996], *Building Strong Brands*, Free Press. (陶山計介・小林哲・梅本春夫・石垣智徳訳 [1997]『ブランド優位の戦略――顧客を創造するBIの開発と実践』ダイヤモンド社。)
Alba, Joseph W. and J. Wesley Hutchinson [1987], "Dimensions of Consumer Expertise," *Journal of Consumer Research*, 13(March), pp.411-454.
Andreasen, A. R. [1965], "Attitude and Customer Behavior: A Decision Model," *New Research in Marketing*, ed. Preston, L. E., Institute of Business and Economic Research, Univ. of California, Berkeley, pp.1-16.
Assael, H. [1987], Consumer Behavior and Marketing Action, 3rd ed., Kent Publishing.
Aspinwall, L. V. [1962a], "The Characteristics of Goods Theory," in E. J. Kelly and W. Lazer eds., *Managerial Marketing: Perspective and Viewpoints*, revised edition, Irwin.
―――― [1962b], "The Parallel System Theory" in E. J. Kelly and W. Lazer eds., *Managerial Marketing: Perspective and Viewpoints*, revised edition, Irwin.
Bettman, James R. [1979], *An information Processing Theory of Consumer Choice*, Reading, MA: Addison-Wesley.
Britt, S. H. [1950], "The Strategy of Consumer Motivation," *Journal of Marketing*, Vol.14, No.5, pp.666-674.
Bucklin, L. P. [1963], "Retail Strategy and the Classification of Consumer Goods," *Journal of Marketing*, (October), pp.50-55.
Copeland, M. T. [1923], "Relation of Consumers' Buying Habits to Marketing Methods," *Harvard Business Review*, Vol.1, No.3(April), pp.282-289.
Dichter, E. [1964], *Handbook of Consumer Motivation: The Psychology of the World of Objects*, McGraw-Hill.
Engel, J. F., D. T. Kollat and R. D. Blackwell [1968], *Consumer Behavior*, Reinhart Winston.
Enis, B. M. and K. J. Roering [1980], "Product Classification Taxonomies: Synthesis and Consumer Implications," in *Theoretical Developments in Marketing*, ed., by C. W. Lamb, Jr. and R. M. Dunne, Chicago, American Marketing Association, pp.186-189.
Finn, D. W. [1983], "Low Involvement isn't Low-Involving," in Bagozzi, R. P. and A. M. Tybout eds., *Advances in Consumer Research*, Vol.10.
Fishbein, M. [1967], "A Behavior Theory Approach to the Relations between Beliefs about an Object and the Attitude towards the Object," in M. Fishbein ed., *Readings in Attitude Theory and Measurement*, John Wiley & Sons.
Gale, H. [1900], *Psychological Studies*, Minneapolis:The Author.
Gregan-Paxton, J. and D. R. John [1997], "Consumer Learning by Analogy: A Model of Internal Knowledge Transfer," *Journal of Consumer Research*, 24, (December), pp.266-284.
Haire, M. [1950], "Projective Techniques in Marketing Research," *Journal of Marketing*, Vol.14, No.5, pp.649-656.
Haley, R. I. [1968], "Benefit Segmentation: A Decision-Oriented Research Tool," *Journal of Marketing*, July, pp.30-35.
Holton, R. H. [1958], "The Distinction Between Convenience Goods, Shopping Goods, and Specialty Goods," *Journal of Marketing*, Vol.23, No.1(July), pp.53-56.

Howard, J. A. and J. N. Sheth [1968], "A Theory of Buyer Behavior," in H. H. Kassarjian, T. S. Robertson eds., *Perspectives in Consumer Behavior*, Scott, Foresman and Company.

Howard, J. A. and J. N. Sheth [1969], *The Theory of Buyer Behavior*, John Wiley & Sons.

Hutchinson, J. W. and J. W. Alba [1985], "A Framework for Understanding Consumer Knowledge: I. Structural Aspects and Information Acquisition," *Working Paper*, No.41, Center for Consumer Research, College of Business Administration, University of Florida.

Johonson, E. J. and J. E. Russo [1984], "Product Familiarity and Learning New Information," *Journal of Consumer Research*, 11 (June), pp.542-550.

Kaish, S. [1967], "Cognitive Dissonance and the Classification of Consumer Goods," *Journal of Marketing*, Vol.31 (Oct.), pp.28-31.

Kassarjian, H. H. [1971], "Personality and Consumer Behavior: Review," *Journal of Consumer Research*, Vol.13, No.4, pp.409-418.

Katona, G. [1953], "Rational Behavior and Economic Behavior," *Psychological Review*, Vol.60, pp.307-318

Katona, G. [1960], *The Powerful Consumer*, McGraw-Hill.

Keller, K. L. [1998], *Strategic Brand Management: Building, Measuring, and Managing Brand Equity*, Prentice Hall. (恩蔵直人・亀井昭宏訳 [2000]『戦略的ブランド・マネジメント』東急エージェンシー。)

Krugman, H. E. [1965], "The Impact of Television Advertising: Learning without Involvement," *Public Opinion Quarterly*, Vol.29, pp.349-356.

Laaksonen, P. [1994], *Consumer Involvement: Concepts and Research*, Routledge. (池尾恭一・青木幸弘監訳 [1998]『消費者関与』千倉書房。)

Lancaster, K. [1966], "A New Approach to Consumer Theory," *Journal of Political Economy*, Vol.74, pp.132-157.

——— [1971], *Consumer Demand: A New Approach*, Colombia University Press.

Lazer, W. and W. E. Bell [1966], "The Communication Process and Innovation," *Journal of Advertinsing Research*, 6, No.3, pp.2-7.

Martineau, P. [1958a], "Social Classes and Spending Behavior," *Journal of Marketing*, Vol.23, No.2, Oct., pp.121-130.

——— [1958b], "The Personality of the Retail Store," *Harvard Business Review*, Vol.36, Jan., pp.47-55.

Maynard, H. H. [1942], "Early Teachers of Marketing," *Journal of Marketing*, Vol.7 (Oct).

Miracle, G. E. [1965], "Product Characteristics and Marketing Strategy," *Journal of Marketing*, Vol.2, No.1, pp.18-24.

Mitchell, A. [1983], *The Nine American Lifestyles-Who we are and where we're going*, MacMillan.

Moreau, C. P., A. B. Markman and D. R. Lehmann [2001], "What Is It? Categorization Flexibility and Consumers' Response to New Products," *Journal of Consumer Research*, 28 (March), pp.229-240.

Moreau, C. P., D. R. Lehmann and A. B. Markman [2001], "Entrenched Knowledge Structure and Consumer Response to New Products," *Journal of Marketing Research*, 38 (February), pp.14-29.

Muncy, J. A. and S. D. Hunt [1984], "Consumer Involvement: Definitional Issues and Research Directions," in T. C. Kinnear ed., *Advances in Consumer Research*, Vol.11.

Nicosia, F. M. [1966], *Consumer Decision Processes*, Prentice-Hall.
Olson, J. C. [1978], "Theories of Information Encoding and Strage: Implications for Consumer Research," in A. A. Mitchell(ed.), *The Effect of Information on Consumer and Market Behavior*, American Marketing Association, pp.49-60.
Packard, V. [1957], *The Hidden Persuaders*, New York: Pocket Books.（林周二訳［1958］『隠れた説得者』ダイヤモンド社。）
Park, C. W. and B. Mittal [1985], "A Theory of Involvement in Consumer Behavior: Problems and Issues," in J. N. Sheth ed., *Research in Consumer Behavior*, Vol.1, JAI Press, pp.201-231.
Petty, R. E. and J. T. Cacioppo [1986], *Communication and Persuasion: Central and Peripheral Routes to Persuasion*, Springer-Verlag.
Peter, J. P. and J. C. Olson [1987] *Consumer Behavior: Marketing Strategy Perspectives*, Richard D. Irwin.
Robertson, T. S. [1967], "The Process of Innovation and the Diffusion of Innovation," *Journal of Marketing*, 31, No.1, pp.14-19.
——— [1971], *Innovative Behavior and Communications*, Holt, Rinehart and Winston, Inc.（加藤勇夫・寶多國弘訳［1975］『革新的消費者行動』白桃書房。）
Rogers, E. M. [1962], *The Diffusion of Innovations* 1st eds., New York: The Free Press.（藤竹暁訳［1966］『技術革新の普及過程』培風館。）
——— [2003], *The Diffusion of Innovations* 5th eds., New York: The Free Press.（三浦利雄訳［2007］『イノベーションの普及』翔泳社。）
Scot W. D. [1903], *The Theory of Advertising, Amall, Maynard, Boston*, Reprinted by Garland Publishing, Inc., New York & London, 1985.
Shaw, A. W. [1915], *Some Problems in Market Distribution*, Harvard Univ. Press.（伊藤泰雄・水野裕正訳［1975］『市場配給の若干の問題点』文眞堂。）
Sherif, M. and H. Cantril [1947], *The Psychology of Ego-Involvement*, John Wiley & Sons.
Smith, W. R. [1956], "Product Differentiation and Market Segmentation as Alternative Marketing Strategies," *Journal of Marketing*, Vol.21, pp.3-8.
Strong, E. K. [1925], *The psychology of Selling and Advertising*, New York: McGraw-Hill.
Walker, B., R. Celci and J. Olson [1986], "Exploring the Structural Characteristics of Consumers' Knowledge," in M. Wallendorf and P. Anderson(eds.)*Advances in Consumer Research*, Vol.14, pp.17-21.
Wells, W. D. and D. J. Tigert [1971], "Activities, Interests and Opinions," *Journal of Advertising Research*, August, pp.27-35.
Yankelovich. D. [1973], *The Yankelovich Monitor-1972*, Daniel Yankelovich Inc., New York.
Zaltman, G. [1965], *Marketing: Contributions from the Behaviral Sciences*, New York: Harcourt, Brace & Javanovich, Inc.
——— [2003], *How Customers Think*, Harvard Business School Press.（藤川佳則・阿久津聡訳［2005］『心脳マーケティング―顧客の無意識を解き明かす』ダイヤモンド社。）

（齊藤通貴・田嶋規雄）

第6章

市場の理解における諸問題2
―ポストモダン的研究の諸問題―

1. はじめに

　第5章で論じたように，戦後の消費者行動研究の歴史は実証主義的な方法の下で行動科学的な諸理論が統合化されていく過程であったが，1980年代に入ると潮目が変化した。相対主義的な科学観や定性的方法が擁護されるとともに，研究領域の多様化と研究方法の多元化が進行し，この研究分野は一転して拡散の様相を呈したのである。こうした動向の中で脱実証主義・脱行動科学を掲げた主要な勢力がポストモダン的研究であった。

　「ポストモダン」という用語は多義的な表現であるが[1]，消費者行動研究の文脈では「非実証主義的な研究方法の総称」（Sherry［1991］p.550）という意味で使用されることが多く，テキストによっては「解釈主義」や「解釈的アプローチ」などと表記されることもある（桑原ほか編［1999］p.12）。ごく簡単に定義しておくと，ポストモダン的研究とは「製品・サービスの消費経験を定性的に把握しようとする研究」のことである。

　本章の目的は，当該分野におけるポストモダン的研究の知的貢献を探ることである。すなわち，それが従来の行動科学的研究とは異なり，どのような新たな市場の理解や洞察をもたらしたのかを明らかにする。ポストモダン的研究には「快楽消費研究」と「意味研究」という2つの下位領域があるが，さしあたって次節でポストモダン的研究の特徴をおさえた後で，それら下位研究の展開をレビューし，各々の現状と課題を整理する。

2. ポストモダン的研究とは何か

　ポストモダン的研究とはどういった研究なのか。モダンとしての行動科学的研

究とは何が異なるのか。本節ではポストモダン的研究の発生を概観した上で、その特徴や行動科学的研究との違いに迫りたい。

◢ (1) 消費経験論の登場

　ポストモダン的研究の端緒を開いたのはHolbrookとHirschmanによる「消費経験論」だと言われている（南［1998］p.8）。それは製品・サービスの使用側面に焦点をあてた研究であり，従来の行動科学的研究が選択行動の分析に偏りすぎていることを批判し，使用行動に伴う様々な感情体験を分析する重要性を主張したのである（Holbrook and Hirschman［1982］，Hirschman and Holbrook［1982］）。Holbrookらは明確に区別していないが，消費経験論には「快楽消費研究」と「意味研究」という2つの研究が含まれている[2]。

　快楽消費研究とは，芸術作品もプロダクト概念に含まれるとするマーケティング概念拡張論（Kotler and Levy［1969］，Kotler［1972］）から派生し，音楽や絵画などの芸術一般の鑑賞行動を研究する「エステティックス（aesthetics）」（Levy and Czepiel［1975］）を理論的基礎にしている。快楽消費研究には，芸術作品自体に対する審美的反応を分析する「芸術消費と遊びの研究」（Holbrook and Huber［1979］，Holbrook and Bertges［1981］）と，そこから派生した製品のデザインや店舗BGM等のマーケティング諸手段のアート的要素に対する消費者の反応を取り扱う「感情と経験消費の研究」（Holbrook［1987］）がある。

　次に，消費の「意味」を取り扱う意味研究も2つに区分できる。古くはモティベーション・リサーチ（Dichter［1960］）のように消費者個人の深層動機を解明する「個人的意味研究」と，現象学的社会学や文化人類学といった他学科の成果を導入し，文化・社会システム内で共有された消費の意味を問題にする「文化的意味研究」がそこに含まれるのである（Levy［1959］［1981］，Holman［1981］，Hirschman［1981］，Hirschman and Holbrook［1981］，Belk, et al.［1982］，Solomon［1983］）。

　これまで快楽消費研究と意味研究は必ずしも相互に関連性をもって展開しておらず，それぞれが使用する「快楽」「感情」「意味」といった概念の整理や統合が十分になされているわけでもない。それゆえに消費経験論には特有の分かりにくさがつきまとうが，これらの研究は当然のごとく共通性をもつのであって，どちらも消費経験の感情的側面を取り扱っているという点で立場を同じくするのであ

る。ただし消費経験論が登場した当初は消費者の感情や体験をどう捉えればよいのか，その方法についてはほとんど明らかにされていなかった。

(2) 解釈学的方法の擁護

（いち早く文化人類学的成果を導入したLevy［1981］を例外として）1980年代中頃になるとようやく消費経験を捉えるための研究方法が打ち出された。解釈学，構造・ポスト構造主義，現象学的社会学，文化人類学，そして文学批評などの学問的成果の応用が集中的に試みられた結果，Hirschmanの人文主義，Mickの記号論，Belkらの自然主義，Holbrook and O'Shaughnessyの解釈学，Sternの文芸批評，Thompsonらの実存主義的現象学など，多様なバリエーションをもつ研究方法が導入されたのである[3]。

これらの方法は学問的背景が異なるものの，参与観察やフィールドワークといった調査技法を利用し，研究者が消費現象の中に直接入り込み，内側から現象を詳細に解釈しようとする点でほぼ一致している[4]。この解釈に基礎を置く方法は一般に「理解」と呼ばれており，（現象の一般化ではなく）個別現象に関心をもち，（因果的説明ではなく）心的連関のホリスティックな把握を目指すなど，実証主義的な「説明」とは異なる消費者行動研究の新たな認識要求を際立たせたのであった。

「理解」が擁護された背景には従来型の「説明」が消費経験の分析に適さないことや，実際に適用できなかったという事実が関係している。例えばHolbrookは過去の研究を振り返り，行動科学的研究で頻繁に用いられるフローチャート型の因果モデルでは消費者の経験（美的体験）をうまく説明できないことに気づき，それ以降は因果モデルに代わる別の分析法や調査技法を模索するようになったと述懐している（Holbrook and Hirschman［1993］pp.20-21）。

代替的な研究方法の模索が開始されたのと時期を同じくして，ポストモダン的研究の登場を後押しするかのように，実証主義の一元的な支配に異議を唱え，研究方法の多元化を要求する研究が登場した。Anderson［1983］やPeter and Olson［1983］が相対主義的な科学観を擁護するとともに，Deshpande［1983］が定量的研究の偏重を批判し，定性的研究の重要性を指摘したのである。こうした異議申し立ては従来の研究に限界や不満を感じていた研究者の離脱と解釈学的方法を用いた研究への転向を促す素地を提供したのである。

そして本格的なパラダイムシフトが生じた。Belk の呼びかけによって1986年夏にアメリカ全土を旅行しながら，録音・録画技術を駆使しつつ消費者インタビューを行う「コンシューマー・ビヘイビア・オデッセイ」と呼ばれる調査プロジェクトが実施された。最終的に20余人の研究者が参加し，マーケティング学界で定性調査が認知されるきっかけになるとともに，調査終了後に参加者の多くが定性的方法に転向したのである（ベルク［2001］）。このプロジェクトを通じて得られた成果は，本項の冒頭であげた多くの解釈学的方法として結実し，後に「ポストモダン」と呼ばれるようになったのである（Sherry［1991］）。

(3) ポストモダン的研究の特徴

　研究は一般に，取り扱う対象が何か（＝研究対象）と，どういった方法で対象を分析するか（＝研究方法）によって性格付けられる（堀越［2005］p.4）。この枠組みを当てはめると，ポストモダン的研究の特徴は「消費経験」という独自の研究対象を見いだし，「理解」と呼ばれる解釈学的方法を採用したことにあると言える。行動科学的研究との対比のなかで，こうした研究対象と方法の独自性をもう少し詳細に確認しておこう。

　まず研究対象について，行動科学的研究が通常取り扱っているのはブランド選択であり，一般的には問題認識に始まり，情報探索と代替案の評価を経て購買に至る一連の意思決定過程として定式化されることが多い。なかでも購買の直接的要因となる代替案の評価メカニズムの解明には多くのエネルギーが注がれ，これまで「多属性態度モデル」や「選択ヒューリスティクス」に基づく説明が与えられてきたが，いずれにしても消費者は（完全または限定）合理的に振る舞う存在とみなされてきた。

　一方のポストモダン的研究が取り扱う対象は使用行動というだけでなく，そのほとんどが経済合理性を欠いた行動である。例えば芸術鑑賞をはじめとする「快楽的消費」，消費の地域性を反映した「文化的消費」，ガラクタの「収集行動」，顕示的消費に代表される「浪費行動」は，製品属性の評価値（態度や効用）の秤量に基づく合理的判断の結果として生じる行動と同列に扱いえないし，通常の意味での使用行動（例えば，燃費の良い車を所有する）とも明らかに性質を異にしているのである。

　この合理性／非合理性の区分は消費者の内面の取り扱い方の違いにも反映され

る。行動科学的研究では消費者の内面世界が「動機・知覚・態度・購買意図」といった心理構成概念で表現され，なかでも「態度」は合理的な選択を説明する中核的な変数である。だがそうした変数は非合理的な行動の説明に適さないとするのがポストモダン的研究の基本的な立場であり，（まさに非合理的な要因として）これまで考慮されてこなかった「喜び，嫉妬，恐れ，激怒」といった周縁的な「感情（emotion）」の領域を積極的に分析に取り込むのである[5]。

最後に，研究方法の違いに関しては，特に分析を通じて最終的に明らかにしようとするもの（研究目的・関心）が異なる。行動科学的研究は消費者が特定のブランドを選択するまでの意思決定プロセスに関心をもつが，実際のブランド選択の「説明・予測」においては，なぜ製品の購買が動機付けられたのかという理由や目的の部分は所与とされることが多い（例えば，多属性態度モデルを用いた分析では，特定の製品クラス［自動車］にすでに欲望を抱いた状態から始まり，どのブランド［カローラ］を選択するかを説明・予測するのである）。

ポストモダン的研究はむしろ，その所与の部分にメスを入れようとする。つまり購買目的や動機にはどのようなものがあって，それがいかにして形成されるかを明らかにしようとするのであり，こうした購買目的や動機理解に資するべく感情分析が実施されるのである。それゆえ行動科学的研究は購買意思決定のプロセス（How）の解明を重視するのに対し，ポストモダン的研究は購買の理由（Why）の解明を目指していると言えるだろう（堀内［2004］pp.15-16）。これまでの議論をまとめると図表6-1のように要約できる。

以上がポストモダン研究一般の特徴である。ここからはその下位分野である「快楽消費研究」と「意味研究」を紹介し，その意義や課題を検討していくことにする。

図表6-1　行動科学的研究とポストモダン的研究の特徴の違い

	行動科学的研究	ポストモダン的研究
対象領域（行動）	選択／合理的側面	使用／非合理的側面
対象領域（内面）	動機・知覚・態度・意図など	感情（emotion）全般
研究関心／方法	選択プロセス（How）／説明・予測	購買の目的・動機（Why）／理解

3. ポストモダン的研究の展開①
　—快楽消費とマーケティング—

　本節において，ポストモダン的研究の下位領域の1つである快楽消費研究に焦点をあてていく。この快楽消費研究には，芸術作品の消費を中心とした「芸術消費と遊びの研究」と，芸術作品の消費研究の中から生まれた，一般製品の使用経験における楽しさ，面白さなどの感情を取り扱う「感情と経験消費の研究」の2つの領域があり，各々の研究をレビューしながら，今日的な問題点などを整理していく。

(1) 芸術消費と遊びの研究

① 芸術とマーケティング研究の黎明期

　マーケティングとエステティックス（美学）の関係に着目したパイオニア的研究は Levy and Czepiel [1975] であり，かれらは，マーケティングとエステティックスの関わりを，「製品デザイン－パッケージ・広告－コーポレートアイデンティティ－ビジネスと芸術－芸術のマーケティング」のエステティックス連続体（the aesthetic continuum）として示すことにより，その多様性を指摘するとともに，美的要素を内包する対象を媒介とした，あるいは美的要素をもつ芸術そのものを目的としたマーケティングのあり方を示した。

　その後，マーケティングと芸術の関わり方は，芸術の消費者は「高学歴」「高収入」「高ステイタスの職業」であることを示した DiMaggio, et al. [1978] のような観客の調査研究や，観客を開拓するためのマーケティング戦略の研究（Andreasen and Belk [1980]）であり，それらは芸術の消費者特性や他のライフスタイルによるセグメンテーションなどの従来のマーケティングの手法を用いた研究である（川又 [2002] pp.69-70）。

② 芸術とマーケティング研究の発展期
1) 芸術と消費経験に関する研究
　このように，芸術とマーケティングの研究は，芸術が消費財やサービスの消費

と類似しているという前提のもとに，伝統的マーケティングの芸術市場への適応という形のものが多く見られてきたが，1980年代初頭に「芸術消費」に焦点をあてた研究が登場する。その中心的研究者はHolbrookとHirschmanである。まず，コンシューマー・エステティックス（芸術鑑賞行動）の研究が必要であるとし，快楽反応および感動体験のモデルを提案する（Holbrook [1980]）。その問題意識は，購買のプロセスに焦点をあてた従来の消費者行動研究の枠組では，芸術鑑賞という「製品の使用による多様な感情経験や空想といった言語的に説明がつかない」消費者行動を説明できないということであった（Hirschman and Holbrook [1982]）。

2）芸術消費の固有性

HolbrookとHirschmanによる芸術消費研究の必要性の提言と同時期に，芸術消費の固有性とは何かということが大きな問題としてクローズアップされる。その端緒は1980年のアメリカ消費者行動研究学会において，「伝統的なマーケティングの方法論による芸術研究は，「豆の缶詰」を研究対象にするより，アカデミックな雰囲気を純化するかもしれないが，芸術を研究とするユニーク性が認められない」（川又 [2002] p.72）ことを指摘したKassarjian [1980]のアイロニー的発言である。これを受ける形で，HolbrookとHirschmanを中心に，芸術消費の固有性に関する言説が発表されていくことになるが，それらは以下の4つに整理することができる。

1つ目は，消費体験，さらに言うならば時間消費である。芸術消費の登場背景として，購買プロセスではなく使用プロセスに焦点を置き，そこでの消費体験を分析することのマーケティング研究における必要性を提言したことはすでに述べた通りであるが，言い換えるならば，芸術に関しては，消費者がどのくらい楽しい，充実した時間を過ごしたかという「時間消費」が大きな関心事となってくる。

2つ目は，快楽消費（Hedonic Consumption）という特徴である。HolbrookとHirschmanは，消費行為に伴う快楽的側面の重要性をあげ，それらをマーケティングの研究対象にすることの必要性を論じた（Hirschman and Holbrook [1982], Holbrook and Hirschman [1982]）。消費対象が芸術の場合，それらがどのような機能を果たすというよりも，消費者がその行為に対して有する「楽しさや美しさ」という快楽の程度が重要となる。これは，情報処理理論で軽視されてきた点である。

3つ目は，全体性（ゲシュタルト）である。Holbrook［1987］は，個々の部分の総計に重点を置くのではなく，ゲシュタルトとして全体をみていくことの必要性を研究課題としてあげている。例えば，練り歯磨きという製品は，「虫歯予防」「歯を白くする」「口臭除去」といった属性に分解され，これらの属性に対する認知と評価によって，練り歯磨き製品に対する選好や選択が決定するが，演劇，音楽，絵画などの芸術の場合，消費者はこれらの製品の属性分解をして属性を統合した後に，評価をするのではなく，ほとんどの場合，イメージがベースとなっており，ゲシュタルト的に捉えた上での評価を行う（和田［1999］p.59）。

　最後は，快楽消費の中でも，芸術消費は知的消費の側面が強いことである。Holbrook［1980］は，芸術に対する快楽消費は「深遠な経験（profound experience）」であり，他の快楽のレベルとは異なることを述べている。その理由については触れていないが，以下のように考えることができる。石井［1993］は，著名な音楽家のLeonard Bernsteinの「さまざまな条件のもとで，芸術作品それ自身が，そのつど別様に現れるのである」という言葉を引用しながら，芸術の鑑賞プロセスにおいて，あらかじめ先入観をもった消費者と芸術作品の間でユニークな独自の世界が生まれるように，まさに世界は相互作用の中で構成され，そこでは，人間は外界を解釈すると同時にその解釈によって自身も変化を受けるというプロセス，あるいは自身を一部とした世界の再構成が行われることになるという（pp.196-197）。すなわち，芸術消費は，消費者が消費対象との強い相互作用の中で自己変質していくものであるとともに，その消費結果が功利的機能を果たすかどうかはあまり意味をもたないという自己目的的のものであるが故に，知的快楽として深い感動を消費者に与えていくのであろう。

　このような芸術に焦点をあてたポストモダン的研究は異彩を放った研究であり，マーケティング研究に対して少なからず影響を与えていくことになる。

③　芸術消費と遊びの関係
1）　現代における遊びの意味

　近代社会において，遊びは人間生活の上で最も必要度の低いものであると認識されてきた。定職をもたないでぶらぶらしている人々を「遊び人」と総称し，社会から軽蔑の眼差しを浴びてきた。かれらは時間的にも経済的にも無駄な行為をする人々であり，社会の利益に何にもならない悪の象徴であった。

　このように遊びが否定的な意味として理解されてきたことは，レジャー（余

暇）が労働との対比で捉えられてきたことを反映している。レジャーとはあくまでも「労働の余った時間」であり，人間にとって根元的な時間として認識されていない。労働が最優先されるべき労働至上主義的考え方の中で定義されてきたのであり，効率を追求する生産システムの中では非常に重要なことであった。

　しかし，Caillois［1958］が「遊びの本質は非生産性」というように，遊びは社会からの強制力を持たない自由な人間行動であり，ポジティブな概念である。また，自己完結性が高い，他人に対して何の影響も与えないと思われていた遊びの世界においてこそ，大いなる意味が創造される可能性がある。「意味のないところに深い意味がある，混沌とした世界から意味が生まれる」（多田［1974］）のである。

　2）　芸術消費と遊びの共通点

　遊びは非生産的な行動であること，それ故に大いなる意味が生み出される可能性があることを論じてきたが，芸術消費の特徴としてあげた「消費体験」「快楽消費」「全体性」「自己目的的な知的消費」を，遊びはほぼ網羅していることを容易に読み取ることができよう。また，Holbrook［1980］は，Huber and Holbrook［1980］を踏まえて，芸術鑑賞に快楽をもたらす要因として，作品の複雑さをあげている。音楽が適度に複雑であるとき最大の快楽が経験され，それよりも複雑でも単純でも経験される快楽の程度は低くなると説明している。そして，Holbrook, et al.［1984］では，テレビゲームのような遊びにおいても「複雑さ」が快楽要因の1つであると指摘している。後にHolbrookは，研究対象を芸術から娯楽，スポーツ鑑賞へと拡大していくことからも，芸術消費と遊びとの共通点を認識していたと思われる。

④　今日の芸術消費

　最近，コンサートや観劇，美術展などに出かける人が増え，芸術消費の支出が増加している傾向がある（日経消費ウォッチャー［2012b］）。過去1年間（2012年8月調査）に芸術鑑賞をした人は67％におよび，幅広い世代が芸術に高い関心をもっている（日経消費ウォッチャー［2012a］）。

　それは，対象となる芸術作品に対して，鑑賞者の「少し難解である」「わかるようでわからない」などの「複雑さ」に対する快楽がそこにあり，自分の五感を使って自分で感動する，あるいは知的好奇心を満たすという知的快楽に対するニーズの高さの表れかもしれない。

ところが,芸術消費に対する人々の関心が高まっている一方,芸術消費に関する研究成果は次第に減少している傾向にある。その理由として,芸術消費を高関与型の消費の1つとして捉えることによって,芸術消費研究が他領域の研究に内包されてしまっていることがあげられよう。しかし,芸術消費は単に高関与型消費というわけではなく,「消費体験」「快楽消費」「全体性」「自己目的的な知的消費」などの複数の特徴を有した独自の研究領域である。芸術消費研究からの新しい知見は,消費者理解という意味でマーケティング研究に対して少なからず貢献を与えていくことと思われる。

(2) 感情と経験消費の研究

① 快楽消費研究における研究対象の拡大

1980年代,快楽消費研究のパイオニアであるHolbrookとHirschmanは,音楽のような芸術鑑賞やテレビゲームのような遊びに注目し,そこで消費者が体験する感情に関する研究を行っていくが,1990年代になると,様々な消費者行動を通じて消費者がどのような感情を経験するかについての調査研究が行われるようになる。例えば,日常生活(テレビを見る,パーティに参加する)において経験した感情を,84のカテゴリーに分類し,どのような感情が多く見られたかを分析したDerbaix and Pham [1991] や,製品の使用に伴って経験される感情を,消費者に「好みの商品の保有」「最近買った大事な買い物」「最近買った衣服」「食品」「耐久性商品」「サービス」の6つの消費場面について想起させることによって,怒り,不満,心配,悲しさ,怖さ,恥ずかしさ,うらやましさ,ロマンチックな愛,愛情,安らぎ,満足感,楽観的,喜び,興奮,驚きの15感情からなる消費者感情セット(CES:Consumption Emotions Set)を開発したRichins [1997] などがあげられよう。これらの研究は,芸術や遊びに関する消費経験から,日用品の消費経験にその研究対象が拡大していることが特徴であり,ここにおいて,従来の消費者行動研究において軽視されてきた快楽的側面の感情にスポットライトをあてた研究が始まっていく。

② 経験価値と感情研究

1999年には,経験に焦点をあてた2つの研究が登場する。

1つ目は，新たな経済価値として「経験」に着目し，買い手の外部に存在していたこれまでの経済価値（コモディティ，製品，サービス）とは異なり，消費者はその消費から得られる経験そのものに価値を見いだすことを主張した Pine and Gilmore［1999］である。

2つ目は，Schmitt［1999］の「経験マーケティング（Experiential Marketing）」である。Schmitt はここ30年間で蓄積してきた伝統的マーケティングの4つの主要特性として，「機能的特性と便益」「製品カテゴリーと競争の狭い定義」「消費者は理性的な意思決定者を前提」「分析的，計量的そして言語的な研究方法」をあげ，とりわけ，製品をその特性と便益の総和と捉えてきたことに疑問を呈していく。機能的特性と便益を当然のものとして捉えている今日的な消費者は，自分たちの感覚をときめかし，感情を触れ，精神を刺激してくれるような製品やコミュニケーションを求めていることを指摘することによって，消費者が実際に肌で感じたり，感動したりするような，感性や感覚に訴えていく経験マーケティングの展開を提言していく。

Schmitt の研究は，認知科学と社会心理学をベースにした「Sense（感覚的経験価値）」「Feel（情緒的経験価値）」「Think（認知的経験価値）」「Act（行動的経験価値）」「Relate（関係的経験価値）」[6]という5つの戦略的経験価値モジュール（SEM：Strategic Experiential Module）を総合的に使用し，これまでの感情研究あるいは経験研究にはなかった具体的な戦略的枠組を提示したことと，ポストモダン的研究において感情と理性の両方に注目し，戦略的提言を行っていくことに特徴がある。

かれらの研究は，マーケティングにおける「経験」，そしてそこで消費者が抱く「感情」の重要性を，マーケティング研究者のみならず，実務家にも認識させていくことになる。

③ マーケティングにおける感情研究

また一方，感覚的な判断としての感情が，従来の消費者行動研究の中にも取り入れられるようになる。情報処理理論の修正モデルとしての精緻化見込みモデル（ELM：Elaboration Likelihood Model）（Petty and Cacioppo［1983］）がその例としてあげられる。Petty と Cacioppo の ELM は，消費者の態度形成を，論理的に決める中心的ルートと感情的に決める周辺ルートに分け，どちらのルートで態度が決まるかは，当該消費者の動機づけの程度と能力に依存するとした点に特徴が

あり，態度が一義的に決定するとした（清水［2006］p.7）。すなわち，消費者の動機づけが高く，商品に対する知識が豊富な場合は，消費者は高い情報処理能力を発揮しながら，論理的に態度を決定する（＝中心的ルート）。それに対し，消費者の動機づけも低く，商品知識も少ない場合には，消費者は感情的，イメージ的に態度を決めていく（＝周辺ルート）。かれらの研究は，消費者は論理的な意思決定だけではなく，感情のような感覚的判断によって意思決定することを重要視したことに大きな意味があり，Bettman, J. R. に代表される情報処理アプローチを補足していく研究である。

　マーケティングにおいて，感情を取り扱う研究パターンを，研究方法としての「実証主義的アプローチ－解釈学的アプローチ」と，研究対象としての「購買段階－使用経験を含むプロセス」の2軸で，図表6-2に示すことができるが，これらの研究は，モダン的研究の中に「感情」というポストモダン的研究の対象領域を取り入れた研究として，セルAの「購買段階＋実証主義的アプローチ」に位置づけられよう。さらに，このセルAに該当する研究として，FCBグリッドをベースとした三浦・伊藤［1999］がある。これは，五感に関わる属性やイメージなどの「思考型属性」と機能に関する属性や価格などの「感情型属性」に類型化し，消費者行動を分析するという感情と理性の双方に着目した研究である。しかし，快楽という感情が製品に内在している，すなわち製品属性として見ているという点において，あくまでも感情が経験消費の中から生まれていくと考える経験消費研究との違いがある。

　次に，セルBの「購買段階＋解釈学的アプローチ」は，1950年代に注目を集めたモティベーション・リサーチがこれに相当する。何故，特定ブランドの選択をするのかなどの購買動機を，深層面接法，集団面接法，投影法などの定性的な調査で把握するための方法であるが，道徳的問題や科学的信憑性の問題から，下火となっていった。

図表6-2　感情を扱う研究パターン

		研究対象	
		購買段階	使用経験を含むプロセス
研究方法	実証主義的アプローチ	A	C
	解釈学的アプローチ	B	D

また，セルDの「使用経験を含むプロセス＋解釈学的アプローチ」は，ポストモダン的消費者研究の端緒となった領域であり，1980年代および1990年代によく見られたベルク［2001］が言うところの2つの基本的な調査方法である「観察」と「デプス・インタビュー」を用いた，消費経験から生まれる感情の実態把握を主とした研究である。また，前述したSchmittの研究もこのセルに含まれる研究内容と言えよう。

　それに対し，セルCの「使用経験を含むプロセス＋実証主義的アプローチ」は，前出のDerbaix and Pham［1991］やRichins［1997］の研究であり，因子分析などの統計的手法を用いて，消費経験の分析を行っている。最近では，Schmitt研究をベースとして，そこに感性工学的アプローチ[7]を加えていくことによって，実証的に解明していこうとする長沢編著［2002, 2005］の研究もこのセルになろう。

　以上のように，マーケティングにおいて感情を取り扱う研究は，ポストモダン的研究がモダン的研究に影響を与えていく中で，図表6-2のように研究の幅が広がっている状況である。今後は，感情の概念規定を試みた田中［2006］，Schmittの経験価値概念の精査を行った長沢・大津［2010］の研究のように，まず，概念をしっかりと固めていくことが，感情を扱っていくマーケティング研究の発展にとって大事なステップとなろう。

4. ポストモダン的研究の展開②
―日本における意味研究の展開と制度発生の問題―

　本節では意味研究のなかでも，特に日本の文化的意味研究の展開に焦点をあてる。従来の文化的意味研究の多くは静態的な分析が中心であり，意味の生成問題を扱えないという限界を抱えていたが[8]，近年は石井［1989, 1992］や栗木［1994, 1996, 2003］を中心に動態的な理論の構築を目指し，その限界を乗り越えようとする試みがなされ始めている。ここではその研究動向の意義や課題を検討したい。

(1) Baudrillardの受容と初期の文化的意味研究

　わが国の文化的意味研究の特徴として，その多くがフランスの社会学者Baudrillardの消費社会論を参照していることがあげられる。マーケティングや消費者行動研究の分野において，いち早くBaudrillardの理論体系に意義を見いだしたのは星野［1984］と三谷［1984］であった。それ以降，記号論の応用可能性がさかんに議論されるようになるが，両者においてその言説の受容の仕方や関心をもつ説明対象が異なっていたために，消費記号の生産装置としての文化を静態的に捉えようとする研究と，文化自体の変化に焦点をあてる動態的な研究に分岐していくのである[9]。

　星野［1984］はBaudrillardの理論をベースに特定の製品の意味の解読を試みた。その分析手法は文化人類学者Lévi-Straussの構造分析に近く，思考や行為を背後から規定する隠れたルールを暴きだそうとするのである。いま特定地域で局所的に受容された行為ルールの束を「文化」と呼ぶとすれば[10]，星野の分析はすでに成立している文化を静止した安定的なシステムとみなし，その中身を細かに描き出そうとする静態的研究の典型になったのである。

　それとは対照的に，三谷［1984］はBaudrillardの理論の静態的な側面に限界を見出した。消費を規定する文化に関して，「この構造がどこから与えられるのか，また，意味作用とコードがどこで生産されるのかについてはボードリヤールは明らかにしていない」と主張し，いわゆる歴史的な制度発生の問題が手つかずのまま残されていることを指摘した（p.114）[11]。その後，三谷の見解に歩調を合わせる研究者も登場し（宮崎［1988］，佐藤［1989］，澄川［1991］），製品の記号化や消費行為の制度化の過程を動態的に分析する必要性が広く認識されるようになったのである[12]。

　とはいえこの時点では動態的な分析のための枠組みが提出されたわけではなく，具体的にどうやって文化的制度の発生・変容を捉えればよいのかまでは明らかにされなかった。そしてこの問題に意欲的に取り組んだのが石井の一連の研究であり，これによりわが国の動態的な意味研究が本格的に始動していくことになるのである。

(2) 動態的な意味研究の始動

① 動態的な分析枠組みの提示

石井［1989, 1992］は，文化的制度の発生を説明する枠組みとして，石原［1982］の競争的使用価値の理論に注目し，応用を試みた。「石原の議論は，消費論のニューパラダイムへの大きなひとつのステップになる先駆的な議論だと思える」と応用の理由が述べられている（石井［1992］p.11）。

石原の競争理論は従来のマーケティング戦略論や行動科学的研究とは異なり，消費のルール（製品の価値やそれに対する消費者の欲望）[13] の先験性・普遍性を否定し，その社会性・歴史性を強調する点が特徴的である。つまり消費のルールは製品の市場導入以前には確定できず，導入後の競争過程を通じて事後的に見いだされるものなのである。石原理論が再評価されたのは，その創出過程を説明する枠組みを内部に組み込んでいるからであった。

だが石井［1992］は石原の議論を無批判に受け入れたわけではなかった。石原理論における使用価値の恣意性の不徹底さと文化的視点の欠如を批判したのである。これに対して石原［1993］が即座に反論を行い，いわゆる「石井・石原論争」が生じ，その後の文化的意味研究の展開を方向付ける重要な議論が交わされることになるのである。

② 石井・石原論争の概要

石井・石原論争を理解するためには，マーケティング戦略論と行動科学的研究，石原の理論，石井の立場という3者の関係性を知っておく必要がある。前者が消費者の欲望を企業にとっての所与の適応対象とみなす「適応の論理」を強調するのに対して，後2者はそれに批判的な立場に立ち，欲望自体が競争過程を通じて創出されると考える「創造の論理」を採用している（石井・石原［1996］p. iii）。つまり石井も石原も「創造の論理」の側に立つという点で基本的な立場は共有しているのである。

では両者の見解の相違はどこにあるのか。それは消費のルールが創出された後に，市場で普及するかどうかに関わっている。石原は製品のある属性要素が使用価値として市場一般に受容されていくとやがて「基本的属性」になり，それが今度はわれわれの期待形成に作用し，その後の意思決定や行為を規定する制度とし

て機能するようになると考えた。それに対して，石井はそうした制度の存在を疑問視したのであり，ここに論争の口火が切られたのである。

　石井［1992］の批判は3点に要約できる。(1)「基本的属性」を仮定すると，アプリオリな製品の価値の存在を否定する石原の主張と矛盾するだけでなく，消費の目的（基本的欲望）を仮定させ，さらにそれに適した消費手段が要求されるという目的論的な議論にも繋がる。その結果，もともと批判したはずの適応の論理に後退してしまう（pp.11-12）。したがってそれを避けるためには，「基本的属性」を仮定せずに，使用価値は事前に確定できないとする恣意的性格を徹底させる必要がある。そこで(2) 文化人類学者 Sahlins に依拠し，「文化」という視点を導入する必要がある（pp.12-13）。さらには(3) かの Marx が「命がけの飛躍」と呼んだ交換の本質を交換価値のみならず使用価値の文脈にも適用し，「製品に内在した価値を根拠にして交換が生じるのではなく，交換が起こってはじめて価値が見いだされるということ」を強調しなければならないのである（p.17）。

　これに対して，石原［1993］は特に上記の(1)と(2)に対して反論した。(1') 確かに使用価値や欲望を超歴史的なものとして捉える試みは慎まなければならないが，「基本的属性」概念のなかにそうしたアプリオリな性質は含まれていない。それはむしろ歴史的な経緯の中で，特定の製品の属性要素が市場で一般的な認知を獲得した結果として生まれたもの（歴史的沈殿物）なのである（p.9）。

　次に(2') 近年の文化的意味研究には期待が寄せられるが，とは言え「文化」という概念を持ち出せば使用価値の恣意的性格（事前非決定性）を徹底化できるわけではない。Veblen の顕示的消費や Baudrillard のいう記号消費にしても，製品が社会的地位やファッションのシンボルとして欲望や羨望の対象（消費の目的）になるからこそ生じるのであり，文化的消費においても目的論的な消費の理解を完全に排除することはできないのである（pp.15-17）。

　以上のように，この論争では石井が使用価値の恣意性を徹底化しようとしたのに対して，石原はそれは行き過ぎた主張だと反論した。すなわち「基本的属性」にせよ，記号や文化的コードにせよ，それらは特定の時点で成立する制度やルールであり，われわれの行為を事前に規定し，制約している。その影響を無視して，使用価値が全面的に不確定だと主張することはできるのかと。ここでは石原が提起したその問題を便宜上，「ルールなき意思決定の問題」と呼んでおくことにする。

(3) 論争以降の動態的な意味研究の展開

　石井・石原論争以降，動態的な意味研究は現在まで，石井［1993, 1998, 1999, 2012］や栗木［1994, 1996, 2003］を中心に精力的に行われてきた。その展開は総じて，石原が提起した「ルールなき意思決定の問題」に対する解答をだそうとする試みであると言える。

①　石井の研究［1993, 1998, 1999, 2012］

　石井は先の論争以降，「交換の後に使用価値が見いだされる」という主張に集中し，自説を展開するようになった。例えば，それは「命がけの飛躍」や「規則はあとから見いだされる」［1993］，「ルールは遅れてやってくる」［1998］，「ルールは後から構成される」［1999］，「意味は遅れてしかやってこない」［2012］といった，一連のクリシェのなかに形を変えて表現されている。だが，これらは表現に違いこそあれ，先の石井［1992］の主張(3)の言い換えであり，「ルールなき意思決定の問題」に対する明確な解答が示されているわけではない。

　他方で，石井［2012］においては，栗木による行為と規則に関わる議論［1994, 1996］に言及し，「ルールなき意思決定の問題」が説明可能であることが明言されている。この点を栗木の議論と併せて確認しておこう。

②　栗木の研究［1994, 1996］

　ルールを前提にしない意思決定は可能だろうか，可能であればそれはどのようなものか。栗木は「自己言及のパラドクス」と「隠蔽」という2種類の議論を通じて，この難題に取り組んだ。それは「先験的なルールは存在しない」が「意思決定に利用可能なルールは存在する」という一見して両立しがたい2つの言明を統一的に説明することで，ルールなき意思決定を根拠づけようとする試みなのである（栗木［1996］p.284）。

　まず「先験的なルールは存在しない」という前段の主張は，行為とルールの再帰的（循環論的）な関係を表す「自己言及のパラドクス」によって説明される。われわれの行為は完全に無根拠な営みではなく，何らかの規則や制度の制約を受ける。だがそれらのルールの成立根拠を問うていけば，結局，行為者がそのルールを（積極的・消極的を問わず）承認し，選択している事実に帰着する。それはある意味で，行為者が「自らの必然（ルール）を自らがつくり出しているという

図表6-3　自己言及のパラドクス

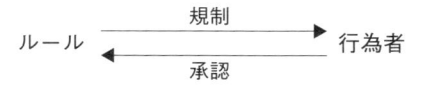

　　　　　　　　　規制
　　　ルール ⇄ 行為者
　　　　　　　　　承認

（出所）栗木［1996］p.276を修正して転載。

こと」であり，「必然＝規則は，アプリオリには，どこからも与えられないことを示している」のである（栗木［1994］p.67，括弧内は筆者）。

　とはいえやはり，われわれは「意思決定のためのルールを利用している」というのが後段の主張であり，それは「隠蔽」によって説明される。上述の行為とルールの再帰性（自己言及のパラドクス）は日常的にはほとんど意識されず，忘れられていることが多い。特にルールの承認過程は忘却されている（図表6-3の承認の矢印が見失われる）という意味で「隠蔽」されているのである。その結果，実際には錯覚に過ぎないのだが，判断や行動のルールが外部に独立して存在するかのように思えてしまうのである。

　このようにルールは本来，行為主体の承認無しに存在・成立しないのであるが，「隠蔽」によってルールが仮構される。この仮構されたルールを利用して，われわれは判断や意思決定を行っているというのが栗木の主張の要点である。

　石井［2012］はこうした議論に一通り言及した後で，「『判断者には事前に確かなルールが存在していないにもかかわらず，事前にある根拠をもって判断できる』こと，言い換えれば『根拠はないが規範は生まれる』という不思議については，隠蔽（あるいは脱パラドクス）の機制で応えることができる」と述べ，「ルールなき意思決定の問題」は解決可能であることが結論付けられるのである（p.210）。

◀ (4) 消費者行動研究に対する文化的意味研究の貢献と課題

　これまで日本の動態的な意味研究の史的展開をレビューしてきた。先述の通り，この研究は従前のマーケティング研究が「適応の論理」を当然視していた中で，石井を中心にマーケティングと消費者の関係を問い直し，消費のルールが創造されるという「創造の論理」を打ち出したのであった。それは製品の価値が行為者によって見出されるとする考え方であり，（経済学においては限界革命以降，

特にオーストリア学派によって擁護されてきた)「主観主義」の立場に近いと言えるだろう。

　この研究の特徴や意義は，主観主義的な見解を保持しつつも，消費行為の制度化や文化的な制度の発生を捉えようとしている点にある。個々の消費者はバラバラに考え行動しているはずなのに，いつしか市場で類似した消費パターンが共有されるのはなぜか。あるいは，特定のミクロ的行為がどういった経緯で市場の代表的行為（マクロ現象）になるのか。これらは市場の発生に関わる根本問題であるとともに，現在，ミクロ的選択行動の解明に重点を置いている行動科学的研究（第5章）の比較的手薄な領域でもある[14]。動態的な意味研究はその間隙を埋める重要な役割を担っているのである。

　とはいえ，こうした意義を認めたとしても，その研究には重要な問題や課題が残されているように思える。紙幅の制限もあるので，以下の2点に絞って論じたい。

　まずは文化的制度の発生を捉えるための分析枠組みが充分な形で整備されていないことである。静態的／動態的な意味研究の役割の違いに言及しつつ，この点を確認していこう。静態的研究は個々の消費行為（図表6-4の④）の観察にはじまり，その背後で規定している文化的ルール（③）の解読を目指すのであった。対する動態的研究は当のルールの成立過程（①と②）を問題にするのだが，そのうち現在の動態的意味研究が説明可能な範囲はかなり限定されているというのがここでのポイントである。

　石井が繰り返し強調している通り，文化的制度の発生は行為者が従来のルールから逸脱した行為（①）を採用することからはじまるのであり，この点を強調したことに一定の意義は見いだせるであろう[15]。とはいえ，その個別的行為が文化的行為になるためはその一般化を前提とし，社会的な伝播過程がその後に続かなければならないのだが（石原［1993］p.17），こうした行為やルールの普及過程（②）がほとんど問われていないのが現状である。

図表6-4　静態的／動態的な意味研究がカバーする事象の領域

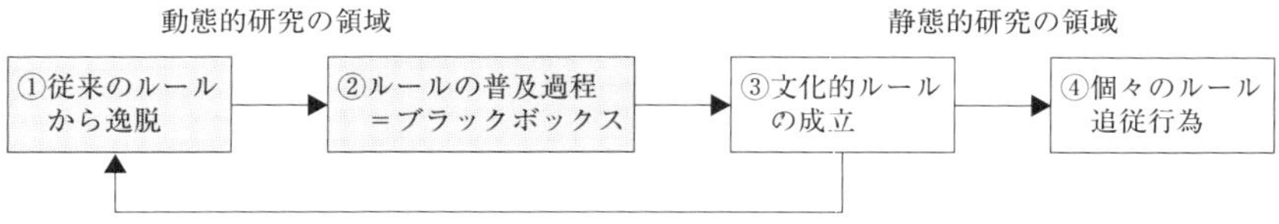

　　　　　動態的研究の領域　　　　　　　　　　　静態的研究の領域

①従来のルール　→　②ルールの普及過程　→　③文化的ルール　→　④個々のルール
　から逸脱　　　　　　＝ブラックボックス　　　　の成立　　　　　　追従行為

この点は石原の理論と対比すると問題の性質が明らかになる。石原理論にはルールの普及過程の説明が含まれている。その過程は，われわれが周囲の消費者から消費行為を「学習（模倣）」すること，およびその行為が有益だと判断される場合に，新たなルールが市場に「支持・採用」されるという2段階で説明されている[16]。このように石原理論では取扱い可能な過程が動態的な意味研究においては消失し，ブラックボックス化されており，その分だけ石原理論よりも後退した印象を受けるのである[17]。

　文化的制度や市場の発生を取り扱おうとするのであれば，ルールの普及過程の原理的な説明は避けられない。そのためには石原理論に立返るというのが一番の近道になるであろう。その他にも近年，新制度派社会学をベースにした研究（松井［2013］）が登場しており，こうした議論は大いに参考になる。また個人的には，先で触れたオーストリア学派の知見，なかでも主観主義を保持しつつ自生的秩序の形成問題を探求してきたHayekの議論から学ぶところが多いと考えている[18]。いずれにせよ現在とは違った方途の探求が要求されるであろう。

　最後に，もう1つの問題に移りたい。先述のように，石原は，石井が使用価値の恣意的性格（事前の全面的な不確定性）を強調したことを批判し，逆にルールを利用しない意思決定とはどのようなものかと問いただしたのであった。それに対して石井は栗木による「隠蔽」の議論によって応じられると主張したのだが，そこに石原が指摘した「ルールなき意思決定の問題」に対する有効な解答が示されているかどうかについては議論の余地が残されている。

　そもそも「隠蔽」の議論は，われわれが暗黙のうちに言語や慣習，伝統に従っているといった日常的なルール追従行為を描写するものである。そのルールなるものはKant的な意味での先験的なものでも，また（ルールの成立には他者の承認を必要とするという栗木の主張から分かるように）一個人だけに適用される私的ルールでもない。つまり，そこでは社会的な営為や相互作用のなかで形成されてきた間主観的なルールが想定されているのであって，こうしたルールの存在を前提にすれば，われわれは石井が導出したものとは別の帰結に導かれるのである。

　その帰結とは，「隠蔽」は「ルールなき意思決定」を説明する議論ではないということである。反対にそれは，「文化」や「慣習」をはじめとした，行為者の承認以前にすでに形成され，共有されている「ルールを前提とした意思決定」に関するモデルであると言うべきであろう。結局のところ，「隠蔽」の議論は石原

が指摘した疑問に応えるものではないのである。間主観的なルールの存在とその影響力（暗黙的な拘束力）を考慮している点ではむしろ，石原の主張を支持し，強化する内容であるとみなすべきであろう。

石原がいみじくも指摘した通り，使用価値の全面的な恣意性を容認するのは行き過ぎた主張だろう。それを認めてしまうと，従来の静態的研究の成果を否定することに繋がるし（図表6-4の③と④），石井が依拠した文化人類学的構造主義の主張とも齟齬をきたすことになる。文化的意味研究が目指すべきは，部分的に逸脱行為を承認したうえで，時折生じる当該行為が社会にどのように普及するのか，その過程を明らかにすることであると思われる。

5. おわりに

本章で明らかになったことは，以下の5点である

①ポストモダン的研究は行動科学的研究を批判する形で1980年代初頭に登場した。消費者の使用行動の意味や感情を解釈学的方法によって理解しようとする試みは「消費経験論」とも称され，「快楽消費研究」と「意味研究」がそこに含まれる。さらに前者は「芸術消費と遊びの研究／感情と経験消費の研究」，後者は「個人的／文化的意味研究」に細分化される。

②「芸術消費と遊びの研究」の固有性は「消費体験」「快楽消費」「全体性」「自己目的的な知的消費」の4つである。近年，芸術と遊びの消費に対する人々の関心が高まる反面，それらに関する研究成果は次第に減少する傾向にあるが，消費者理解に関して新たな知見をもたらすという意味でマーケティング研究に少なからず貢献することを言及した。

③「芸術消費と遊びの研究」の派生形態として「感情と経験消費の研究」が登場し，一般的な製品・サービスの消費経験を取り扱う研究が充実した一方で，従来の行動科学的研究でも感情的要素を取りこんだ研究がみられるようになった。そこで感情を取り扱う研究を，研究方法としての「実証主義的アプローチ－解釈学的アプローチ」と研究対象としての「購買段階－使用経験を含むプロセス」の2軸でマトリックスを作成し，4つのタイプに整理した。

④日本の「文化的意味研究」はBaudrillardの受容とともに開始され，静態的研究／動態的研究に分岐した後に，後者が主流になった。動態的研究は文化的制

第6章 市場の理解における諸問題2―ポストモダン的研究の諸問題― 175

度や市場の発生問題に取り組んでいる。それはミクロ現象に偏りがちであった行動科学的研究（第5章）の手薄な部分を補完する重要な研究上の意義をもつのである。

⑤他方で，現行の動態的な意味研究はミクロ的行為の社会的な普及過程を説明する理論装置を有していないという大きな課題も残されている。この点を解消するためには，石原の競争理論に立返るなど，現在とは異なる理論枠組みの探求が必要になるであろう。

【注】
1) 東［2002］などを参考にすると，「ポストモダン」という用語には大きく4つの意味内容がある。(1)「近代／近代以降」という時代区分のうちの後者，(2) 建築ジャーナリスト Jencks が脱工業化時代の建築様式に与えた名称で，「引用・参照」といった手法によって特徴付けられる脱機能主義的な様式，(3) フランスの哲学者 Lyotard が指摘した「大きな物語の終焉」後のローカルな知識が林立した知的・科学的状況，そして (4) 1960年代のフランスで生じたポスト構造主義という思想的立場である。このうち Sherry の意味合いに最も近いのは4番目であろう。
2) 消費経験論の分類に関しては堀内［2001］を参照したが，部分的に研究名称を修正した。
3) 解釈学的方法の詳細については，Arnold and Fisher［1994］や松尾［2005］を参照。
4) ポストモダン的研究の中には実際の消費行動だけでなく，映画の登場人物の消費行動を分析しようとするものもある（Holbrook and Grayson［1986］）。このように分析対象が映画や小説の場合には，純粋に解釈学や文芸批評的なテキスト分析が実施される。
5) 感情や快楽感情の具体例とその研究については堀内［2001］に詳しい。
6) Schmitt が提案した5つの戦略的経験価値モジュール（SEM）は，認知科学と社会心理学を基礎としており，「Sense」「Feel」「Think」はそれぞれ認知科学における心理学的モジュール「感覚」「情動」「認知」に相当し，「Act」「Relate」はそれぞれ社会心理学における「身体的自己」「社会的自己」に相当する（長沢［2012］p.32）。
7) 感性工学（Kansei Engineering）とは「人間のイメージを具体的な物理的デザイン要素に翻訳してそれを実現する技術」（長町［1990］p.67）という，日本でスタートした学問であり，換言すれば，人間の感性を定量的に分析し，色や形などのデザイン要素との関係を明らかにすることである。
8) この点については上原（［2008］pp.26-27）や栗木（［1996］脚注27）を参照のこと。
9) この「静態的／動態的研究」の区分は，構造主義の言語学の始祖 Saussure のいう「共時的／通時的言語学」の考え方に対応している。
10) 文化には様々な定義があるが，ここでは Hayek に倣って行為ルールの伝統であると定義する（Hayek［1979］Ⅲ p.214）。
11) Baudrillard の言説に全く動態的な視点がないというわけではない。例えば彼の「ルシクラージュ（再教育）」という概念（Baudrillard［1970］）は記号の社会的伝播を促す学習のことである。ただし，こうした議論が充分になされていないこともまた事実である。
12) 三谷らの動態的な研究を志向する動向は，Lévi-Strauss や Lacan をはじめとする構造主義の閉鎖的な「構造」概念を批判した Derrida や Deleuze，Kristeva らのポスト構造主義の立場に相通ずるものがある。構造主義者が「構造」の変動可能性を軽視し，意味や出来事の発生を説明できなかったのに対して，彼らは従来の「構造」から逃れ，それに変化をもたらす新たな「出来事」に注目するのである（今村［1987］）。

13）「消費のルール」という用語は，石原ではなく，栗木［1996］によるものである。正確には「消費とマーケティングのルール」と呼ばれている（p.259）。ここでは栗木に倣って，それを「製品の使用価値」と「消費者の欲望」を包含する概念として利用する。
14）行動科学的研究の手薄な領域と言っても，過去にRogersの普及理論やBassモデル，Lazarsfeldのパーソナル・インフルエンスの研究など市場の発生に関わる重大な貢献があったことを当然のことながら見落とすべきではないであろう（本書第5章参照）。
15）確かに同じ家電製品であっても，消費者が置かれた状況によって冷蔵機や照明器具としてだけでなく，場合によっては「祭壇」として使用される可能性を誰も否定できない（石井［1999］）。
16）「学習（模倣）」については「間接的学習」の箇所（石原［1982］p.46）を，「支持・採用」については，以下の箇所などを参考にした。「導入された新たな属性要素ないしその値が競争企業に不可欠なものとして人間の欲望をつかむならば，それはその製品の基本的属性の一部を構成するようになる。他方，模倣と追随による平準化にもかかわらず，製品機能として定着しえないときには，一時的流行としてやがてその属性要素そのものが消失させられることになるだろう」（p.60）。
17）そうした理論的後退はある意味で当然の帰結なのかもしれない。というのも，脚注12でも述べたように，動態的な意味研究に理論的示唆を与えているポスト構造主義自体は元々，従来の「構造」から逃れる「出来事」に焦点をあてる傾向が強く，特定の「出来事」や行為が普及し，制度化する過程についてあまり関心をもたないからである。
18）この点については別稿で明らかにする予定であるが，オーストリア派経済学の知見に基づきマーケティング諸現象を理論化しようとする研究動向は，わが国でもすでに樫原［2002］［2006］や大塚［2008］によって開始されていることを指摘しておきたい。

【参考文献】

東　浩紀［2002］『郵便的不安たち＃』朝日新聞社。
石井淳蔵［1989］「製品・市場の進化：製品の意味の創造過程」『神戸大学経営学部 Discussion Paper 8913』。
─────［1992］「消費者需要とマーケティング：石原理論再考」『神戸大学経営学部 Working Paper 9206』。
─────［1993］『マーケティングの神話』日本経済新聞社。
─────［1998］「ルールは遅れてやってくる―意思決定者の不安の基礎にあるもの―」石井淳蔵・石原武政著『マーケティング・インタフェイス』白桃書房。
─────［1999］「競争的使用価値：その可能性の中心」石井淳蔵・石原武政編著『マーケティング・ダイアログ』白桃書房。
─────［2012］『マーケティング思考の可能性』岩波書店。
石原武政［1982］『マーケティング競争の構造』千倉書房。
─────［1993］「消費の実用的理由と文化的理由」田村正紀・石原武政・石井淳蔵編著『マーケティングの新地平』千倉書房。
石井淳蔵・石原武政編著［1996］『マーケティング・ダイナミズム』白桃書房。
今村仁司［1987］『思想の現在』河合文化教育研究所。
上原　聡［2008］『感情マーケティングの理論と戦略』専修大学出版局。
大塚英揮［2008］「マーケティングにおける自生的秩序の探求に向けて」『三田商学研究』第51巻第4号。
樫原正勝［2002］「マーケティング競争の性格」『三田商学研究』第49巻第4号。
─────［2006］「オルダースン理論と動態経済学」マーケティング史研究会編『オルダース

ン理論の再検討』同文舘出版。
川又啓子［2002］「エステティックス・マーケティング：現状と課題」『慶応経営論集』第19巻第2号。
栗木 契［1994］「マーケティング理論のフロンティア―可能性へ向かう物語―」『マーケティング・ジャーナル』第14巻2号。
─────［1996］「消費とマーケティングのルールを成り立たせる土台はどこにあるのか」石井淳蔵・石原武政編著『マーケティング・ダイナミズム』白桃書房。
─────［2003］『リフレクティブ・フロー』白桃書房。
桑原武夫・日経産業消費研究所編［1999］『ポストモダン的手法による消費者心理の解読』日本経済新聞社。
佐藤善信［1988］「我国における消費文化の通俗性と脆弱性」『岡山商大論叢』第23巻第3号。
清水 聰［2006］「消費者の意思決定プロセスとコミュニケーション」田中洋・清水聰編『消費者・コミュニケーション戦略』有斐閣。
澄川真幸［1991］「マーケティングと消費文化」石原武政・小西一彦編著『現代流通の動態分析』千倉書房。
田中 洋［2006］「消費者行動論序説（3）感情と気分」『経営志林』第42巻4号。
多田道太郎［1974］『遊びと日本人』筑摩書房。
長沢伸也［2012］「感性品質と経験価値」『流通情報』第44巻第3号。
─────編著［2002］『感性をめぐる商品開発―その方法と実際―』日本出版サービス。
─────編著［2005］『ヒットを生む経験価値創造―感性を揺さぶるものづくり―』日科技連出版社。
長沢伸也・大津真一［2010］「経験価値モジュール（SEM）の再考」『早稲田国際経営研究』No.41。
長町三生［1990］「感性工学と新製品開発」『日本経営工学会誌』Vol.41, No.4。
日経消費ウォッチャー［2012a］「芸術鑑賞に関する調査」10月号。
─────［2012b］「芸術鑑賞のシャワー効果（調査リポート）」11月号。
ベルク，ラッセル［2001］「ポストモダン・マーケティングの技術」『DIAMONDハーバード・ビジネス・レビュー』7月号。
星野克美［1984］『消費人類学』東洋経済新報社。
堀内圭子［2001］『「快楽消費」の追究』白桃書房。
─────［2004］『〈快楽消費〉する社会』中公書房。
堀越比呂志［2005］『マーケティング・メタリサーチ』千倉書房。
松井 剛［2013］『ことばとマーケティング―「癒し」ブームの消費社会史』碩学舎。
松尾洋治［2005］「マーケティング研究における解釈的アプローチの方法論的背景」『三田商学研究』第48巻第2号。
三浦俊彦・伊藤直史［1999］「思考型／感情型製品類型と国際マーケティング戦略」『マーケティング・ジャーナル』72号。
三谷 真［1984］「消費・欲望・消費社会― J. ボードリヤールの『消費社会』の検討―」『関西大学商学論集』第29巻第2号。
南知恵子［1998］『ギフト・マーケティング―儀礼的消費における象徴と互酬性―』千倉書房。
宮崎 昭［1988］「『生活者』記号消費論―消費社会への一視覚―」『日本流通学会年報』芽ばえ社。
和田充夫［1999］『関係性マーケティングと演劇消費』ダイヤモンド社。
Anderson, P. F. [1983], "Marketing, Scientific Progress and Scientific Method," *Journal of*

Marketing, Vol.47 (Fall).
Andreasen, A. R. and R. W. Belk [1980], "Audience Developement," Report #14, New York, NY: National Endowment for the Arts.
Arnold, S. J. and E. Fisher [1994], "Hermeneutics and Consumer Research," *Journal of Consumer Research*, Vol.21 (June).
Baudrillard, J. [1970], *Le société de consummation, ses mythes, ses structures*, Gallimard.（今村仁司・塚原史訳 [1979]『消費社会の神話と構造』紀伊国屋書店。）
Belk, R. W., K. D. Bahn and R. H. Mayer. [1982], "Developmental Recognition of Consumption Symbolism," *Journal of Consumer Research*, Vol.9 (Jun.).
Caillois, R. [1958], *Les jeux et les homes*.（多田道太郎・塚崎幹夫訳 [1990]『遊びと人間』講談社学術文庫。）
Derbaix, C. and M. T. Pham [1991], "Affective Reactions to Consumption Situations: A Pilot Investigation," *Journal of Economic Psychology*, 12.
Deshpande, R. [1983], "'Paradigm Lost': On Theory and Method in Research in Marketing," *Journal of Marketing*, Vol.47 (Fall).
Dichter, E. [1960], *The Strategy of Desire*, Garden City, NY: Doubleday.
DiMaggio, P., M. Useem and P. Brown [1978], "Audience Studies of the performing arts and museums: A Critical review," *Research Division Report* #9, Washington, D. C.: National Endowment for the Arts.
Hayek, F. A. [1979], *Law, Legislation, and Liberty*, University of Chicago Press.（渡部茂訳 [2008]『法と立法と自由 [Ⅲ] 自由人の政治的秩序』春秋社。）
Hirschman, E. C. [1981], "Comprehending Symbolic Consumption: Three Theoretical Issues," in *Symbolic Consumer Behavior*, eds., E. C. Hirschman and M. B. Holbrook, An Arbor, MI: Association for Consumer Research.
Hirschman, E. C. and M. B. Holbrook [1981], "Symbolic Consumer Behavior: An Introduction," in *Symbolic Consumer Behavior*, eds., E. C. Hirschman and M. B. Holbrook.
Hirschman, E. C. and M. B. Holbrook [1982], "Hedonic Consumption: Emerging Concepts, Methods, and Propositions," *Journal of Marketing*, 46.
Holbrook, M. B. [1980], "Some Preliminary Notes on Research in Consumer Esthetics," *Advances in Consumer Research*, 7.
—————— [1987], "Progress and Problems in Research on Consumer Esthetics," *Artists and cultural consumers*, Akron, Douglas V. Shaw, William S. Hendon and C. Richard Waits (eds.), OH: Association for Cultural Economics.
Holbrook, M. B. and E. C. Hirschman [1982], "The Experiential Aspects of Consumption: Consumer Fantasies, Feelings, and Fun," *Journal of Consumer Research*, 19.
Holbrook, M. B. and E. C. Hirschman [1993], *The Semiotics of Consumption: Interpreting Symbolic Consumer Behavior in Popular Culture and Works of Art*, Mouton de Gruyter.
Holbrook, M. B. and J. Huber [1979], "Separating Perceptual Dimensions from Affective Overtones: An Application to Consumer Aesthetics," *Journal of Consumer Research*, Vol.5 (Mar.).
Holbrook, M. B. and M. W. Grayson [1986], "The Semiology of Cinematic Consumption: Symbolic Consumer Behavior in Out of Africa," *Journal of Consumer Research*, Vol.13 (Dec.).
Holbrook, M. B. and S. A. Bertges [1981], "Perceptual Veridicality in Esthetic Communication: A Model, General Procedure, and Illustration," *Communication Research*, Vol.8 (4).

Holbrook, M. B., R. W. Chestnut, T. A. Oliva and E. A. Greenleaf [1984], "Play as a Consumption Experience: The role of Emotions, Performance, and Personality in the Enjoyment of Games," *Journal of Consumer Research*, 11.
Holman, R. H. [1981], "Apparel as Communication," in M. B. Holbrook, and E. C. Hirschman eds., *Symbolic Consumer Behavior*.
Huber, J. and M. B. Holbrook [1980], "The Determinants of Esthetic Value and Growth," *Advances in Consumer Research*, 7.
Kassarjian, H. H. [1980], "Consumer Esthetics: A Commentary," *Advances in Consumer Research*, Jerry C. Olsen(ed.), An Arbor, MI : *Association for Consumer Research*, Vol.7.
Kotler, P. [1972], "A Generic Concept of Marketing," *Journal of Marketing*, Vol.36(April).
Kotler, P. and S. J. Levy [1969], "Broadening the Concept of Marketing," *Journal of Marketing*, Vol.33(January).
Levy, S. J. [1959], "Symbols for Sale," *Harvard Business Review*, Vol.37.
――― [1981], "Interpreting Consumer Mythology: A Structual Approach to Consumer Behavior," *Journal of Marketing*, Vol.45(Summer).
Levy, S. J. and J. A. Czepiel [1975], "Marketing and aesthetics," *Combined Proceedings*, Ronald C. Curhan(ed.), Chicago, IL: AMA, Vol.36.
Peter, J. P. and J. C. Olson [1983], "Is Science Marketing?," *Journal of Marketing*, Vol.47 (Fall).
Petty, R. E. and J. T. Cacioppo [1983], "Central and Peripheral Routes to Advertising Effectiveness: The Moderating Role of Involvement," *Journal of Consumer Research*, 10.
Pine, B. J. and J. H. Gilmore [1999], *The Experience Economy*, HARVARD BUSINESS SCHOOL PRESS.（岡本慶一・小高尚子訳［2005］『経験経済』ダイヤモンド社。）
Richins, M. L. [1997], "Measuring Emotions in the Consumption Experience," *Journal of Consumer Research*, 24.
Schmitt, B. H. [1999], *Experiential Marketing*, The Free Press.（嶋村和恵・広瀬盛一訳［2000］『経験価値マーケティング』ダイヤモンド社。）
Sherry, J. F., Jr. [1991], "Postmodern Alternatives: The Interpretive Turn in Consumer Research," in T. S. Robertson and H. H. Kassarjian eds., *Handbook of Consumer Behavior*, Prentice-Hall.
Solomon, M. R. [1983], "The Role of Products as Social Stimuli: A Symbolic Interactionism Perspective," *Journal of Consumer Research*, Vol.10(Dec.).

（松尾洋治・赤岡仁之）

第7章

消費者とのリレーションシップ研究の諸問題

1. はじめに

　本章では，第5章および第6章における消費者行動の理解に続き，消費者との長期的リレーションシップ構築の問題に焦点があてられる。

　マネジリアル・マーケティングが研究の主流であった80年代に特殊分野として位置づけられた産業財の研究分野で発見され注目されたリレーションシップの問題は，今日様々な分野でみられるようになった。それは企業と消費者とのリレーションシップだけでなく，産業財マーケティングにおける企業間リレーションシップ，インターナル・マーケティングで扱われる組織内の従業員間や企業と従業員とのリレーションシップ（第1章），チャネル・メンバー間のリレーションシップ（第2章，第3章），さらに，ICTの発展によりCRM（顧客関係性マネジメント）（第12章）という具合に広範な展開を見せてきている。

　これらのことを踏まえ，2.でまず，産業財マーケティングやサービス・マーケティング，チャネル論でのリレーションシップ研究をレビューする。ここでは，異なる分野のリレーションシップ研究がなぜ同じリレーションシップ研究としてくくられるのかを明らかにする。その説明のなかでCRMはリレーションシップ・マーケティングの範疇に入らないことを明示する。3.では，消費者とのリレーションシップに焦点をあて，サービス・マーケティングにおけるリレーションシップを考察する。ここでは顧客の価値創造について明らかにする。4.では，顧客満足とリレーションシップについて論じる。サービス・マーケティングにおける顧客維持の問題は顧客満足研究で取り扱われていたが，リレーションシップという新たな視点が加わり進展したことを考察する。5.では，サービスを基盤としてマーケティングを捉え直すサービス・ドミナント・ロジックについて考察し，価値をどのように捉えるのか，企業と消費者との関係を明らかにする。

2. リレーションシップ・マーケティング研究の潮流

マーケティングにおけるリレーションシップ研究は多岐にわたる。そのため，本節では全体の潮流を概観するため，北欧の産業財マーケティングやサービス・マーケティング，米国のサービス・マーケティングやチャネル研究をレビューしていく。

(1) 産業財マーケティング

産業財マーケティング研究は IMP (Industrial/International Marketing and Purchasing) グループの研究成果である。IMP は，Håkansson らに代表される北欧諸国の研究者たちに欧州の研究者が加わり，膨大な経験的データが収集された。これは第1期 (1976〜1982) と言われ，「売り手と買い手との間にインタラクションに基づいたリレーションシップ」が存在することが発見された。その後の第2期 (1986〜) は，さらに多くの研究者が加わり，「売り手と買い手とのリレーションシップはより大きなネットワークに埋め込まれた関係にある」という発見があった。

当時，「マーケティング研究の中心はマネジリアル・マーケティングにあり，産業財マーケティングは特殊研究分野であった」(堀越［2007］p.92)。マネジリアル・マーケティングは消費財メーカーのマーケティングであり，市場は一般化されている。消費財メーカーは他社にかかわりなく独立してマーケティング・ミックスを開発し，市場にそのマーケティング・ミックスを適応させる。企業は受動的な顧客に能動的に働きかけ，そこでは「アクションとそれに反応するリアクション」という一対の組み合わせがみられる (Ford, et al.［1998］p.4-5)。

これに対し産業財市場では，「長期的かつ包括的取引関係の場合が多く」(堀越［2007］p.93)，売り手企業は少数の買い手企業を相手にしており，その買い手企業も規模，ニーズ，購買頻度等において多様性を有する。この買い手企業の少数性と多様性ゆえに，アクションとリアクションではなく，以下のようなインタラクションがみられることになる。

産業財市場では取引相手が少数ゆえに，「売り手企業が自社（買い手企業）のニーズに応える能力を持っているのか」，「買い手企業が自社（売り手企業）の生

産能力に対応する十分な需要をもっているのか」などといった不確実性を有することになる。したがって，両者はその不確実性を削減していくために交渉や独自の投資などを行うことになる。と同時に，それが信頼やコミットメントにつながる。それゆえに，産業財市場でのリレーションシップでは，（双方の能動的な）インタラクションが継続的な取引の重要な要素になっている。

インタラクションを鍵とした売り手企業と買い手企業間のリレーションシップは，「プレ・リレーションシップ段階」，「探索段階」，「進展段階」，「安定段階」という4つの段階を経て発展する（Ford, et al.［1998］pp.30-39）。ただし，発展とともに安定するというわけではなく，安定段階でも両者のニーズや能力の変化によって両者間に齟齬が生じることもあるが，その場合でもインタラクションがうまく機能すれば，再び安定段階へと発展することができる。

このように，産業財市場では取引相手の少数性ゆえに相手の取引条件に応じた対応が求められる。それはまさにインタラクションに基づいたリレーションシップである。

(2) サービス・マーケティング

① ノルディック学派

リレーションシップへの注目は，同じく特殊研究分野であったサービス・マーケティングでも行われた。サービス・マーケティングにおけるリレーションシップ研究学派として，GrönroosやGummessonらに代表されるノルディック学派がある。ノルディック学派は，スカンジナビア，フィンランドにはじまり，1990年代に発展した。サービス・マーケティングの長期の関係的特性を強調する[1]。

IMPの研究に影響を受けたGrönroos［1999］は「サービスの生産と消費の不可分性（同時性）」というサービスの特性に注目し，リレーションシップをマネジメントすることの重要性を説いた。サービス提供者は顧客と直接接する機会が多い。そのため，リレーションシップは簡単にスタートする。サービスの生産と消費が不可分であれば，継続的なインタラクションがそれに続く。またサービスの消費は，プロセスの消費でもある。それゆえに，プロセスのマネジメントが必要になる。

サービス・マネジメントではプロセス・マネジメントが重視されるゆえに，リ

レーションシップ・マーケティングの定義にも、その特徴がみてとれる。Grönroos [1997] は、リレーションシップ・マーケティングの定義を、「利益の観点から、すべての当該関係者全員の目的を一致させるために、顧客や他の利害関係者とのリレーションシップを明らかにし、構築・維持・発展させ、必要な場合は終了させるプロセスであり、これは相互の約束の供与・実行によっておこなわれる」(p.407) としている。この「顧客とのリレーションシップの構築・維持・発展・終了」というプロセスを重視するスタンスは、Gummesson [1995] の定義も同じである[2]。

プロセスを重視するマーケティングでは、製品概念も異なってくる。マネジリアル・マーケティングでは、製品は製造プロセスの結果であり、製品がソリューションをもたらす。これに対し、リレーションシップの視点では、製品はプロセス消費の一部分でしかない。つまり、顧客リレーションシップにおいて製品自体はトータルなサービス・オファリングの1要素でしかない。顧客も単に製品もしくはサービスを求めるのではなく、ソリューションのためにリレーションシップ構築を含めたもっと広い意味でのオファリングを求めているといえる。ゆえに、企業としては、競合他社よりも優れたオファリング追加要素のマネジメント能力が鍵となる。

② UK アプローチ

英国では IMP に参加していた何人かの研究者によって、サービス・マーケティングにおけるリレーションシップ研究が行われた。いわゆる UK アプローチもしくは、AA (Anglo-Australian) アプローチといわれるものである。Payne [2000] や Christopher, et al. [2002] などが代表的であるが、ノルディック学派との共通点も多い。

よりよいリレーションシップを構築することができるなら、サービスの知覚品質は高いものとなる。そのため UK アプローチは、サービスの品質管理と組織的な顧客対応との統合を目指しリレーションシップを志向する。それが UK アプローチの特徴である。

③ Berry のサービス・マーケティング

リレーションシップに着目した研究は上述の IMP やこの後のノルディック学派がすでに行っていたが、「リレーションシップ・マーケティング」という用語

を最初に使用したのは，米国の Berry［1983］である。また Berry はリレーションシップ・マーケティング戦略に関する5つのアウトラインをあげている。

それは，顧客視点の①コア・サービス戦略[3]，②リレーションシップ・カスタマイゼーション，競争視点の③サービス拡大[4]，④リレーションシップ・プライシング，組織視点の⑤インターナル・マーケティング[5] である。

顧客視点のリレーションシップ・カスタマイゼーションは，個別対応によって関係を維持し続けるインセンティブを顧客に提供する。個客の特定の特徴や要求を学習し，これらのデータを必要に応じて活用し，より正確にサービスを状況に応じて直ちに提供できるようになる。個別対応は技術の進化とともに実現可能となり，マス・カスタマイゼーション（Pine II［1993］）や ONE to ONE マーケティング（Peppers and Rogers［1993］）という考え方や手法につながった。

また，競争視点のリレーションシップ・プライシングは航空会社が導入している FFP（Frequent Flyer's Program）のように顧客ロイヤルティのレベルに応じて価格を変えるという戦略であるが，情報技術の発展に伴い顧客データベースを活用することで，顧客関係性マネジメント（CRM）という手法の発展につながった。ただし，CRM は自社利益への貢献という基準から顧客を細分化し貢献度の高いセグメントへアプローチするので，その本質は STP マーケティングであり，リレーションシップ・マーケティングとは異なるものである。

(3) チャネル研究におけるリレーションシップ

産業財と同様に，チャネル分野においても継続的取引関係の存在は認識されていた。ただし，チャネル研究では「統制的関係」に焦点があてられていた。

これに対し，Arndt［1979］の「内部化市場」や Dwyer, et al.［1987］の「関係的取引」を契機に，「協調的関係」に焦点をあてたチャネル研究が台頭してきた。

Arndt［1979］は，取引を長期的・継続的な関係でとらえようとして，市場での取引と対比し，内部化市場での取引に注目した。内部化市場では環境の不確実性が削減されたり，監視費用や取引費用の削減等が可能になる。ゆえに，取引は市場ではなく内部化市場で行われることになる。

Dwyer, et al.［1987］は，離散的取引と関係的取引を識別し，関係的取引の有効性を指摘した。取引が長期にわたって継続的に行われる。関係的取引の特徴と

して，「不確実性の削減や依存性の管理，共同目標の達成，効率的なコミュニケーション，移動障壁の形成，競争優位の提供など」（余田［2000］p.34）があげられる。

また Dwyer らは，認識段階（取引相手を探す段階），探索段階（候補を評価する段階），拡大段階（関係が深まる段階），コミットメントの増加段階，解消段階という，関係の発展5段階を提唱している。

Arndt と Dywer らの研究をきっかけに協調的関係に関する経験的研究が数多く行われてきた。それらは大別して次の2つに分類できる。

1つ目は，「取引費用論のフレームワークに依拠し，取引関係を適切にコントロールできる統御メカニズム（governance mechanism）を設計することが，結果的に長期協調的なチャネル関係に導くというスタンスの研究である」（崔［2010］p.90）。

2つ目は，「長期協調的なチャネル関係をチャネル・メンバー間の持続的インタラクションの結果として捉えようとする立場から，長期協調的関係をもたらす要因として行動的次元に注目した研究群である」（崔［2010］p.90）。ここでは，統制的関係とは異なり，信頼やコミットメントなどが長期・継続的なチャネル関係をもたらすためにポジティブに必要であることが明らかになった。

なぜ産業財の場合と同様にチャネル関係を持続的インタラクションの結果として捉えるのか。それは，チャネル・メンバー間の取引は産業財マーケティングの範疇に入るからであり，この研究群で明らかになった信頼やコミットメントは，IMP 研究におけるリレーションシップの「進展段階」と「安定段階」で生じる信頼とコミットメントに関連してくるからである。そのため，持続的インタラクションを前提とすると，インタラクションの具体的要因としてチャネル・メンバー間の信頼やコミットメントがあるといえるだろう。

さて，ここまで異なる3つの研究分野でのリレーションシップ研究を考察してきたが，そこで明らかになった共通点は，いずれも「インタラクションを通して信頼やコミットメントを生じさせる関係に基づいた価値創造活動」であるということだ。ゆえに，研究分野は異なっても同じリレーションシップ・マーケティングという用語が用いられるのである。

3. サービス・マーケティングにおけるリレーションシップ

　本節では，サービス・マーケティング研究を取り上げ，企業と消費者とのリレーションシップの問題を掘り下げて検討していく。まずサービス・マーケティングが，その特性上，サービス提供者と顧客とのリレーションシップを生来的に有するものであることを説明する。その上で，サービス提供者と顧客との二者間のインタラクションのあり方について説明する。

(1) サービスの特性

　サービスの特性は一般的に，(1) 見たり触れたりすることが困難である「無形性」，(2) 生産と消費が同時進行する「不可分性（同時性）」，(3) 在庫として蓄えることが難しいという「消滅性」，(4) 人・時間・場所によって品質が異なる「変動性」，に大別して説明されている（Kotler, et al.［2002］訳書，pp.9-11）。

　その中の「不可分性（同時性）」は，生産と消費が，時間的にも空間的にも一体化されて展開されることを意味する。すなわち，サービス提供者が，ある特定の場所でサービスを提供しているときに，顧客もそこに居合わせて消費するということである。そして，顧客は消費に従事しつつ，生産過程にも入り込んでいく。サービス提供者と顧客が直接的に接点を持ち，提供者と顧客が相互作用を繰り返すプロセスの中で，サービスが生産され，消費されていくのである。

　またサービスの品質は「変動性」が大きいと考えられている。提供者によってサービス提供に差が生じて，提供者が同じでも顧客によっても変わる。したがって，サービス品質の維持・向上のために，サービス提供者，顧客，そして顧客接点をどうマネジメントするかが問われる。その結果，顧客接点のマネジメント問題に着目したサービス・エンカウンター研究や，サービス提供者を対象とした組織内部のマネジメント問題を扱うインターナル・マーケティング研究が進展していったのである。

　以上のように，サービス・マーケティングでは，サービスが有する不可分性や変動性といった特性がゆえに，サービス提供者と顧客とのリレーションシップに対して生来的に焦点があてられていた。そしてサービス品質を向上させるべく，リレーションシップのマネジメントが重要視されるに至ったのである。

(2) インタラクション

　ノルディック学派の重要な成果は，前述のサービスの特性から，交換にかわってインタラクションに焦点をあてたことである（Grönroos［2007］訳書, p.44）。ノルディック学派は，サービスはプロセスであると捉える。そのなかでサービス提供者と顧客とのインタラクションが生じる。このことをもとにして，マーケティングは遂行されなければならないし，マーケティング・モデルも開発されなければならない。また，いくつかの時点で交換が生じるが，それはインタラクションの成果でしかないと考える。

　リレーションシップ・マーケティングでは，双方向性コミュニケーションを伴ったインタラクション・プロセスを通して，（顧客の知覚）価値が形成される。このことを Grönroos［1999］は，次の3つのプロセスの関連的なマネジメントによって説明する。3つのプロセスとは，①リレーションシップ・マーケティングのコアとしてのインタラクション・プロセス，②リレーションシップの発展と強化を支援するダイアローグ・プロセス，③リレーションシップの結果としてのバリュー・プロセスである。

　リレーションシップ・マーケティングにおいてコアの役割を果たすのが，インタラクション・プロセスである。マーケティングの成功には，顧客のための十分なソリューションが必要である。マネジリアル・マーケティングでは，このソリューションが有形製品であるが，リレーションシップ・マーケティングでは，インタラクション・プロセスを通して顧客のソリューションはもたらされることになる。このインタラクション・プロセスは，リレーションシップ・マーケティングの大きな特徴の1つであるといえる。

　リレーションシップ研究では，そのインタラクション・プロセスもその連続性を示すために，アクションやエピソード，シークエンス，リレーションシップからなる4層構造（Holmlund［1996］）が提示された（図表7-1）。

　例えば，化粧品での「リレーションシップ」は顧客との関係の始まりから終わりまでを意味し，1回の「来店から退店まで」は1つの「シークエンス」となる。シークエンスは，基礎化粧品のカウンセリング，メイキャップのカウンセリングといった一連の「エピソード」から成る。さらに各エピソードもより細かい個人の行為である「アクション」群によって構成される。このようにインタラクション・プロセスを深く分解することで，サービス提供者と顧客間のインタラクショ

図表7-1 インタラクション・プロセスの階層構造

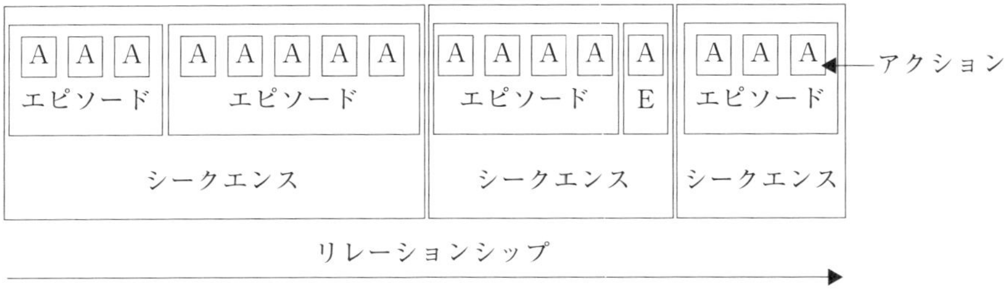

[A][A][A] エピソード	[A][A][A][A][A] エピソード	[A][A][A][A] エピソード	[E]	[A][A][A] エピソード	← アクション
シークエンス	シークエンス	シークエンス			

→ リレーションシップ →

（出所）Grönroos [1999].

ンの詳細な分析が可能となる。それによって，インタラクション・プロセスのどのアクションやエピソードで価値が生み出されるのかを知ることができる。

このインタラクション・プロセスをサポートするコミュニケーション活動が，Grönroosが2つ目にあげたダイアローグ・プロセスである。具体的には，ダイレクト・メールやセールス活動，マス広告，パブリック・リレーション活動である。

サポート関係にあるというのは，次のような関係にあるからだ。例えば，営業に伺ったり，個人的なダイレクト・メールといった活動は，顧客の期待を生み出す。この期待がもとになり，インタラクション・プロセスがはじまったり促進されたりする。「この2つのプロセスを統合した戦略の実行が，リレーションシップ・マーケティングを創造する」（p.107）と，Grönroos [1999] は主張する。

3つ目は，バリュー・プロセスである。リレーションシップは時間をかけたプロセスなので，顧客にとっての価値も時間をかけたプロセスのなかで現われる。Grönroos [1999] はこれを「バリュー・プロセス」（p.108）と称した。バリュー・プロセスは，上記の2つのプロセスの進展とともに展開される。ゆえに，リレーションシップの進展次第で顧客に提供される価値は異なってくる。顧客は進行中のリレーションシップの中で創られたこの価値を知覚し評価しなければならない。

リレーションシップ自体も価値の評価対象になる。密なリレーションシップでは，全体としてのリレーションシップの評価を顧客は行っている。もし，財やサービスに関するソリューションが最善のものでなかったとしても，リレーションシップ・バリューが十分であれば，当事者は価値を見出す。

ここではリレーションシップがマーケティングの基本なので，製品が価値のすべてではなくなる。リレーションシップにおける価値は，オファリングのコア価値と後述するリレーショナル・ベネフィットという追加要素の付加価値の総和である。

　バリュー・プロセスでは，顧客の価値は時間とともに変化する。ただし，追加サービスにはポジティブに付加される価値もあれば，ネガティブに付加される価値もある。例えば，カウンセリングによって必要な製品が決まったとしても，化粧品接客において不要な商品も強く勧められたために，顧客が購買意思決定を覆したり，来店しなくなる場合もある。これは，コア価値がネガティブな付加価値によって打ち消されてしまうからだ。そうならないためには，リレーションシップにおける既存のサービスを改善しなければならない。同様に，ダイアローグ・プロセスにおけるコミュニケーション活動もこのバリュー・プロセスを支援すべきで，それを打ち消すようなことがあってはならない。

　以上のように，リレーションシップに焦点をあてると，価値の創造プロセスのみならず企業と顧客の役割が，マネジリアル・マーケティングにおけるそれらとは大きく異なってくる。価値はプロセスを通して創造されるので，企業と顧客とのインタラクション，もしくは顧客の価値創造プロセスへの参加がその特徴となる。また企業がプロセスをマネジメントするということは，顧客が価値を知覚・評価するプロセスへ企業がどうかかわるか，ということを意味する。

4. 顧客満足とリレーションシップ

(1) サービス・マーケティングにおける顧客満足研究の変遷

　本節では，顧客満足研究を取り上げ，顧客と企業のリレーションシップのあり方について検討していく。従来，顧客満足研究では，企業のマーケティング上の成果に結びつく要因として顧客満足が取り上げられ，顧客満足の，先行要因（知覚品質，期待など）や，結果要因（ロイヤルティ，再購買，口コミ，苦情，退出など）との関わりが検討されてきた（Yi [1990]，Oliver [1980, 1997]）。そして，ロイヤルティが企業にもたらすメリットについても研究が展開されてきたが[6]，

その反面，長期的関係が顧客にもたらすメリットの解明については研究が不足していた (Bitner [1995] p.246, Gwinner, et al. [1998] p.101, Reynolds and Beatty [1999] p.11)。

こうした問題状況のなか，近年，顧客満足研究では，「リレーショナル・ベネフィット・アプローチ[7]」をはじめとして，長期的関係を構築することの顧客にとっての意義を探究する試みが展開されるに至っている。離散的取引の連続としてではなく，リレーションシップの問題を明示的に取り扱いながら，顧客満足研究が拡張的に進展してきているのである。

以下では，当該研究分野の進展状況を概観すべく，まずはリレーショナル・ベネフィット概念を援用して検討する[8]。その上で，リレーションシップを盛り込んだ顧客満足の因果的モデルを取り上げ，リレーショナル・ベネフィット，顧客満足，その他の諸要因間の関係について検討していく。

(2) リレーショナル・ベネフィット

リレーションシップ構築の顧客にとっての意義に関しては，リレーショナル・ベネフィット概念で論じられてきた。図表7-2は，リレーショナル・ベネフィットに着目し，顧客満足やその他の要因間の関係について実証的に研究したものをまとめたものである。

リレーショナル・ベネフィットを探索的に記述する段階から，要因間の関係を検討する研究への系譜が確認できる。まずリレーショナル・ベネフィットとは，Gwinner, et al. [1998] によれば，「サービス提供者とリレーションシップを構築することによって顧客が得られるベネフィットで，コア・サービス自体から得られるコア・ベネフィットとは別個に得られるもの」である (p.102)。すなわち顧客は，歯科医院でいえば歯の治療やケア，自動車整備業でいえば車の修理といったコア・サービスからベネフィットを享受するのみならず，リレーションシップを構築することで追加的にベネフィットを得るということである。

リレーショナル・ベネフィットの具体的中身に関して，Gwinner, et al. [1998] は，「信用ベネフィット」，「社会的ベネフィット」，「特別待遇ベネフィット」を識別している。「信用ベネフィット」は，リスクや不安の低減[9]や，サービス提供への信頼や期待といった，リレーションシップを構築することで顧客が得られるベネフィットである。「社会的ベネフィット」は，従業員に知ってもらう，

図表 7-2　リレーショナル・ベネフィットに着目した研究

文献	リレーショナル・ベネフィット	リレーショナル・ベネフィットと他の要因間の関係	対象業界
Gwinner, et al. [1998]	▶信用ベネフィット ▶社会的ベネフィット ▶特別待遇ベネフィット	3つのベネフィットが，「サービスへの満足」，「ロイヤルティ」，「肯定的口コミ」，「関係性の継続」，の4要因と正の関連性を有する。各変数間の相関係数を導出する形で実証。	サービス業（ハイコンタクト・サービス，ローコンタクト・サービス，標準的サービス）
Price and Arnould [1999]	▶商業的友情 10)	商業的友情が，「サービス・エンカウンター満足」，「ロイヤルティ」，「肯定的口コミ」，の3要因と正の関連性を有する。各変数間の相関係数を導出する形で実証。	美容院（美容師と顧客の関係性）
Reynolds and Beatty [1999]	▶機能的ベネフィット 11) ▶社会的ベネフィット 12)	2つのベネフィットが，「販売員に対する満足」に直接的に影響を及ぼす。社会的ベネフィットは「販売員に対するロイヤルティ」にも直接的に正の影響を及ぼすことを多変量の因果モデルで実証。	衣料品の小売業（高級小売店）
Henning-Thurau, et al. [2002]	▶信用ベネフィット ▶社会的ベネフィット ▶特別待遇ベネフィット	3つのベネフィットが各々，「サービスに対する満足」，「サービス提供者へのロイヤルティ」，「リレーションシップへのコミットメント 13)」，の3要因に正の影響を及ぼすことを多変量の因果モデルで実証。	サービス業（ハイコンタクト，ローコンタクト，標準的）

サービス提供者と親しくなる，サービス提供者との間に友情を築くといった，顧客が従業員とリレーションシップを構築することで得られるベネフィットである。「特別待遇ベネフィット」は，追加的サービス，特別な割引，時間的節約，優先的取り扱い，個別的対応（カスタマイズ）といった，顧客がリレーションシップを構築することで特別に得られるベネフィットである。

(3) 顧客満足の因果的モデル

リレーショナル・ベネフィットと他の要因間の関係について，図表7-2の諸研究に共通しているのは，サービス業や小売業を対象とし，そこでのリレーションシップを通して顧客が得るリレーショナル・ベネフィットが，顧客満足，ロイヤルティ，口コミ，コミットメントに影響を及ぼすこと（間接的影響も含む）が想定されている点である。この中のReynolds and Beatty [1999] では，リレーショナル・ベネフィット，顧客満足，ロイヤルティ，口コミといった要因間の因果関係がモデル化され，多変量解析が展開されている[14]。

Reynolds and Beatty [1999] によると（図表7-3），リレーショナル・ベネフィットの影響に関しては，社会的ベネフィットおよび機能的ベネフィットの双方の要因が，販売員に対する満足に直接的に正の影響を及ぼす（企業に対する満足に対しては，販売員に対する満足を媒介して間接的に正の影響を及ぼす）と想定されている。リレーショナル・ベネフィットが販売員に対する満足に影響し，その上でさらに販売員に対する満足が，企業に対する満足，ロイヤルティ，口コミ，再購買に波及的に影響していくということである。加えて，社会的ベネフィットに関しては，販売員に対するロイヤルティに対しても直接的に正の影響を及ぼすと想定されている。顧客がリレーションシップを通じて社会的ベネフィットを享受すれば，販売員に対するロイヤルティを向上させる（その上で企業に対するロイヤルティも向上させる）ということである。

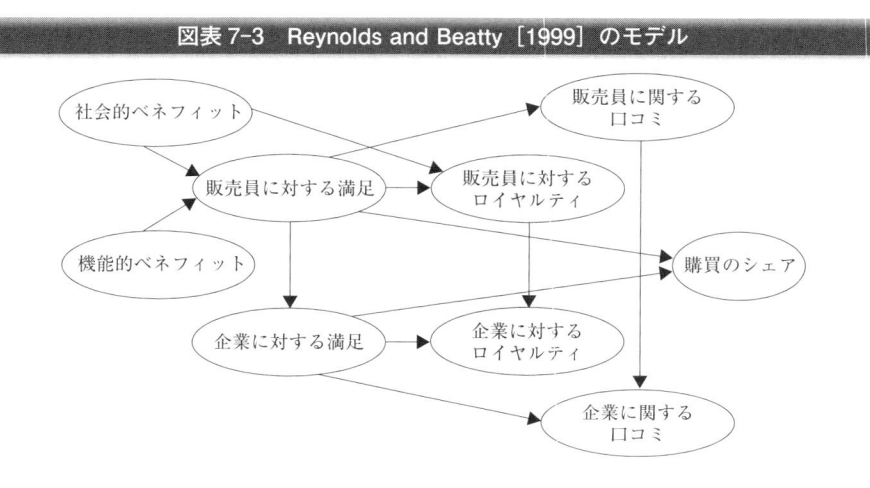

図表7-3　Reynolds and Beatty [1999] のモデル

以上のように，本節（図表 7-2）でレビューした，リレーションシップを盛り込んだ顧客満足研究では，顧客と接客要員とのリレーションシップを起点にして，リレーショナル・ベネフィット，顧客満足，コミットメント，ロイヤルティ，口コミが形成されていく流れや，要因間の因果関係の解明を図る研究が展開されるに至っている。当該分野の内容を総括すると，図表 7-4 のような基本的枠組みが構成される。まず購買段階は，顧客と接客要員とのインタラクティブな購買プロセスとして認識される。そして，顧客満足やロイヤルティを形成し，再購買や口コミを展開していく各段階において，リレーションシップに関わるベネフィット，コミットメント，行為が組み入れられた形で，全体的なプロセスや因果関係の定式化が図られているのである。

本節の最後に，顧客と企業のリレーションシップの有効性について言及する。上述の諸研究から，顧客がリレーショナル・ベネフィットを享受することで，取引を継続したり，リレーションシップを強化していくことが示唆される[15]。

しかしその一方で，リレーションシップ・マーケティングの適用可能性やその範囲についても議論が展開されている。Berry [1995] は，リレーションシップ・マーケティングが全てのサービスに適用できるわけではないことを指摘し，重要性，変動性，複雑性，関与が高いサービス（例えば医療，銀行・保険，美容院等）において，機能しうることを指摘している (p.237)[16]。Sheth and Parvatiyar [1995] は，家族や仲間の影響，法規制，宗教的信条，雇用環境，マーケティング施策によって，顧客の関係的行動が左右されることを指摘している (p.256)。提供されるサービスの特性，顧客の特性，その他様々な要因によって，リレーションシップ・マーケティングの展開の有り様が変わってくるということである[17]。

以上のことから，今後は，なぜ，あるいはどのような形でリレーションシップ・マーケティングが展開されうるのか，顧客と企業の双方の視点から，諸々の

図表 7-4　リレーションシップを盛り込んだ顧客満足モデルの基本的枠組み

| インタラクティブな購買プロセス（リレーションシップ行為） | ⇒ | リレーショナル・ベネフィット／顧客満足 | ⇒ | リレーションシップ・コミットメント／心理的ロイヤルティ | ⇒ | リレーションシップ行為／再購買／口コミ |

状況設定も含めて，精緻に定式化していくことが研究上の課題として残されていることを指摘しうる。

5. 顧客との価値共創

　もともと主流であったマネジリアル・マーケティングからすれば，リレーションシップ・マーケティングは特殊分野に位置づけられるはずだった。しかし，このリレーションシップに基づいたマーケティングは，特殊分野にとどまることなく広がり，サービス・ドミナント・ロジックやブランド・リレーションシップという新たな研究の潮流に影響を与えるほど，重要なものとなった。以下ではサービスを基盤としてマーケティングを捉え直すサービス・ドミナント・ロジック（以下，S-Dロジック）について考察する。

(1) サービス・ドミナント・ロジックの特徴

　S-Dロジックはサービスを基盤とするため，リレーションシップ・マーケティングと同様に顧客とのリレーションシップを志向する新しいアプローチである。そのために，S-Dロジックはマーケティングを顧客への価値提供プロセスとして捉え直しているため，顧客との価値共創やインタラクティブなリレーションシップが強調される。これは，市場へのモノの提供がマーケティング活動であるという考え方とは一線を画する（図表7-5）。

　従来，マーケティングにおける交換の対象は，モノ（goods）とサービスである。これに対しS-Dロジックは，従来の交換対象をモノとサービシーズ（services）と表現し，交換されるのはそれらの上位概念であるサービスであると主張する。S-Dロジックでは，単数形のサービスと複数形のサービシーズや，オペラント資源，オペランド資源，価値共創などといった独自の用語や定義が用いられる。以下では，それらをもとにS-Dロジックの特徴をもう少し詳細に見ていく。

　サービスとは，「他者あるいは自身のベネフィットのための行為，プロセス，パフォーマンスを通じた専門化された能力[18]（ナレッジやスキル）の適用という活動そのもの」（Vargo and Lusch［2006］p.43）を意味する。モノの場合は，モ

図表7-5　S-Dロジックの価値共創とG-Dロジックの生産との包括関係

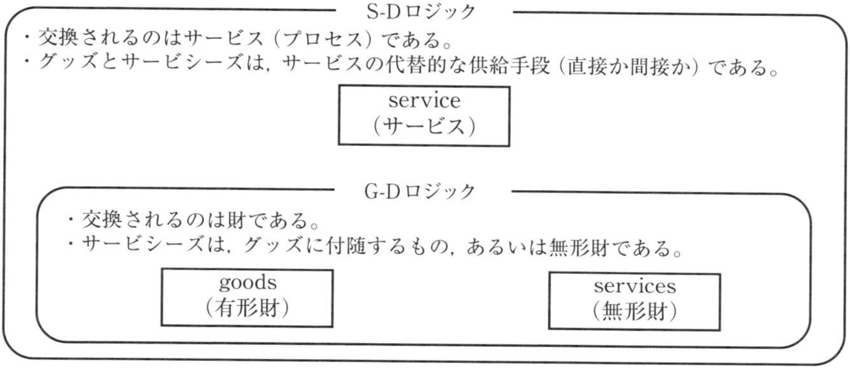

```
┌─────────────────────────────────────────────┐
│                  S-Dロジック                  │
│ ・交換されるのはサービス（プロセス）である。      │
│ ・グッズとサービシーズは，サービスの代替的な供給手段（直接か間接か）である。│
│              ┌──────────┐                   │
│              │  service  │                   │
│              │（サービス）│                   │
│              └──────────┘                   │
│  ┌─────────────────────────────────────┐   │
│  │              G-Dロジック              │   │
│  │ ・交換されるのは財である。              │   │
│  │ ・サービシーズは，グッズに付随するもの，あるいは無形財である。│
│  │  ┌────────┐          ┌────────┐   │   │
│  │  │  goods  │          │ services │   │   │
│  │  │（有形財）│          │（無形財）│   │   │
│  │  └────────┘          └────────┘   │   │
│  └─────────────────────────────────────┘   │
└─────────────────────────────────────────────┘
```

（出所）田口 [2010]。

ノの機能を使うことで間接的にサービスが行われる。サービシーズとは，有形財としてのモノに対する無形財としてのサービスのことであり，例えば百貨店で化粧品を購入する場合のように，ビューティ・カウンセラーと顧客が相談しながら行われる直接的なサービシーズを通してサービスが行われる。

　ここで重要になるのが，サービスを行うのは誰かという点である。S-Dロジックでは，他者あるいは自身のベネフィットのためにナレッジやスキルを適用する者すべてをサービス行為者と考えている。したがって，企業のみならず，顧客もサービス行為者である。

　サービス行為者同士がサービスを交換するとは，次の事例を考えると理解できる。モノの例として自動車は，自動車メーカーが金属やプラスチックなどの材料からなる約1万点のパーツを組み合わせて製造する。しかし，それだけでは自動車の価値は生じない。その自動車を運転するにも，顧客であるユーザーが実際に法令を遵守しながら運転をしたりメンテナンスを行ったりするスキルやナレッジを適用しなければならない。そうして初めて，価値が生じる。

　購入する化粧品を決める場合でも同じである。ビューティ・カウンセラーは自身のスキルやナレッジを適用して顧客のために製品を絞り込んでいく。それと同時に顧客も肌の調子やこれまで使ってきた化粧品にまつわる話などをし，顧客も自身のスキルやナレッジを適用する。両者のサービス行為のやり取りによって，購入する価値があると認められた化粧品が決まる。

このような事例から明らかなモノやサービシーズに内在するのではなく，プロセスの中で価値が創り出されるという「使用における価値」に注目する。そのため，生産者が価値を創るのではなく，サービス行為者である両者が価値を共創[19]する。

(2) リレーションシップ・マーケティングとS-Dロジック

S-Dロジックは10の基本的前提（FP1～FP10）に基づいている（図表7-6）。ここでは，この基本的前提から，リレーションシップ・マーケティングとS-Dロジックの類似・相違点を考察する。

S-Dロジックでは，「サービスが交換の基本的な単位」（FP1）であり，「あらゆる経済はサービス経済である」（FP5）。そのため，FP3で「モノはサービス提供のための流通メカニズムである」というように，従来の「モノとサービスの2分法」をとらず，モノもサービシーズもサービスを生み出すための手段であると考える。これは，リレーションシップ・マーケティングがサービス（S-Dロジックでのサービシーズ）に限定して展開されたのとは異なる。

さらに，企業像と顧客像をみていこう。伝統的なマーケティングでは，企業が価値を創造し提供し，顧客は受動的であるという考えに立つ。これに対してS-Dロジックでは，企業は「企業は価値を提供することはできず，価値の提案をするのみである」（FP7）。また，顧客は「顧客は常に価値の共創者である」（FP6）。この視点は，リレーションシップ・マーケティングがサービスの特性ゆえにサービス提供者と顧客とのインタラクティブなプロセスを重視した，「顧客は価値の共同生産者」（Grönroos［2007］p.44）という考えに基づいている。

このような前提での価値創造プロセスでは，サービスのもたらす価値は顧客が判断するため，「サービス中心的の視点は顧客志向であり，リレーショナルである」（FP8）となる。

また，価値の捉え方であるが，価値共創プロセスにおいて「価値は，常に受益者によって独自的にまた現象学的に決定される」（FP10）。その「価値は恣意的で，経験的，文脈的であり，意味（FP10解説）」的な特徴をもつ。この価値の捉え方は，顧客視点から価値を捉えたという意味でリレーションシップ・マーケティングよりも踏み込んだ内容になっている。

以上のように，リレーションシップ・マーケティングは，対象をサービスに限

図表 7-6　S-D ロジックにおける基本的前提の追加と修正

前提	オリジナル版（2004年）	修正版	解　説
FP1	専門的スキルとナレッジが交換の基本的な単位である。	サービスが交換の基本的な単位である。	オペラント資源（ナレッジとスキル），つまり S-D ロジックで定義される「サービス」は，あらゆる交換のための基礎である。サービスはサービスと交換される。
FP2	間接的な交換が交換の基本的な単位を隠してしまう。	間接的な交換が交換の基本原理を隠してしまう。	サービスは，モノ，カネ，組織の複合体として提供されるため，交換のサービス基盤が常に明白であるとは限らない。
FP3	モノはサービス提供のための流通メカニズムである。	モノはサービス提供のための流通メカニズムである。	モノ（耐久および非耐久消費財）は使用を通じてその価値，つまり提供するサービスを生み出す。
FP4	ナレッジが競争優位の根本的な源泉である。	オペラント資源が，競争優位の根本的な源泉である。	望ましい変化を引き起こす相対的な能力が競争を促進する。
FP5	あらゆる経済はサービシーズ経済である。	あらゆる経済はサービス経済である。	サービスは，専門化とアウトソーシングの増加に伴い，明確になってきている。
FP6	顧客は常に共同生産者である。	顧客は常に価値の共創者である。	価値創造は相互作用的であることを意味する。
FP7	企業は価値を提案するに過ぎない。	企業は価値を提供することはできず，価値の提案をするのみである。	企業は価値創造に適用されるリソースを提供したり，価値提供の受益後に協働的（インタラクティブ）に価値を創造することはできるが，単独で価値を創り出したり，提供することはできない。
FP8	サービス中心的の視点は顧客志向であり，リレーショナルである。	サービス中心的な視点は本質的に顧客志向であり，リレーショナルである。	サービスは，顧客が決める顧客のベネフィットという点から定義され協働されるものであるので，本質的に顧客志向であり，リレーショナルである。
FP9	組織は，高度に専門化された能力を，市場で受容される複合的なサービスに統合変換するために存在する。	すべての社会的経済的行為者はリソースの統合者である。	価値創造のコンテクストは，ネットワークのネットワーク（リソースの統合）であることを意味する。
FP10		価値は，常に受益者によって独自にまた現象学的に決定される。	価値は恣意的で，経験的，文脈的であり，意味を帯びている。

（出所）Vargo and Lusch［2008］．

定したうえで価値共創のマーケティングを明らかにしたのに対し，S-D ロジックは，その範囲をモノにまで広げて価値共創に基づいたマーケティングを提言したといえる。

6. おわりに

　本章では，産業財マーケティング，サービス・マーケティング，チャネル研究におけるリレーションシップ研究を概観した上で，消費者と企業とのリレーションシップに焦点をあて，サービス・マーケティング研究，顧客満足研究，S-D ロジック研究をレビューしてきた。

　考察の結果，各分野が共通して，「インタラクション」や「価値共創」といった，リレーションシップ・マーケティングの鍵概念を引き合いに出しながら，リレーションシップの問題を取り扱うように至ったことが確認された。産業財マーケティングでは，サプライヤーとメーカーとの間に，長期的で包括的な取引が展開されたり，技術的あるいは社会的なインタラクションが展開されることなどに起因して，リレーションシップが存在していることを見出した[20]。サービス・マーケティングでは，サービス取引において生来的に展開されるサービス提供者と顧客の2者間のインタラクションへの着目を起点として，リレーションシップの研究を進展させてきた。チャネル論では，売り手と買い手の継続的取引を統制的関係から協調的関係として捉えていく研究潮流の中で，産業財マーケティングの研究成果を取り込んでいく流れを受けて，リレーションシップの問題を扱うように至っている。そして，顧客満足研究でもリレーションシップを盛り込んだ満足モデルが展開されるに至り，S-D ロジック研究では，有形財（グッズ）と無形財（サービシーズ）の上位概念としてのサービスが交換対象となり，サービスの価値が顧客と企業のインタラクションによって共創されることが提唱されている。

　また，本章での議論を通して，企業のマーケティング・ミックスというアクションに対してリアクションをとるに過ぎない，その意味で受動的な消費者像ではなく，企業とのインタラクションを通して，価値を共創し，リレーションシップ自体からもベネフィットを享受し，長期的なリレーションシップに関わっていく消費者像が浮き彫りになった。

その一方で，消費者と企業のリレーションシップのあり方についてはさらなる定式化が求められている。リレーションシップ・マーケティングが企業間関係のみならず，企業対消費者の文脈においても適用されることが本章でも論じられてきたが，リレーションシップ・マーケティングがあらゆる局面で有効に機能するわけではない。どういった状況でリレーションシップ・マーケティングが有効に展開しうるのか，リレーションシップを盛り込んだ形で消費者行動や企業行動をどう捉えて定式化するのか，等々の研究上の課題が残されている。

また，紙幅の制限もあり本文中では大々的に取り扱うことができなかったが，リレーションシップをブランドの文脈で捉え，消費者とブランドのインタラクティブなリレーションシップを論ずるブランド・リレーションシップ研究も進展してきている。リレーションシップ・マーケティングとブランド研究の統合も今後求められる研究の方向性である。

【注】
1) この他にも，サービス文化とインターナル・マーケティングというマーケティングと組織行動との重大な2つのインターフェイスに光をあてている。
2) リレーションシップ・マーケティングのプロセス重視は，ノルディック学派以外の研究にもみられる。例えば，Morgan and Hunt [1994], Payne (eds.) [1995], Bhattacharya and Bolton [1999] などである。
3) コア・サービス戦略は，顧客とのリレーションシップ構築に最も重要な役割を果たす。顧客の欲求にマッチすることで新規顧客を魅了し，クオリティや多面的で長期的な性質を通してビジネスを固め，より付加的なサービス提供の基礎を提供できるように，コア・サービスはデザインされなければならない。
4) サービス拡大は，顧客ロイヤルティが助長されるようにサービスに「特別」のサービスを組み込む。この特別サービスを提供し続けると，顧客はそれに有益なものをみつけ，それを提供する企業との関係を続けようとする。
5) インターナル・マーケティングは，リレーションシップを構築・維持するために内部顧客である従業員の満足度を高めることを目標とする。
6) Reichheld and Sasser [1990] は，顧客維持（ロイヤルティ）が収益性につながる論拠として，(1) 顧客離反の回避による新規顧客獲得コストの低減，(2) 優良顧客による推奨，(3) ロイヤルティによる価格弾力性の低下やプレミアム価格の設定，(4) 購買増による利益増，をあげている。
7) Gwinner, et al. [1998], Reynolds and Beatty [1999], Henning-Thurau, et al. [2002]。リレーショナル・ベネフィットを鍵概念として，顧客満足やロイヤルティとの関わりを検討していく研究アプローチである。
8) O'Malley and Tynan [2000] では，リレーションシップ・マーケティングが，感情的・社会的な紐帯につながる長期的なインタラクションに焦点をあてている点で，トランザクション・マーケティング，ダイレクト・マーケティング，データベース・マーケティング，ロイヤルティ・マーケティング等とは概念的に区別されることが主張され，リレーショナル・ベネフィットに着目すべきであることが示唆されている。

本文中では「リレーショナル・ベネフィット」を取り上げるが，リレーションシップが顧客にとってどのような意味を持つのかについては，「スイッチング・コスト」並びにその上位概念である「スイッチング・バリア」を援用した説明も展開されている。Patterson and Smith［2003］は，具体的なスイッチング・バリアとして，探索コスト，社会的絆の喪失，セットアップ・コスト，機能的リスク，代替の魅力，特別待遇ベネフィットの喪失，の6つをあげている。顧客はリレーションシップを構築することでベネフィットを得る反面，スイッチが困難になる（ロックインされる）ということである。スイッチング・バリア（コスト）は，リレーションシップ構築に向けての原動力になるというよりは，支援的（顧客に既存の関係に踏みとどまらせる）要素として機能するといえる。

　また，リレーションシップをブランドの文脈で捉え，消費者とブランドのリレーションシップを論ずるブランド・リレーションシップ研究も進展している（Fournier［1998］，菅野［2011］）。ブランドが，消費者の生活に意味を与えたり，自らのアイデンティティの一部となってかけがえのない存在になるという形で，消費者がブランド・リレーションシップからメリットを享受するということである。

9) Sheth and Parvatiyar［1995］も，消費者が関係的行動をとることで，知覚リスクを削減し，認知的一貫性を維持し，心理的安心感を得ることを指摘している。
10) 商業的友情は，具体的には，サービス実施時に友人と会う気分になったり親密感がわく，互いをよく知る，考え方を共有する，相手を気遣う，返報する，相手を喜ばせる，特別な待遇をする，面倒なことにも対応する，といったことを意味する。
11) 機能的ベネフィットとは，時間の節約，便宜性の享受，ファッションのアドバイスを得る，より良い買物の意思決定をする，といったベネフィットで，Gwinner, et al.［1998］で類型化された3つのベネフィットの中の信用ベネフィットと特待ベネフィットを含んでいる。
12) 社会的ベネフィットとは，販売員の会社や販売員と親しい関係を築く，よい友人を持つ，販売員との時間を楽しむことを指す。
13) コミットメントに関して Henning-Thurau et al.［2002］は，「感情的な紐帯や，リレーションシップ維持が利益をもたらすという確信に基づく，顧客のリレーションシップに対する長期的志向」と捉えている（p.232）。コミットメントは，特定ブランドを継続的に購買し続ける傾向として捉えられるロイヤルティ（特に心理的ロイヤルティ）と類似した概念であるが，コミットメントには，顧客がインタラクティブにリレーションシップに関わっていく意味合いが含まれる点で違いがあると考えられる。
14) 顧客満足，ロイヤルティ，口コミの3要因が，販売員向けと，企業向けに切り分けられた上で，要因間の直接的または間接的な影響関係がモデル化されている。ロイヤルティに関しては，一般に，心理的次元（認知的次元・態度的次元）と行動的次元があるとされるが，当モデルでは購買のシェアとして，別個に取り扱っている。
15) このことに関連して Bitner［1995］は，サービス提供者への信頼や，関係性への安心感が高まると，同等あるいはそれ以上のサービスを提供する競合の存在に気付いたとしても，既存の相手とのリレーションシップを維持することを選択する可能性を指摘している（p.249）。また Berry［1995］は，社会的なリレーションシップを構築することで顧客がサービスの失敗に対して寛大になる可能性を指摘している（p.240）。
16) O'Malley and Tynan［2000］は，インタラクションが常規的に行われ，（価格）弾力的ではない，高関与製品で，消費者とのリレーションシップが実践されうることを指摘している。

　以上の O'Malley and Tynan［2000］の指摘に加え，リレーションシップ・マーケティングが有効に機能しない状況として，消費者が，チェリー・ピッキングのような価格に敏感に反応する購買行動や，バラエティー・シーキングのようなバリエーションを楽しむ購買・消費行動を展開する状況を想定しうる。

17) リレーションシップ・マーケティングが多様な形で展開される可能性についても言及されている。Berry［1995］は，紐帯（絆）の中身，サービスのカスタマイズの程度，競争優位性，といった基準によって，リレーションシップ・マーケティングを3つのレベルに分けて説明している。Day［2000］は，匿名的な取引である「取引的交換」，中間形態としての「付加価値的交換」，売手と顧客の協働や統合が展開される「協働的交換」に至るまでのリレーションシップ・スペクトルを提示している。
18) この「専門化された能力」がオペラント資源であり，多くの場合，オペランド資源を活性化する能力を有する。一方，オペランド資源とは，モノや機械設備，原材料，貨幣などのように，効果を生み出すには操作が施される必要がある資源のことで，有形で，静的で，有限な資源である。
19) 使用とは，供給者がオペラント資源を適用したものに，顧客がオペラント資源を適用しサービス供給がなされることを意味する（菊池［2012］p.76）。
20) 売り手と買い手の関係をダイアディックに捉えることに加え，それを含めたより大きなネットワークとして捉えていた点も，当該研究領域の特徴として指摘しうる。

【参考文献】

菊池一夫［2012］「サービス・ドミナント・ロジックの進展へのノルディック学派の対応」『佐賀大学経済論集』第45巻第1号，pp.69-92。
アンダーセンコンサルティング・村山徹・三谷宏治・CRM統合チーム［1999］『CRM　顧客はそこにいる』東洋経済新報社。
菅野佐織［2011］「ブランド・リレーションシップ概念の整理と課題」『駒大経営研究』第42巻，第3・4号，pp.87-113。
田口尚史［2010］「S-Dロジックの基礎概念」井上崇通・村松潤一編著『サービス・ドミナント・ロジック』同文舘出版。
崔　容熏［2010］「チャネル論の系譜」マーケティング研究会編『マーケティング研究の展開』同文舘出版。
東　利一［2004］「交換と関係的交換の比較考察に基づく関係性マーケティング研究」『流通科学論集―流通・経営編』第17巻第2号，pp.71-84。
─────［2012］「関係性構築を促進する要因は何か―社会心理学に基づいた考察―」『流通科学論集―流通・経営編』第25巻第1号，pp.61-85。
藤岡章子［2001］「北欧におけるリレーションシップ・マーケティング研究の展開とその背景―北欧学派を中心に―」京都大学マーケティング研究会編『マス・マーケティングの発展・革新』同文舘出版。
─────［2002］「リレーションシップ・マーケティングの理論的展開」陶山計介・宮崎昭・藤本寿良編『マーケティング・ネットワーク論―ビジネスモデルから社会モデルへ―』有斐閣。
堀越比呂志［2007］「マーケティング研究における歴史的個別性への関心」『三田商学研究』第50巻第2号，pp.91-108。
南知惠子［2005］『リレーションシップ・マーケティング―企業間における関係管理と資源移転―』千倉書房。
─────［2006］『顧客リレーションシップ戦略』有斐閣。
─────［2008］「リレーションシップ・マーケティングにおけるサービス・マーケティング・アプローチの論理的貢献」『国民経済雑誌』第197巻第5号，pp.33-50。
余田拓郎［2000］『カスタマー・リレーションの戦略論理―産業財マーケティング再考―』白桃書房。

Arndt, J. [1979], "Toward a Concept of Domestic Markets," *Journal of Marketing*, Vol.43, Fall, pp.69-75.

Axelsson, B. and G. Easton [1992], *Industrial Networks; A New View of Reality*, Routledge, London.

Berry, L. L. [1983], "Relationship Marketing," in *Emerging Perspectives on Services Marketing*, L. L. Berry, G. L. Shostack and G. D. Upah(eds.), American Marketing Association, Chicago, pp.25-28.

―――― [1995], "Relationship Marketing of Services - Growing Interest, Emerging Perspectives," *Journal of the Academy of Marketing Science*, Vol.23, No.4(Fall), pp.236-245.

Bhattacharya, C. B. and Ruth N. Bolton [1999], "Relationship Marketing in Mass Markets," in J. N. Sheth and A. Parvatiyar(eds.), *Handbook of Relationship Marketing*, Sage Publications., Thousand Oaks[etc.].

Bitner, Mary Jo [1995], "Building Service Relationships - It's All About Promises," *Journal of the Academy of Marketing Science*, Vol.23, No.4(Fall), pp.246-251.

Christopher, M., A. Payne and D. Ballanlyne [1991], *Relationship Marketing: Bringing quality, customer service and marketing together*, Oxford, Butterworth-Heinemann.

Christopher, M., A. Payne and D. Ballanlyne [2002], *Relationship Marketing Creating Stakeholder Value*, Oxford, Butterworth-Heinemann.

Day, George S. [2000], "Managing Market Relationships," *Journal of the Academy of Marketing Science*, Vol.28, No.1, pp.24-30.

Dwyer, F. R., P. H. Schurr and S. Oh [1987], "Developing Buyer-Seller Relationships," *Journal of Marketing*, Vol.51, April, pp.11-27.

Ford, David(eds.)[1990], *Understanding Business Markets: Interaction, Relationships, Networks*, Academic Press, New York.

Ford, D., L. Gadde, H. Håkansson, A. Lundgren, I. Snehota, P. Turnbull and D. Wilson [1998], *Managing Business Relationships*, John Wiley & Sons, New York. (小宮路雅博訳[2001]『リレーションシップ・マネジメント―ビジネス・マーケットにおける関係性管理と戦略―』白桃書房。)

Fournier, Susan [1998], "Consumer and Their Brands: Developing Relationship Theory in Consumer Research," *Journal of Consumer Research*, Vol.24, No.4(March), pp.343-373.

Grönroos, Christian [1989], "Defining Marketing: A Market-Oriented Approach," *European Journal of Marketing*, Vol.23, No.1, pp.52-60.

―――― [1978], "A Service-oriented Approach to Marketing of Services," *European Journal of Marketing*, Vol.12, No.8, pp.588-601.

―――― [1990], "Relationship Approach to Marketing in Service Contexts: The Marketing and Organizational Behavior Interface," *Journal of Business Research*, Vol.20, No.1, pp.3-11.

―――― [1991], "The Marketing Strategy Continuum: Towards a Marketing Concept for the 1990s," *Management Decision*, Vol.29, No.1, pp.7-13.

―――― [1994], "From Marketing Mix to Relationship Marketing: Towards a Paradigm Shift in Marketing," *Management Decision*, Vol.32, No.2, pp.4-20.

―――― [1997], "Value-driven Relational Marketing: From Products to Resources and Competencies," *Journal of Marketing Management*, Vol.13, pp.407-419.

―――― [1999], " Relationship Marketing: The Nordic School Perspective," in J. N. Sheth and A. Parvatiyar(eds.)*Handbook of Relationship Marketing*, Sage Publications.

[2000], *Service Management and Marketing: A Customer Relationship Management Approach*(2ed.), John Wiley & Sons.
　　　　　[2007], *Service Management and Marketing: A Customer Relationship Management Approach*(3ed.), John Wiley & Sons.（近藤宏一監訳, 蒲生智哉訳［2013］『北欧型サービス志向のマネジメント』ミネルヴァ書房。）
Gummesson, Evert [1981], "Marketing Cost Concepts in Service Firms," *Industrial Marketing Management*, Vol.10, No.3, pp.175-182.
　　　　　[1987], "The New Marketing —Developing Long-term Interactive Relationship," *Long Range Planning*, Vol.20, No.4, pp.10-20.
　　　　　[1995], *Relationship Marketing: From 4Ps to 30Rs*. Malmö, Sweden: Liber-Hermods.
Gwinner, K. P., D. D. Gremler and M. J. Bitner [1998], "Relational Benefits in Services Industries- The Customer's Perspective," *Journal of the Academy of Marketing Science*, Vol.26, No.2(Spring), pp.101-114.
Håkansson, Håkan [1982], *International Marketing and Purchasing of Industrial Goods*, John Wiley & Sons, New York.
Håkansson, H. and Ivan J. Snehota [1999], "The IMP Perspective; Assets and liabilities of business relationship," in J. N. Sheth and A. Parvatiyar(eds.) *Handbook of Relationship Marketing*, Sage Publications.
Henning-Thurau, Thorsten, K. P. Gwinner and D. D. Gremler [2002], "Understanding Relationship Marketing Outcomes - An Integration of Relational Benefits and Relationship Quality," *Journal of Service Research*, Vol.4, No.3(February), pp.230-247.
Holmlund, M. [1996], *Theoretical Framework of Perceived Quality in Business Relationships*, Swedish School of Economics and Business Administration, Helsinki.
Jackson, Barbara Bund [1985], "Build Customer Relationships That Last," *Harvard Business Review*, Vol.63, November/December, pp.120-128.
Kotler, P., T. Hayes and P. N. Bloom [2002], *Marketing Professional Services*, 2nd ed., Learning Network Direct.（白井義男監修, 平林祥訳［2002］『コトラーのプロフェッショナル・サービス・マーケティング』ピアソン・エデュケーション。）
Laudon, Kenneth C. and Jane P. Laudon [2006], *Management Information Systems Managing the digital firm 10th ed.*, Peason Education, Inc., Upper Saddle River, New Jersey.
Lusch, Robert F. and Stephen L. Vargo [2006], *The Service-Dominat Logic of Marketing: Dialog, debate, and directions*, Armonk, NY: M. E. Sharpe.
Morgan, R. M. and Shelby D. Hunt [1994], "The Commitment-Trust Theory of Relationship Marketing," *Journal of Marketing*, Vol.58, July, pp.20-38.
Oliver, Richard L. [1980], "A Cognitive Model of the Antecedents and Consequences of Satisfaction Decisions," *Journal of Marketing Research*, Vol.17, No.4(November), pp.460-469.
　　　　　[1997], *Satisfaction: A Behavioral Perspective on the Consumer*, New York: McGraw Hill.
O'Malley, Lisa and Caroline Tynan [2000], "Relationship marketing in consumer markets — Rhetoric or reality?," *European Journal of Marketing*, Vol.34, No.7, pp.797-815.
Patterson, P. G. and Tasman Smith [2003], "A Cross-Cultural Study of Switching Barriers and Propensity to Stay with Service Providers," *Journal of Retailing*, Vol.79, No.2, pp.107-120.

Payne, Adrian (eds.) [1995], *Advances in Relationship Marketing*, Kogan Page.

─────── [2000], "Relationship Marketing: The U. K. Perspective," in *Handbook of Relationship Marketing*, J. N. Sheth and A. Parvatiyar (eds.), Sage Publications, pp.39-68.

Peppers, Don and Martha Rogers [1993], *The One to One Future*, Doubleday, New York. (井関利明監訳, ベルシステム24訳 [1995] 『One to One マーケティング―顧客リレーションシップ戦略―』ダイヤモンド社。)

Pine II, B. Joseph [1993], *Mass Customization*, Harvard Business School Press. (江夏健一・坂野友昭監訳, IBI国際ビジネス研究センター訳 [1994] 『マス・カスタマイゼーション革命』日本能率協会マネジメントセンター。)

Price, L. L. and E. J. Arnould [1999], "Commercial Friendships- Service Provider-Client Relationships in Context," *Journal of Marketing*, Vol.63, No.4 (October), pp.38-56.

Reichheld, F. F. and W. E. Sasser, Jr. [1990], "Zero Defections: Quality Comes to Services," *Harvard Business Review*, Vol.68. No.5 (September-October), pp.105-111.

Reynolds, K. E. and S. E. Beatty [1999], "Customer Benefits and Company Consequences of Customer-Salesperson Relationships in Retailing," *Journal of Retailing*, Vol.75, No.1 (Spring), pp.11-32.

Sheth, J. N. and Atul Parvatiyar [1995], "Relationship Marketing in Consumer Market: Antecedents and Consequences," *Journal of the Academy of Marketing Science*, Vol.23, No.4 (Fall), pp.255-271.

Sheth, J. N. and Atul Parvatiyar (eds.) [2000], *Handbook of Relationship Marketing*, Sage Publications.

Turnbull, P. W. and M. T. Cunningham [1981], "*International Marketing and Purchasing: A Survey among Marketing and Purchasing Executives in Five European Countries*," Macmillan, London.

Vargo, Stephen L. and Robert F. Lusch [2004], "Evolving to a New Dominant Logic for Marketing," *Journal of Marketing*, Vol.68, January, pp.1-17.

Vargo, Stephen L. and Robert F. Lusch [2006], "Service-dominat logic: What it is What it is not, What it might be," in Robert F. Lusch and Stephen L. Vargo (eds.), *The Service-Dominat Logic of Marketing: Dialog, debate, and directions*, Armonk, NY: M. E. Sharpe.

Vargo, Stephen L. and Robert F. Lusch [2008], "Service-dominat logic: continuing the evolution," *Journal of the Academy of Marketing Science*, Vol.36, No.1, pp.1-10.

Wilson, D. [1993], Commentary on "The Markets-as-Networks Tradition in Sweden," in G. Laurent, G. L. Liliea and B. Pras (eds.), *Research Traditions in Marketing*, Kluwer Academic Publishers, New York, pp.343-346.

Yi, Youjae [1990], "A Critical Review of Consumer Satisfaction," in Valarie A. Zeithmal, ed., *Review of Marketing 1990*, Chicago, IL: American Marketing Association, pp.68-123.

(東　利一・小野裕二)

第8章

グローバル市場研究の諸問題

1. はじめに
―グローバル化する現代の市場―

　これまでの3章は，一国内市場の消費者をいかに把握するか（第5・6章），いかにリレーションシップを築くか（第7章），を解明するものであったが，本章では，多様な国の市場における消費者といかに関係を結ぶかに関する諸問題を検討する。

　Levitt［1983］の「Globalization of Market（市場のグローバル化）」で，ソニーのテレビ，リーバイスのジーンズなどグローバルな同質化の進行が指摘されたが，すでに1960年代には，European Consumer（Elinder［1965］）やWorld Customer（Dichter［1962］），Global Shopping Center（Drucker［1969］）と言われており（大石［1996］），第2次世界大戦後の世界はグローバル化への道を進んだ。近年は，インターネットの普及で世界はフラット化し（Friedman［2005］），デジタル・ネイティブなど現在の子供たちは，生まれた時から世界とつながっている。

　本章では，グローバル化する市場への対処の基本方針をPorter［1986］の配置と調整の枠組みに求めつつ，グローバル・マーケティングの方向性を示したい。

2. グローバル市場対応の2つの視点
―問題の所在―

(1) グローバル市場対応の先行研究

① Perlmutter［1969］に始まる EPRG プロファイル

Perlmutter［1969］を発展させる形で，Heenan and Perlmutter［1979］では，多国籍企業の経営者の基本姿勢として，a.本国志向（ethnocentric），b.現地志向（polycentric），c.地域志向（regiocentric），d.世界志向（geocentric）という4つの志向をあげている（山本［2008］）。

意思決定権限の所在が，a.本国志向では本国本社に，b.現地志向で一部現地に（オペレーショナル権限等），c.地域志向で地域本社に，d.世界志向では，世界本社と地域子会社が密接な連携を取る。世界志向が不可欠であることが示される。

② Dunning［1977, 1979］の OLI パラダイム

Dunning［1977, 1979］は，メーカーの生産活動の海外移転の決定因について，a.所有特殊的優位（ownership-specific advantage），b.立地特殊的優位（location-specific advantage），c.内部化インセンティブ優位（internationalization-incentive advantage）という3要因からなる OLI パラダイムを提示した（長谷川［2008］）。

所有特殊的優位（O優位）とは企業自身のもつ優位性で，資産優位（製品イノベーション能力，高知識人材など）と取引優位（資産優位の効率的運用能力；企業規模，労働力，資源アクセス，各国差異の学習能力など）がある。立地特殊的優位（L優位）とは，進出先国で得られる優位で，エネルギー・原材料・部品などの生産関連優位性，現地市場の市場規模，輸送・通信コスト，税制や法律などがある。グローバル市場対応では，需要規模や輸送コスト，法律などは重要である。内部化インセンティブ優位（I優位）とは，経営諸活動を自社内完結する優位性で，各種取引コストの削減，品質管理の向上などがある。I優位がある場合，ライセンシングよりは輸出（自国内で完結）や対外直接投資（進出国で完結）が奨励されるが，グローバル・マーケティングでも，I優位が必要な分野（高関与消費者向け高関与製品など）と必ずしも必要でない分野（現地パートナーに任せ

てもよい分野；基礎的製品など）の存在が予想され，重要な示唆を与えてくれる。

③ Prahalad and Doz［1987］のI-Rグリッド

経済的要因から世界的統合が，政治的要因からは現地対応が必要としたDoz［1980］などを基礎に，Prahalad and Doz［1987］が示したのがI-Rグリッドである（井上［2008］）。Integration（グローバル統合）の高低と，Responsiveness（ローカル適応）の高低で，多国籍企業の基本戦略を示した。従来の集権的－分権的の議論を超え，グローバル統合とローカル適応の同時達成をモデル化した。

Bartlett［1986］やGhoshal［1987］は同様なI-Rフレームワークに基づき，Ghoshal［1987］では，2×2のI-R上に，産業別（自動車など），企業別（フォードなど），機能別（製造など），タスク別（価格など）の例示を行っている。

④ Bartlett and Ghoshal［1989］のトランスナショナル・モデル

Bartlett and Ghoshal［1989］は，日米欧多国籍企業9社を分析したBartlett and Ghoshal［1986］などを基に，グローバル統合，ローカル適応，世界規模の学習を満足させるトランスナショナル・モデルを提案した（竹之内［2008］）。

a. マルチナショナル，b. グローバル，c. インターナショナル，d. トランスナショナル，の4戦略では，a. マルチナショナルは各国市場の違いに対応し（食品や日雑品），b. グローバルは世界を単一市場と見る（家電や自動車）。c. インターナショナルは親会社ノウハウを各国に移転するもので，aとbの中間形態である。

ただa～cとも，グローバル統合・ローカル適応・世界規模の学習の同時達成は難しく，トランスナショナル・モデルが提案された。そこでは，グローバル統合は，グローバルのように本社方針を明確に，本社と子会社間の調整を行う。ローカル適応は，マルチナショナルのように海外子会社に権限を分散する。世界的学習は，インターナショナルの本社から海外子会社への一方向に加え，子会社から世界へのイノベーションの移転や，本社と海外子会社との共同開発などを目指す[1]。

以上，基本は，本国（本社）と現地（子会社）の関係のマネジメントである。以下では，このようなグローバル・マーケティングの核心的問いに答えるものとして，本章の基本的枠組みであるPorter［1986］の配置と調整を考察する。

(2) 配置と調整

　Porter［1986］によると，グローバルな経営戦略は，a. 配置（configuration）とb. 調整（coordination）からなる。配置とは，経営諸活動が世界のどの地域／地域数で行われるかを決定するもので，集中－分散の選択肢がある。一方，調整とは，それら国別で行われる諸活動の関係を決定するもので，高－低の選択肢がある。グローバル・マーケティング戦略なら，世界のいくつの／どの国・地域の市場に進出するのかを決定するのが配置課題の中心であり，それら進出した複数国の市場において，同様なマーケティング戦略をとるのか（標準化），異なるマーケティング戦略をとるのか（現地化）を決定するのが調整課題の中心となる。

　Porter［1986］の革新性は，配置と調整と言う2段階にグローバル戦略を分けた点にある。上で見た先行研究では，グローバル統合とローカル適応の実現は，諸類型や軸の提示に留まっていた。一方，Porter［1986］のモデルは，海外進出の決定（配置）と，その後の管理（調整）という，実際の海外進出活動の段階に応じたグローバル統合とローカル適応の方策を提示するものなのである。

　企業の海外進出では，経営活動を海外展開するが，価値連鎖の考え方は重要である。価値連鎖（value chain）とは，主活動（購買物流・製造・出荷物流・販売マーケティング・サービス）と支援活動（全般管理・人事労務管理・技術開発・調達）からなり（Porter［1985］），主活動は，買い手に近い「下流活動」（サービス・販売マーケティング・出荷物流の半分）と，それ以前の「上流活動」（出荷物流の半分・製造・購買物流）から成る（Porter［1986］）。下流活動は買い手に近い場所に，上流・支援活動は，買い手の位置と無関係に配置可能である。例えば，CVSチェーンの場合，内装や品揃えの下流活動は現地消費者に適応させ，調達物流や加工の上流活動は現地消費者に適応させる必要はほぼないと考えられる。

　このPorter［1986］の配置と調整の考え方に拠って立ち，本章の議論を進める。

3. 進出国・製品・参入モードの決定（配置課題）

(1) 問題の所在

グローバル・マーケティングの第1の課題の配置課題には，a. 進出国の決定，b. 製品ラインの決定，c. 参入モードの決定，がある（三浦［2000］）[2]。日本の自動車メーカーなら，進出国の決定に加え，進出製品（高級車か普及車かなど），参入モード（輸出，合弁，直接投資など）も同時に決定せねばならない。

(2) 配置課題の先行研究レビューと，それに基づく1つの解答

① 進出国の決定

1) IPLC（International Product Life Cycle）

進出国の決定の古典的著作が，Vernon［1966］のIPLC（国際プロダクトライフサイクル）論である。製品のライフサイクルを，新製品，成熟，標準化の段階に分け，アメリカ，他の先進国，発展途上国の間で，各段階の需給関係が異なり，アメリカ→他の先進国→発展途上国と，という生産の移行を示した（アメリカ主体で考えると，輸出→海外生産→輸入という参入モードの問題でもある）。

今日では，各国の経済発展の中，a. 先進諸国間の違い，b. アメリカ以外からのイノベーション，などから，その有効性は限定的と考えるのが一般的である。

2) 国際市場細分化の2段階モデル

進出国の決定の前提に国の細分化がある。多くの先行研究が社会・経済指標による1段階の国家分類だったのに対し，国セグメントと顧客セグメントと言う2段階分析を行ったのが，Wind and Douglas［1972］である（諸上［1996］）。

企業の実際のグローバル・マーケティングでは，国の決定（配置課題）と同時に，その国のどの消費者セグメントに販売するのか（調整課題の一部），も検討されるはずであり，この2段階モデルは実践的で重要な視点と考えられる。

3) 国の文化的差異に関する研究

国の細分化に関し，重要な先行研究があるのが文化的差異の研究である。

Hall [1976] の高低コンテクスト文化の研究が代表的である。日本やアジアは，コミュニケーションにコンテクストが重視される高コンテクスト文化の国である一方，欧米などは，コードに基づく明快なコミュニケーションが重視される低コンテクスト文化の国である。Hall [1983] では，時間感覚も，日本・アジアのポリクロニックな時間と，欧米のモノクロニックな時間という対比を示している。

また Hofstede [1980, 1991] は，IBM の社員 11 万人以上の調査などを基に，人々の行動を規定する価値次元として，権力格差，不確実性回避，個人主義／集団主義，男性的価値／女性的価値，長期志向性，の5つをあげている。

4) 国別ポートフォリオ分析

事業ポートフォリオ分析の考え方を，グローバル・マーケティングに適用したのが，国の魅力度と競争上の強さによる国別ポートフォリオ分析の諸研究である。Larréché [1978] などが最も初期の研究と考えられるが，Harrel and Kiefer [1981] で実際のデータを用いた適用例が示された。その後，Harrel and Kiefer [1993] では改訂版が提示されフォード・トラクター社の例が示される（図表8-1）。

縦軸の国の魅力度には，市場規模，市場成長率，価格規制，ローカルコンテント，インフレ率，貿易収支，政治的安定性などがあり，横軸の競争上の強さには，絶対的市場シェア，市場地位，市場満足度程度，1単位当たり利益などがあ

図表8-1 国別ポートフォリオ分析

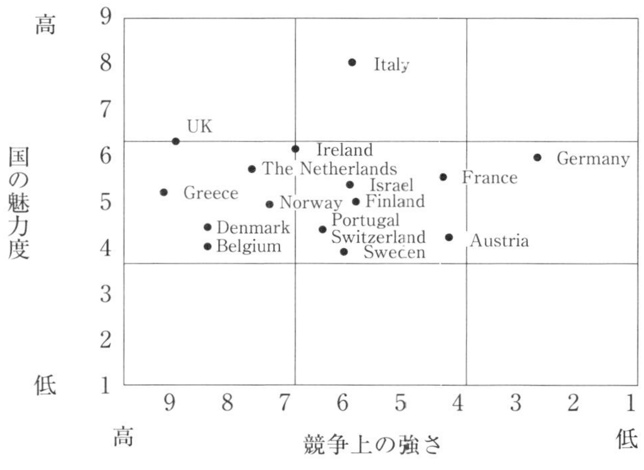

（出所）Harrell and Kiefer [1993] p.67.

る（近年は，グローバル SCM も重要要因である；山下・諸上・村田［2003］）。これら 2 要因で進出対象国を位置づけ，進出国を決定する（撤退の意思決定も行う）。

進出国の決定を，単に対象国の諸変数の分析だけでなく，対象国の魅力度と進出企業の競争力との適合とした点が，大きな貢献である[3]。

② 製品ラインの決定と，参入モードの決定
1） 製品ラインの決定

製品ラインの決定では，当該国の経済水準が重要な考慮要因である。一人当たり GDP が 1,000 ドルを超えると国民の消費意欲が高まり（『日本経済新聞』2003 年 12 月 25 日，『日経産業新聞』2003 年 12 月 29 日），3,000 ドルを超えると一通りの家電製品を買い揃え（『日経エレクトロニクス』2012 年 4 月 30 日号），都市化や工業化で消費パターンが変化し（『日本経済新聞』2009 年 3 月 10 日），二輪車は需要がピークになる（『日経産業新聞』2008 年 2 月 20 日）。日本が 3,000 ドルを超えたのは 1970 年代半ばで，高度成長を経て，自動車などの普及率が急速に高まった時期である（『日本経済新聞』2009 年 3 月 10 日）。10,000 ドルを超えると，先進国の経済水準に達した目安とされ（『日本経済新聞』2008 年 2 月 1 日），例えば，ピアノの需要はこの 10,000 ドルまでは増え続け，超えると，ピアノが各家庭に行き渡って他の製品・サービスに消費が向かうため，ピアノ需要は徐々に減少する（『日経産業新聞』2008 年 2 月 20 日）。

どの製品で進出するか（プレステージ化粧品かマス化粧品かなど）は，経済水準などが重要な指標となる。一方，仮に先進国にプレステージ化粧品で進出するとして，どのブランドで進出するかは，むしろ文化的要因が重要な要因となる。

2） 参入モードの決定

参入モードは，Root［1982］によると，リスクも支配（コントロール力）も低い間接輸出から，技術供与，合弁事業，単独事業などへと，期間を経て徐々に展開することが多い。

参入モード決定に関して，Agarwal and Rawaswami［1992］は，Dunning［1977, 1979］の OLI パラダイムから定式化した。所有特殊的優位（企業規模，多国籍的な事業経験，差別化製品開発能力）が大きい場合，単独進出が選択される。立地特殊的優位（市場潜在力，投資リスク）は，輸出か単独進出かの選択に影響する。内部化優位（契約リスク）は，技術供与か単独進出かの選定に役立

つ。
　近年，インターネットが普及し，Google など，最初から世界を見据えたボーン・グローバル企業[4]が陸続と誕生しており，Root [1982] 流の輸出から始める旧来型の海外展開の段階論は，これら業界では必ずしも適合しなくなっている。

③　配置戦略のまとめ
1）　企業と進出国環境の適合 (fit)
　企業の海外進出は，従来多くは，プッシュ要因とプル要因（板垣 [2002]），別個に捉えていた（国際市場細分化研究も，プル要因の進出国市場に限定した分析）。
　プッシュ要因には，「自国市場の飽和」だけでなく，企業のグローバルな優位性も含まれるので（Hymer [1960]），国別ポートフォリオ分析は，国の魅力度（プル要因）と競争上の強さ（プッシュ要因）を分析する，有効なものと捉えられる。

2）　段階論を超えて
　グローバル経営の国際化過程は，a. ウプサラ (Uppsala)・モデル（国外市場コミットメントと経験的知識獲得による漸次的国際化）と b. イノベーション・モデル（知識と経験の漸次的獲得による国際化）が代表的で，共に，輸出なし→独立代理店による輸出→海外販売子会社設立→国外への接近・生産，という段階を踏む（嶋 [2007]；Johanson and Vahlne [1990]）。進出初期は，輸出などローリスクで対応し，自社が認知されリスクが低減したら，ライセンシング，直接投資へと，支配が大きく利益もとれるハイリターンのモードへと段階的に移行する。
　海外進出論は概ねこの段階論で進んできたが，近年のネット企業などは，いきなり世界市場を，それも同時に相手にする（多国籍展開の段階論［一国→一地域→全世界］も超越）。大企業以外でも海外進出可能になったのは 1990 年代頃からと言われ，a. 市場（途上国の所得上昇で世界の文化・嗜好の差異縮小），b. 技術（ICT など国際物流や R&D・生産の技術が進展），c. 制度（1995 年の WTO［世界貿易機構］成立がサービス貿易の進展，知的財産権の保護，直接投資のルールを国際法として決定）の 3 要因がある（嶋 [2007]）。近年の BOP 市場への関心の高まりは，配置課題の対象でなかった BOP 市場をも，対象に含むことを示唆している。

(3) 配置課題の今日的課題
―新たな対象の出現―

① BOP市場

BOPとは，Base of the Pyramidの略で[5]，1日2ドル未満で生活する，世界全体で40億人の貧困層のことを指す（Prahalad [2005]；Prahalad and Hart [1999], [2002]；Prahalad and Hammond [2002]）。国際金融公社（IFC）と世界資源研究所（WRI）は，2007年，1人当たり年間所得が3,000USドル（2002年購買力平価）未満をBOPと定義している（Hammond, et al. [2007]）。

1) 施しの対象から，重要なターゲットへ

Prahalad [2005] では，一向に貧困が解消されないBOP市場への発想の転換を提言した。まず，「貧困層は国の保護下」という考えを捨てる。次に，BOPへの取り組みを，慈善やCSRでなく企業の中心に据える。そして，貧困層を個人として尊重し，彼らのニーズに基づいて市場を共創するのである。

ユニリーバのインド子会社ヒンドゥスタン・リーバ・リミテッド（HIL）が開発・販売した「アンナプルナ・ソルト」（ヨード添加された食塩）は，発展途上国で多くの子供が患うヨード欠乏症を補う画期的な製品として，2001年にはインド食卓塩市場の2位にまで躍進した。欠乏症から解放されたインドの子供や家族は大きな幸福を感じ，HILへの信頼が生まれる。グローバル市場対応でも，先進国・中進国に加えBOP市場の重要性を教えてくれる（ユニクロは，バングラデシュで衣料品を製造販売するソーシャル・ビジネスを展開；Yunus [2010]）。

2) リバース・イノベーション

BOP市場はイノベーションの源泉であり，リバース・イノベーション（reverse innovation）を主張したのが，Govindarajan and Trimble [2012] である。「途上国で最初に生まれたイノベーションを先進国に逆流させる」ことを言う。IPLC（Vernon [1966]）は，今日，必ずしも説明力を持たないが，先進国から発展途上国へとイノベーションは普及すると言う考えに疑問をはさむ論者は少なかった。

GEヘルスケアは先進国で好評の心電計（3,000～10,000ドル）がインドで売れない中，インド専用の心電計をつくると決めた。広大な国土に診療所は少なく携帯性が必要で，電力網も未整備でバッテリーが不可欠，専門医の少ない同国ではメンテナンスの簡単さも必要であった。800ドルの心電計という目標に向け，

シンプル・軽量の新機種 MAC400 を完成し，インドのみならず世界に普及した。

途上国市場は環境やニーズが異なり，ゼロベースで考えるため，イノベーションの源泉になる。グローバル・マーケティングでは，似たニーズの国々を集めての戦略があるが（Ghemawat［2007］のAAA戦略の1つの集約［Aggregation］など），異なる環境やニーズの市場に展開することで，売上や利益とは異なるメリットが得られる。BOP など途上国市場は，単に将来の販売先（イノベーションの受容国）でなく，イノベーションの源泉と言う大きな可能性も秘めている。

② インターネット市場

Internet World Stats〈http://www.internetworldstats.com/〉によると，2012年6月30日時点で，世界のインターネット・ユーザーは24億人を超える（世界人口約70億人の人口普及率は34.3％）。地域別では，アジアが約10億8,800万人（人口普及率27.5％），ヨーロッパが約5億1,900万人（同63.2％），北米が約2億7,400万人（同78.6％），南米・カリブが約2億5,500万人（同42.9％），アフリカが約1億6,700万人（同15.6％），中東が約9,000万人（同40.2％），オセアニアが約2,400万人（同67.6％）である。それは，次の2つの大きな意味を持つ。

1) フラット化する世界市場

Friedman［2005］は，国家によるグローバリゼーション1.0（コロンブスの新大陸発見から1800年頃），企業によるグローバリゼーション2.0（1800年から2000年）に対し，グローバリゼーション3.0（2000年以降）は，個人の力が生み出すとし，その背景に，インターネットなどの新技術の登場をあげている。

インターネットにより，従来は巨大多国籍企業しかできなかったグローバル化が，小企業や一個人からできるようになり，世界の遠近関係に加え，企業の大小関係，企業－消費者間の上下関係など，多くのギャップ／格差をフラットにした。

2) ロングテールとグローバル・ニッチ

インターネットは，企業の対象も，ロングテール（long tale）へと拡大した。これは，「ヘッドにある比較的少数のヒットに焦点を合わせるのをやめ，テールにある無数のニッチに移行する」戦略である（Anderson［2009］）。ロングテールが注目されるようになったのは，①生産手段の民主化（PCの普及がデジタルコンテンツなどの作成を容易に），②流通販売手段の民主化（ネットの普及がデジタルコンテンツの流通販売を容易・安価に），③需要と供給の一致（検索サイト

などが目当てに到達するのを容易に），の3つがあった（Anderson［2009］）。

ロングテールの考え方をグローバルに広げたのがグローバル・ニッチである（三浦［2009b］）。市場縮小で苦労していた日本の錦鯉販売店が，ネットで宣伝したところ，中東の大金持ちから注文を受けて大成功したと言う。各国内ではニッチ市場の錦鯉市場も世界規模だとグローバル・ニッチとして成立するのである。

グローバル・ニッチ戦略では，「グローバル・ニッチトップ製品の創出」と謳う日東電工は，電子部品などで世界シェアno.1製品を数多く抱えているし，マブチモーターは，自動車電装機器などの部品として世界シェア5割以上を誇っている。

4．標準化／現地化の決定（調整課題）

◢ (1) 問題の所在

グローバル・マーケティングの第2の課題が，進出した複数国の市場でのマーケティングの調整課題であり，中心が，複数国で同じマーケティングを展開するか（標準化；standardization），異なるマーケティングを展開するか（現地化；localization），の意思決定である（他に，知識移転の課題もあるが，それは後述）。

この課題を端的に表現するなら，「企業としては，標準化して規模の経済性を得たいが，標準化だけだと現地市場に受容されないので，どこを現地化するか」ということであり，これが，標準化／現地化課題の核心である。

◢ (2) 調整課題の先行研究レビューと，それに基づく1つの解答

① STPに関する，標準化／現地化戦略
1) Takeuchi and Porter ［1986］のターゲティングの標準化／現地化
STPの標準化／現地化戦略では，Takeuchi and Porter ［1986］が，a. 各国共通セグメント方式，b. 国別多様セグメント方式，c. 類似国グループ化方式（ニーズ・気候・言語・経済水準・宗教・媒体やチャネルなど，類似国をひとまとめに

図表 8-2 ターゲット市場の選定

a. 各国共通セグメント方式

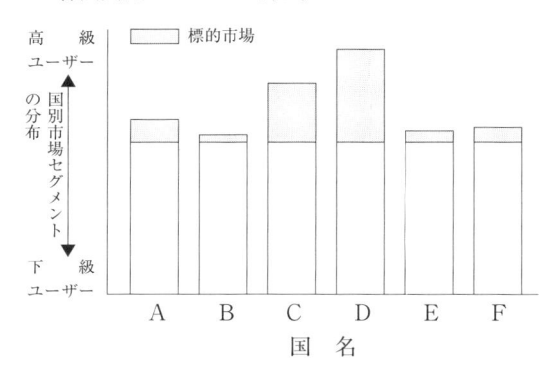

（縦軸：国別市場セグメントの分布　高級ユーザー〜下級ユーザー、横軸：国名 A B C D E F、標的市場）

b. 国別多様セグメント方式

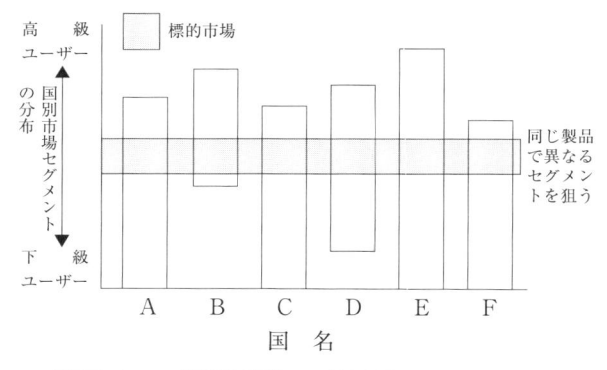

（縦軸：国別市場セグメントの分布　高級ユーザー〜下級ユーザー、横軸：国名 A B C D E F、標的市場、同じ製品で異なるセグメントを狙う）

（出所）Porter［1986］訳書，pp.144-145.

ターゲットに），という3方式を提案した（aとbは図表8-2参照）。

「セグメント方式」と言うが，セグメンテーションだけでなくターゲティングまで含めたモデルである。a.は，市場を「高級〜下級」と経済的要因で細分化し，細分市場の最上位の高級ユーザー・セグメントを世界中で共通してターゲットにしており，ベンツなど高級ブランドのマーケティング戦略である。一方，b.は，「高級〜下級」の細分化までは同じだが，その後のターゲティング戦略が異なる。ホンダのアコードは，日本ではファミリーカーユーザーに，アメリカでは2台目や通勤車ユーザーに，ヨーロッパの一部では高級技術スポーツカーユーザーに，各国ターゲットを多様化してマーケティングを展開していたと述べられる。

同書では,「各国内のニーズが細分化しているので,（中略）国別多様セグメント方式が主流」と述べられていたが,アジアその他の経済発展がみられる今日は,「各国共通セグメント方式＝グローバル・ブランド」の時代,と考えられる。

2) Kotabe and Helsen［2001］のポジショニングの標準化／現地化

STP の最後の P（ポジショニング；他社と比較しての自社の提供価値の優位性）の標準化／現地化では,Kotabe and Helsen［2001］が,a. 世界共通ポジショニング戦略と,b. 現地化ポジショニング戦略,という 2 方式を提案した。

世界共通ポジショニング戦略には,世界共通のテーマが前提で,a. 製品特性／属性,b. 製品ベネフィット（論理的・情緒的）,c. ユーザー・カテゴリー,d. ライフスタイル,などがある。P&G の食器用洗剤「ジョイ」は,「洗浄力」（製品特性）による世界共通ポジショニング戦略である（北米・ラテンアメリカ・アジアで展開）。一方,現地化ポジショニング戦略は,ポジショニングを現地化する戦略である。ベンツが日本で E クラス導入の際,日本の風景などを用い,「メルセデスと美しい国」という広告を行った。ベンツの E クラスは,他国市場同様,高額所得者セグメントをターゲットにしている点は各国共通セグメント方式であるが,ポジショニング（他社と比較しての自社の提供価値の優位性）は欧米など他国（スポーツ性や静粛性,など）と異なる戦略（美しさ）をとっていたのである。

各国共通セグメント方式への流れと同様,世界共通ポジショニング戦略,すなわち,グローバル・ブランド戦略への流れが大きく見てとれる。

② **4P に関する,標準化／現地化戦略**

4P 戦略の標準化／現地化は,最も多くの議論が続けられてきた分野である（大石［1996］,諸上［1988］,三浦・伊藤［1999］,Douglas and Craig［1992］,Li and Cavusgil［1995］,Quester and Conduit［1996］,Cavusgil, Deligonal and Yaprak［2005］）。

1) 国際調査（4P 別標準化度合）

Sorenson and Wiechmann［1975］では,欧米非耐久消費財多国籍企業 27 社の欧米子会社間の 4P 戦略の標準化／現地化程度を,約 100 人の経営幹部への質問聞き取り調査から分析している。結果は,製品戦略がブランド名や製品特性など一番標準化しやすく,流通チャネル戦略（中間業者タイプはしやすく,小売店タイプはしにくい）と広告戦略（広告メッセージはしやすく,広告メディアはしにくい）が続き,価格戦略（小売価格など）が最も難しいものであった。

Takeuchi and Porter［1986］では，日系多国籍企業5社46製品群の標準化／現地化程度を調査している。製品戦略が標準化度が高く，企業自身の裁量余地が大きく，標準化による規模の経済性が得られる分野と理解される。一方，広告メディアや流通チャネルは国ごとの発展段階が異なり現地化する必要があるが，広告テーマという，企業の裁量余地が大きそうな分野でも世界共通で標準化できないのは，視聴する消費者の文化的特性が国によって異なるためと考えられる。

　三浦［2002b］では，在日外資系企業114社の標準化／現地化程度について郵送質問紙調査を行っている。同様に，製品戦略が一番標準化しやすく，続いて広告戦略と流通チャネル戦略，そして価格戦略の順であった。興味深いのは流通チャネル戦略のサブ戦略間の違いで，流通チャネル自体は，国ごとの流通構造の発展度合に左右されるので必然的に現地化せざるを得ない一方，販売組織や販売員訓練は企業独自の裁量余地が大きく，相対的に標準化できるようであった。

　2）　製品類型別研究

　大石［1996］は，標準化／現地化の規定要因に，a. 企業側要因（競争優位の所在，国際化度など），b. 製品／産業要因（製品タイプなど），c. 環境要因（法・政治，文化など），の3つをあげた。以下，この内，製品類型に絞って検討する。

　代表的な製品類型は，生産財／耐久消費財／非耐久消費財の分類で，この順で標準化しやすい。理由は，生産財が顧客ニーズが類似して標準化しやすい一方，耐久消費財，非耐久消費財は，嗜好・習慣など文化に関わり，標準化が難しくなるからである（Boddewyn and Hansen［1977］，Sandler and Shani［1992］）。

　思考型製品（家電や日雑品など）／感情型製品（ファッションや食品など）の分類（Vaughn［1980］）では，思考型製品＞感情型製品の順で，標準化しやすい（三浦・伊藤［1999］）。同じ非耐久消費財でも，味が重視される食品（感情型製品）は，機能が重視される日雑品（思考型製品）に比べ，標準化しにくい。同じ耐久消費財でも，イメージが重視されるファッション製品（感情型製品）は，機能が重視される家電製品（思考型製品）に比べ，標準化が難しい。理由は，思考型製品の評価は，車の燃費やPCのクロック周波数など，国を超えた世界共通基準がある一方，感情型製品の評価は，シャツの色やチョコレートの味など，国によって判断基準が異なるからである。

　3）　その他の先行研究

　大石［1996］の共通要素方策という標準化／現地化戦略があり，広告戦略のパターン標準化（pattern standardization），製品戦略のコア製品アプローチ（coreproduct approach) がある。パターン標準化として，グッドイヤー社が1976-77年の欧州向け広告コピーを欧州以外子会社に提示した際，子会社はコピーの全部／一部の選択権があった (Peebles, et al. [1977], [1978])。コア製品アプローチは，製品のコア部分は標準化し，アタッチメントなどを現地化する方策で，農業機械の例（基本機械部分は標準化，進出国の気候・地形・ニーズで付随装置を追加）などがある (Walters and Toyne [1989])。このパターン標準化やコア製品アプローチでは，同じ1つの広告コピーや製品の中に標準化と現地化が同居するわけで，標準化／現地化研究に大いなる示唆を与えてくれる。

小林 [2001] の包括的標準化方式という標準化／現地化戦略がある。全方式で録音・再生可能なVTR機器や，複数の言語で書かれた製品説明書などである。

③ 調整戦略のまとめと提言

1）フロント・システムとバック・システム

フロント・システム（店舗ネットワークの構造，小売ミックスなど）とバック・システム（SCM，店舗業務遂行技術など）という考え方は，業態論でよく用いられるが（田村 [2008]），グローバル・マーケティングの調整課題でも重要である。

川端 [2013] は，モスバーガーなど日系外食業のアジア進出を分析し，外食グローバル化の成否は，食文化への適応より，現地オペレーション・システム（食材調達・加工・配送，店舗開発，人材開発）構築の成否が重要と結論づけている。味という文化依存的な外食業は，各国市場の味の嗜好に現地化することは必要だが，各企業は味やメニューを調整し現地に適応していると言う。一方，食材調達・加工のシステムなどを日本同様に作るのは困難で，その成否が成功の鍵を握ると言う。したがって，消費者に直接接する味やメニューは現地化し，消費者に見えないオペレーション・システムは効率的なものに標準化する。フロント・システムの現地化とバック・システムの標準化は，1つの基本的考え方と考えられる（Porter [1986] の価値連鎖［上流活動・下流活動］の考え方も同型である）。

2）延期と投機

延期（postponement）と投機（speculation）の理論は，Alderson [1957] の延期の原理を拡張し，Bucklin [1965] が体系化した理論で（三浦 [2002a]），調整課題にも参考になる。延期とは，実需の把握まで製品の生産を引き延ばし，実需ご

とにこまめに店舗へ納品するもので，消費者ニーズに適合する。一方，投機とは，実需の把握を待たず，需要予測などから計画的に製品を生産し，まとめて店舗へ納品するもので，規模の経済性が獲得できる（三浦［1996］）。ミスミ（金型部品のハーフメード品の大量生産［投機］と注文による追加加工［延期］）や，ベネトン（生成りのセーターの投機と後染めによる延期）など，多くの企業が延期と投機のミックスで，ニーズ適合と規模の経済性と言う2つの価値を得ている。

　グローバル・マーケティングにも，標準化による規模の経済性と現地化による現地ニーズ適合という同様な問題状況があり，機能分野や製品類型ごとの標準化／現地化に加え，延期と投機の考え方で，1つの製品への両者の併存（コア製品アプローチ），1つの広告への両者の併存（パターン標準化）も考えられる。

(3) 調整課題の今日的課題
―知識・ノウハウの調整―

① グローバル・ブランド
Aaker and Joachimsthaler［2000］によると，グローバル・ブランドとは，BI（ブランド・アイデンティティ），ポジション，広告戦略，パーソナリティ，製造，パッケージ，外観，使用感などで，世界的に統一されたブランドで，規模の経済性，市場を横断しての露出による効率，管理の容易さ，などの優位性を持つ。

1) グローバル・ブランドとして成功する3条件
Aaker and Joachimsthaler［2000］は，次の3つをあげている。
a.「最善で高級」というポジションとは，ベンツなど各分野で最高のものを提供し，「最善で高級」というポジションを目指す。どの国でも富裕層は存在し，また近年の日本の消費の二極化現象のように，中間層も高関与な製品分野では高級品を購買することを考えると，成功の可能性の高い戦略である。
b.「国」というポジションとは，本国のよい原産国（COO：Conuntry of Origin）イメージ（Wilkinson［1992］）を利用するポジショニングである。機械モノに強いCOOイメージの日本は，「ポケモン」などアニメやマンガが世界を席巻し，McGray［2002］の「クール・ジャパン」以降，情緒的なイメージも獲得した。
c. 純粋な機能的便益とは，客観的な機能的便益は世界の消費者に通用する，と

いう考えに基づく。第2次世界大戦後，トヨタなどが燃費や耐久性など機能的便益で欧米企業を凌駕し，世界で認められた。機能的便益は優劣の客観的判断基準があることが多く，世界の競合を超える性能を実現できれば，グローバル・ブランドとして成功する。

2) グローバル・ブランドの3階層

井上［2013］によると，a.ローカル・ブランド（一か国のみで導入），b.リージョナル・ブランド（ある地理的地域で導入），c.グローバル・ブランド（主要先進国を中心に世界的に導入され，海外売上比率も高い），の3階層がある。

グローバル・ブランドの研究が本格化するのは，1990年代半ばからである（Boze and Patton［1995］，De Chernatony, et al.［1995］など；井上［2013］）。欧米多国籍企業6社を分析したBoze and Patton［1995］では，34か国以上の国で展開のブランド数は，コルゲート6（対全体構成比4％），クラフト6（同3％），ネスレ19（同3％），P＆G18（同8％），クエーカー2（同1％），ユニリーバ17（同4％）で，これらはグローバル・ブランドと言える。1〜3か国のみで展開のブランドの全ブランドに対する構成比は各社51〜72％で，これらがローカル・ブランドに近く，4〜33か国で展開のブランドの全ブランドに対する構成比が各社24〜40％で，これらがリージョナル・ブランドに近いものである。例えば，アンホイザーブッシュ・インベブのブランド構成は，グローバル・ブランド3ブランド（Budweizer, Beck's, Stella Artois），マルチカントリー・ブランド2ブランド，ローカル・チャンピオン70ブランドである（井上［2013］）。

主要な多国籍企業は自社の多くのブランドで全社的に標準化と現地化のバランスをとっており（井上［2013］），全社的なブランド構成は重要な視点である。

② **知識移転**

日本のローカル・ブランドであったコカコーラ「Qoo」やネスレ「ネフカフェバリスタ」が，アジアや欧州に導入されたように（井上［2013］），複数拠点間における知識移転（knowledge transfer）は，重要な調整課題である。

1) 近年に至る研究の流れ

海外直接投資論でも知識移転は論じられたが，Hymer［1960］やCaves［1971］では技術やノウハウなど知識は容易に移転可能とされ，1970年代以降の内部化理論でも，経営資源や知識は公共財で，わずかな追加コストで移転できるとされた（山本［2004］）。一方，技術移転の研究では，Teece［1977］は，移転される技

術は公共財でなく，総コストの 2 〜 59％は移転コストと推定した（山本［2004］）。

　親会社による子会社のコントロールに代り，80 年代後半以降，海外子会社に資源・能力が蓄積される中，Bartlett and Ghoshal［1989］のトランスナショナル・モデルのように多国籍企業を水平的ネットワーク構造と捉えることが注目を浴び（山本［2004］），知識移転の重要性を増した。海外子会社を通じた知識フロー（knowledge flow）の研究が 90 年代以降盛んとなる（山本［2004］）。知識フローとは，知識移転を含むより大きなナレッジ・マネジメントの大枠で（Mahnke and Pedersen［2004］），a.（知識への）アクセス，b. 移転・融合，c. 活用，の 3 段階からなる（浅川［2002］）。ただ，本章では，知識移転に絞って考察する。

2）　知識移転の規定因

　知識移転の規定因は，a. 知識の属性，b. 送り手と受け手の特性，c. 送り手と受け手間の関係，d. 受け手の知識の吸収能力，の 4 つに分けられる（山本［2004］）。

　本章で検討する知識の属性では[6]，暗黙性（tacitness）の研究が代表的である（Winter［1987］，Simonin［1999a］，［1999b］）。言葉や数字で明確にコード化できる形式的知識に対し，明確に表せない暗黙的知識は，移転が非常に困難である。暗黙的知識の移転のために，クロスナショナル・チーム，海外経験をもつ人員のチームへの登用，国境を越えた製品開発チーム間での頻繁なコミュニケーションなどが必要である（山本［2004］）。また，製品アーキテクチャーの議論の中で，モジュラー型（PC など）とインテグラル型（自動車など）の内，1990 年代以降，製品のモジュラー化が進みつつあるが（山本［2008］），モジュラー化が進んだ PC や携帯機器業界では，モジュール間の連結ルールを明示して，多様な国際分業が進んでいる（諸上［2012］）。モジュラー型の方が暗黙性が低く，知識移転がしやすいため国際分業が促進されやすいわけで，インテグラル型が得意な日本企業だが（藤本ほか［2001］），グローバル展開する上では重要な課題と考えられる。

　一方，移転知識と組織上のコンテクストでは（三浦・原田［2012］），Foss and Pedersen［2002］は，移転知識が，内部知識（子会社内で創造），ネットワーク知識（外部とのネットワークで創造），クラスター知識（地域クラスターで創造）で，移転の難易度が異なるとした。マーケティング知識は，進出地域のコンテクストに依存することが多く，それが知識移転を難しくしたり，移転のメリットを減じることもある（特定地域コンテクスト下でのみ有用な知識など）。

5. おわりに
―新たなグローバル・マーケティングを求めて―

　第2次世界大戦後に発展したグローバル・マーケティング研究であるが（Li and Cavusgil [1995]），当初は，Vernon [1966] の IPLC や Root [1982] の参入モードの展開過程などのように，段階論的な色彩を強く持っていた。理由は，進出企業の規模の問題（多国籍企業のみ海外進出可能）や，受入国の環境の問題（受入国の文化や経済水準は大きく異なる），などがあったと考えられる。グローバル・マーケティングやグローバル経営にとって，当初は，本国本社の主導的コントロールの下，現地子会社が手足のように動く形態が多かったと考えられる。

　1980年代後半以降，海外子会社に資源・能力が蓄積され，Bartlett and Ghoshal [1989] のトランスナショナル・モデルのように多国籍企業を水平的ネットワーク構造として捉え（山本 [2004]），1990年代からは，市場要因（途上国の経済発展など），技術要因（インターネットの発達など），制度要因（WTO 成立など）により，中小企業も比較的容易に海外展開できるようになった（嶋 [2007]）。

　企業と市場（環境）の関係のマネジメントしてのマーケティングは，市場／環境の変化に応じて日々革新されていく。本国本社と海外子会社の関係が変わり，進出対象国の市場も技術も制度も変わってきたのである。旧来のグローバル・マーケティング理論で，この新たな環境変化に対応できるわけはなく，グローバル・マーケティング自体も革新していくことが，いま必要であると考えられる。

【注】
1) このトランスナショナルを超える概念として，Doz, et al. [2001] は，メタナショナル（metanational）という概念を提示している。
2) Porter [1986] は，グローバル・マーケティングの配置課題に，製品ラインの選定，国（市場）の選定，広告と販促資材の制作場所，をあげている。
3) 国際市場細分化研究の多段階モデルと言われる Douglas, et al. [1972] では，進出国の決定に当たり，個別企業の経営目的・経営資源などの関連が導入されたと言うが（諸上 [1996]），国別ポートフォリオ分析のようには，環境と企業の適合の考え方が明確ではないと考えられる（Douglas and Craig [1983]）。
4) ボーン・グローバル企業とは，1993年のマッキンゼー報告書の中でレニーが用いたのが最初とされているが（嶋 [2007]），事業設立と同時に（あるいは設立直後から）国際市場での売上高が通常25％以上を占める企業と言われる（嶋 [2007]）。設立当初から海外展開する例は，スウェーデンなど北欧諸国では珍しくなかったが，それはこれら諸国では自己市場が小さいために，成長の源泉を海外に求めるのは当然だったからである（高井 [2008]）。

例えば，ネスレも設立の翌年には海外展開し，設立から 8 年で 12 カ国に海外展開している（高井［2008］）。ただ，1980 年代まではボーン・グローバル企業はそれほどは多くなかったが，1990 年代に入り，急激な技術革新やグローバルレベルでのニッチ市場の増大，ニッチ市場のニーズを満たすベンチャー企業の組織能力などが相まって，その数が急激に増大したと言われる（高井［2008］）。

5) BOP という概念を提示した Prahalad［2005］などでは，Bottom of the Pyramid の略とされたが，その後，差別的色彩が強いと言うことで，今日では，Base of the Pyramid が一般に使われる。

6) b.送り手と受け手の特性については，送り手の特性としては，知識移転のモティベーション，信頼性，認知度が，受け手の特性としては，知識獲得のモティベーションなどがある。c.送り手と受け手間の関係については，知識移転を促進させる組織コンテクストの有無や，両者間での関係づくりの容易性がある。d.受け手の知識の吸収能力というのは，受け手の保有している関連知識や知識構造，送り手と受け手の組織構造の類似性などに影響を受けるが，これも知識移転の難易を規定する（Szulanski［1996］［2003］，山本［2004］）。

【参考文献】

浅川和宏［2002］「グローバル R&D 戦略とナレッジ・マネジメント」『組織科学』Vol.36, No.1，pp.51-67。

板垣　博［2002］「海外生産」吉原英樹編『国際経営論への招待』有斐閣，pp.102-121。

井上真里［2013］「製品ブランド管理の進展がグローバル・マーケティング枠組みに与える示唆」『流通研究』第 15 巻，第 2 号，pp.63-76。

井上葉子［2008］「多国籍業の戦略論とコア・コンピタンス　―ドーズ＆プラハラード」江夏健一・長谷川信次・長谷川礼編『シリーズ国際ビジネス 2　国際ビジネス理論』中央経済社，pp.147-160。

大石芳裕［1996］「国際マーケティング複合化戦略」角松正雄・大石芳裕編著『国際マーケティング体系』ミネルヴァ書房，pp.126-149。

川端基夫［2013］「外食グローバル化のダイナミズム：日系外食チェーンのアジア進出を例に」『流通研究』第 15 巻，第 2 号，pp.3-23。

小林　哲［2001］「国際マーケティング」大阪市立大学商学部編『国際ビジネス』有斐閣，pp.33-60。

嶋　正［2007］「ボーン・グローバル企業の戦略」諸上茂登・藤澤武史・嶋正編著『グローバル・ビジネス戦略の革新』同文舘出版，pp.229-247。

────［2009］「市場参入様式」相原修・嶋正・三浦俊彦共著『グローバル・マーケティング入門　―「70 億人世界市場―」をとらえる新視点』日本経済新聞出版社，pp.147-171。

高井　透［2008］「ボーン・グローバル・カンパニー研究の変遷と課題」江夏健一・桑名義晴・岸本寿生編『シリーズ国際ビジネス 5　国際ビジネス研究の新潮流』中央経済社，pp.125-149。

竹之内玲子［2008］「トランスナショナル・モデル　―バートレット＆ゴシャール―」江夏健一・長谷川信次・長谷川礼編『シリーズ国際ビジネス 2　国際ビジネス理論』中央経済社，pp.161-173。

田村正紀［2008］『業態の盛衰　―現代流通の激流―』千倉書房。

長谷川礼［2008］「OLI パラダイム　―ダニング―」江夏健一・長谷川信次・長谷川礼編『シリーズ国際ビジネス 2　国際ビジネス理論』中央経済社，pp.83-94。

藤沢武史［2004］「グローバル市場参入戦略」諸上茂登・藤沢武史共著『グローバル・マーケティング［第 2 版］』中央経済社，pp.71-88。

藤本隆宏・武石　彰・青島矢一［2001］『ビジネス・アーキテクチャ　―製品・組織・プロセスの戦略的設計―』有斐閣。

三浦俊彦［1996］「流通チャネル対応」和田充夫・恩藏直人・三浦俊彦共著『マーケティング戦略』有斐閣，pp.234-252。

─────［2000］「マーケティング・マネジメントの上位概念としてのグローバル・マーケティング―グローバル・マーケティングの概念規定に関する一考察―」『中央大学企業研究助年報』第21号，315-332。

─────［2002a］「ビフォア・マーケティングの戦略原理」原田保・三浦俊彦編著『e マーケティングの戦略原理』有斐閣，pp.33-67。

─────［2002b］「日本の消費者はタフな消費者か？―在日外資系企業の消費者認識とグローバル・マーケティング戦略」『マーケティング・ジャーナル』第85号，日本マーケティング協会，pp.4-18。

─────［2008］「マーケティング戦略とは何か」原田保・三浦俊彦編著『マーケティング戦略論　―レビュー・体系・ケース―』芙蓉書房，pp.9-18。

─────［2009a］「グローバル・マーケットと消費者行動」相原修・嶋正・三浦俊彦共著『グローバル・マーケティング入門―「70億人世界市場」をとらえる新視点―』日本経済新聞出版社，pp.79-111。

─────［2009b］「グローバル STP の決定：グローバル・ターゲットとポジショニング」相原修・嶋正・三浦俊彦共著『グローバル・マーケティング入門―「70億人世界市場」をとらえる新視点―』日本経済新聞出版社，pp.113-145。

三浦俊彦・伊藤直史［1999］「思考型／感情型製品類型と国際マーケティング戦略―APD 世界10地域消費者調査を題材に―」『マーケティング・ジャーナル』No.72，pp.12-31。

三浦俊彦・原田　保［2012］「コンテクスト・デザインに至る理論の流れ―言語学，心理学，芸術，文化人類学，経営学，マーケティングなどの先行研究レビュー―」原田保・三浦俊彦編著『コンテクストデザイン戦略―価値実現のための理論と実践―』芙蓉書房，pp.23-74。

諸上茂登［1988］「グローバル・マーケティング・ミクスの展開」江夏健一編著『グローバル競争戦略―競争優位の再構築―』誠文堂新光社，pp.113-137。

─────［1993］『国際市場細分化の研究』同文舘出版。

─────［1996］「国際市場細分化戦略」角松正雄・大石芳裕編著『国際マーケティング体系』ミネルヴァ書房，pp.86-107。

─────［2012］「グローバル・マーケティングの研究パラダイムの変遷」藤澤武史編著『グローバル・マーケティング・イノベーション』同文舘出版，pp.23-46。

矢作敏行［1994］『コンビニエンス・ストア・システムの革新性』日本経済新聞社。

山下洋史・諸上茂登・村田　潔編著［2003］『グローバル SCM ―サプライチェーン・マネジメントの新しい潮流―』有斐閣。

山本崇雄［2004］「海外子会社と知識フローのマネジメント―既存研究の再検討―」『世界経済評論』Vol.48，No.10，pp.43-56。

─────［2008］「多国籍企業経営者の態度・志向に関する理論―パールミュッターとアハロニー」江夏健一・長谷川信次・長谷川礼編『シリーズ国際ビジネス2　国際ビジネス理論』中央経済社，pp.49-62。

Aaker, David A. and Erich Joachimsthaler [2000], *Brand Leadership,* The Free Press.（阿久津聡訳［2000］『ブランド・リーダーシップ―「見えない企業資産」の構築』―ダイヤモンド社。）

Agarwal, S. and S. N. Rawaswami [1992], "Choice of Foreign Market Entry Mode: Impact of Ownership, Location and Internalization Factors," *Journal of International Business*

Studies, Vol.23, No.1, pp.1-27.
Alderson, Wroe [1957], *Marketing Behavior and Executive Action*, Richard D. Irwin. (石原武政・風呂勉・光澤滋朗・田村正紀訳 [1984]『マーケティング行動と経営者行為』千倉書房。)
Anderson, Chris [2009], *The Long Tale*, Brockman. (篠森ゆりこ訳 [2009]『ロングテール』早川書房)。
Bartlett, Christopher A. [1986], "Building and Managing then Transnational: The New Organizational Challenge," Micheal E. Porter(ed.), *Competiton in Global Industries*, Harvard Business School Press, pp.367-401. (土岐坤・中辻萬治・小野寺武夫訳 [1989]「グローバル業界における競争―その理論的フレームワーク―」『グローバル企業の競争戦略』ダイヤモンド社。)
Bartlett, Christopher A. and Sumantra Ghoshal [1986], "Tap Your Subsidiaries for Global Reach," *Harvard Business Review*, Vol.64, No.6, pp.87-94.
Bartlett, Christopher A. and Sumantra Ghoshal [1989], *Managing Across Borders: The Transnational Solution*, Harvard Business School Press. (吉原英樹監訳 [1990]『地球市場時代の企業戦略―トランスナショナル・マネジメントの構築―』日本経済新聞社。)
Boddewyn, J. J. and D. M. Hansen [1977], "American Marketing in the European Common Market, 1963-1973," *European Journal of Marketing*, Vol.11, No.7, pp.548-563.
Boze, Betzy V. and Charles R. Patton [1995], "The Future of Consumer Branding as seen from the Picture Today," *The Journal of Consumer Marketing*, Vol.12, No.4, pp.20-41.
Bucklin, Louis P. [1965], "Postponement, Speculation and the Structure of Distribution Channels," *Journal of Marketing Research*, 2(February), pp.26-31.
Caves, R. E. [1971], "International Corporations: The Industrial Economics of Foreign Investment, *Economica*, Vol.38, pp.1-27.
Cavusgil, S. T., S. Deligonal and A. Yaprak [2005], "International Marketing as a Field of Study: A Critical Assessment of Earlier Development and a Look Forward," *Journal of International Marketing*, Vol.13, No.4, pp.1-27.
De Chernatony, Leslie, Chris Halliburton and Ratna Bernath [1995], "International Branding: Demand- or Supply-Driven Opportunity?," *International Marketing Review*, Vol.12, No.2, pp.9-21.
Dichter, Ernest [1962], "The World Customer," *Harvard Business Review*, July-August, pp.113-122.
Douglas, Susan P., Patrick LeMaire and Yoram Wind [1972], "Selection of Global Target Markets: A Decision Theoretic Approach," *Proceedings of the XXIII Esomar Congress*, European Society for Opinion and Market Research.
Douglas, Susan P. and C. Samuel Craig [1983], *International Marketing Research*, Prentice-Hall.
Douglas, Susan P. and C. Samuel Craig [1992], "Advances in International Marketing," *International Journal of Research in Marketing*, Vol.9, No.4, pp.291-318.
Doz, Yves L. [1980], "Strategic Management in Multinational Companies," *Sloan Management Review*, Vol.21, No.2, pp.27-46.
Doz, Yves L., José Santos and Peter Williamson [2001], *From Global to Metanational*, Harvard Business School Publishing.
Drucher, Peter F. [1969], *The Age of Discontinuity*, Harper & Row. (林雄二訳 [1969]『断絶の時代―来たるべき知識社会の構想―』ダイヤモンド社。)
Dunning, John H. [1977], "Trade, Location of Economic Activity and the MNE: A Search

for an Electic Approach," in B. Ohlin et al. (eds.), *The International Allocation of Economic Activity*, Macmillan.
――― [1979], "Explaining Changing Patterns of International Production: In Defense of the Eclectic Theory," *Oxford Bulletin of Economics & Statistics*, Vol.41, No.4, pp.269-295.
Elinder, Erik [1965], "How International Can European Advertising Be?," *Journal of Marketing*, Vol.29, No.2, pp.7-11.
Foss, Nicholai J. and Torben Pedersen [2002], "Transforming Knowledge in MNCs: The Role of Surces of Subsidiary Kowledge and Organizational Cntext," *Journal of International Management*, No.8, pp.49-67.
Friedman, Thomas L. [2005], *The World is Flat: The Brief Story of the Twenty-First Century*, International Creative Management.（伏見威蕃訳［2008］『フラット化する世界 ―経済の大転換と人間の未来―』日本経済新聞出版社。）
Ghemawat, Pankaj [2007], *Redefining Global Strategy: Crossing Borders in a World Where Difference Still Matter*, Harvard Business School Publishing Corporation.（望月衛［2009］『コークの味は国ごとに違うべきか―ゲマワット教授の経営教師鵺―』文芸春秋。）
Ghoshal, Sumantra [1987], "Global Strategy: An Organizing Framework," *Strategic Management Journal*, Vol.8, No.5, pp.425-440.
Govindarajan, Vijay and Chris Trimble [2012], *Reverse Innovation*, Harvard Business Review Press.（渡部典子訳［2012］『リバース・イノベーション―新興国の名もない企業が世界市場を支配するとき―』ダイヤモンド社。）
Hall, Edward T. [1976], *Beyond Culture*, Anchor Press.（岩田慶治・谷泰訳［1979］『文化を超えて』TBSブリタニカ。）
――― [1983], *The Dance of Life: The Other Dimension of Time*, Anchor Press.（宇波彰訳［1983］『文化としての時間』TBSブリタニカ。）
Hammond, Allen L., William J. Kramer, Robert S. Katz, Julia T. Tran and Courtland Walker [2007], *The Next 4 Billion: Market Size and Business Strategy at the Base of the Pyramid*, World Resources Institute.
Harrell, Gilbert D. and Richard O. Kiefer [1981], "Multinational Strategic Market Portfolios," *MSU Business Topics*, Winter, pp.5-15.
Harrell, Gilbert D. and Richard O. Kiefer [1993], "Multinational Market Portfolios in Global Strategy Development," *International Marketing Review*, Vol.10, No.1, pp.60-72.
Heenan, David A. and Howard V. Perlmutter [1979], *Multinational Organization Development*, Addison-Wesley.（江夏健一・奥村晧一監修／国際ビジネス研究センター訳［1990］『グローバル組織開発―企業・都市・地域社会・大学の国際化を考える』文眞堂。）
Hofstede, Geert [1980], *Culture's Consequences*, SAGE.（萬成博・安藤文四郎監訳［1984］『経営文化の国際比較』産業能率大学出版部。）
――― [1991], *Cultures and Organizations: Software of the Mind*, McGraw-Hill International.（岩井紀子・岩井八郎訳［1995］『多文化世界―違いを学び共存への道を探る』有斐閣。）
Hymer, S. H. [1960], *The International Operations of National Firms: A Study of Direct Foreign Investment*, MIT Press.（宮崎義一訳［1979］『多国籍企業論』岩波書店。）
Johanson, J. and J. E. Vahlne [1990], "The Mechanism of Internationalization," *International Marketing Review*, Vol.7, , No.4, pp.11-24.
Kotabe, Masaaki and Kristiaan Helsen [2001], *Global Marketing Management*(2nd ed.), John Wiley & Sons.（横井義則監訳［2001］『グローバルビジネス戦略』同文舘出版。）

Kotler, Philip [1991], *Marketing Management: Analysis, Planning and Control* (7th ed.), Prentice-Hall.（村田昭治監修［1996］『マーケティング・マネジメント―持続的成長の開発と戦略展開―［第7版］』プレジデント社。）

Larréché, Jean-Claude [1978], "The International Product-Market Portfilio," in Subbash C. Jain (ed.), *Research Frontiers in Marketing: Dialogues and Directions*, AMA, pp.276-281.

Levitt, Theodore [1983], "The Globalization of Markets," *Harvard Business Review*, 5, Vol.61, No.3, pp.92-102.

Li, Tiger and S. Tamar Cavusgil [1995], "A Classification and Assessment of Research Streams in International Marketing," *International Business Review*, Vol.4, No.3, pp.251-277.

Mahnke, Volker and Toben Pedersen [2004], *Knowledge Flows, Governance and the Multinational Enterprise: Frontiers in International Management Research*, Palgrave Mcmillan.

McGray, Douglas [2002], "Japan's Gross National Cool," *Foreign Policy*, No.130(May/June), pp.44-54.

Peebles, Dean M., John K. Ryans, Jr. and Ivan R. Vernon [1977], "A New Perspective onAdvertising Standardization," *European Journal of Marketing*, Vol.11, No.8, pp.569-576.

Peebles, Dean M., John K. Ryans, Jr. and Ivan R. Vernon [1978], "Coordinating International Advertising: A Programmed Management Approach than Cuts through the 'Standardized vs. Localized' Debate," *Journal of Marketing*, Vol.42, No.1, pp.28-34.

Perlmutter, Howard V. [1969], "The Tortuous Evolution of the Multinational Corporation," *Columbia Journal of World Business*, Vol.4, pp.9-18.

Porter, Michael E. [1985], *Competitive Advantage*, The Free Press.（土岐坤・中辻萬治・小野寺武夫訳［1985］『競争優位の戦略―いかに高業績を持続させるか―』ダイヤモンド社。）

―――― [1986], "Competition in Global Industries; A Conceptual Framewor," Micheal E. Porter(ed.), *Competiton in Global Industries*, Harvard Business School Press, pp.15-60.（土岐坤・中辻萬治・小野寺武夫訳［1989］「グローバル業界における競争―その理論的フレームワーク―」『グローバル企業の競争戦略』ダイヤモンド社。）

Prahalad, C. K. [2005], *The Fortune at the Bottom of the Pyramid: Eradicating Poverty through Profits*, Wharton School Publishing.（スカイライトコンサルティング訳［2005］『ネクスト・マーケット―「貧困層」を「顧客」に変える次世代ビジネス戦略』英治出版。）

Prahalad, C. K. and Y. L. Doz [1987], *The Multinational Mission*, The Free Press.

Prahalad, C. K. and S. L. Hart [1999], "Strategies for the Bottom of the Pyramid: Creating Sustainable Development," *working paper*, University of Michigan Businee School. 〈http://www.bus.tu.ac.th/usr/wai/xm622/conclude%20monsanto/strategies.pdf#search='Strategies+for+the+Bottom+of+the+Pyramid'〉

Prahalad, C. K. and S. L. Hart [2002], "The Fortune at the Bottom of the Pyramid," *Strategy + Business*, issue 26, first quarter, pp.1-14.

Prahalad, C. K. and Allen L. Hammond [2002], "Serving the World's Poor, Profitability," *Harvard Business Review*, September, pp.48-58.

Quester, P.G. and J. Conduit [1996] "Standardization, Centralization and Marketing in Multinational Companies," *International Business Review*, Vol.5, No.4, pp.395-421.

Root, F. R. [1982], *Foreign Market Entry Strategies*, AMACOM.（中村元一監訳［1984］『海外市場戦略』ホルトサウンダース社）。
Sandler, Dennis M. and David Shani [1992], "Brand Globally but Advertise Locally?: An Empirical Investigation," *International Marketing Review*, Vol.9, No.4, pp.18-31.
Sheth, J. N., D. M. Gardner and E. E. Garrett [1988], *Marketing Theory: Evolution and Evaluation*, John Wiley & Sons.（流通科学研究会訳［1991］『マーケティング理論への挑戦』東洋経済新報社。）
Simonin, Bernard L. [1999a], "Transfer of Marketing Know-How in International Strategic Alliances: An Empirical Investigation of the Role and Antecedents of Knowledge Ambiguity," *Journal of International Business Studies*, Vol.30, No.3, pp.463-490.
―――― [1999b], "Ambiguity and the Process of Knowledge Transfer in Strategic Alliances," *Strategic Management Journal*, No.20, pp.595-623.
Sorenson, Ralph Z. and Ulrich E. Wiechmann [1975], "How Multinational View Marketing Standardization," *Harvard Business Review*, Vol.53, No.3, pp.38-54.
Szulanski, Gabriel [1996], "Exploring Internal Stickiness: Impediments to the Transfer of Best Practice Within the Firm," *Strategic Management Journal*, Vol.17(Winter Special issue), pp.27-43.
―――― [2003], *Sticky Knowledge: Barriers to Knowing in the Firm*, Sage Publications.
Takeuchi, Hirotaka and Michael E. Porter [1986], "Three Roles in International Marketing in Global," Micheal E. Porter(ed.), *Competiton in Global Industries*, Harvard Business School Press, pp.11-146.（土岐坤・中辻萬治・小野寺武夫訳［1989］「グローバル業界における競争―その理論的フレームワーク―」『グローバル企業の競争戦略』ダイヤモンド社。）
Teece, D. J. [1977], "Technology Transfer by Multinational Firms: The Resource Cost of Transferring Technological Knowledge," *Economic Journal*, Vol.87, pp.241-261.
Vaughn, R. [1980], "How Advertising Works: A Planning Model," *Journal of Advertising Research*, 20(October), pp.27-33.
Vernon, Raymond [1966], "International Investment and International Trade in the Product Cycle," *Quarterly Journal of Economics*, Vol.80, No.2, pp.190-207.
Walters, P.G. P.and B. Toyne [1989], "Product Modifications and Standardization in International Markets: Strategic Options and Facilitating Policies," *Columbia Journal of World Business*, Winter, pp.37-44.
Wilkinson, Jon [1992], "The Battle for Europe: The Role of Nationality in Branding," *The Race against Expectations*, Proceeding of the 45th E. S. M. O. R. Marketing research Congress, Vol.1, E. S. M. O. R.
Wind, J. and Susan Douglas [1972], "International Market Segmentation," *European Journal of Marketing*, Vol.6, No.1, pp.17-25.
Winter, S. [1987], "Knowledge and Competence as Strategic Assets," in D. J. Teece(ed.), *The Competitive Challenge*, Harper and Row.（石井淳蔵・奥村昭博・金井壽宏・角田隆太郎・野中郁次郎共訳［1988］『競争への挑戦―革新と再生の戦略―』白桃書房。）
Yunus, Muhammad [2010], *Building Social Business: The New Kind of Capitalism that Serves Humanity's Most Pressing Needs*, PublicAffairs.（岡田昌治監修・千葉敏生訳［2010］『ソーシャル・ビジネス革命―世界の課題を解決する新たな経済システム―』早川書房。）

（三浦　俊彦）

第Ⅲ部
関連公衆および制度的環境への対応

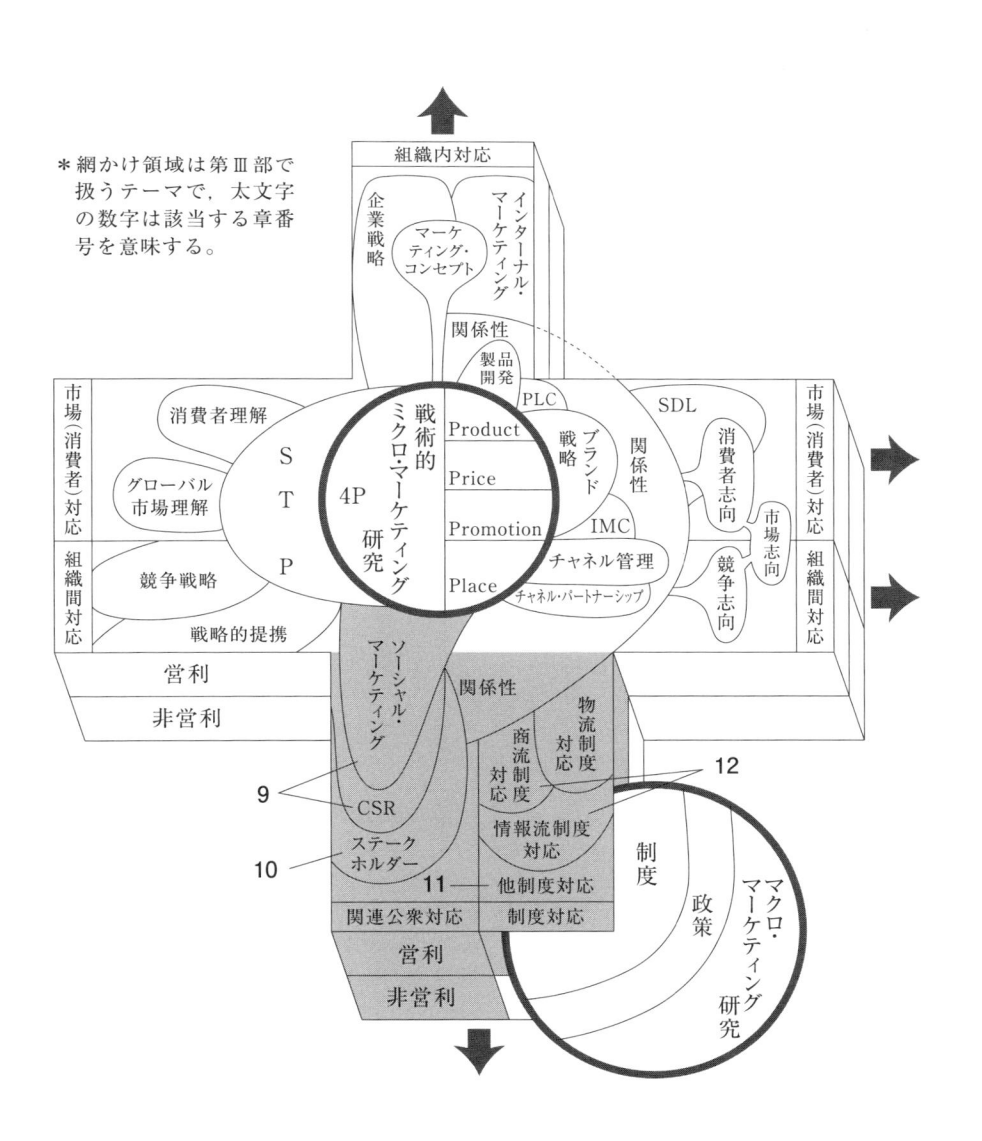

第9章

CSR 研究の諸問題

1. はじめに

　2003年は日本において CSR（Corporate Social Responsibility）元年といわれ，リコー，松下電器産業（現・パナソニック），ソニー，キヤノンなどの先進企業が環境経営から CSR 経営への転換を図り，CSR 担当組織や CSR 担当役員を設置した。また経済同友会も同年の『第15回企業白書』において CSR を「議論の段階から実践の段階に踏み出すべき」とした（経済同友会［2003］p.10）。

　1960, 70年代の公民権運動や環境保護運動，消費者運動などに関連して，経営学やマーケティング研究において CSR やソーシャル・マーケティング，エコロジカル・マーケティングなどの概念が生まれた[1]。

　さらに今日の議論が出てきた背景には，インターネットの発達による NPO や NGO といった市民活動家からの企業に対する監視や糾弾が強くなってきたことも大きく関連する。ナイキの低賃金児童労働やウォルマートの綿花の農薬被害など，それまで隠蔽してきた諸問題が一市民の訴えで広がり，大きな不買運動にまで繋がるケースが出ている。これは大きな経営リスクであり，企業経営に関わる技術革新や制度の変化が，大きく企業と社会の関係を変化させてきた。

　そこで，本章の2.では，社会と企業の関係において何が問題とされてきたのかを検討する。そして，3.では，経営学・マーケティングの分野では研究がどのように展開され，問題が残されたのかをレビューする。そして4.では，今日の制度的変化や技術革新の中で，CSR を改めてどのように理解すべきか，社会的な問題に対して企業がどのような対応を迫られているかについて整理する。5.ではその具体的な事例をあげていくこととし，CSR を戦略的に展開していく枠組みを検討する。

2. 企業の成長と企業環境の変化

(1) 企業の成長と社会との軋轢

　アメリカでは，1960～70年代に公害問題の深刻化や，石油ショック後の物価高騰による反企業運動の高まりにより，CSRや企業の社会政策が議論され始めた。Carson［1962］は『沈黙の春』を著し，DDTや殺虫剤，エアゾールなどの化学物質による環境汚染や生態系の破壊についての警鐘を鳴らした。これについては科学諮問会が設置され，内容の正当性が認められた。

　同年，Kennedy［1962］によって消費者の4つの権利が提唱された。消費者は経済支出の3分の2を占める経済の最大グループでありながらも，組織化されていないが故にその声が届くことがなく，一方で商品数は増加したにもかかわらず，消費者が判断する情報が十分に行き渡っていなかった。

　そこで，1) 安全の権利－健康や生命に危険なマーケティング製品から守られる，2) 知らされる権利－不正や偽り，誤解を沼く情報，広告，ラベル表示などから守られ，選択に必要な事実が与えられる，3) 選択する権利－競争価格の様々な製品やサービスをどこでも得られる保障と，競争がなく政府の規制がある業種では公正価格で満足できる品質やサービスが得られる権利，4) 聞いてもらう権利－政策の策定においては消費者利益に十分な同情的配慮がなされ，行政手続きでは公正で迅速な取扱が行われる，という4つの消費者の権利が策定された。

　弁護士のRalph Naderは，「GMのためになることは社会のためにある」と言われていた1965年に，GMの欠陥自動車問題を指摘してキャンペーンを展開し，外部取締役の導入を要求した。またベトナム戦争でナパーム弾を製造したダウ・ケミカルが糾弾されるなど，企業に社会的責任を求める運動が大きくなり，大学でもCSRの講義が開設され，本格的なCSR研究が広がった（谷本［2006］p.76)。

　日本でも1970年代に入り，水俣病，イタイイタイ病などの四大公害裁判が社会問題化され，経済同友会が『企業と社会の相互信頼の確立を求めて』という報告書を出している。しかし，市民活動の動きは弱く，経営学者もアメリカのテキストの紹介に終始し，政策提言に至るものではなかった。第2次オイルショック

以降の景気後退とともにこのブームは沈静化していった（谷本［2006］p.77）。

一方，アメリカでは，消費者運動と消費者主権は大きく取り上げられるようになり，啓発された自己利益（Enlightened self-interest）という考えから CSR を勧めるようになってきた。1980 年代の地球の環境問題は温暖化，海水面の上昇などの危機が議論となり，1990 年代以降は経済のグローバル化の進展の反面にある貧困・格差問題が深刻な問題となってきた。この頃になってようやく企業の社会的責任＝CSR という言葉が一般化した。

発展途上国における環境問題や生産現場における労働人権の問題は，90 年代以降，NPO やメディアによって明らかにされ，その劣悪な状況が世界の目にさらされた[2]。こうした問題はスウェット・ショップとよばれ，90 年代初めから，ウォルマート，K マート，トイザラス，リーボック等に対し，ボイコット運動が起きている。

特に今日，多国籍企業の活動を監視し，情報提供，政策提言を行う NGO がインターネットを背景に急速にひろがっており，市民社会のムーブメントを無視できなくなっている（谷本［2006］p.81）。また，Elkington［1997］は「トリプル・ボトムライン」を提唱し，経済，社会，環境の 3 つのバランスを取ることが大切だと訴えた。

さらに 2000 年代になると，これまでの環境問題や社会問題だけではない企業問題が起きる。エンロンやワールドコムの不正経理により，コンプライアンスやコーポレート・ガバナンスの必要性が広まり，株主をだまして不正に利益を上げてはならないという認識がようやく広がった。

日本では 1999 年に，SRI（Socially Responsible Investment：社会的責任投資）としてのエコファンドが導入された。これは環境に配慮した企業を中心に投資する投資信託であり，欧米では 1970 年代より環境配慮型企業への投融資が広まった。そして，2003 年，経済同友会は『第 15 回企業白書』で CSR とコーポレート・ガバナンスに関する企業評価基準を公表し，日本能率協会は環境経営シンポジウムを開催した。経団連は食品メーカーの食中毒事件や牛肉偽装，自動車メーカーのリコール隠しなどを踏まえ，2002 年の「企業行動憲章」を改訂し，会員企業の点検・評価にまで踏み込んだ（川村［2003］）。そして，リコー，帝人，ソニー，松下電器産業，ユニ・チャーム，キヤノンなどが，CSR 経営への転換を機関決定した。

CSR とは，企業活動のプロセスに社会的公正性や倫理性，環境や人権への配

慮を組み込み，ステークホルダーに対してアカウンタビリティを果たしていくことであり（谷本［2006］p.61），3つの次元があるとされ，①企業経営のあり方そのもの，②社会的商品・サービス，社会的事業の開発，③企業の経営資源を活用したコミュニティへの支援活動がある（p.68）。

①には，経営活動のプロセスに社会的公正性，倫理性，環境や人権等の配慮を組み込むことで，具体的には環境対策，採用や昇進の公正性，人権対策，製品の品質や安全性，管理という「守りのCSR（社会的責任）」と，それぞれの課題に積極的に取り組み，社会的価値を創発していく「攻めのCSR（社会貢献）」がある。

②については，環境配慮型商品の開発，障害者・高齢者支援の商品・サービスの開発，エコツアー，フェアトレード，地域再開発にかかわる事業，SRIファンドなど，新しい社会的課題への取り組みがあげられる。

③については，金銭的寄附，非金銭的寄附（製品・施設・人材活用），本業・技術を活かした社会貢献や文化支援のメセナなどの戦略的フィランソロピーがあげられる。

(2) 国際的な企業行動基準の設定

これまでみたような一連の不祥事を受けて，1990年代半ばより，経営者団体，国際機関，NGOなどから，各領域において企業の行動基準や倫理規定が出されるようになった。

UNグローバルコンパクトは，2000年に国連本部で発足し，2013年には7,000社（145カ国）を含む10,000団体が参加するマルチ・ステークホルダーのプラットフォームとなっている。しかし，これに参加しても，原則を実施する体制をつくり，CSRを実践することは容易なことではない。表向きだけでも参加すれば良いという考えでは，国連関連組織に属するだけのブルーウォッシュ，環境，緑に関わったように取り繕うグリーンウォッシュと揶揄される危険性もある。

また，SAI（Social Accountability International）は，1998年に最初の認証を受けて以来，途上国を中心に中小規模のサプライヤーが増えている。これは欧米の多国籍企業が途上国のサプライヤーと契約をする際の調達条件となっていることによる。

ISO（国際標準化機構）は2010年，SR（社会的責任）としてISO26000を策

定した。ISO26000 は社会的責任のガイドラインとして，CSR をより明確に「企業が自らの事業活動により環境や社会に及ぼす影響への責任」とし，人権，労働慣行，環境，事業慣行，消費者課題，コミュニティ参画や発展が中核テーマだとされた。

国際的な制度化が進んでいくことで，これに対応した企業も増えてきている。日本においても，1989 年の日米構造協議や年次改革要望書などでアメリカより市場開放が求められた結果として，グローバリゼーションが進み，CSR やコーポレート・ガバナンス，コンプライアンス経営などが矢継ぎ早に導入されることとなった。1970 年代の社会的責任論の時代とは企業の経営環境が大きく異なるが故に，今回の CSR は定着が期待されている。こうした制度がつくられる一方で，CSR 研究はどのように進んできたのかを次節で論じる。

3. 経営学・マーケティング研究における CSR の展開

(1) 経営学における社会的責任論の展開

Sheldon [1924] は，アメリカにおいて近代企業が大規模化していくなか，経営管理，工場組織，労務管理などの最先端の科学的管理の研究を進めると同時に，社会的影響が強くなった経営組織には倫理的課題が重要であるとして，経営者の社会的責任をいち早く世に問うた。これには，a) 社会に対する経営者の関係と，b) 経営者が指揮する人々に対する経営者の関係があるとした。

a) について，経営者は社会に必要とされ，需要される財の生産に責任を負っている。このように企業の動機が社会への奉仕である限り，利益だけを志向するわけにはいかないという。

b) について，経営者は，労働者の人間的要素の複雑さを認識するほど，その権利と義務を認めなければならない。当時は，科学的管理法の導入により，工場労働者の動作研究や疲労研究が進み，工場内では単調な作業条件のなかで合理化ゆえの疲労や緊張も明らかになっていた (Sheldon [1924] pp.81-82)。

そのためには，Sheldon は，労働者に適当な生活水準と一定の余暇を与えることを要求している。経営学研究がまだ緒についたばかりの段階であり，多くの研

究者が科学的管理法の光の眩しさにとらわれていたなかで，Sheldon はその影の部分や労働者の雇用条件に言及していたことは注目すべきであろう。

　Sheldon 以降，企業の社会的責任の消極論と積極論が対峙することとなった。消極論者として Friedman［1970］があげられる。経営者は企業の所有者に雇われながら，労働者を雇用する責任を負っており，法律や倫理的習慣といった社会の基礎的なルールに従いながら，出来る限り利益を上げようと経営することで責任を果たしている。にもかかわらず社会的責任を果たすために，株主へのリターンを下げ，消費者への価格を上昇させ，賃金を引き下げることに資金を果たすことには反対した。Hayek［1964］も，完全競争にはならなくとも，競争があることで資源の最も効率的な利用が保証されるのであり，これはどんな他のシステムからも期待できない素晴らしいシステムだとした。そのためには競争を妨げる人為的障害を取り除くことが大切だ[3]という。

　一方，積極論として，ステークホルダー論の父といわれる Freeman［1984］は，伝統的に会社の保有がストックホルダーやシェアホルダー（株主）のものであった考え方から，ステークホルダー（利害関係者）のものへと概念を拡げた。ステークホルダーとは，組織の目的達成に影響される，または影響する組織や個人だとした。これには，企業の株主のみならず，納入業者，従業員，顧客，地域社会，経営陣などが含まれることとなる。この提唱により，株主資本主義からステークホルダー資本主義の概念が広まり，企業を核として様々なステークホルダーへの放射線状に伸びた関係図が描かれるようになった。

　Carroll［1991］は，企業の社会的責任ピラミッドを表した。4 段の社会的責任が図示され，下から経済的責任，法的責任，倫理的責任，社会貢献的（Philanthropic）責任とした。これは多くの理論家に利用され，経験的調査が行われた。この 4 つの段階には優先順位があるのではなく，点線で仕切られているように相互関連があるものだとされたが，下から段階的に満たされるような誤解も生まれた。また Schwartz and Carroll［2003］では，この問題を改善すべく，社会的責任の 3 領域モデルを提案した（図表 9-1 参照）。社会貢献的責任は，倫理的な活動や経済的動機と関連する。

　Freeman，Carroll の登場により，企業の社会的責任が誰とどの領域において関わるものかが概念上整理され，これらの枠組みのなかで様々なケース・スタディや経験的調査が行われた。

図表 9-1　企業の社会責任の 3 領域モデル

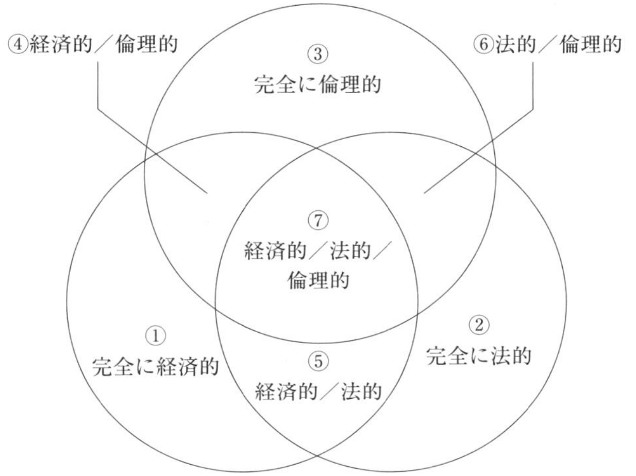

```
④経済的／倫理的          ⑥法的／倫理的
         ③完全に倫理的

         ⑦経済的／法的／
              倫理的

  ①完全に経済的              ②完全に法的
         ⑤経済的／法的
```

（出所）Schwartz and Carroll [2003] p.509.

(2) 経営学における CSR 研究の類型化

　CSR（企業の社会的責任）という言葉は多義に使用されており，その意味も定まっていない。CSR について考えることは，企業と社会の関わりという哲学的な議論にも繋がるだろうし，そのための制度的な課題やその整備を議論することもできよう。またはヨリ実践的な問題の解決としての方策を求める声もあろう。その意味でこの議論は極めて多岐に渉るものとなる。ここでは，①理念的アプローチ②制度的アプローチ，③実践的アプローチとして整理する[4]。

① 理念的アプローチ
　これは，経営倫理を考えていくうえでの哲学的，倫理的判断について規範的に考えていくアプローチである。まずは，経験論と理性論の認識上の違いの区別が必要となる。経験論は認識の源泉をもっぱら経験に求めるが，理性論は認識の源泉をもっぱらアプリオリな理性的認識に求める（水村 [2008] pp.11-13）。規範的な企業倫理の研究者の多くが理性論をベースに思考するのに対し，経営者の判断は経験論に依拠することが相対的に多いとするならば，その懸隔の架橋は困難なものとなろう。

また，経験科学の系統に属する研究者は，帰結主義の立場に立つが，規範倫理学の研究者は，非帰結主義の立場で論点を整理する傾向にある（水村［2008］p.41）。帰結主義とは「幸福」の追求とその最大化を求める考え方であり，倫理的利己主義や「最大多数の最大幸福」の功利主義がその代表的なものである。新古典派経済学の合理的経済人仮説やFriedmanのリバタリアニズムは倫理的利己主義に依拠しているといえよう（梅津［2002］p.27）。

一方，非帰結主義は，実証的に事実命題から検証や反証ができない当為命題を扱う。ここでは倫理的に正しい行為が幸福になることとは必ずしも一致しない。カントは，倫理的に正しい行為を行う人が必ず報われることを，最高善である根源的存在者（神）が保証するという構図を形而学上，描いたのである。ここで重要なことは善意思がある条件や要求の引き換えとして生じるのではなく，アプリオリに無条件に発する「良心の声」に喩えられることだ。

理念的アプローチは，このように非常に深い洞察を与えるものであるのだが，現実の経営者の意思決定に何かを示唆したり，制度設計を促すものは少ない。

② 制度的アプローチ

水村（［2008］p.223）によれば，社会的責任消極論のFriedmanと，ステークホルダー資本主義の提唱者Freemanは二項対立で語られることが多いが，ともに他人の権利を侵害しない限り，自由であり国家の介入を最小限に留めるリバタリアンの立場に根拠づけられるという。ステークホルダー資本主義の構想は，私有財産制度，人間の利己心，自由競争，自由市場を部分否定して，資本主義の新たな方向性を打ち出している。しかし，これは自由と責任に基づく互恵的な資本主義のビジョンを描いているに過ぎず，現行の株式会社制度に手を加えることなく公開企業の再定義を試みているに過ぎないと水村はいう。

一方，1980年頃からこれまでの企業倫理学の学説を捉え直し，個別の具体的な事例研究と通じて，企業倫理の論点の多様性が明らかになった。90年代はこれを踏まえて，企業内での倫理要綱の制定やCSR担当役員の任命などの企業内での制度化が始まったし，業界団体による自主規制やSAIやISOなどNGOなどの民間の支援による制度化も始まった。さらにはリバタリアンの主張にあるように，倫理は自発的・自主的なものであるはずだから法規制や政府の市場介入は最終手段であろうが，企業倫理を推進する手段としての公的支援による制度化も始まった（梅津［2002］pp.153-164）。

企業内の制度化としては，株主の権益を擁護するコーポレート・ガバナンス論アプローチと，ステークホルダーの権益を経営システムに組み込むコンプライアンス型アプローチやヴァリュー・シェアリング型アプローチがあげられよう（梅津［2002］pp.128-139)。

　コーポレート・ガバナンス論アプローチでは，経営者が企業の意思決定について株主に対して，説明責任を果たすことで会社の存在は正当化されるという考えである。特に日本では株式持ち合いや銀行のメインバンク制度によって企業統治されてきたため，株主総会も総会屋対策が中心の形骸化したものであった。しかしバブル経済崩壊後の金融機関による不当な融資や不良債権の処理が進むことで，欧米に比べ遅れていたコーポレート・ガバナンスが浸透してきており，情報のディスクロージャーや取締役会の改革が進められた。

　近年は，利害関係者の拡大が求められ，ステークホルダー論的アプローチが出てきた。まずは法令遵守を企業倫理の大原則としながらコンプライアンス経営を進めている。さらに，法令遵守以上に倫理行動規定を明文化し，小集団活動や研修によって共有すべき価値観を浸透させているヴァリュー・シェリング型アプローチも出てきている。

　民間による支援制度としては，業界団体の自主規制やその収益や評価を数値化していく環境会計論的アプローチやSRI（社会的責任投資），市民団体などによる企業監視や評価システムがあげられよう。

　公的支援制度としては，消費者保護や環境保護に関わる法規制や消費者の信頼を得られるような自主行動基準の指針などを発表し，企業の自主的取り組みを支援することなどが始まっている。

③　実践的アプローチ

　1970年代半ばより，アメリカでは企業の社会的企業の社会的即応性（Corporate Social Responsiveness）のマネジメントが求められるようになった。これまでの哲学的議論の社会的責任論から，ヨリ新しく，戦略的，管理的志向の社会的即応性への移行であり，社会的期待に迅速に対応し，戦略的対応をしていくかの方法が強調された。企業の社会的即応性は，企業の意思決定マネジメントにおいて，価値の戦略的管理に関連するのである。企業に対する社会の要請が大きくなっていくことでいかに速く，効果的な方法で対応するかが大きな課題となった。

　ここでは多くの実践がなされ，多くのCSRテキストにてそのケースが紹介さ

れていった。その複雑な環境変化に対応した，企業の活動は，コンプライアンスのような狭義の社会的責任としての消極的な対応だけではなく，新しい価値提案や文化支援のメセナやフィランソロピー，地域貢献やボランティアなど多岐にわたっていることがわかった。こうした社会的対応がどのように業績に繋がったかというCSP（Corporate Social Performance）論アプローチや，中長期的な成果を求めた持続的な取り組みとしての社会戦略論的アプローチ，自社の資源では解決できないものをNPOとともに解決を図っていくNPO論アプローチなどがあげられる（松野・合力［2006］）。

こうした多くのケースを経て，制度化されていくものも出てくる一方で，実践においては多くのCSRのメニューの中から何かを恣意的に選んだことについての妥当性や公正性を求めるケースも出ている。そこで理念的アプローチを再検証することも出てくるであろう。

これまでみてきた通り，理念的，制度的，実践的な各々のアプローチは固有の議論をしながらも相互に関わり合って発展している。Epstein（1989）は，企業の社会的責任（Corporate Social Responsibility），企業の社会的即応性（Corporate Social Responsiveness），企業倫理（Business Ethics）の3つに分類したが，これはまさに制度的，実践的，理念的アプローチに順番に対応する。そこでEpsteinは，企業の社会政策過程を以下のように提案した。

企業の社会政策過程
　　　　＝企業倫理＋企業の社会的責任＋企業の社会的即応性

企業の社会政策過程は右項の3つの構成要素から成り立つ[5]。このようにCSRは実践や制度化を進めながら，時に社会的公正性の理念的な観点からこれらを再評価するという連鎖の過程にあると言えよう。

▶ (3) ソーシャル・マーケティング研究の登場と展開

先に述べたように，1960年代後半から70年代にかけて消費者運動，環境問題，オイルショックによるエネルギー不足，天然資源の枯渇などの社会問題が起こったため，マーケティングのあり方にも影響があった[6]。

その中で，KotlerとLevy，またはLazerとKelleyは社会的志向をもったマーケティングを提案し，マーケティングの概念拡張論争を引き起こした[7]。

Kotler and Levy［1969］は，マーケティングの概念拡張として，非営利組織

においても，製品改良や価格設定，流通，コミュニケーションのようなマーケティング機能を適用できると述べた。また，伝統的なマーケティング原理は，製品は物理的製品のみならずサービス，人々，組織，アイデアなどの客体にも拡張でき，主体も非営利組織や個人にも応用可能だとした。Kotler and Zaltman［1971］はソーシャル・マーケティングという言葉を初めて使い，安全運転や家族計画などの社会的課題へのマーケティングの適用を説明した。Kotler and Roberto［1989］では，健康改善，教育改革，経済改革など社会変革キャンペーンへの適用があげられている。その後もKotlerはソーシャル・マーケティングに関わる著作物を多く出しているが[8]，マネジリアル・マーケティングの概念や技法の非営利組織などへの援用が多く，新しい概念枠組みとしては，非営利組織の資金調達やCRM（Cause Related Marketing）として外部組織との連携などのいくつかに過ぎない。

　Lazer［1969］は，近代社会においてはマーケティングの境界が利益動機以上のものに拡張しており，マーケティング倫理や価値，責任，マーケティングと政府の関係をも含んでいるとした。Lazerのソーシャル・マーケティングにおいては，営利企業の立場から，社会的責任の増大に伴い企業の関与すべき領域の拡張が提案された[9]。

　Lazer and Kelley［1973］が編著となった『ソーシャル・マーケティング―見通しと観点―』は，Drucker, Kotler, Sternなど，42編もの論文が集められた。マネジリアル・マーケティングを補完し，発展させる概念としてソーシャル・マーケティングに対する当時の期待が見えてくる。マーケティングはビジネスに役立つだけではなく，社会目標にも役立つべきで，生活の質の向上にマーケティングの知識，概念，技法の活用し，消費者−市民の経済的および社会的ニーズを充足させる便益を提供することが課題となったのである。

　Bartels［1974］は，非マーケティング分野へのマーケティング技術の適用を提案している。Kotlerらのように主体や客体の拡張を主張するものや，Lazerのように営利企業の社会的責任を提唱するもの，またBaggogi［1974］［1975］のように社会的交換理論の成果をマーケティング理論に導入することも提案された。

　こうした一連のソーシャル・マーケティングの混乱した状況を堀越（［2005］p.123）では，その主体，客体，標的によって図表9-2のように分類している。

　堀越は，(1)が従来のマーケティング，(2)(3)(4)がLazerの，(5)(6)(7)(8)がBartelsの，(3)(4)(7)(8)がKotlerのいうソーシャル・マーケティン

図表9-2 拡張されたマーケティング活動の全領域

主体 \ 客体	標的	顧客(消費者)流通業者	関連するすべての公衆
営利的組織および個人	商品・サービス	(1)	(2)
	社会的アイデア	(3)	(4)
非営利的組織および個人	商品・サービス	(5)	(6)
	社会的アイデア	(7)	(8)

(出所) 堀越 [2005] p.122 より筆者一部修正。

グであるとした。

(4) CRM (Cause Related Marketing)

CRM (Cause Related Marketing) とは，社会的な大義に関連づけて企業のマーケティング活動を行うことで，社会の正当性な評価と得ると同時にブランドの認知や態度を上げていこうとするマーケティング手法である。

Adkins [1999] によれば，この考え方は，1890年から存在しており，慈善活動とビジネスの相互の利益を商業的に繋げたこととが例示されている。これが注目されたのは，1983年のアメリカン・エキスプレスが自由の女神の修復に寄附を行ったことである。カードの使用の度に1セント，新会員に登録されるごとに1ドルの寄附を行ったところ，最初の月に28％のカード利用者が増加し，カードの申込が45％増加した。その結果，3カ月間寄附は170万ドルに達したという。

Varadarajan and Menon [1988] によれば，マーケティングや非営利組織のマーケティング，企業のフィランソロピー，CSR，募金，宣伝活動を含んだ一般的もしくは特殊な不確定な領域からの将来構想が組み合わさって，CRMは進化を遂げてきた。CRMのプログラムによって，必要とされる財政支援と大義に見合った価値あるマネジメントノウハウを同時に提供しながら，企業やマーケティング目標の実現を企業は果たしてきた。

CRMの効果的なあり方についての実証研究も進んでおり，企業の目標，社会的大義の目標，企業と大義の近接性，計画の期間，大義やブランドの数，企業と大義の関わり合いのレベル，支援される大義の特徴，プログラムの地理的範囲，戦術的か戦略的か，評価などのCRMの経営尺度も開発されてきた。

しかし，焦点の定まらぬ寄附よりも大きなインパクトはあれども，CSR はあくまでもパブリシティであって，戦略的フィランソロピーと同様に企業競争力の改善とはならないと Porter and Kramer [2011] は指摘している。

4. 慈善として CSR から戦略的 CSR へ

(1) CSR 展開における政府の対応

世界で企業と社会の関係が改めて問い直されるなか，日本でも 1999 年に SRI（社会的責任投資）が始まり，2003 年が CSR 元年と言われた。アメリカでは SRI への投資も順調で 3.74 兆ドル（2012 年）の運用実績であるが，日本では 7431 億円とその 500 分の 1 にも満たない[10]。

アメリカ政府では経済・企業局のなかに CSR 部門があり，アジェンダやこれまでの調査資料もウェブサイトで公開しているし[11]，EC においても企業・産業部門があり，2011-2014 のヨーロッパの CSR 戦略が発表されている[12]。

日本では経済産業省の企業会計室が CSR 研究会を開いているが，アジェンダ等が示されているわけではない。BOP（Base of the Pyramid）市場への進出やソーシャル・ビジネス，人権問題や紛争鉱物についての状況報告と，これからの国際化に向けて OECD や EC，APEC の動向に注視するといった内容に留まっている[13]。むしろ経団連などの経済団体や日経 CSR プロジェクトの日経 CSR シンポジウムなどのほうが活発に動いており，また，学者や法曹家による NPO などもあるが，いずれもそれらの活動は分散されており，アメリカの国家戦略や EC の地域戦略に対抗するものとはなっていない。

一方で，経産省の資料によれば，日本の CSR 報告を行っている比率はイギリスについで世界 2 位だという[14]。これまで 10 年近く，日本の大企業は，CSR 報告書は真面目に作成しているものの，その行き先や市場性については懐疑的な様子が伺える。

企業倫理や企業の社会的責任は，本来自主的な取り組みであるのだから，政府や行政が介在する問題ではないようにも思える。ただ，1970 年代の社会的責任論は，日本ではある意味ファッションであって定着せずに，喉元過ぎれば熱さ忘

れたような状況であった。

しかし，今回のCSRの取り組みはその社会経済的な背景が異なる。環境問題やエネルギー問題，食糧問題などはグローバル経済のなかでの取り組みであり，民間のみならず政府の外交政策が大きな鍵を握る問題である。欧米が官民がとなって新しい市場のルールづくりへ入ろうとしている時期に，日本の現状は心もとない状況である。

(2) 企業と社会を取り巻く技術革新や制度的変化

そして何よりも企業の経営環境大きく変えているものに情報革命がある。図表9-3に示したように，19世紀後半からの世界地図を大きく変えていった産業革命に匹敵するような大きな革新が現在起きているのである。そのドライビング・フォースとなっているのは，インターネット利用者の爆発的な増大であろう。

図表9-3　企業を取り巻く技術革新とイノベーション

	産業革命	情報革命
ドライビング・フォース	1760〜1830年 ドニ＝パパン，セイヴァリ，ニューコメン，ワットらによる蒸気機関 ⇒工場制機械工業	1993年　インターネット利用の一般化，One to One futureの構想 1997年　e-commerceの発展 2000年　blog 2002年　Google 2004年　Facebook 2005年　Web2.0
組織のイノベーション	16C東インド会社　株式会社による資本と経営の分離	NPO，NGOの登場と社会への発言権の増大
情報伝達のイノベーション	20Cマスメディア（ラジオ・テレビ）の登場	21C　インターネットの発展によるSNSの登場
物流のイノベーション	船や鉄道による大量輸送（1825年スティーブンソンによる蒸気機関車の実用化） ⇒市場の拡大	トラックによる個別配送
（消費者が重視する）製品・サービス開発上のプライオリティ	品質と価格	開発の理念やストーリー，環境負荷，社会的・倫理的妥当性などをクリアした上での品質と価格

（出所）筆者作成。

産業革命によって資本を蓄積した大企業がマスメディアを独占的に利用できるようになり，さらには大量輸送によって大量生産された製品が大量流通し，高度消費社会が生まれていった。これによって資本がさらに新たな資本を蓄積することとなり，大企業のマーケティング戦略は圧倒的な力を発揮したのである。

今日，そのコミュニケーションは，マスメディアによる独占集中から，個々人の受発信があらゆる場所で為される並列分散へと変わってきた。しかもSNS（ソーシャル・ネットワーク・サービス）などを通じて，個々人が自由に繋がる環境が出てきた。このとき情報はもはや秘匿できるものではない。不都合な隠蔽情報が漏洩するリスクを考えるならば，常に透明性のある経営を目指し，情報を開示（Transparency）していく方が安全であることがわかってきた。

アメリカの製造業では，海外での過酷な労働条件の工場（スウェットショップ）の様子が漏洩したり，外食産業の食肉生産の農場の醜悪な管理状況の動画が世界中に拡散した。こうした批判を受けて，これまでの企業経営のあり方を180度方向転換せざるを得ないこととなってきた。

またアメリカでは特に消費者運動の流れが1960年代から継続的に存続し，彼らの活動はウェブサイトによってヨリ広く知られることとなった。それだけではなく，ティーンエイジャーの生徒達が企業活動を監視したり，世界が抱える貧困や病気，公害などの社会問題に取り組むようにもなった。企業活動を監視し，時には企業の支援を受けて社会問題に取り組む団体も出てきたのである。レガノミクス以降，政府が小さな政府となった一方で，企業支援を受けたNPOやNGOが活躍の場を拡げている。

嶋口［1992］によれば，心理的不満社会，権利氾濫社会では，企業悪の空気が醸成され，企業批判が起こりやすいという（pp.44-45）。欲望の大きさが基礎となる情報量や知識量が幾何級数的に増殖するのに対して，達成能力が欲望量の拡大に追いつかないためである。今日のインターネット社会では，ますますこの対応策が求められている。

この技術変化や制度変化を企業側からポジティブに捉えるのであれば，企業の経営理念やその活動を発信できるチャンスを掴んだと言えよう。製品を機能と価格の比較のみでしか判断できなかった消費者は，調べようと思えば製造業者の経営理念や製品のスペックのみならず，その製品開発姿勢までをも知ることができる情報環境下にいる。さらにはSNSの口コミ情報により，製品やサービスを購入した利用者の声をも簡単に入手できるようになった。売り手と買い手が製品つ

いての保有情報は一般に売り手の方が多く有しているという情報の非対称性が言われてきたが，今やそうした口コミや比較情報の多さは時に買い手の方が多いこともまれではなくなってきた。

こうした技術的変化や制度的変化を肯定的に受け入れながら，マーケティングのあり方そのものを変え，収益をあげていく仕組みが求められている。

5. 企業の新たな社会対応戦略

(1) CSV (Creating Shared Value)

本節では前節4.でみたような大きな技術革新による経営環境の変化のなかで，社会的問題をうまく企業活動に取り込みながら，社会と企業の関係を新しく構築していく方法を検討する。

Porter and Linde［1995］では，原材料の不完全な利用や粗末な工程管理など資源の非効率性にともない，浪費や不良品，貯蔵物が生まれるのであるから，「資源生産性」を高めることで，環境改善と競争力は両立しうるとした。気候条件の悪いオランダの花卉事業が通年，温室栽培から流通までムダのないハイテク・システムを構築した事例をあげ，製品，工程，オペレーション方法の再設計を通じて環境に優しいイノベーションとなり得ることを指摘した。

また，環境規制制度が高コストや革新的なソリューション阻害となっている状況を指摘し，基準の設定方法などでイノベーションを促進する規制のあり方があることを示唆した。これまでは，こうした規制に対しての解決立案を外部の法律家や環境コンサルタントに委託したため，企業はイノベーションよりコンプライアンスを重視することとなった。しかも彼らは末端処理技術のベンダーと繋がっている。たとえ社内の専門家に任せるとなっても，法務，渉外，環境といった個別の部門では，局所的な解決策しか出てこない。真のイノベーションには工程や製品の再設計となるような利益部門と直結した，経営課題の1つとして対応していくべきだという。

Porter and Kramer［2002］は，アメリカのフィランソロピーの寄付金の利益に対する比率が15年で半減していることを指摘し，「自社が事業を展開する立地

における事業環境の質」を改善するフィランソロピーが有効であると訴えた。地域に特定の産業が集中するクラスターにおいて，その地域の低所得者の教育プログラムを寄附することで，産業人材を採用しやすくなった事例があげられた。Friedman は経済的目標と社会的目標を分けたが，そのメリットの融合部分にこそ新しいイノベーションの可能性があるのだと Porter は位置づけた。

Porter and Kramer［2006］では，社会問題を①一般的な社会問題，②バリューチェーンの社会的影響，③競争環境の社会的側面の3つにわけ，①に関われば受動的 CSR，③に関われば戦略的 CSR，②はその中間でケースバイケースだとした。

そして，Porter and Kramer［2011］は，CSV（Creating Shared Value：共通価値の創出）を提唱した。経営効率と社会の進歩にはトレードオフが存在するという，社会と企業の敵対関係は単なる思い込みであり，社会のニーズや問題を中心課題として取り組むことで，社会価値を創造し，その結果，経済的価値が創造されるという（図表9-4参照）。

Friedman が「企業が自己完結的な存在であり，社会問題や地域社会の問題は守備範囲の外にある」としたことにより，株主や投資家中心の企業経営が進み，

図表9-4　CSV と CSR（狭義）の違い

CSR（狭義） (Corporate Social Responsibility)	CSV (Creating Shared Value)
価値は「善行」	価値はコストと比較した経済的便益と社会的便益
シチズンシップ，フィランソロピー，持続可能性	企業と地域社会が共同で価値を創出
任意，あるいは外圧によって	競争に不可欠
利益の最大化とは別物	利益の最大化に不可欠
テーマは外部の報告書や個人の嗜好によって決まる	テーマは企業ごとに異なり，内発的である
企業の業績や CSR 予算の制限を受ける	企業の予算全体を再編成する
例えば，フェア・トレードで購入する	例えば，調達方法を変えることで品質と収穫量を向上させる

いずれの場合も，法律および倫理基準の遵守と，企業活動からの害悪の削減が想定される。
（出所）Porter and Kramer［2011］邦訳, p.29 を加筆。

コモディティ化，偽りのイノベーション，有機的成長の鈍化，アウトソーシング，オフショアリングが進んだ。一方，こうした効率化が，地域社会を荒廃させ，エネルギーや二酸化炭素の排出に関するコストの上昇，散在した生産システムの生産性の課題，遠距離調達コストを生んだ。

CSV においては，経済的なニーズだけではなく，健康，住宅環境，栄養改善，高齢化対策，金融の安定，環境負荷の軽減などの社会的ニーズを掘り下げることに意義がある。

例えば，ネスレは，ネスプレッソのプレミアム・コーヒー市場を拡大するために，中南米の劣悪な貧困地域の零細農家では高品質な豆が安定供給できないことから，農法のアドバイス，銀行融資の保証，苗木や肥料などの必要資源の確保，農家への直接支払いなどを協力した。その結果，高い品質のコーヒー生産とともに，栽培農家の所得向上にも繋がった。またコートジボワールのカカオ豆農家の調査では，フェアトレードで農民所得が 10-20% 増加したが，共通価値の投資をすれば 300% 超増加する可能性があったという。このように，社会的ニーズに対応した共通価値の創出へむけて，衛生，安全，環境パフォーマンス，従業員の勤続と能力開発などからバリューチェーンの向上を考えるべきであろう。

(2) サスティナブル・ブランド

1992 年のリオ宣言によって「Sustainable Development」が訴えられ，持続可能性という考えた方が広まった。これを受けて，2007 年からはサスティナブル・ブランド国際会議（Sustainable Brands International）が開かれている[15]。主宰者の Ko Ann は，現在の企業において CSR 部門がコストセンターとなっており，こうした社会問題をプロフィットセンターとして転換していくことが必要だと考えた。Ko Ann「環境対応はコストじゃない。見えない問題を見える化して，消費者に賛同してもらえれば市場になるんだ」という。そのためにはやせ我慢して環境対応するのではなくて，PLAY ON（楽しもうよ）という仕掛けが必要だという。

また Ko Ann は「企業を体に喩えれば，CSR は片腕でしかない。だがサスティナブル・ブランドは心や頭の部分であり，企業の核となる考え方や戦略の柱であるべきだ」とする。そこでは，トリプル・ボトムラインは Planet（地球）・People（人々）・Profit（利益）の 3P として扱われている。

この会議には，マーケティング，営業，IT，デザイナー，製品開発とあらゆる部門の参加があり，講演会のみならず異業種でのグループワークが昼夜を問わず行われる。2011年の講演でLaszloは「漸次的な変化ではダメだ。組織内外の劇的な破壊によって達成する」と主張した。企業内のみならず取引先をも含めたプロセス革新が始まっている。

サスティナブル・ブランド国際会議2012にてセミナーを開いたクラーク社の事例を紹介しよう。クラーク社は殺虫剤をつくり，U字溝などを消毒する事業を展開していた。三代目の社長J. Lyell Clarke Ⅲは，いわゆる3Kに従事する社員のモティベーションの低さと定着率の低さに手を焼いていた。そこで作業着を脱いで，皆でプールサイドに集まり，どんな会社だったら働きたいかを，ゲームやパーティを交えながら意見交換を何日も交わしていった。

そこで，自分たちの仕事はマラリアを防ぐ世界に必要な仕事であることを確認すると同時に，化学的な殺虫剤ではなく，地球環境に優しい自然な原料にならないか等，様々な意見が出た。その議論から生まれた工程表を壁一面の紙に整理しながら，皆が働きたい企業の仕組みを模索した。

今日，天然原料を使った薬を開発し，地球環境に優しい製品開発を進め，その研究過程で出てきた技術を使って蚊が発生しないような浄水技術を開発し，水の新規事業も立ち上げた。Porterが言うように社会的価値と経済的価値を徹底的に研究したことで，従来無かった技術開発を進め，新しい事業機会の創出と働きやすい仕事環境を手にしたという。J. Lyell Clarke Ⅲは「従業員の約束（Employee Engagement）を実行することによって，働くことを誇りとする社員が増えた。これがお客様への信頼や安心という，顧客への約束（Customer Engagement）にも繋がった」と話していた。

(3) 企業と社会の新たな関係構築へ

PorterがCSVを提唱するまえのCSRやSV（Shared Value）は，単に経済的価値と社会的価値のバランスを取るということでしかなかった（図表9-4参照）。しかしCSVにはその先の価値創造を含めたイノベーションにこそ差別化の源泉があることを含意している。それも単体の事業だけではなく，バリューチェーンのなかでの調達，生産，パッケージ，出荷，販売，アフターサービス，回収に至るまでの全体のプロセスにおいて，ムダを省く資源生産性の向上が鍵と

なったのである。Porter は製品ポジショニングとバリューチェーンこそが差別化の源泉となると主張する。

ただし，Porter の提案に欠けているのは，企業間同士の連携や行政や NPO・NGO との横連携によって社会の課題解決をしていく方法である。直近のニーズに対処し利益を上げていく活動だけでは，社会の問題解決は果たせないし，新しいイノベーションの源泉も生まれない。他の組織との横連携によって社会の問題解決に働きかける方法である。内部組織における横断的取り組みはもちろん，他の企業や NGO，NPO など外部組織との外部連携など，実践的課題を解決するための方法は，制度的枠組みをも変えようとしてきている。社会の問題解決のためには企業一社で解決できるものは少なく，企業の連携や NGO，NPO との連携もその視野に入って来る。こうして企業内部や取引先を超えて，顧客，NGO，NPO，さらには行政や大学，地域住民をも巻き込んで価値創造を進めていくことをクロス・バリュー戦略という（青木［2011］）。その意味で，ソーシャル・マーケティングの考え方や，ソーシャル・ビジネスやコミュニティ・ビジネスとの関連も今後一層出て来るものと思われる。4.（2）でみたように，インターネッ

図表 9-5　CSR（広義）の類型化

	現業と関連のない分野への CSR	事業評価や事業収益に関連する分野への CSR
非収益事業としての CSR	フィランソロピー メセナ （現在の事業 →資金援助など→ 社会的ニーズ）	CRM SRI （現在の事業 ⇄資金援助など事業評価⇄ 社会的ニーズ）
新規事業創造を見込んだ CSR	多角化による 社会貢献的新規事業の創造 （現在の事業→資金援助または投資など→社会的ニーズ→将来の事業化）	CSV によるイノベーションの創発 （現在の事業⇄投資 社会的ニーズ→収益性を目指した新規事業創造）

（出所）筆者作成。

トで横連携を始めた個人や組織は増えており，NPO のもつ社会的価値を自社ブランドの価値へと繋げることができるようになった。

　さて，これまで見てきた CSR 研究を類型化すると図表 9-5 のようになる。現在の事業と社会的ニーズの関係を見て行くうえで，CSR が現業と関連しないか，事業評価や事業収益に関連してくるかという横軸と，CSR が非収益事業であるか，将来的に収益を見込んだ新規事業に繋がるかという縦軸で整理した。これまでの CSR が第 2 象限のメセナやフィランソロピーであったのに対し，第 1 象限のように，その効率を求めて CRM や SRI のように現業との関連性が求められるようになった。そして今日，第 4 象限のように現業の関連した社会的ニーズに対応した CSV からのイノベーションが求められている。もちろんコストやリスクも含まれる困難な事業でもある。または IT 事業で利益をあげた企業が外部団体と協力して社会貢献として BOP 諸国に低価格パソコンを配布するなどの第 3 象限のような CSR も出てきている。その開発自体に大きなイノベーションがあるわけではないが，将来的には成長市場へとなる可能性のある地域での企業の認知の向上も含んでいる。

6. おわりに

　社会と企業の軋轢は，そもそも資本主義が制度的・技術的変化から生まれてきたときから始まっていた。産業革命により資本主義が世界に広まり，さらに企業がパワーを行使することで社会に対し，外部不経済をもたらすような事態も発生した。

　これに対し，企業に対する不買運動や消費者運動が勃興し国際的な基準づくりも進んだ。本章の 2. でみたように企業も考え方を転換し，様々な CSR 対応が始まった。3. では，経営学やマーケティング研究においても，この是非論から始まり，CSR の様々なアプローチやソーシャル・マーケティングの考え方が出てきた。

　しかし，4. でみたように，どのような CSR 対応やソーシャル・マーケティングでも，何を目的にどこまで実行すればよいのか。時には利益が出ないながらもこれを継続すべきなのか。企業内部でもその目的に混沌としたものが残されたままとなった。何よりもインターネットの発展により，企業活動に消費者の監視の

網が投げかけられることとなった。

5.で展開したように，情報社会に代表される，今日の制度的変化や技術革新の中で，企業の社会的対応は，これまでとは違う高い次元での理念やコンプライアンスが求められている。社会の課題に適切に対応するような経営理念や業務革新の転換を図りながら，かつ効率的に収益をあげていくべき仕組みとしてCSVやサスティナブル・ブランドという考え方が出てきた。

CVSにしろ，サスティナブル・ブランドにしろ，現状の課題とこれに対応する戦略や技術を使って，実践的活動や制度的対応が検討されているのが今日的状況であろう。これはややもすれば直感的であり恣意的な対応かもしれない。こうした実践的対応や制度的対応が続けられたとき，社会と企業の新たな関係がどのように理念的・哲学的に整理できるかは今後の課題として残されよう。このように，制度的，実践的，理念的対応を繰り返しながら，企業と社会は時代状況に合わせて，善循環に昇華していくプロセスにあるとも言えよう。第10章では，関連公衆としての具体的なステークホルダーとの関係をどのようにマネジメントしていくかを見ていく。

【注】
1) 本章では，CSRやソーシャル・マーケティングなどの一連の企業の社会的貢献活動を広義のCSRとして説明していく。ただ図表9-4, 9-5にあるようにPorterがCSVとCSRを対比したときに限っては，狭義のCSRとしてその意味を限定する。
2) ナイキのベトナム工場では，発がん性物質のトルエンが現地基準の177倍も検出され，工場労働者の77％に呼吸器系疾患があった。一週間あたり65時間労働がなされ，10ドルの給料しか支払われていなかったという（谷本［2006］p.80）。
3) Hayek［1964］の訳書の田中真晴の解説（p.277）によれば，人間は共同体の中で生きてきたのであって，共同体指向のメンタリティーは人間の原生的心理である。市場の非人格的メカニズムは，この原生的心理からの離脱を要請するのであって，人は無理を強いられて未知の秩序とルールに適応させられる。この適応に成功した社会が文明の発展を享受するとHayekは考えていたという。
4) CSRの分類は様々であるが，3分類は梅津［2002］，Epstein［1989］等がある。松野・合力［2006］では①企業倫理的，②ステークホルダー論的，③CSP（社会業績論），④社会戦略論的，⑤コーポレート・ガバナンス論的，⑥NPO論的，⑦環境会計論的の各アプローチに分類されている。
5) Federick［1986］［1994］も同様に，CSRを3つにわけ，企業の社会的責任（Corporate Social Responsibility）をCSR1，企業の社会的即応性（Corporate Social Responsiveness）をCSR2，企業の社会的公正性（Corporate Social Rectitude）をCSR3とした。CSR1は制度的アプローチに，CSR2は実践的アプローチに，CSR3は理念的アプローチに対応すると考えられる。
6) 加藤［1979］は，ソーシャル・マーケティングの他に，CSRに関連する分野として，エコロジカル・アプローチや環境的アプローチを紹介している。

7）Luck［1969］は，概念の拡張に対し，新たな定義を提出していないことや現状の領域でも解決ができていない問題があることを指摘し，Kotler らとのやり取りが行われた。マーケティングの概念拡張はアメリカ・マーケティング協会のマーケティングの定義をも変えることとなった。
8）これに関して，Kotler［1983］，Kotler and Lee［2003］，Kotler and Andreasen［2003］，Kotler and Lee［2011］など一連の著作がある。
9）社会的責任を考慮した考えを Societal Marketing と呼ぶこともある。
10）NPO 社会的責任投資フォーラム〈http://www.jsif.jp.net〉の 2013 年 12 月現在のウェブサイトの内容。なお「日興エコファンド」は，R&I ファンド大賞 2013 に選ばれている。日興アセットマネジメント［2013］
〈http://www.nikkoam.com/files/lists/release/13041902_j.pdf〉。
11）US Department of State "Corporate Social Responsibility"
〈http://www.state.gov/e/eb/eppd/csr/〉の 2014 年 7 月現在のウェブサイトの内容。
12）EC Enterprise and Industry "Corporate Social Responsibility"
〈http://ec.europa.eu/enterprise/policies/sustainable-business/corporate-social-responsibility/index_en.htm〉の 2014 年 7 月現在のウェブサイトの内容。
13）経済産業省［2012］［2013］。
14）調査対象の企業は，フォーチュン・グローバル 500 社の上位 250 社と世界 34 カ国売上上位 100 社である。
15）筆者は 2011，2012 年にこの会議に参加し，Ko Ann，Cris Laszlo，J. Lyell Clark Ⅲ らと議論をした。

【参考文献】

青木茂樹［2011］「クロス・バリューによる地域ブランドの創造―山梨県における甲州ワインの取組み」駒沢大学経営学部研究紀要（40）。
梅津光弘［2002］『ビジネスの倫理学』丸善。
加藤勇夫［1979］『マーケティング・アプローチ論』白桃書房。
川村雅彦［2003］「2003 年は『日本の CSR 経営元年』― CSR（企業の社会的責任）は認識から実践へ―」『ニッセイ基礎研 REPORT2003.7』。
経済産業省［2012］「最近の CSR を巡る動向について」
〈http://www.meti.go.jp/policy/economy/keiei_innovation/kigyoukaikei/pdf/csr_seisaku.pdf〉。
経済産業省［2013］「CSR の政策の方向性」
〈http://www.meti.go.jp/policy/economy/keiei_innovation/kigyoukaikei/pdf/CSR_policy_direction_J.pdf〉。
経済同友会［2003］『第 15 回経済白書「市場の進化」と社会的責任経営』
〈http://www.doyukai.or.jp/whitepaper/articles/no15.html〉。
嶋口充輝［1992］「企業の社会的責任とそのかかわり方―マーケティングコンテクストからの考察」『組織科学 26』（1）白桃書房。
社会的責任投資フォーラム・ウェブサイト（2013 年 12 月）〈http://www.jsif.jp.net〉。
高島善哉［1968］『アダム・スミス』岩波新書。
谷本寛治［1999a］「企業社会論」一橋大学商学部経営学部門編『経営学概論』税務経理協会。
――――［1999b］「NPO と企業」一橋大学商学部経営学部門編『経営学概論』税務経理協会。
――――［2003］『SRI 社会的責任投資入門』日本経済新聞社。

――――［2006］『CSR―企業と社会を考える―』NTT 出版。
堀越比呂志［2005］『マーケティング・メタリサーチ―マーケティング研究の対象・方法・構造―』千倉書房。
日興アセットマネジメント・ウェブサイト［2013］「『Ｒ＆Ｉファンド大賞 2013』受賞について」〈http://www.nikkoam.com/files/lists/release/13041902_j.pdf〉。
松野弘・合力知工［2006］「日本における経営理念の変遷と「企業の社会的責任」の質的転換」松野弘編著『「企業の社会的責任論」の形成と展開』ミネルヴァ書房。
水尾順一［2000］『マーケティング倫理―人間・社会・環境との共生―』中央経済社。
水村典弘［2008］『ビジネスと倫理―ステークホルダー・マネジメントと価値創造―』文眞堂。
Adkins, S.［1999］, "Cause Related Marketing: Who Cares Wins," Michael J. Baker［2003］ *The Marketing Book*, 5th ed., Butterworth Heinemann, Oxford.
Bagozzi, Richard P.［1974］, "Marketing as an Organized Behavioral System of Exchange," *Journal of Marketing*, Vol.38, October, pp.77-81.
―――― ［1975］, "Social Exchange in Marketing," *Journal of the Academy of Marketing Science*, Vol.3, No.4, pp.314-327.
―――― ［1977］, "Is All Social Exchange Marketing?: A Reply," *Journal of the Academy of Marketing Science*, Vol.5, No.4, pp.315-326.
Bartels, Robert［1974］, "The Identity Crisis in Marketing," *Journal of Marketing*, Vol.38, October, pp.73-77.
Carroll, A. B.［1991］, "The Pyramid of Corporate Social Responsibility: Toward the Moral Management of Orbanizational Stakeholders," *Business Horizons*, July-August, pp.39-48.
Carson, Rachel Louise［1962］, *Silent Spring*, Houghton Mifflin Company.（青樹簗一訳［1962］『沈黙の春』新潮文庫。）
Elkington, John［1997］, *Cannibals with Forks: The Triple Bottom Line of 21st Century Business*, Capstone Publishing, Oxford.
Epstein, Edwin M.［1989］, "Business Ethics, Corporate Good Citizenship and the Corporate Social Policy Process: A View from the United States," *Journal of Business*, Ethics 8: pp.583-595.
Federick, William C.［1986］, "Toward CSR3: Why Ethical Analysis is Indispensable and Unavoidable in Corporate Affairs," *California Management Review*, 28. 2, The Regents of The University of California.
―――― ［1994］, "From CSR1 to CSR2: The Maturing of Business and Society Thought," *Business & Society*, Vol.33 No.2, Sage Publications, Inc.
Freeman, R. Edward［1984］, *Strategic management: a stakeholder approach*, Boston: Pitman.
Friedman, Milton［1970］, "The Social Responsibility of Business is to Increase its Profits," *The New York Times Magazine*, The New York Times Company.
Hayek, F. A.［1964］, "The meaning of Competition,." *Individualism and Economic Order*, Routhledge & Kegan Paul LTD.（田中真晴・田中秀夫編訳［1986］「競争の意味」『市場・知識・自由』ミネルヴァ書房。）
Kennedy, John F.［1962］, "Special Message to the Congress on Protecting the Consumer Interest," *The American President Project*. 〈http://www.presidency.ucsb.edu/ws/?pid=9108#axzz2gKdcHSiA.〉
Kotler, Philip［1983］, *Marketing for Non-profit Organizations: Cases and Readings*, Prentice Hall.

Kotler, Philip and Alan Andreasen [2003], *Strategic Marketing for Nonprofit Organizations*, 6th ed., Pearson Education, Inc.
Kotler, Philip and Eduard L. Roberto [1989], *Social Marketing*, Macmillan, Inc.（井関利明監訳［1995］『ソーシャル・マーケティング』ダイヤモンド社。）
Kotler, Philip and Gerald Zaltman [1971], "Social Marketing: An Approach to Planned Social Change," *Journal of Marketing*, Vol.36.
Kotler, Philip and Nancy R. Lee [2003], *Marketing in the Public Sector: A Roadmap for Improved Performance*, Pearson Prentice Hall.
Kotler, Philip and Nancy R. Lee [2011], *Social Marketing: Influencing Behaviors for Good*, SAGE Publications, Inc.
Kotler, Philip and Sidney J. Levy [1969], "Broadening the Concept of Marketing," *Journal of Marketing*, Vol.33.
Lazer, William [1969], "Marketing's Changing Social Relationships," *Journal of Marketing*, Vol.33, January, pp.3-9.
Lazer, William and Eugene J. Kelley [1973], *Social Marketing: Perspectives and viewpoints*, RICHARD D. IRWIN, INC.
Luck, David J. [1969], "Broadening the Concept of Marketing — Too Far.," *Journal of Marketing*, Vol.33, July, pp.53-55.
——— [1974], "Social Marketing Confuse Compounded," *Journal of Marketing*, Vol.38, October, pp.70-77.
Porter, Michael E. and Claas van der Linde [1995], "Green and Competitive: Ending the Stalemate," *Harvard Business Review*, Sep.-Oct., Harvard Business Publishing.（編集部訳［2011］「環境，イノベーション，競争優位（新訳）」『DIAMOND ハーバードビジネスレビュー』pp.130-150。）
Porter, Michael E. and Mark R. Kramer [2002], "The Competitive Advantage of Corporate Philanthropy," *Harvard Business Review*, Dec., Harvard Business Publishing.（沢崎冬日訳［2003］「競争優位のフィランソロピー」『DIAMOND ハーバードビジネスレビュー』pp.24-43）.
Porter, Michael E. and Mark R. Kramer, [2006], "Strategy and Society: The Link Between Competitive Advantage and Corporate Social Responsibility," *Harvard Business Review*, Dec., Harvard Business Publishing.（村井裕訳［2008］「競争優位の CSR 戦略」『DIAMOND ハーバードビジネスレビュー』pp.36-52。）
Porter, Michael E. and Mark R. Kramer [2010], "Creating Shared Value," *Harvard Business Review*, Jan.-Feb., Harvard Business Publishing.（編集部訳［2011］「共通価値の戦略」『DIAMOND ハーバードビジネスレビュー』pp.8-31。）
Post, James E., Anne T. Lawrence and James Weber [2002], *Business and Society: Corporate Strategy Public Policy, Ethics*, McGraw-Hill.（松野弘・小坂隆秀・谷本寛治監訳［2012］『企業と社会（上）』ミネルヴァ書房。）
Schwartz, Mark S. and A. B. Carroll [2003], "Corporate Social Responsibility: A Three-Domain Approach," *Business Erhics*, Quarterly, Vol.13, pp.503-530.
Sheldon, Oliver [1924], *The Philosophy of Management*, Sir Issac Pitman and Sons Ltd.（企業制度研究会訳［1975］『経営のフィロソフィ―企業の社会的責任と管理―』雄松堂書店。）
Smith, Adam [1759], *The Theory of Moral Sentiments*, 6th ed.（米林富男訳［1969］『道徳感情論（下）』未来社。）
——— [1789], *An Inquiry into the Nature and Causes of the Wealth of Nations*, 5th ed., A.

Strahan and T. Cadell, in the Strand.（大河内一男ほか訳［1978］『国富論』Ⅰ巻，Ⅱ巻，中央公論社。）

Varadarajan, P. Rajan and Anil Menon [1988], "Cause-Related Marketing: A Coalignment of Marketing Strategy and Corporate Philanthropy," *Journal of Marketing*, Vol.52, No.3, pp.58-74.

Weber, Max [1920], *Die protestantische Ethik und der 》Geist《 des Kapitalismus*, Gesammelte Aufsatze zur Religionssoziologie, Bd. 1, SS. 16-206.（大塚久雄訳［1989］『プロテスタンティズムの倫理と資本主義の精神』岩波書店。）

（青木　茂樹）

第10章

ステークホルダー研究の諸問題

1. はじめに

　近年,「ステークホルダー（stakeholder）」なる言葉を, マスコミの報道の中で, あるいは経営者や研究者との会話の中でもよく見聞きするようになった。こと学界においても, ステークホルダーは, 企業と社会論, コーポレートガバナンス, CSR（企業の社会的責任：第9章参照）などの主に経営学分野で用いられるのが専らであったが, 今日では, 市場環境の変化と相俟って, マーケティング研究を含め様々な研究領域でも, それが使われるようになっている。

　さて, 本章で取り扱う「ステークホルダー」とはいかなるものであって, そこにおけるキー（鍵）とはどのようなものであろうか。すでに他章でステークホルダーとの関連において触れられている部分もあるが, とりわけ, 第Ⅲ部の関連公衆および制度的環境への対応に関する諸問題において, 例えば, CSR活動との絡み（第9章）や, 法規制を含む制度や政府・行政との絡み（第11章）などで, それぞれステークホルダーとの関連性を垣間見ることができる。また, 本章では第1章の企業組織との関係においてもステークホルダーを注視している点も指摘しておきたい。

　そこで本章では, 他章では論じられなかったステークホルダーおよびその研究を巡っての重要点やその問題点を明らかにするのとともに, 非営利組織を含めた組織形態, 資源管理, 市場環境, ガバナンスなど, 今日的なステークホルダーを取り巻く状況を, 戦略的なマネジメントの視座から紐解いていくことに主眼をおいて論じていきたい。とりわけ, そこでは非営利組織にも大きくスポットが当てられることになる。

　本章の流れは次の通りである。

　まず本章2.では, ステークホルダーの概念とその位置づけについて論じていく。3.では, 主としてステークホルダー研究の変遷を概観した後, ステークホル

ダーをめぐる検討課題について論じていく。続いて4.では，ステークホルダーの範囲とその類型，ステークホルダー・マネジメントの構図について論究していく。さらに，5.では，非営利組織におけるステークホルダーの重要性とその実態として，非営利組織におけるステークホルダーをめぐる展開について論じた後，非営利組織におけるステークホルダー・マネジメントの実態として幾つかの事例を取り上げる。そして最後に，マーケティングにおけるステークホルダー研究の課題と展望について論究し，本章を締めくくる。

2．ステークホルダーの概念とその位置づけ

　ステークホルダー（stakeholder）という用語は16世紀あたりから使われ始めたと言われているが，それはアメリカ開拓移民らが自らの土地の所有権を主張するために杭（stake）を打ち立てたことに由来する説や，競馬の馬主の集まりを由来とする説などがある（出見世［2004］p.36）。もともとの「stake」の意味には，「所有権を主張するための杭」の意味以外にも，「賭け事の賭け金」，「競争の賞金」，「特定状況での危険の度合い」，「企業への出資金」，「三脚椅子の脚」などの意味があり，非常に興味深い言葉の1つと言える。そしてそれが転じて「stakeholder」となると，その意味は，「賭け金の管理人」，「出資者，投資者」，「企業などに利益や関心のある者」，「利害関係者」，「正当な所有権を保有する移住民」などといったことになるが，今日の経営学やマーケティングの研究領域では，一般的に「利害関係者」といった言葉で形式的に使われていることがほとんどである[1]。

　翻って，ステークホルダー（stakeholder）という言葉は，株主つまりはストックホルダー（stockholder）またはシェアホルダー（shareholder）との対比を意図して造られた言葉であるとされる（中谷［1998］p.91）。それは，言い換えれば，企業には，株主以外に企業行動に責任や利害を持つグループ，いわゆるステークホルダーが存在しているとの考え方を強調するために形成された概念とも言える。

　そうしたステークホルダーの位置づけを明らかにするための試みは，これまでにも多くの研究者によってなされてきた。例えば，Carroll［1996］は，ステークホルダーを中核的ステークホルダー（組織の存続に不可欠な利害関係を有するも

の），戦略的ステークホルダー（特定の機会と脅威を提供するもの），環境的ステークホルダー（組織の環境の中で中核的・戦略的ステークホルダー以外のもの）の3つに分類し，後に Carroll and Buchholtz［2003］は，ステークホルダーと企業のもつ資源とのつながりに着目し，ステークホルダーを「内部ステークホルダー」と「外部ステークホルダー」に分類している。また，Post, et al.［2002］は，ステークホルダーをモノやカネなどの資源を直接的に企業に提供する主体または企業から提供される主体（1次ステークホルダー：株主，従業員，取引先，消費者など）と，そうした資源の取引関係のあり方に影響を与える主体またはそれによって影響を受ける主体（2次ステークホルダー：行政，地域社会，NPOなど）に分類し，さらに資源基盤（株主，消費者，従業員），産業構造（取引先，提携企業，労働組合，規制当局），社会・政治領域（政府，地域社会，民間団体）の三層の枠組みの中でステークホルダーを捉えようとした。その他にも，企業とステークホルダーの相互関係（協力者となる可能性〈高い・低い〉×脅威となる可能性〈高い・低い〉）においてステークホルダーを4タイプに分類し，企業の戦略的対応を検討した Savage, et al.［1991］，重要度別にステークホルダーを分類し優先度の高い消費者へのアプローチの必要性を説いた Mitchell, et al.［1997］，また国内でも，経営倫理論の観点からステークホルダー理論の詳細な検討を行った宮坂［1999，2000］，図表10-1のように時代背景に応じて様々なステークホルダーの概念が変化してきたことを示しCSR経営の中でステークホルダーの重要性を論じた谷本［2004］や出見世［2004］，CSRマネジメントの展開の中でステークホルダーとの共生を提唱した水尾・田中［2004］などがある。

　このように各々の研究者のステークホルダーに対する概念は様々であり，多少の相違はあるにせよ，各組織にフィットした様々なステークホルダーの存在を認めつつ，ステークホルダーを分類することで，ステークホルダーをめぐる様々な諸問題を明らかにしようとしたことだけは確かなようである。

図表 10-1　ステークホルダー関係の変化

ステークホルダー	1990年代以前のステークホルダー関係	1990年代以降のステークホルダー関係
株　主	法人間の株式持合い→相互信任の獲得（株主総会の形骸化→経営者支配）	株式相互持合いの解消，外国人持ち株の増加，SRIの広がり・その影響
従業員	企業内労働市場：長期的な雇用関係（内部：中核労働者→外部：排除）	日本的雇用関係の変化，会社人間の反省と能力主義の徹底
サプライヤー	閉鎖的な下請け系列システム 長期・固定的な相対取引（管理的内部市場）	閉鎖的な下請け系列システムの変化 グローバルソーシング，CSR調達の動き
消費者（顧客）	豊かさの追求，モノ消費を通じた自己表現	消費者意識の変化
地域社会	地域共同体の解体，地域開発の対象（フィランソロピー活動の不活発化）	企業市民として地域社会に関わる動き NPO等とのコラボレーションの試み
環　境	環境＝所与，環境対策＝コスト，公害・被害に対する訴訟，法律による規制	環境対策の伸展，環境マネジメントの整備，環境報告書等の発行企業が増加
政　府・自治体	政府→行政→企業・財界：相互依存の閉鎖的ネットワーク	NPO・NGOを交えた新たな関係模索 CSRへの支援の動き

（出所）谷本［2004］pp.23-24，を参考に作成。

3. ステークホルダー研究の変遷とその検討課題

(1) ステークホルダー研究の変遷

　ステークホルダー研究は，Freeman［1984］を端緒とする見方が一般的である。Freeman［1984］によれば，実際にステークホルダーなる言葉が最初に経営学文献に登場したのは1963年のスタンフォード研究所（Stanford Institute Research）の内部覚書メモにおいてであるとし，1965年にはAnsoff［1965］も「企業は従業員，株主，納入業者，販売業者などのステークホルダーの全てに対して責任がある」とするなど，1960年代あたりからステークホルダーという言葉は徐々に一般的に知られるようになっていった[2]。

　ステークホルダー研究の潮流を概観してみると，例えば，諸外国においては，

既述したようにステークホルダー研究の先駆者であり，様々なステークホルダーが企業の戦略的なマネジメントの重要な鍵になることを示唆したFreeman[1984]をはじめ，様々なステークホルダーが倫理的に種類の異なることを主張しステークホルダーを同一視したFreemanを批判したGoodpaster [1991]，ステークホルダー理論の構造を分析したDonaldson and Preston [1995]，ステークホルダーの位置づけを示し様々な論者のステークホルダーの定義を分類・整理したMitchell, et al. [1997]，ステークホルダー・マネジメントと企業の財務実績との関係について定量的分析を行ったBerman, et al. [1999]，対企業においてステークホルダーの概念やその位置づけを明らかにしようとしたSavage, et al. [1991]，Carroll [1996]，Post, et al. [2002]，マーケティングの領域から非営利組織におけるステークホルダーの重要性を見出し，一方で営利組織などの高業績ビジネスの本質においてステークホルダーの重要性を指摘したKotler [1975, 2000] などがある。

　国内においては，ステークホルダーとビジネス倫理学（企業倫理など）との関係を詳細に論じた宮坂 [1999]，従前のステークホルダー理論の再考を論じた谷口 [2001]，CSR経営においてステークホルダー・マネジメントの重要性を論じた水尾・田中 [2004] や谷本 [2004, 2006]，ステークホルダーの管理のためにCSRコミュニケーション・マネジメント・フレームワークを提示した井上 [2007]，非営利組織におけるステークホルダーの重要性を指摘し企業におけるステークホルダー理論を非営利組織経営に援用することを試みた島岡 [2011] などがある。近年では，CSR研究ともあいまって，企業および非営利組織におけるステークホルダーのマネジメントに切り込んだ研究も盛んに行われており，ステークホルダーをめぐる研究状況は拡張の一途を辿っている。

　いずれにせよ，Freeman [1984] 以降のステークホルダー研究においては，企業をはじめとした戦略的経営に関する文献ばかりでなく，その多くは，企業倫理，CSR，コーポレートガバナンスなどに関する文献にも拡がっており，ステークホルダー研究は大きく進展してきたと考えられる。

(2) ステークホルダーをめぐる検討課題

　これまでのステークホルダー研究を概観してみると，幾つかの検討課題を見出すことができる。以降では，それらについて論究する。

① ステークホルダー研究の中心的議題

谷口（[2001] pp.83-84）や出見世（[2004] pp.39-40）がまとめているように，これまでのステークホルダー研究において多くのテーマが議論されてきたが，専ら次の5つの点が中心的な議題として，その研究が進められてきた[3]。

① 自社のステークホルダーとは誰か。
② 自社のステークホルダーの利害とは何か。
③ 自社のステークホルダーは自社に対してどのような機会または脅威をもたらすのか。
④ 自社はステークホルダーに対してどのような責任を負っているのか。
⑤ ステークホルダーからの機会や脅威を管理するには，どのような戦略や行動をとっていくべきか。

先の5つの議題の中でも，特に「①ステークホルダーとは誰か」と「②ステークホルダーの利害とは何か」については，長年にわたって多くの論者が共通して指摘しており，従前のステークホルダー研究はこの2点についてのものがほとんどである。基本的に企業サイドからの観点で論じられており，ステークホルダー理論を構築していく際の義務的な作業がもたらしたものだと考えることができる。また，残りの3点については，およそ企業によるステークホルダーや市場・社会への戦略的な対応・姿勢に関連した研究ととらえることができる。①と②の議題については十分な蓄積をみてきたこともあり，今後は，③〜⑤の中でもステークホルダーの戦略的マネジメントの具体的な研究が必要とされよう。

ともあれ，今日的な状況としては，様々なタイプのステークホルダー研究が各論者ごとになされ，ステークホルダーをめぐる状況は混沌とした様相を呈している。こうした状況は，ステークホルダー研究の限界を示すのと同時に，その可能性を示すものとも言えよう。

② ステークホルダーの活用の拡張

近年，多国籍企業の増加もあいまって，企業が環境や社会に与える影響はグローバル化の一途を辿っている。各国の法令遵守やこれまでの企業の社会的責任，例えば有用な商品・サービスの提供，雇用の創出，納税などの役割を果たすだけでは，企業活動のもたらすマイナス影響（資源問題，地球温暖化，環境問題，地域コミュニティの崩壊など）をカバーしきれなくなってきている。こうした状況を転換させ，持続的発展を確保すべく考えられたのが，第9章でも述べた

CSR（企業の社会的責任）である。ところが，今日ではCSRの考え方だけでは持続可能な発展にはつながらない状況となっており，企業がCSRに本気で取り組もうとすればするほど，ステークホルダーとの双方向の関係を構築することなしに成果をあげることが困難になっている。

翻って，日本でも企業などに対して，これまで以上の情報開示や説明責任を義務付ける金融商品取引法などの法令整備が進み，また株式市場では，社会的責任への対応を重視するSRI（Socially Responsible Investment：社会的責任投資）を尊重する考え方が普及し，従来のIR（Investor Relations：株主等との関係構築）よりも対象を広げたSR（Stakeholder Relations：利害関係者との関係構築）[4]に力を入れる企業も増えてきている。

このようにステークホルダーの活用状況やその重要性は大きくなっており，それを取り巻く状況もめまぐるしく変化しているのが現状である。近年では，企業経営，ビジネス倫理，CSR，コーポレートガバナンスなどにとどまらず，紛争解決，合意形成，リスクコミュニケーションなどの領域まで，ステークホルダーの活用状況は拡張している。その意味では，今後ステークホルダー研究を進めていくことの意義は極めて大きいと言える。

③ ステークホルダーの要望の許容範囲

ステークホルダー・マネジメントに代表されるように，個々のステークホルダーからの声を聴くことを重要視する類の研究は相当数あるが，実際には個々のステークホルダーの要望をそれぞれ受け入れることが逆にマイナスを生み出してしまう恐れがあることを理解しておく必要がある。加えて，あるステークホルダーの要望だけを聞いてしまうならば，全体としての一貫性を欠くことになり，それが新たな問題を招くことも考えられる。こうした問題は，幾つかの研究の中で指摘はされているものの，必ずしも十分な成果をもたらしているわけではない。マルチステークホルダー・プロセス[5]の考え方を視野に入れつつ，各々のステークホルダーの声をどこまで聴くことが各組織にとって重要なのかについての検討が必要とされよう。

④ 非営利組織におけるステークホルダー研究

ステークホルダー研究がコーポレートガバナンスの議論として表出した大きな要因としては，株主だけが企業の統治者であるという議論へのアンチテーゼから

だったと考えられる。つまり、Freeman流にいえば、企業は株主だけでなく、様々なステークホルダーを有しているはずであり、各々において対応をしていく必要が生じる。加えて、近年では、CSRに対する地域社会の要請、ステークホルダー自体の成熟化、企業だけでなく非営利組織にも即した考え方の必要性などの様々な要因が、ステークホルダー研究を進展させている。とりわけ、非営利組織におけるステークホルダーの取り扱いについては、マーケティング研究においても重要な関心事の1つとなっており、例えば、非営利組織におけるステークホルダーがどのようなものか、さらにはどのようにそれらをマネジメントしていくのかについて深掘りされる必要があろう。

4. ステークホルダー・マネジメントの構図

(1) ステークホルダーの範囲とその類型

ステークホルダーは、一般的に「利害関係者」として認識されているが、近年ではいわゆる従前の企業組織だけにとどまらず、「コンシャス・キャピタリズム (conscious capitalism)」[6]を標榜する営利組織や非営利組織をはじめ、あらゆる組織における利害関係者を指し示す言葉として拡がってきている。そのステークホルダーの範囲は組織の形態・特性・環境などによって様々になると考えられる（図表10-2）。例えば、一般民間企業であれば、株主などの投資家だけでなく、消費者（顧客）、従業員、地域社会、政府・自治体、金融機関、取引先などが、NPO法人であれば、寄付者、消費者（顧客）、従業員、地域社会、政府・自治体、金融機関などが、公共・公的機関（病院、行政、学校等）であれば、納税者、サービス受容者、組織員、地域社会、政府・自治体、近隣連携施設などが、さらにボランティアであれば、寄付者、サービス受容者、組織員、地域社会などが、ステークホルダーとしてあげられる。当然のことながら、各々の組織の形態・特性・環境、さらには目的、資金、収益、給与などの面においても、ステークホルダーのあり方は異なっていくと考えられる。

図表10-2を概観してみると、一般民間企業（営利組織群）と、NPO法人／公共・公的機関／ボランティア組織（非営利組織群）などにおいて境界線を見出す

図表 10-2　ステークホルダーの範囲とその類型

属性／組織形態	一般民間企業	NPO法人	公共・公的機関	ボランティア組織
ステークホルダー	株主 消費者（顧客） 従業員 地域社会 政府・自治体 金融機関 取引先	寄付者 消費者（顧客） 従業員 地域社会 政府・自治体 金融機関	納税者 サービス受容者 組織員 地域社会 政府・自治体 近隣連携施設 寄付者	寄付者 サービス受容者 組織員 地域社会
目的	利潤の最大化	受益者の利益最大化	受益者の利益最大化	受益者の利益最大化
資金	売上 自己資金・借入金 株式発行	寄付金 助成金 事業収入 会費（メンバーシップ）	税金 売上 寄付金	寄付金 自己負担 会費（メンバーシップ）
収益	目的とする 出資者配分あり	多くは目的とする 出資者配分なし	ほぼ目的としない （一部目的）	目的としない
給与	あり	あり	あり	なし

（出所）筆者作成。

ことができる。ただし，近年では，ソーシャル・ビジネスのような営利または非営利が混在しているかのような存在が出現したり，実質的に同じ組織間の中で営利組織と非営利組織を故意に形成しそれらが対になって活動するなど，組織形態も多様化してきており，営利組織と非営利組織との境界が薄くなってきた部分も見受けられる。一方で，非営利組織群それぞれのステークホルダーの価値共有化は，ステークホルダーの目的が明確であるがゆえに，営利組織群のそれと比べて強固なものになっていると考えられる。

(2) ステークホルダー・マネジメントの構図

　近年の市場の変化や社会的な要請の高まりなどからすれば，ステークホルダーの重要性と，そこにおける戦略的なマネジメントの必要性という構図は必然的な流れのように感じられる。以降では，ステークホルダー・マネジメント[7]を円滑に進めるための幾つかの考え方を提示しておきたい。

①　高業績ビジネスにおけるステークホルダー・マネジメントの重要性

　マーケティング研究の大家である Kotler [2000] は，コンサルティング会社のアーサー・D・リトルの高業績ビジネスの特徴を表した簡素なモデルを基に，ステークホルダーとそのマネジメントの重要性を提唱している。そこでは，高業績をあげる成功の秘訣として「ステークホルダー」を頂点に「業務プロセス」，「資源」，「組織と組織文化」の 4 要素を階層的にとらえ，特に上位概念となる「ステークホルダー」の重要性を強調する。Kotler（[2000] pp.51-53）によれば，「高業績を目指すにあたって，企業はまずステークホルダーを特定し，そのニーズを知る必要がある」とする。加えて，「今日的な企業はこれまでの状況を見直し，株主以外の多くのステークホルダーを育成しなくては，株主に対して十分な利益を上げることができない」とも論究する。それゆえ，企業は各ステークホルダーの最低限の期待を上回る満足を与えるように努力するとともに，重要度の異なるステークホルダーごとに異なった満足を提供することにならざるを得ない。その際，「企業が注意する点としては，ステークホルダーの各グループが受ける相対的な扱いについて不公平感を感じさせないようなマネジメントが必要である」とも指摘する。そうした各ステークホルダーを満足させる戦略を策定するために，業務プロセスの改善，組織の調整，組織内資源の最適化を行うことが必要となるのである。こうした Kotler の示唆は，様々なステークホルダーの存在とそのニーズを特定し，さらには高業績の要諦が各々のステークホルダーをどのようにマネジメントしていくのかにあることを指摘した点において意義深いものと言える。

②　ステークホルダー・マーケティング・アプローチ

　Ruiz-Roqueni and Retolaza [2012] は，これまでのステークホルダー理論にマーケティング理論と実践のエッセンスを掛け合わせることで，従前にはなかったマーケティング研究の新たな方向性，いわゆるステークホルダー・マーケティングを見出そうとした。マーケティング研究において，経営上のステークホルダーの重要性を提唱するとともに，今後のステークホルダー・マネジメントの方向性を示した点において興味深い試みと言える。

　その主張点は，図表 10-3 にまとめられるが，縦軸に「株主志向−ステークホルダー志向」，横軸に「顧客に焦点−全ステークホルダーに焦点」として，2×2 のマトリクスによって，企業がアプローチする先の状況を明らかにするのと同時に，ステークホルダー・マネジメントの重要性を指摘する。主として，縦軸は組

織にとってのインプット要素（資金や各種メリットなど）を得るための調達先を意味し（シーズ軸），横軸は組織にとってのアウトプット先，いわゆる提供先を意味する（ニーズ軸）と解釈できる。

図表10-3において Ruiz-Roqueni and Retolaza（[2012] pp.820-824）は，企業にとって「縦軸：ステークホルダー志向」かつ「横軸：全ステークホルダーに焦点」のセルにある「ステークホルダー・マーケティング」領域が重要であることを提唱する。さらに，企業がそうしたマーケティング活動を行うことで，企業のマネジメント全体とステークホルダーとの関係を円滑にしていくことができるとも主張する。マーケティング研究においてステークホルダー・マネジメントの方向性を明示した研究は必ずしも十分ではなく，その意味では興味深い研究と言える。

最も興味深い点として，本書第1章でインターナル・マーケティングと組織との関連が論じられているが，インターナル・マーケティングが組織の従業員満足を高めることで最終的に顧客満足を高めることを意図しているのに対して，ここで言うステークホルダー・マーケティングは必ずしも顧客満足を意図しているわけではなく，顧客をも含めたステークホルダーの満足を第一義的に考えることの重要性を提唱している点である。換言すれば，単なる顧客を重要視するのではなく，顧客を含めたステークホルダー全体をケアすることが今後のマーケティング活動には必要であることを指し示すものと言えよう。

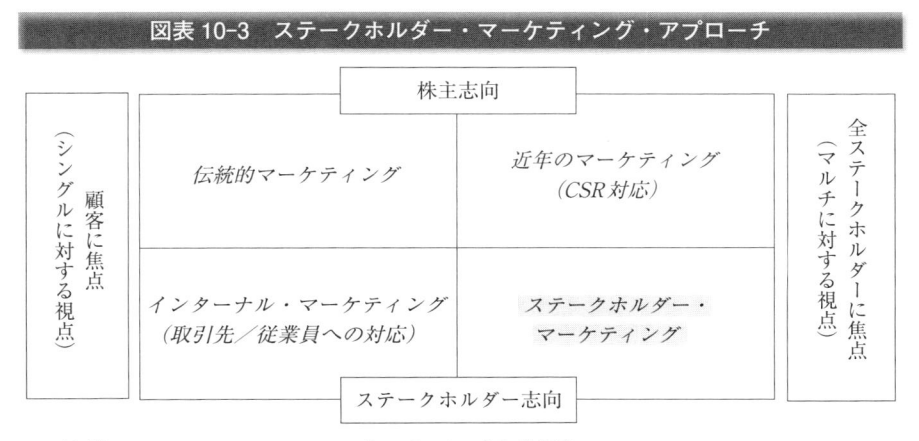

図表10-3　ステークホルダー・マーケティング・アプローチ

	株主志向	
伝統的マーケティング	近年のマーケティング（CSR対応）
インターナル・マーケティング（取引先／従業員への対応）	ステークホルダー・マーケティング
	ステークホルダー志向	

左軸：顧客に焦点（シングルに対する視点）
右軸：全ステークホルダーに焦点（マルチに対する視点）

（出所）Ruiz-Roqueni and Retolaza [2012] p.820 を加筆修正。

③ ステークホルダー・マネジメント・プロセス

ステークホルダーを管理していくためには，その管理プロセスを明らかにしていく必要がある。例えば，井上 [2009] は，CSR コミュニケーション・マネジメント・フレームワークを提示し，企業は CSR コミュニケーションを包括的にマネジメントすることによって，ステークホルダーの理解と信頼を向上させることができると指摘する。ここでは，井上（[2009] p.105）の提示したフレームワークを，独自のステークホルダー・マネジメント・プロセスに援用することを提案したい[8]。

図表 10-4 は，ステークホルダーをマネジメントすることを企図し，そのプロセス（ステップ 1 〜ステップ 4）を明確にすることを通じて，ステークホルダーをいかに戦略的に管理し，課題・問題を発見・解決していくかを狙ったもので，ステークホルダー・エンゲージメント[9]の発想の流れを受けて作成したものである。

図表 10-4 ステークホルダー・マネジメント・プロセス

資源管理の問題／市場環境の変化／CSR の高まり／企業ガバナンスの問題

↓

ステークホルダーの重要性→ステークホルダー・マネジメントの重要性

↓

ステップ1	ステップ2	ステップ3	ステップ4
議論の場の提供	プロセスの開示	達成目標の提示	活動結果の開示
＊ステークホルダーの期待の把握と課題・問題の発見 ＊ステークホルダーの参画と関与の場の設定	＊ステークホルダーの要請の反映状況（途中経過）を開示・説明 ＊組織の取り組み姿勢の提示	＊達成目標の提示 ＊活動内容，手法などの提示・説明 ＊目標値の設定，期待される成果などの提示	＊活動の結果・評価のフィードバック ＊今後の方向性・見通しの提示 ＊修正点などの検討

SH（ステークホルダー）の信頼獲得→SH の関与の向上→組織のメリットの創出

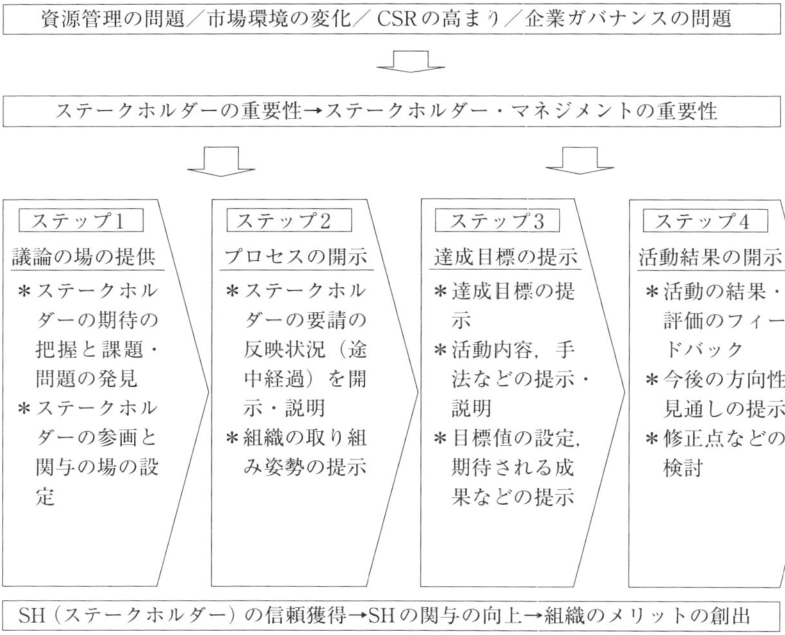

（出所）井上 [2009] p.106 を参考に筆者作成。

ステップ1：「議論の場の提供」では，まずもって様々なステークホルダーの意見を尊重し，それらの期待や考え方を把握するための議論の場を設定することが肝要となる。言い換えれば，経営上において，様々なステークホルダーの参画と関与を促すための議論の場の設定である。具体的には，ステークホルダーに向けたアンケート調査やステークホルダーを集めたミーティングなど様々な形態が考えられるが，ケースバイケースでそれらの方法を使い分けて活用し，ステークホルダーの期待・要請を把握するとともに，そこから組織が取り組むべき課題・問題を発見することが狙いとなる。

　ステップ2：「プロセスの開示」では，ステークホルダーの期待・要請の把握および企業の取り組むべき課題・問題の発見を受けて，組織としてそれらをどのように反映させているか（途中経過）について開示・説明していく。ここにおいて，組織としての取り組み姿勢を提示する必要がある。

　ステップ3：「達成目標の提示」では，ここでは組織の活動に対する具体的な達成目標に関わる提示を行う。例えば，目標値の設定とその根拠，達成目標の期限，目標達成のための手法，期待される成果などについて提示する。

　ステップ4：「活動結果の開示」では，組織の活動による（ステークホルダーの要請に対しての）結果とその評価をフィードバックするとともに，今後の方向性や見通し，さらには修正点の検討を行う。とりわけ，ステークホルダーの要請に対して十分な成果があった場合，あるいは必ずしも十分な成果が得られなかった場合の戦略的なステークホルダーへの対応が必要となる。

　組織が，こうしたステークホルダー・マネジメントを展開する意識を持つことによって，組織とステークホルダーとの関係は良好なものになり，結果的に，相互の理解と信頼関係を向上させることに繋がると考えられる。実際に，トヨタ自動車，TOTO，NTTグループなど多くの大手企業でも，ステークホルダーとのコミュニケーションを深める手法，いわゆるステークホルダー・エンゲージメント（またはステークホルダー・ダイアログ）を活用して，ステークホルダー・マネジメントを展開している。

5. 非営利組織におけるステークホルダーの重要性とその実態

(1) 非営利組織におけるステークホルダーをめぐる展開

① マーケティング研究における非営利組織の位置づけ

　マーケティング研究の中でも，企業のマーケティング活動の理論体系や様々なマーケティング技法を，営利企業にとどまらず，大学，病院，行政などの非営利組織のマネジメント問題に対しても援用していこうとする流れを形成したのは，とりわけ Kotler and Levy [1969]，Kotler ard Zaltman [1971]，Kotler [1972, 1975] 等による功績が大きい。堀越 [2005] や上沼 [2003, 2010] に詳しいが，Kotler and Levy [1969] の論文に端を発したマーケティングにおける概念拡張論争の結果，Bagozzi [1975] や AMA の定義変更に代表されるように，マーケティング概念は市場取引だけではなく「交換一般」という考え方を採用することで，その概念の拡張路線の道を辿ることになる。まさにその潮流において，ソーシャル・マーケティングの領域が新たに形成され，その中で，非営利組織がマーケティング研究の対象領域として市民権を獲得するに至ったと言える[10]。

　ともあれ，こうしたソーシャル・マーケティングの潮流は，アメリカにおけるコンシューマーリズムの台頭ともほぼ重なるが，当時の状況からして，企業のマーケティング活動に対する社会的批判の高まりや，非営利組織活動の活発化に伴うマーケティングの必要性の高まりなど，そうした社会的な声（市場環境の変化）に対応しようとする総体的な動きであったとも理解できる。

② 非営利組織におけるステークホルダーの重要性

　Kotler（[1972] p.48）は「消費公衆（consuming public）に限らず，全ての関連公衆組織の活動の試みにマーケティングを適用する」と主張し，マーケティングの適用範囲を徹底的に拡大してきた（堀越 [2005] pp.121-124）。翻って，このことは，従前のステークホルダーの取り扱いが営利組織におけるステークホルダー，例えば，顧客（消費者公衆）や流通業者（代理公衆）などにとどまらず，組織の形態・特性・環境など（例えば非営利組織）によっては，社会一般（一般公衆）

を含む様々なステークホルダーを想定しなければならない結果を生み出した。つまり，Kotler 流に倣えば，マーケティングの概念拡張は，ステークホルダーの概念までも拡張させてしまったとも考えられる。このことは，ともすれば組織が全てのステークホルダーに対応しなければいけないという誤解を招きがちであるが，各々の組織は全てのステークホルダーに気を配りながら（各々への対応を変えながら），その中で優先順位の高いステークホルダーを常に把握・管理していくことが重要であると言える。

　いずれにせよ，経営学領域のステークホルダー研究からの影響において，あるいはマーケティングの概念拡張論争の帰結において，非営利組織とステークホルダーをめぐる動きは本格的な展開の様相を呈することになった。例えば，多くのステークホルダー研究者らは，医療，福祉，雇用，教育，環境などの幅広い分野において活動する非営利組織には組織内外に様々なステークホルダーが存在していると指摘したり，またマーケティング研究においても Kotler（［2000］pp.51-53）をはじめ多くの研究者らが非営利組織におけるステークホルダーの重要性を提唱し始めるようになった。

　こうした動きは，様々なステークホルダーの存在が営利組織ばかりでなく非営利組織のマネジメントにとっても重要な鍵となることを意味するものであるが，とりわけ，非営利組織におけるステークホルダーをめぐる研究は，従前の研究では必ずしも十分にカバーされているとは言えない（島岡［2011］p.2）。例えば，営利組織と異なり非営利組織のステークホルダーには独自性があるのか，あるいは非営利組織におけるステークホルダー・マネジメントとはいかなるものになるのかなど，非営利組織におけるステークホルダーに関わる領域についての検討課題は多い。

③　非営利組織におけるステークホルダー・マネジメントの困難性

　これまでのステークホルダー・マネジメントの研究を見る限り，そこには多くの課題が残されていることが分かる。とりわけ，LeRoux（［2009］p.161）は，「従前の営利組織におけるステークホルダー研究に関しては，ほぼステークホルダーの分類という視点しか非営利組織におけるマネジメントに援用されてこなかった」と指摘している。その大きな理由の１つとして，非営利組織には組織活動から利益を受け取る株主という明確な所有者がいないという点があげられる。言い換えれば，営利組織には株主のような明確な所有者の存在があるが，非営利組織

には営利組織にはない別の存在がいることになる。その存在が何であるかについては非営利組織のもつ形態や特性などにおいて異なるとすでに論じたが，そうであるがゆえに全ての非営利組織を一絡げにしてとらえることが困難であり，そこにこそ非営利組織におけるステークホルダー・マネジメントを展開する上での困難性が生じると言える。

加えて，非営利組織においては，営利組織とは異なり，対象となる非営利組織に投資する投資家が直接的に当該組織からベネフィットを受けるのではなく，課題解決のライン上にいる者がベネフィットを得るという構図（対象の二重性）を有している点，さらには非営利組織が幅広く社会に存在するステークホルダーとの動態的な交流が前提とされる組織特性を有している点（島岡［2011］p.13）などもあげられる。

(2) 非営利組織におけるステークホルダー・マネジメントの実態

非営利組織においてステークホルダーを管理し，組織運営に活かしていくことは極めて重要な要素であり，非営利組織のマネジメント活動を解明していくうえで重要な視座となる。それゆえ，それらを浮き彫りにするため，いわゆる非営利組織の中にあって特徴的な側面をみせる，医療機関およびソーシャル・ビジネスの具体例をあげながら，各々の領域におけるステークホルダー・マネジメントの実態を明らかにしていく。

① 刈谷豊田総合病院 [11]

刈谷豊田総合病院は，愛知県刈谷市に所在するトヨタグループ8社（豊田自動織機，デンソー，アイシン精機，愛知製鋼，ジェイテクト，トヨタ車体，豊田通商，トヨタ紡織）並びに刈谷市・高浜市により1963年に設立され，医療法人豊田会によって運営されている保健・医療・福祉機能を有した医療法人である。当院は，刈谷市を中心に隣接する4市1町を医療圏とする急性期医療を提供する地域中核型の総合病院（約650床）である。予防・健康・高齢社会への対応・医療人の育成など幅広い機能も求められ，健診センター，療養型病院，介護老人保健施設，訪問看護ステーション，在宅介護支援センターを併せ持っている。こうした保健・医療・福祉のネットワークを展開し「真の医療サービス」を提供することで，西三河地区の市民病院的な役割を担いながら地域社会の暮らしを守ってい

る。

　1996年頃から国際標準化（ISO）に取り組むなど積極的に病院改革を行い，「トヨタ」ブランドを意識して，病院名も「刈谷総合病院」から「刈谷豊田総合病院」へと変更している。また，毎年実施される患者満足度調査や様々なマスコミ病院ランキングなどにおいて，本質サービス・表層サービスの両面で高い評価を受けている。「断らない医療」を掲げ，救急車受け入れは愛知県下でも屈指で，病床稼働率も高い病院として知られている。またDPC（診療群分類包括評価）では，全国100弱のDPC Ⅱ群に属する病院（「重症者の受入れと高度医療の体制が整備されている」，「多くの研修医が在籍している」，「難易度の高い手術を数多く実施している」という三要素を充足する病院）となり，医療提供のあり方や経営の効率化などを含め，信頼のある病院として確固たる地位を築いている。

　当院の競争優位性は次の点にまとめられる。①診療所・クリニックおよび地域との連携強化，②徹底した従業員教育，③コンシェルジュ的な役割をなすMSW（医療ソーシャル・ワーカー）や玄関口で対応するドアマンの配置，④麻酔科医の充実，⑤医師・看護師の研修制度の充実，⑥患者満足度調査の実施による患者・地域ニーズの把握，⑦ジェネリック医薬品の取り扱いの最小化，⑧保健・医療・福祉の複合体化などがあげられる。

　図表10-5のように，刈谷豊田総合病院のステークホルダーを鑑みると，患者・

図表10-5　刈谷豊田総合病院のステークホルダーへの対応状況

ステークホルダー	ステークホルダーに対するアプローチ
トヨタグループ従業員およびその家族	トヨタグループ8社の福利厚生施設として従業員とその家族を守る
地域社会・地域住民	保健・医療・福祉機能を有した施設として地域社会の暮らしを守る
患者および患者家族	高い満足評価，高いサービス提供などにより患者との信頼関係を構築する
診療所・クリニック	連携の強化により診療所・クリニックとの良好な関係を構築する
医師・看護師・その他従業員	研修制度，教育，給与制度の改善によりプライドと実力を持たせる
医薬品メーカー	ジェネリック医薬品を最小化し医薬品メーカーとの信頼を構築する

（出所）筆者作成。

患者家族（顧客），医師・看護師・その他医療従事者，診療所・クリニック，地域社会・地域住民，関係各社，関係自治体など多岐にわたる。一般企業とは異なり，当院が全国規模で医療サービスを展開できないことを考えれば，地域内における様々なステークホルダーといかに強いつながりを持つことができるかが鍵になり，実際にも，そうしたステークホルダーを戦略的にマネジメントしていく方策が打ち出されている。

② **かものはしプロジェクト** [12]

　非営利組織の多くは，総じて会費・寄付金などによって活動資金を調達し，それらを活用して組織の運営を図ることになる。しかし，会費・寄付金に頼る際の問題点として，資金提供する人と便益を受け取る人が異なる（対象の二重性）がゆえに，会費・寄付金提供者にその効用・価値を実感してもらいにくいという点があげられる。そこに，非営利組織におけるマネジメントの難しさがある。

　そうした中で，カンボジアでの児童買春の撲滅・児童の人身売買防止，さらには現地での就労支援などの活動を行う「かものはしプロジェクト」は，会費・寄付金集めの巧さにおいて注目されるNPO法人である。かものはしプロジェクトの収入構成における会費・寄付金の割合は，非営利組織全体におけるそれと比べても数倍あり，その値は驚異的な数字だと言ってよい。周知のように，非営利組織は企業とは異なり，株式などを発行して資金調達することができない反面，会費や寄付金を募ることができ，さらにはそれらに税金がかからないことがよく知られている。また行政などからの委託金や助成金とは違って，会費や寄付金は活動の使途も限定されにくい。つまり，会費や寄付金は集めるのが大変だが，一度軌道に乗れば，安定的で自由度の高い財源になると考えられる。その意味では，会員（潜在会員を含む）および寄付者でほぼ成り立っている同組織にとっては，そうしたステークホルダーへのアプローチが最も重要になると考えられる。

　かものはしプロジェクトの会費・寄付金の獲得力は特筆すべきものがあるが，主に次のマーケティング手法において支えられている。まず第1は，ペルソナマーケティングの活用である。ペルソナマーケティングとは，顧客（会員）などのデータベースから顧客（会員）特性を抽出し，インタビューなどで特徴を肉付けしながら典型的な会員像を作り上げ，それに合わせたアプローチを行うことを言う。かものはしプロジェクトでは，講演活動によって個人会員（会費）の獲得を目指すが，講演ごとの聴衆層に適した内容に変更して活動をアピールし，入会

者を増やしている。第2は，Web 管理の徹底である。とりわけ，HP の一要素だけを変えて閲覧者の反応を見ることで，最も効果的なアプローチを探る AB テスト法を用いたマーケティング手法を展開している。例えば，月々の会費額は 1,000 円，3,000 円，5,000 円のパターンから会員は選べるが，サイトの入会画面上で，初期設定の金額を 1,000 円から 5,000 円に変更したところ，3,000 円の入会者が増加し，会費単価の引き上げに成功している。さらに，Web 上で会員や寄付者に向けて活動報告をしっかり行い，活動による効用・価値を理解してもらうような工夫もなされている。

　このように，会員や寄付者などのステークホルダーとの関係を密にすることによって，安定的に資金調達を行う「かものはしプロジェクト」は，非営利組織におけるステークホルダー・マネジメントのあり方に対して重要な示唆を与える存在となっている。

6. おわりに
――ステークホルダー研究の課題と展望――

　これまでのステークホルダー研究の流れや，実際のステークホルダーの取り扱いを見る限り，ステークホルダーに対する考え方は多様化しつつあるものの，基本的には「戦略的マネジメント」の考え方をベースに形成されてきたと言ってよい。なぜならば，戦略的マネジメント自体が外部志向性を有しているがゆえに，組織を分析する際には，市場環境内における組織自体と外的環境下にあるステークホルダーとの関係を捉えようとするからである。この点については，第1章および第4章の流れとも合致するが，とりわけ，本章で焦点をあてた非営利組織においてもそれは同義であり，戦略策定においてステークホルダーの満足を得ようとするのは，いかなる組織においても当然のことだと考えられる。それゆえ，営利であれ非営利であれ，いかなる組織においてもステークホルダーの存在は極めて重要な鍵となると判断でき，組織の存在意義は組織にとって重要なステークホルダーのニーズに応え，満足させていくことにあると言える。

　さて本章では，様々な視座からステークホルダーを俯瞰してきたが，最後にステークホルダー研究をめぐる幾つかの課題と展望について整理し，本章を締めくくりたい。

まず第1に，組織が戦略的マネジメントを行っていく上でステークホルダーを重要視するという考え方は理解できるが，そこにステークホルダー全てが企業のガバナンスに強くコミットメントすることが必要との考え方があるとすれば，それは質の異なった議論にならざるを得ない。つまり，戦略的なマネジメントの観点から言えば，組織は全てのステークホルダーを認識したうえで，その中でも優先順位の高いステークホルダーをどの程度またはどのように管理していくかを逡巡すること（あるいはステークホルダーのウェイト付けしていくこと）が重要であって，全てのステークホルダーを高いレベルでケアすることは決して賢明な選択ではないと考える。そのあたりが混同しないような整理と議論が必要である。

　第2に，営利組織であれ非営利組織であれ，それらとステークホルダーとの関係の中で，新たな規範が創出されていく可能性がある点を注視して，今後の研究に活かしていく必要がある。とりわけ，規範の創出プロセスを動態的にとらえていき，どのような状況から規範が生まれてくるかをしっかりと見ていくことが肝要である。例えば，本章では非営利組織のマネジメントの展開とステークホルダーの存在を検討することで，営利組織の抱える課題やそのあり方を再検討するきっかけを与えることを意図してきたが，そうしたアプローチは，今後，ステークホルダー研究の展開への新たな突破口になる可能性がある。

　第3に，およその組織において，自身の価値を向上させるためにステークホルダーに配慮していくことは表面的には当然であると考えられるが，時には組織の価値の向上とステークホルダーへの配慮という関係は，対峙する概念ととらえられることも多い（例えば，ステークホルダーに対応することは義務的なコストとして認識している場合もある）。戦略的であるにしろ，組織にとってステークホルダーとの良好な関係を構築していくことは，結果的に，長期的かつ決定的な企業価値の向上に寄与することを改めて認識し，さらにはその効果を測定していくことが必要となろう。

　第4に，組織によっては様々なステークホルダーが想定しうるが，例えば，IT環境の劇的な進展などの影響（時間的・情報的・物理的などの懸隔が取り払われること）がステークホルダーのあり様を大きく変化させていき（ステークホルダーの増大や質的な変化が生じ），それによって組織のマーケティング活動に大きな影響を及ぼし，従前にないマーケティング研究の方向性を生み出す可能性がある。その意味でも，ステークホルダーをめぐる組織のマーケティング活動を注視していく必要があろう。

こうしたステークホルダーをめぐる状況はまだ発展途上の中にあり，今後詳細な研究を積み重ねていくことが肝要である。

【注】
1) 日本では，ステークホルダーを利害関係者，環境主体などと訳す場合が多いが，ここではステークホルダーという言葉をそのまま使うことにする。また，「ステークホルダー」と「ステイクホルダー」の使い方についてもまだ統一をみていないが，本章では「ステークホルダー」を採用して使用する。
2) ステークホルダー概念の起源については Freeman and Reed［1983］に詳しい。
3) ステークホルダー理論における議論の中心となる課題については，例えば Freeman and Reed［1983］, Frooman［1999］, Mitchell, et al.［1997］らも論じているが，とりわけ，①と②については共通認識を有していると考えられる。
4) ステークホルダー・リレーションズ（Stakeholder Relations）とは，様々なステークホルダーとの関係を意識しつつ企業が事業運営を行い，その活動実態を正確かつ迅速に伝えることで，ステークホルダーとの信頼かつ良好な関係を構築していこうとするもので，ステークホルダー・マネジメントの手法として位置づけられる。企業がこれを戦略的に行うには，自社にとってのステークホルダーが誰であり，さらにそれらが自社にとってどのようなポジションにいるかを把握する必要がある。
5) マルチステークホルダー・プロセス（Multi-Stakeholder Process）とは，3者（または3グループ）以上のステークホルダーが対等な立場で参加・議論できる場を通じて，難題の解決のために合意形成などの意思疎通を図るプロセスを言う。これを行うことで，利害の折衝（信頼関係の醸成），情報および認識の共有，社会的正当性の確保，規範の作成，政策の提言，参加者の主体的行動の促進などを進められるとされる。
6) コンシャス・キャピタリズム（意識の高い資本主義）とは，企業などが利益を追求するだけでなく，飢餓や貧困の解消にも力を注ぎ，あらゆるステークホルダーをケアしていこうとする高邁な目標を掲げる社会を意味する。
7) ステークホルダー・マネジメント（Stakeholder Management）とは，企業を取り巻く内外の利害関係者との良好な関係を構築し，企業の持続的成長を促進させるための経営管理のことを言う（水尾・田中［2004］p.18）。ステークホルダー・マネジメントは，ステークホルダーを管理するものではなく，マネジメントの中心にステークホルダーを置き，ステークホルダーの意思を経営に反映させ，企業とステークホルダーとの共生・満足を追求するもので，近年，その重要性は高まっている。
8) ステークホルダー・マネジメントのフレームワークは，井上（［2009］p.106）のCSRコミュニケーションのフレームワークを参考にして，筆者が作成したものである。
9) ステークホルダー・エンゲージメント（Stakeholder Engagement）とは，ステークホルダー・ダイアログ（Stakeholder Dialog）と同義とされるが，主に株主，従業員，顧客，取引先，地域社会などのあらゆるステークホルダーとの協議・対話（ダイアログ）・コミュニケーションを行っていく中で，それらからの提案や助言を取り入れ，ステークホルダーとの信頼関係を構築していくものであり，企業とステークホルダー双方の利益・価値を高めようとする活動を言う。いわば，ステークホルダーが対象組織に（または組織がステークホルダーに）参画していくものと理解できる。これにより企業にとっての悪影響の発生を防ぐことができ，さらには好影響を創出することができると考えられる。今日では，多くの企業が協議・対話をステークホルダーとのコミュニケーションツールとして活用している。
10) 堀越（［2005］pp.121-124）によれば，ソーシャル・マーケティングはマーケティング概念拡張論争の過程で生まれたものであり，それは3つに分類して整理される必要があると

している．第1はKotlerによる社会的アイディアの拡張（CSR活動への示唆含む）及び非営利組織へのマーケティングの適用拡大，第2はLazer and Kellyによる企業の社会的責任への示唆，第3はBagozziによる交換概念を背景にした非営利組織へのマーケティング適用容認である．
11）刈谷豊田総合病院については次の文部科学省科学研究費助成による成果の一部である．
小木紀親「医療機関におけるマーケティング研究とケース開発」（2010年度～2014年度）
12）かものはしプロジェクトについては肥田［2013］などにおいて詳しい．

【参考文献】

井上昌美［2007］「ステークホルダーからの信頼の向上に繋がるCSRコミュニケーションに関する考察」『広報研究』第11号，pp.19-31．
―――［2009］「CSRコミュニケーションの信頼形成への影響」『広報研究』第13号，pp.94-111．
大平浩二編［2009］『ステークホルダーの経営学』中央経済社．
川原千明［2007］「ステイクホルダー・エンゲージメントの意義と課題」『社会関連会計研究』第18号，pp.17-29．
上沼克徳［2003］「第6章　コトラー」マーケティング史研究会編『マーケティング学説史（アメリカ編）』同文舘出版，pp.97-121．
―――［2010］「非営利組織マーケティング論の視座と意義」マーケティング史研究会編『マーケティング研究の展開』同文舘出版，pp.199-219．
島岡未来子［2011］「非営利組織におけるステークホルダー理論の検討―営利組織におけるステークホルダー理論の適用可能性を中心として―」『公共経営研究e』第5号，pp.1-19．
谷口勇仁［2001］「ステイクホルダー理論再考」『経済学研究』51-1（北海道大学），pp.83-93．
谷本寛治［2004］「新しい時代のCSR」『CSR経営：企業の社会的責任とステークホルダー』中央経済社，pp.2-34．
―――［2006］『CSR：企業と社会を考える』NTT出版．
出見世信之［1997］『企業統治問題の経営学的研究』文眞堂．
―――［2004］「CSRとステークホルダー」『CSR経営：企業の社会的責任とステークホルダー』中央経済社，pp.35-50．
中谷常二［1998］「ストックホルダー理論とステークホルダー理論の問題圏」『日本経営倫理学会誌』第5号，pp.91-100．
堀越比呂志［2005］『マーケティング・メタリサーチ』千倉書房．
肥田美佐子［2013］「NPOでメシを食う」『週刊東洋経済2013.4.13号』東洋経済新報社，pp.66-77．
水尾順一・田中宏司編著［2004］『CSRマネジメント』生産性出版．
宮坂純一［1999］『ビジネス倫理学の課題』晃洋書房．
―――［2000］『ステイクホルダー・マネジメント』晃洋書房．
村上伸一［2000］「ステークホルダー理論の基本問題」『北星論集（経）』第37号（北星学園大学），pp.19-32．
Ansoff, H. I. [1965], *Corporate Strategy*, McGraw-Hill.（広田寿亮訳［1969］『企業戦略論』産業能率短期大学出版部．）
Bagozzi, R. P. [1975], "Marketing as Exchange," *Journal of Marketing*, Vol.39, pp.32-39.
Berman, S. L., A. C. Wicks, S. Kotha and T. M. Jones [1999], "Does Stakeholder Orientation Matter?: The Relationship Between Stakeholder Management Models and Firm Financial Performance," *Academy of Management Journal*, Vol.42, No.5, pp.488-506.

Carroll, A. B. [1996], *Business and Society: Ethics and Stakeholder Management*, South-Western.
Carroll, A. B. and A. K. Buchholtz [2003], *Business and Society: Ethics and Stakeholder Management*, South-Western.
Donaldson, T. and L. E. Preston [1995], "The Stakeholder Theory of the Corporation: Concepts, Evidence and Implications," *Academy of Management Review*, Vol.20, No.1, pp.65-91.
Freeman, R. E. [1983], "Strategic Management: A Stakeholder Approach," *Advances in Strategic Managemnt*, Vol.1, pp.31-60.
────── [1984], *Strategic Management: A Stakeholder Approach*, Pitman.
Freeman, R. E. and D. L. Reed [1983], "Stockholders and Stakeholders: A New Perspective on Corporate Governance," *California Management Review*, Vol.25, No.3, pp.88-106.
Frooman, J. [1999], "Stakeholder Influence Strategies," *Academy of Management Review*, Vol.24, No.2, pp.191-205.
Goodpaster, K. E. [1991], "Business ethic and Stakeholder analysis," *Business Ethics Quarterly*, 1-1, pp.53-73.
Kotler, P. [1972], "A Generic Concept of Marketing," *Journal of Marketing*, Vol.36, pp.46-54.
────── [1975], *Marketing for Nonprofit Organizations*, Prentice-Hall.
────── [2000], *Marketing Management: Millennium Edition*, Prentice-Hall.（恩蔵直人監訳 [2001]『コトラーのマーケティング・マネジメント ミレニアム版』ピアソン・エデュケーション。）
Kotler, P. and S. J. Levy [1969], "Broadening the Concept of Marketing," *Journal of Marketing*, Vol.33, pp.10-15.
Kotler, P. and G. Zaltman [1971], "Social Marketing: An Approach to Planned Social Change," *Journal of Marketing*, Vol.35, pp.3-12.
Lazer, W. and E. J. Kelly [1973], *Social Marketing*, Homewood, Richard D. Irwin Inc.
LeRoux, K. [2009], "Managing Stakeholder Demands: Balancing Responsiveness to Clients and Funding Agents in Nonprofit Social Service Organizations," *Administration & Society*, Vol.41, pp.158-184.
Mitchell, R. K., B. R. Agle and D. J. Wood [1997], "Toward a Theory of Stakeholder Identification and Salience: Defining the Principle of Who and What Really Counts," *Academy of Management Review*, Vol.22, No.4, pp.853-886.
Post, J. E., A. T. Lawrence and J. Weber [2002], *Business and Society: Corporate Strategy, Public Policy, Ethics*, McGrow-Hill Irwin.
Post, J. E., L. E. Preston and S. Sachs [2002], *Redefining the Corporation: Stakeholder Management and Organizational Wealth*, Stanford Business Books.
Ruiz-Roqueni, M. and J. L. Retolaza [2012], "Stakeholder Marketing: A New Orientation in the Discipline and Practice of Marketing," *Journal of Modern Accounting*, Vol.8, No.6, pp.811-826.
Savage, G. T., T. W. Nix, C. J. Whitehead and J. D. Blair [1991], "Strategies for Assessing and Managing Organizational Stakeholders," *Academy of Management Executive*, Vol.5, No.2, pp.61-75.

(小木　紀親)

第11章

既存制度への対応に関する研究の諸問題

1. はじめに

　第9章では，マーケティングにおける法令遵守に関連して，市場の中での企業活動の社会的ルールと適合性をチェックしていくことの重要性が強調され，そのために組織における多次元でのソーシャル・マーケティングの展開の必要性が説明された。本章においては，環境変化に伴う制度変化と戦略変化について論ずる。組織を取り巻く様々な環境の変化は，法的制度や経済的制度などの多くの制度変化を引き起こし，その制度変化が組織に対して取り組むべき戦略的な焦点を変え，戦略の変化となって市場で実施される。本章では，この一連の環境変化に伴う制度変化と新たな戦略的マーケティングの生成との関係について論述していく。

　次に，1990年度以降，顕著となった環境変化がどのような構造で制度変化を引き起こすかを概括した上で，今後，企業が市場における競争優位を構築していくために非常に重要な経営・市場テーマとされる知的財産権の活用について概説する。

　そして，マーケティング研究において知的財産権の1つである商標権に焦点をあてたブランド研究は1990年代以降，積極的に理論開発され，実務でも応用され実践されてきたが，市場における長期的で強固な競争優位を確立していくためには，今後は必ずしもブランド戦略だけの展開だけでは十分でなく，特許権，著作権，意匠権などを含めた『知的財産権戦略』全体としてバランスのある研究が行われていくことの必要性を指摘する。

　さらに，マーケティング研究において，ブランド以外の知的財産権の中で，現状では研究が遅れている分野として特に特許に焦点をあて，単に自社開発された技術を独占することで模倣を防ぎ，企業の競争上の地位を確保するという目的だけでなく，財務収益の獲得や取得された特許を他社と共有して事業提携する目的

や，より早期に自社製品やサービスを市場浸透させる目的のために特許を開放するなどの，よりポジティブに市場管理を実施していくための特許の多面的な活用に焦点があてられる。

最後に，このマーケティングにおける特許研究が他のマーケティング研究の領域にどのような影響を与えるかについて論述する。特許研究はもはや従来の製品開発の分野だけではなく，市場調査研究，広告研究，流通研究，価格決定研究，政策論研究などの他の研究分野にも広がりをもっていることを説明していく。

2. 環境変化に伴う制度変化とマーケティング活動

(1) 環境変化・制度変化・戦略変化

「組織は戦略に従う」という言葉は，経営学の分野で Chandler [1962] によって唱えられた言葉である。Chandler は1920年代に GM，デュポン，シアーズなどの巨大企業の詳細な調査から，当時の大企業が採用した事業部制を考察し，どのような経緯で事業部制という新しい組織形態が生まれたのかについて，その組織形成の過程を明らかにした。当時において組織は戦略を実行するための基本的な前提であり，既存の組織を活用して戦略が策定されるものと一般的に考えられていたが，Chandler は戦略の有意義な実行のためには，組織自体も経営運営の上では固定的なものとして考えるのでなく，採用される戦略によって組織も柔軟に改変すべきことの必要性を初めて説いたのである。1900年代初めの米国における企業組織の急激な巨大化によって，従来の組織論の考え方では機能不全に陥っていた当時の理論的状況を打開するために，より統制可能な『事業部』という革新的な組織単位を作り出すことで，より起動的で制御可能な組織編成をしていくことの重要性を指摘したことが，経営学の理論的進展の上で大きな意味があったと現在では高く評価されている。

これに対して，マーケティングという学問は経営学とは異なり，経営学で一般的に取り扱う組織，権威，リーダーシップ，モティベーションといった組織内部の問題よりも，組織を取り巻く外部環境と組織との接点の問題に比重を置き，外部環境にも研究の焦点をあてて，外部環境変化が組織の活動に与える影響や組織

が取り組むべき戦略を取り扱う研究分野である。したがって，Chandler の言葉をマーケティングの立場から換えて言えば，「戦略は環境に従う」というテーゼに，マーケティングは従来から積極的に取り組んできたし，今後もこのテーゼを大きな研究の焦点として取り組みながら発展していくものと考えられる。

しかし，外部環境が変化した場合でも，組織の側ですぐに戦略が変わるものではない。通常は環境変化が，組織に影響を与える従来の様々な社会制度に対して変化をもたらし，その制度変化がひいては組織で採択される戦略に変化をもたらすのが一般的である[1]。したがって，マーケティング戦略研究を進めていく上では，社会の制度変化に対しても大きな関心を払っていく必要がある。この環境変化からもたらされる制度変化の研究は，マーケティング研究の中では，これまで流通政策論，商業政策論といわれていた研究分野で行われてきた。それは環境変化が制度変化を引き起こす場合，多くの場合，流通制度・販売制度などの法的制度やその政策上の変化となって具現化する場合が多いからである。

例えば，1990年代以降のグローバル化の進展による規制緩和という大きな環境変化の中で，大規模小売店舗法が大店立地法という流通業の出店に関わる法的制度へと変化したし，また，情報化・ネットワーク化という大きな環境変化の中で，訪問販売法もインターネット上のネット取引に対応できる法的制度へと大きく変わりつつあるのが現状である。

社会の中で制度変化が起き，それが制度化されるようになると，制度は一般的に市場の行為者である組織や個人に対して規範力を持つため，市場の中で活動する企業などの組織では，必然的に採択される戦略にも変化が起きることになる。例えば，先ほど述べた大規模小売店舗法が大店立地法へと制度変化したことに伴い，市場の中では，経済規制の側面は弱くなり，交通規制や騒音規制などの環境規制へとシフトし，大手流通小売業の出店戦略は店舗面積，営業日数，営業時間などを他の企業と競う競争的戦略よりも，出店する地域の住民や顧客の理解を得ながら実施されるソーシャル・マーケティング戦略へと変化したと言われている。

また，デジタル情報化という大きな環境変化が起きてくると，新聞・書籍流通の制度にも変化が生じ，新聞や出版業界で独占禁止法の例外として一般的に許容されていた再販売価格維持制度もその継続が困難になりつつあると言われてきている。今後，新聞社や出版業者の中には先んじて戦略転換を行い，その変化に対応しようとしている企業も出てきている。

以上のように，環境変化が制度変化を引き起こし，制度変化が戦略変化を引き起こす。環境が変化すれば，制度が変化し，実行される戦略も変化していく。そして，Chandler が言うように，戦略が変化すれば，活用される組織も変化していくのである。以下において，戦略的マーケティングについて説明するが，戦略的マーケティング研究の構造を簡潔に図式化すれば，図表 11-1 のようになる。

図表 11-1　戦略的マーケティング研究の構造

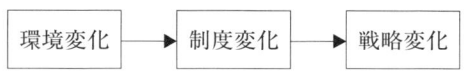

環境変化　→　制度変化　→　戦略変化

(2) 1990 年代以降の戦略的マーケティングの焦点

嶋口 [1984] によれば，『「戦略的マーケティング」とは，現代企業が経営的視覚から市場環境に統合組織的に適応する方向と方法を提示する経営科学として位置づけられる』とし，現代企業が市場からの挑戦として受けている 3 つの中心課題として，需要対応戦略，競争対応戦略，社会対応戦略の 3 つの研究領域を設定している[2]。1970 年代から 1980 年代は非常に環境変化の激しい時代であり，1980 年代において，これら 3 つが最優先の研究課題として設定されたことは，当時の状況を考察すれば，非常に納得できる。しかし，市場における環境は 1980 年代からさらに 1990 年代にも大きく変化した。

戦略的マーケティングは，マーケティング戦略の焦点を戦略的にどこにあてるかによってその内容が変わってくる。戦略的マーケティングは時代における環境変化を汲み取りながら，新たにそのテーマが設定され，成立するものである。したがって，本章では，「その時代の市場環境の特定のテーマに焦点をあてたマーケティング戦略の体系化を目指す研究やその実践」を戦略的マーケティングとして定義して，説明をしていくことにする。

このように定義してみると，1990 年代以降，多くの戦略的マーケティングがこれまでに生成されてきたことがわかる。1990 年代からブランド・マーケティング，関係性マーケティング，経験主義マーケティング，サービス・マーケティング，インターネット・マーケティングなどが現出し，発展してきた。こうした研究は，現在，それぞれの研究者によって活発になされており，今後のマーケティング戦略研究を進めていく上で，非常に重要な戦略的マーケティングの研究

分野である。

(3) 知的財産権に焦点をあてた戦略的マーケティングの必要性

しかし，1990年代以降に起きた環境変化の中で，見過ごされている研究上の大きな焦点がある。それは知的財産権に対するマーケティングである。もちろん，ブランドも商標権を活用した知的財産権の1つであり，これまでマーケティング研究の中でなされてきたブランド・マーケティングも知的財産マーケティングの1つであるには違いないが，知的財産権の範囲はブランドだけではなく，特許権，著作権，意匠権など広範囲に及んでいる。今後，ブランドを含めた知的財産権に対して焦点をあてた戦略的マーケティングが必要とされている。

その理由は，多くの論者が指摘するように，今後の競争力の源泉はモノではなく，知識や知価に移行していくと考えられるからである。例えば，Drucker [1993] は，『ポスト資本主義社会』において，新しい生産要素としての「知識」に着目し，これまで第一義的とされてきた伝統的な生産要素としての天然資源，労働，資本が次第に第二義的な生産要素となり，「知識」が今後のポスト資本主義社会の中での経済活動の中心的な資源になっていくことを主張したし，日本においては，堺屋 [1985] が『知価革命』の中で，社会において重視される価値の形態が1980年代を境に「知価」へと変化していることに着目し，知価を「社会の仕組みや社会主観に適合することによって社会的に認められる創造的な知恵の値打ち」と定義し，知価の創造が経済成長と企業利益の主要な源泉となり，知価の値打ちが支配的になる社会を「知価社会」と呼び，現在，「知価社会」の方向に向けて経済・社会が大きく移行し始めていると主張した。

3. で述べるように，様々な環境変化によって，世界の市場は工業化の時代から，次の新たな時代へと変わっていこうとしている。それに伴う制度変化によって，企業の競争のあり方，戦略展開の活用手段も目に見える有形なものから，目に見えない無形のものへと移行している。こうした制度変化は，企業の戦略をも変化させ，具体的には有形資産から無形資産を活用した戦略に変化していくものと考えられる。従来の戦略的マーケティングが有形のハード資産を活用した戦略で競争優位を作っていたが，今後はブランド・特許・著作権といった無形のソフト資産を活用した知的財産権戦略へと将来的には変化していくものと考えられる。

そのため，マーケティング研究においても，知的財産権全体に対するマーケティング研究が必要とされている。マーケティング研究の中では，ブランドを除く他の知的財産権への取り組みがこれまで大きく見過ごされてきたといえるだろう。ブランド・マーケティングについては90年代以降，多くの研究蓄積があるものの，知的財産権戦略という統合的なマーケティング戦略を実行していくには，まだ特許権のマーケティングや著作権のマーケティングやデザインのマーケティングといった個別のマーケティング理論の開発は十分行われているとは言い難く，こうした個別理論の蓄積が必要とされているのである。

3. 世界における知財重視政策への転換と知的財産制度

(1) 米国における環境変化と制度変化

① 第1段階　プロパテント（知的財産重視政策）の展開

1970年代初めにBell [1973] が『脱工業化社会の到来』という著書の中で予測し，指摘したように[3]，米国が工業化の時代を経て「脱工業化」の時代に突入したのは，1980年代初めのことである[4]。産業革命以来の機械化によるモノを生産することで社会を進展させる時代は，米国においては，1980年代初めに大きな転換の局面に達していたと言えるだろう。しかし，工業化の後にどういう社会を築くのかというビジョンはその当時，米国の中ではまだ明確に形成されていなかった。そのために米国は経済における国際競争という点では，深刻な苦境に陥っていたのである。

工業化の本質は堺屋 [2002] も述べているように，より品質のいいものをより大量に，より効率的に，より早く生産することである。第2次世界大戦後，いち早く世界の中で，この工業化の目標を世界の国々に先駆けてより早く達成したアメリカは1980年代を境に，さらなる工業化を推進してモノづくりを洗練させた国から逆に追われる立場になった。その状況は，当時の米国の貿易収支の赤字の推移に顕著に現れている（図表11-2）。

この直接的な原因は，1930年代の世界恐慌後の経済政策である反トラスト法を中心として展開された法的制度であるアンチパテント（知的財産抑制）政策

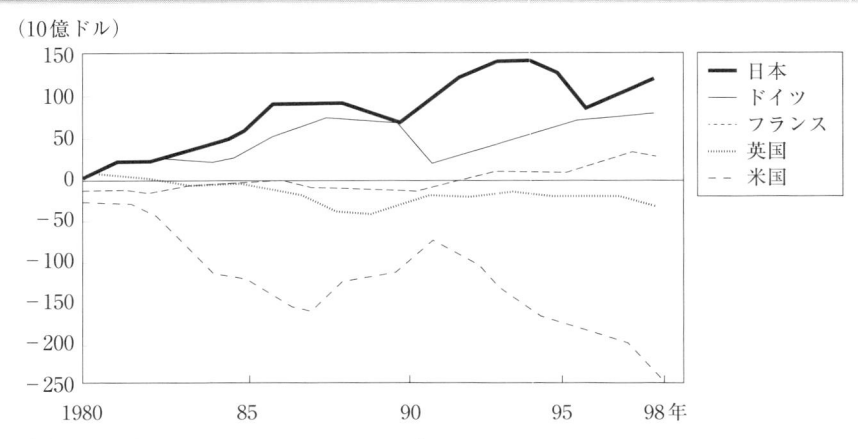

図表11-2　先進5ヶ国の貿易収支（1980～1990年代）

資料：IMF "International Financial Statistics".

が，1980年頃まで継続して実施されてきたことが大きかったとされるが，米国の製造業はその間に国際市場での競争力を低下させていたのである。

しかし，1981年にレーガン大統領就任を期に大きな制度上の政策転換が行われることになった。カーター政権時代に強化された反トラスト法が緩和され，特に知的財産権の保護強化による国際競争力の回復策がとられ，1982年先端技術の競争力のための特別委員会である「産業競争力委員会」が設置された。その委員長となった前ヒューレット・パッカード社長のヤング（J. A. Young）は，委員会の取りまとめを行い，大統領に報告書を提出した。これは通称「ヤング・レポート」と呼ばれている。その要旨は次の5項目である。①研究開発の促進と製造技術の向上，②産業界への資金の円滑な投入，③教育研修を通じての人材の育成，④輸出拡大を目指した通称政策の策定，⑤国家レベルでのベンチャー企業の推進である。この時期の1982年に特許訴訟を専門に扱う「特許に関する専門高等裁判所（CAFA）」も設置されている。そしてこの時期以降，コンピュータソフト，バイオ，ビジネス方法に関する特許保護が明確になり，特許の保護対象が拡大されるようになった。アメリカが1990年代に入り，急速に国際競争力を回復した理由の1つは，レーガン時代に実施され，その後も継承されてきた，これらのプロパテント政策が効を奏したからであると言われている。

米国は，1980年代から顕著になったグローバル化，情報化，ネットワーク化，

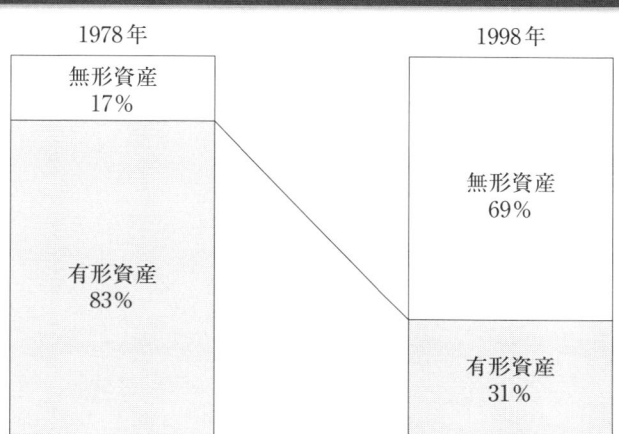

図表 11-3　米国における有形資産・無形資産の変化 [5]

1978年
- 無形資産 17%
- 有形資産 83%

1998年
- 無形資産 69%
- 有形資産 31%

（備考）米国で株式を上場している金融機関以外の企業全体の市場価値総額（株式時価総額と長期借入（社債）との合計）から，機械や設備等の有形資産総額を差し引いた残りの部分を無形資産として計算している。
（出所）経済産業省［2004］。

などの環境変化に対して，「知的財産保護強化（プロパテント政策）」という制度変化を起こすことで，米国内の企業に対して大きな戦略転換を求め，米国の企業も実際に大きく戦略変化を起こしたのである。図表 11-3 は，プロパテント政策が実施された結果，実施前の 1978 年と実施後の 1998 年で比較したものである。プロパテント実施の約 20 年間で財務諸表上，米国企業の中で有形資産と無形資産の逆転が起こったことを如実に示している。

②　第 2 段階　プロイノベーションへ政策の展開

米国では，この制度変化は 2000 年代になってもさらに発展した形で継続されている。すなわち，特定の知的財産の権利を保護・強化するという形だけではなく，社会の中でひろくイノベーションを誘発していこうとする方向である。それは，プロイノベーションと呼ばれている。プロイノベーションとは，イノベーション（Innovation：革新）を重視して，政府が行う産業育成のための考え方や取り組みの政策のことをいう。この言葉が使われるようになったのは，2004 年 12 月に米国における「イノベート・アメリカ」の報告書が契機になっている。「イノベート・アメリカ」の報告書は 8 つの分科会に分かれて協議されてきた。

「競争力ベンチマーキング」「地域イノベーション」「世界的レベルの労働力の発掘・育成」「競争力とセキュリティ」「高性能コンピュータ」「グローバルイニシアティブ」「議会への働きかけ」「国家イノベーション・イニシアティブ」の8つであり，最後の「国家イノベーション・イニシアティブ」を別名「パルサミーノ・レポート」と呼んでいる。前出のヤング・レポートになぞらえて，「21世紀のヤング・レポート」とも呼ばれる。

　プロパテント政策は，特に製造業を中心に焦点があてられていたが，それでは限界があり，米国のさらなる競争力強化のためには，イノベーションの創出に焦点をあてたのがパルサミーノ・レポートである。パルサミーノ・レポートは，人材（talent），投資（investment），インフラ基盤（infrastructure）の3つの観点から，グローバル社会での米国のリーダーとしての地位を維持し，発展させていくために必要な政策を取りまとめたものである。1つ目の人材においては，「科学者・技術者を養成する基盤を構築する」「米国の次世代イノベーターとしての大学の役割を強化する」「グローバル経済への移行において労働者を支援する仕組みを構築する」の3つの目標を掲げ，2つ目の投資においては，「先端的・学際的分野の研究制度を再活性化させる」「起業を促進し，地域社会の活性化を目指す」「長期投資にリスクを取れる環境を整備する」の3つを目標として掲げている。最後の3つ目のインフラ基盤においては，「イノベーションの成長戦略を支える仕組みを米国全体で構築する」「21世紀に向けた知的財産権保護制度を構築する」「米国の製造業の能力を強化する」「21世紀に向けたヘルスケアシステム」を改革する」の4つの目標を掲げている。

　プロイノベーションが目指しているのは，これまでのイノベーションの主流が企業や個人の個別完結型で終わっており，その発展に限界があることから，インターネットやSNSなどを活用した情報ネットワーク社会に適合する新しいタイプのイノベーションの創出を提唱したものとなっている点である（平尾[2005]）。

(2) 世界的なイノベーション政策の展開

　このプロイノベーションに向けての制度変化は，米国だけでなく，2000年以降，次第に多くの国々で展開されるようになってきている。このことは，現在，世界のその他の国のイノベーションの政策が大きく変わりつつあり，多くの国で制度変化が起きていることが伺える。

まず,「EU 新リスボン戦略（2005 年）」がある。2000 年に EU サミットで決定されたリスボン戦略は 2010 年までの経済・社会政策を包括的に方向付けるものであったが，その戦略を見直し，より具体的なアクション・プランとともに発表したものである。EU の加盟国別に実施プログラムを策定させ，EU レベルで年 1 回の EU サミットで進捗を確認するものとなっている。検討項目として，投資およびビジネスにとって魅力ある欧州，成長に向けた知識とイノベーション，雇用の質と量の向上があげられている。

次に，英国では「科学・イノベーションフレームワーク 2004-2014」が 2004 年に策定された。今後 10 年間の英国における科学技術投資の基調計画を決定し，R&D 投資の対 GDP 比目標値を 2004 年の 1.4％ から 2014 年で 2.5％ になることを目指し，目標として，大学研究の財政的持続性の確保，ワールドクラス研究の維持，技術・知識移転の促進などがあげられている。

フランスでは，フランス研究省と産業省が中心となり，「イノベーション支援政策」（2002 年政府案，2003 年修正案）が策定された。具体的施策は 1.「エンジェル」向けの新しい法的形態，2.「イノベーション新鋭企業」の R&D への支援，3. R&D に対する減税措置などによるイノベーション支援，4. イノベーション支援手続きの簡略化，5. 企業の研究成果の実用化促進，6. 教育システムなどによるイノベーション振興，7. 企業による戦略的 R&D 活動に対する支援の 7 項目となっている。

中国においても「国家中長期科学技術発展計画（2006-2020 年）」が 2006 年 2 月に制定された。その中身として，2020 年には R&D 投資の対 GDP 比率を 2.5％ とし，中国人による発明特許および科学論文引用数を世界 5 位以内にするなどの具体的目標を掲げ，『自主創新（独自のイノベーション）』を重視するものとしている。また，将来の持続可能なイノベーションと経済社会発展のために先端技術 8 分野（1. バイオ，2. 情報技術，3. 新材料技術，4. 先端製造技術，5. 先進エネルギー技術，6. 海洋技術，7. レーザー技術，8. 航空宇宙技術）をあげ，4 件の重大科学基礎研究（1. タンパク質，2. 量子制御，3. ナノ技術，4. 発育と生殖）の実施等を提起している。

(3) 日本における制度変化

近年，日本経済の落ち込みの著しさについて，危惧が広がっている。2014 年

のIMDの国際競争力調査でも，日本の総合順位は調査対象国60カ国中21位と低迷し，世界経済における日本のGDPの構成比は，この20年程の間に1990年の18.7%から2010年には8.7%にまで低下しているのが現状であるが[6]，米国を含む世界の国々が知的財産権やイノベーション政策において，大きな政策転換を実施する中で，日本も1990年代以降，その制度変化を実施してきたと言える。

1999年には，米国のバイドール法の日本版といえる「産学活力再生特別措置法」を制定している。しかし，本格的に国全体として制度改革が行われるようになったのは，小泉政権時代以降のことであり，2002年3月『知的財産戦略会議が設置』，7月『知的財産戦略大綱の公表』，12月『知的財産基本権法の制定』がなされ，2005年には，知的財産高等裁判所が創設された。また，2006年には，『知的財産推進計画2006』が発表されるなど，大きく制度的基盤の整備が行われつつある。

4. 製品戦略，ブランド戦略，知的財産権戦略

(1) 製品戦略からブランド戦略への変化

マーケティングという言葉が歴史上初めて生まれ，マーケティング研究が始まった1900年代初頭において，当初は商品別，制度別，機能別のマクロ研究が主流であったとされるが，マーケティング研究は次第にミクロ的研究へと傾斜し，企業などの個別主体が経営意思決定を行う上での組織のマネジメントとしてのマーケティング研究が主流となっていった。そして，製品戦略という形で体系化をみたのが1960年代である。マーケティング理論において，製品を中心とする戦略，すなわち『マーケティングマネジメント戦略の基本的枠組みは1960年代全般において，ほぼその構成要素を確立』していたとされる（嶋口［1984］）。

しかし，その体系化された製品戦略も環境の変化とともに，次第にブランド戦略へと変化していくことになる。ブランド戦略がより積極的に開発されたのは，米国市場においてであるが，米国の小売流通市場において，1970年代はKマートの時代，1980年代はウォルマートの時代と言われるように，米国では国土の広大さからメーカーが流通支配力を持ち得ない地理的な環境状況があり[7]，市場

の中で巨大な流通業が誕生して成長していった結果，メーカーのもつ流通支配力を次第に圧倒するようになっていく。こうした環境変化の中で，米国においてブランドに対する関心が高まり，ブランドに焦点をあてたブランドマネジメントが生まれたとされるが，1980年代後半から1990年代にかけて，なぜブランド戦略が生成したのかの理由について，田中［2002］は，
① 巨大流通業へのメーカーの防御策
② M&A企業のブランド価値への認識
③ 消費者選択の自由の拡大
④ 市場経済のグローバル化（グローバル市場におけるブランドの競争優位）
の4つをあげている。

　これに付け加えるとすれば，米国においてブランド戦略が展開できたのは，米国では，1946年に成立した連邦法としての現行商標法であるランハム法を中心として，各州の立法による保護および各州の判例法であるコモンローによる商標保護などが併存する形で，1980年代までに商標権というブランドに対しての法的保護の制度がすでに戦略実行が可能になるほどまでに全米で十分整備されていたことが非常に大きいであろう（Miller and Davis［1993］）。知的財産権を利用した戦略実行のためには，もし法的侵害が行われた場合に，権利を持つ者がその権利行使を行い，権利回復と損害賠償を行える法的整備が国内的になされているかが戦略実行の大きな鍵となる。米国においては，商標権についてみれば，1980年代までにそれが実施できる段階までに十分整備されていたのである。こうした米国内での法的な制度変化（知的財産権保護）を受けて，1990年代以降，Aker［1991］，Aker and Joachimsthaler［2000］やKeller［2007］などの研究者を中心に，ブランド戦略研究では，「ブランドロイヤリティ」「ブランドエクイティ」，「ブランドリーダーシップ」，「ブランドアイデンティティ」「ブランド拡張」「ブランド知識」「ブランドパトロネージュ」などの新たな概念が生まれ，大きな理論的発展をみたということができる。

　同様に日本においてもブランドに対する制度保護は，米国と同様に非常に高いレベルで整備されており，ブランド戦略が日本国内において，効果的に実施される下地はあったということができ，日本においてもブランド戦略は研究上の実践上の大きな展開をみた。

　しかし，ブランド戦略などの知的財産戦略が実施可能なのは，権利への法的保護が整備されている国内，もしくはいくつかの先進国に限ったことであり，法的

整備が遅れており，権利が保護されずに多くの侵害が引き起こされる可能性の大きいいくつかの発展途上国においては，ブランド戦略などの知的財産権を活用した戦略の実施は，通常，目覚しく実施効果が低いか，その実行が困難な状況があることが多い。したがって，グローバルにブランド戦略の展開を実施していこうとする企業は，知的財産権に対する法的保護が比較的整備されている国を選択するか，保護が十分でない国に進出しようとすれば，自国政府の力を借りて，知的財産権に対する法的保護を実施しようとする国々に求めていくことが必要になる。後者は「制度変化のグローバル化」が展開される状況であるといえる。

こうした「制度変化のグローバル化」という流れを受けて，知的財産権強化に向けての制度変化は現在もグローバル規模で進んでいるのが現状である。知的財産権の整備が遅れていると言われていた中国が世界貿易機関（WTO）への加盟を 2001 年 12 月に表明し，また GAT のウルグアイラウンドを引き継いでいるとされる TPP（環太平洋パートナーシップ協定）などの包括的な貿易協定の場でも知的財産への保護強化が進展していくことで，グローバルな環境においても制度変化が整備される方向でその動向が続いており，ブランド戦略などの知的財産権戦略の実行の広がりが期待されている。

(2) ブランド戦略から知的財産戦略への今後の移行過程

政策的に知的財産権の活用を重視するプロパテント政策およびプロイノベーション政策が，国内市場もしくはグローバル市場において実施されれば，知的財産権を活用した市場戦略の重要性は大いに高まることになる。

ブランド研究はマーケティング研究の中で，これまで大きな研究領域を占め，その企業・組織レベルでの応用領域であるブランド戦略研究も戦略的マーケティング展開の中核を担ってきた。しかし，今後の戦略展開においては，ブランド単独の活用では大きなリスクを内包することになる。なぜなら，現在の多くの製品は多くの知的財産が組み合わされた複合的製品となっており，特許などの他の知的財産権への配慮が欠如したブランド戦略の構築がなされると，たとえブランド戦略で成功しても，その戦略策定過程に特許権や著作権などの他の権利侵害がある場合，特許訴訟や著作権訴訟を起こされ，戦略の遂行自体が挫折するリスクが生じるからである。

知的財産権は，ブランド（商標権）以外にも，著作権（著作隣接権を含む），

実用新案権，意匠権，企業秘密などがあるが，まだこれらの知的財産権については，商標権を活用したブランド戦略ほど，詳しく研究されてはいない。したがって，特許権をはじめとして，これらの研究の進んでいない知的財産権の個別研究が当面の間は必要とされると考える。そして，長期的にはこれらの知的財産権全体を包括した戦略として統合されていくものと考えられるが，現時点では，特許権や著作権，意匠権などの個別戦略の開発が優先課題であり，これまで，これらの個別戦略の研究を進めながら，先行してなされてきた商標権のブランド戦略との整合性をどう付けていくかがまず，検討されるべき研究課題であると考える。そして，ブランド戦略，特許戦略，著作権戦略，意匠権戦略なども将来的には「知的財産権戦略」の中に統合されていくものと考えられる。

5. 特許市場戦略の概説

本節では，今日の制度変化を踏まえて，戦略的マーケティングの1つの研究領域として，特許市場戦略が活用できる可能性を概説していくことにする。

(1) 特許市場戦略のフレームワーク

特許に焦点をあて戦略的マーケティングのテーマとして設定し，特許を市場戦略策定の中核にすえた計画の立案と実施を「特許市場戦略」という。特許市場戦略では，2つの重要な規定軸を設定する。独占度の志向と問題解決に対する自己のコントロール度である。この2つの規定軸をもとにして，2次元空間上に2つの座標軸を設定する。まず，横軸に〈独占度の志向〉をとり，左に行けば行くほど独占度の志向が強いこととし，右に行けば行くほど，その志向度は弱くなるとする。次に，縦軸に〈問題解決に対する自己コントロール度〉をとり，座標の上になればなるほど自社自身が関わる問題へのコントロール度は高くなり，下になればなるほど，自社自身のコントロール度は低くなるとする。すると，図表11-4のような2次元の空間マトリックスが得られる。2つの規定軸で，座標軸を設定したため，合計 $2 \times 2 = 4$ となり，4つのマトリックス空間が成立する。

図表11-4は，ある企業の特許市場戦略の理論的な概念上のフレームワークを提示している。ここで注意したいのは，実際上の問題としては，1つの特許で

図表11-4 特許市場戦略のフレームワーク

	独占度の志向 強い	独占度の志向 弱い
問題解決に対する自己コントロール度 高い	〈自社開拓事業戦略〉	〈資産価値活用戦略〉
問題解決に対する自己コントロール度 低い	〈事業提携化戦略〉	〈オープン化戦略〉

(出所) 上野 [2000]。

あっても，活用の過程で採用する戦略自体が変わることもあるし，また，特許取得の種類と幅が広がっていけば，企業が下記で説明するマトリックス内の戦略のうち，特許ごとにあるいは特許群ごとに異なる戦略を採用する場合もあるし，または，いくつかの戦略を同時に複合的に取り扱う場合もあるということである。

各マトリックスの空間ごとに，自社開拓事業戦略，資産価値活用戦略，事業提携化戦略，オープン化戦略というように，遂行される際の戦略名をネーミングした。以下，これら4つの戦略のそれぞれについて説明する。

(2) 特許市場戦略各論

① 自社開拓事業戦略

自社開拓事業戦略は独占度の志向が強く，問題解決への自己コントロール度が高い戦略のことである（上野 [2004a]）。すなわち，自社のみがその特許技術を独占し，特許を製品化して市場の中で積極的な市場開拓と市場創造の担い手となろうとする戦略である。同時に，特許製品を事業化していくための自らの主体的な戦略プランをもち，市場での事業化過程で生じる問題も自らの解決能力を駆使して大きくコントロールに関わっていこうとする関与度の高い戦略である。

この戦略を実行していくための前提は，事業の核となる特許が事業全体の基盤

となる非常に強い特許であること，その特許を製品化して事業して展開していく上での経営資源の保有・獲得が自社の努力で可能であることである。特許を付与されたということは，その市場は新規市場か未成熟市場であり，事業化にあたって解決していくべき課題も多く，大きなマネジメント能力が要求されるが，特許技術の独占という法的保護を与えられているため，特許なしで新規市場の事業を立ちあげる場合に比較すれば，競争上の圧力は少なく，成功をおさめる確率は高い。通常，独占行為は独占禁止法上，公正取引委員会による規制の対象となるが，特許取得による市場形成は，技術や方法の公開を条件に法定の期間，例外的に扱われることになる。したがって，短期間に非常に高い市場シェアを獲得し，リーダーとしての競争地位を確立することも可能である。

　この戦略を採り，成功した端的な例は，コンピュータの基本ソフトとしてハードとソフトの立場を逆転させる革新的なソフト MS-DOS を作り，さらにウィンドウズを市場に投入して 90％ 以上の市場シェアと獲得して，コンピュータ・基本システム・ソフトウェア市場の覇権を握ったマイクロソフト社がある。

　② 資産価値活用戦略

　資産価値活用戦略は，独占度の志向は弱いが問題解決への自己コントロール度は高い戦略である（上野［2004b］）。特許の独占を志向するよりも，特許が「財産権」として高い資産価値をもつことを認識し，その特許権を他企業に使用許諾する契約（ライセンス契約）を結ぶことで，ライセンス使用料を稼ぐことを主とする戦略である。特許のライセンスの供与は契約によって守られているために，問題が発生しても解決へのコントロール度は高い。この戦略では，特許の自社使用を一部行いながら，他社にランセンス使用を許諾してライセンス使用料をとる場合もあるし，特許の自社使用は行わず，特定の 1 社あるいは複数の数社，あるいはできるだけ多くの企業にライセンスを供与して，ライセンス使用料を稼ぐ場合もある。

　この戦略を採用して，大きな収益を得ている企業としては，IBM がある。IBM は特許の財産権としての価値を十分に認識した上で，この戦略を展開しており，すでに事業利益の 20％ はライセンス供与によって得ているとされる。ライセンス契約によって，使用料を適切に稼ぐためには，その契約締結・履行における管理能力を必要とする。ライセンス契約に基づいてライセンスが適切に使用されているか，ライセンス使用状況の定期調査が必要である。その管理手法の確

立をライセンス供与の前に行っておかねばならない。

③ 事業提携化戦略

　提携事業化戦略は独占度の志向は強いものの，問題解決への自己コントロール度は低い戦略である（上野［2005a］）。すなわち，自社特許のもつ市場への影響度は大きく，本来はその特許権を使って自社単独で事業開拓したいという独占度の志向は強いが，現時点では自社特許に対する自らの活用能力も限定されているため，問題解決への自己コントロール度も弱く，自社開拓での実現が難しいことが予見されるので，市場の中でその事業化を行っていくためには，他企業との提携が不可欠とされる戦略である。また，単独で自社開拓事業戦略をとることも不可能ではないが，自社開拓で予想される成功までの市場開拓の期間，市場で発生する問題の自社のみでの解決の限定性，資金調達の難しさ，早い市場変化へ乗り遅れることのリスクなどを総合的に考慮すると，提携化という選択が最も合理的と判断される場合に採用される戦略である。

　この戦略が採用された事例としては，次世代 DVD 機において HD-DVD 方式の東芝・NEC 陣営に対抗して，ブルーレイ方式による事実上の市場標準（デファクトスタンダート）を勝ち取ったソニー・松下陣営の事業提携化戦略がその好例である。1つの製品を作るための特許が複数の企業によって開発されるため，パテントプールを形成して特許を集積して製品化し，「ファミリー企業づくり」をしながら，企業グループとして他の企業グループに対抗して行く場合が多い。

④ オープン化戦略

　最後に，独占度の志向が弱く，問題解決への自己コントロール度も低いという組み合わせをもつ戦略は，オープン化戦略である（上野［2005b］）。従来の競争原理のように市場の中で特許や技術を自社だけで囲い込むことだけが唯一の方法ではない。特許や技術は市場の中で使われ普及していってこそ，意味のあるものであるし，その技術の拡販という普及自体が，技術のさらなる発展を促し，市場の中での他の技術に対する技術優位性を確立して，今後の事実上の業界標準を獲得していく上での布石にもなる。したがって，競争者であっても使用を制限したり，かえって高いライセンス使用料を取ることによって販売上の障壁を作って囲い込んだりするより，技術やその技術を使った製品の使用を自由に公開（オープン化）し，市場におけるその技術・製品の使用促進を図っていこうとするのがこ

のオープン化戦略である。

　オープン化戦略では，「オープン化と利益の間のトレード・オフ」の関係を克服するために，戦略の中にこのトレード・オフを回避する何らかの仕組みを考慮する必要があるが，「ロングテールの理論」(Anderson [2008]) に代表されるように，インターネット上で展開されるビジネスは従来のリアルでの市場に比較するとコスト構造が全く異なり，また，市場開拓や浸透のスピードが全く違うために囲い込むよりもかえってオープンにした方が，市場が早期に開発できるという状況もある。このオープン化戦略を採用している事例として，ヘルシンキ大学のリーナス・ドーバルズ (Linus Torvalds) 氏によって開発された UNIX 互換の OS であるリナックスを搭載したサーバー機器戦略や，三菱電機が次世代携帯電話通信規格で用いられる暗号技術ミスティ (MISTY) を無償供与することを 1998 年に発表して現在，活用している例などがあげられるであろう。

6. おわりに
―特許研究の他のマーケティング研究への波及―

　5. では，特許に焦点をあてた戦略的なマーケティング研究の1つとして，特許市場戦略について概説した。しかし，特許に焦点をあてたマーケティング研究は，戦略論の範囲にとどまる研究ではない。もちろん，マーケティング研究において，従来，特許の研究は全くなされていなかったわけではなく，製品が製品化される前段階の研究開発 (R & D) の領域において，製品に組み込む技術をいかにして作り出していくかという視点から，非常に狭い範囲で研究がなされてきた。

　しかし，1990 年代以降のプロパテント政策の実施によって，グローバルな範囲で制度変化が生じたのである。特許の取得対象が大きく広がり，特許は製造特許だけではなく，ソフトウェア特許，バイオ特許（生物特許と遺伝子特許），ビジネス方法特許（日本では，ビジネス関連発明としてソフトウェア特許の一部として）などに特許の取得対象が拡がり，2000 年代のプロイノベーション政策の実施によって，さらにその活用可能性は大きくなってきている。特にソフトウェア特許が認められたことで，製品の中に組み込む製造特許だけではなく，サービスのプロセスにおいても，特許の取得可能性がひろがってきているのである。こ

れは具体的にはマーケティング・マネジメントの重要な意思決定領域であるマーケティングミックスにおいても，特許が取得され，活用される可能性が出てきていることを意味している。

　例えば，インターネット上では，数々のオークションがオークションを実施する主催者側と出品をする顧客とそれを購入しようとする顧客との間で，様々な方法で価格決定をしながら，オークションがなされていく。これまでになかったような価格決定の方法をソフトウェアの形で構成すれば，特許となりうる可能性がある。米国においては，一時非常に話題となったプライスライン社の逆オークションという購入価格を買い手の側で決定する仕組みも実際に特許とされた[8]。

　また，広告の分野では，すでにインターネット広告が新聞広告を抜き，新たな広告の手法が現在，日進月歩で様々な方法が考えられてきている。Google では検索連動型広告がその大きな収益源となっているが，検索者がキーワードを記入して検索した場合，以下に検索者が欲しい情報を画面に載せるか，そのアルゴリズムが特許化されているし，日本の凸版印刷が出願登録し，取得しているマピオン特許は地図情報と店舗情報を組み合せた特許として周知のものとなってきている[9]。

　また，生産現場における在庫管理システムとして，また流通や小売業で使用されている販売管理注文発注の仕組みである POS システムのバーコードも特許化され[10]，活用されてきたし，近年では，デンソーの子会社が特許取得した3次元バーコードも特許として登録されている[11]。

　また，近年，江崎グリコが取得して使用されている『オフィスグリコ』で使われている特許は，オフィスに置かれた専用の箱にお菓子を詰め，自由に購入してもらう無人販売であるが，賞味期限や在庫などを考慮しつつ，いつも異なる商品が入っていると利用者が感じられるように商品を入れ替える点が認められて，「商品ボックス管理装置，商品ボックス管理システムおよびプログラム」との名称で特許登録され，菓子販売に活用されている[12]。

　以上のように，従来，製品以外のマーケティングミックス（価格決定，販売促進決定，流通決定，サービス）などの領域で特許が取得できるという認識はマーケティング管理者の中にはなかったと考えられるが，現在では，その認識も改められなければならなくなっている。そして，実務の現場が変化すれば，当然，マーケティング研究自体も変化していかなければならない。製品・サービス開発研究，市場調査研究，価格決定研究，広告研究，流通研究，政策論研究分野でも

特許を焦点として研究できるように大きく変わってきているのである。

【注】
1) ここで制度とは，『社会的規範が複合化し，体系化したもの』という意味で使用している。我々が混乱なく社会生活が営めるのは，慣習，慣例，法といった社会規範に従って行為しているからである。社会規範が制度にまで体系化されていくことを制度化という。
2) 嶋口［1984］p.29 において，需要対応戦略，競争対応戦略，社会対応戦略の3つを包括する戦略領域として戦略的マーケティングが規定されている。
3) Bell の『脱工業化社会の到来』においては，「脱工業化社会」は，サービス産業就業者数が製造業就業者数を上回り，就業者数では第3次産業が第2次産業よりも大きくなることと定義されている。
4) 米国では 1982 年にサービス産業就業者数が製造業就業者数を上回り，就業者数では第3次産業が第2次産業よりも大きくなった。
5) 経済産業省［2004］では，1990 年代からの長期の日本経済の停滞を踏まえ，これからの日本の市場経済の競争軸を知識，人材，特許，組織力，ブランド，技術革新力等の「知的資産」を活用した価値創造していくことの重要性を指摘している。
6) 経済産業省［2010］参照。
7) 米国においては，現在でもディスカウントストアのウォルマートが P＆G の売上の4割を占めるとされるように，小売企業が市場の中で大きな力をもっている。
8) United States Patent 5, 794,207 号他。
9) 特許第 2756483 号。
10) United States Patent 4, 338,626 号他。
11) 特許第 4075066 号。
12) 特許第 398605 号。

【参考文献】
相沢英彦編［2000］『電子マネーと特許法（増補版）』弘文堂。
相澤英孝・中山信弘・石井正，鳴戸道郎［2000］「座談会：ビジネス方法特許の現状と将来」『ジュリスト』，No.1189。
相沢英彦・相田義明・中山信弘ほか［2000］『21 世紀における知的財産の展望（知的財産研究所 10 周年記念論文集）』雄松堂。
荒井寿光［1999］『特許戦略時代』日刊工業社。
伊佐山建志［2000］「21 世紀の企業戦略～知的財産権～」『パテント』Vol.53，No.2。
磯 豊［2000］「e ビジネスモデル特許」『ダイヤモンド・ハーバード・ビジネス・レビュー』4-5 月，145 号。
石田正泰監修［2000］『ライセンス契約実務ハンドブック（第 3 版）』発明協会。
上野 博［2000］「プロパテント時代の特許市場戦略」『マーケティング・ジャーナル』，第 79 号。
─────［2003］『ビジネス方法特許』同文舘出版。
─────［2004a］「特許市場戦略における自社開拓事業戦略の戦略枠組」『マーケティング・ジャーナル』第 91 号，日本マーケティング協会。
─────［2004b］「特許市場戦略における資産価値活用戦略の戦略枠組」『クレジット研究』第 32 号，日本クレジット産業協会。
─────［2005a］「特許市場戦略における事業提携化戦略の戦略枠組　～「協調化」による

提携企業の連合型共同市場支配〜」『マーケティング・ジャーナル』第 99 号，日本マーケティング協会．
─── ［2005b］「特許市場戦略におけるオープン化戦略の戦略枠組」『マーケティング・ジャーナル』第 96 号，日本マーケティング協会．
上山明博［2000］『プロパテント・ウオーズ』文芸新書．
江口裕之［2000］「1999 年米国特許法（1999 年発明者保護法）（1）」『パテント』Vol.53，No.10．
欧州特許庁審判部（編）欧州特許審決研究会（訳）［2000］『欧州特許庁・審決の動向（改訂版）』発明協会．
岡村久道［2000］『インターネット訴訟』SOFTBANK PUBLISHING．
椙山敬上［1999］『ソフトウェアの著作権・特許権』日本評論社．
木内光春［2000］「ビジネス方法特許の明細書について」『パテント』Vol.53，No.10．
岸　宣仁［2000］『ビジネスモデル特許の脅威』ダイヤモンド社．
久保村隆祐編［1994］『エレメンタル流通政策』英創社．
黒川　清［2008］『イノベーション思考法』PHP 出版．
経済産業省［2004］『通商白書 2004 年度版』第 2 章「新たな価値創造経済」と競争軸の進化．
─── ［2010］『通商白書 2010 年度版』第 1 章 世界経済の現状と課題，図）世界各国・地域別の GDP 構成比及び成長率．
幸田ヘンリー［2000］『ビジネスモデル特許』日刊工業社．
今野　浩［2000］「アリゴズム特許とビジネス・モデル特許」『経営情報フォーラム』第 8 巻，第 4 号，No.6．
堺屋太一［1985］『知価革命─工業社会が終わる 知価社会が始まる─』PHP 研究所．
─── ［2002］NHK 人間講座『豊かさはどこへ行くのか─日本経済の百年を考える─』．
嶋口充輝［1984］『戦略的マーケティングの論理』誠文堂新光社．
─── ［1986］『統合的マーケティング─豊穣時代の市場志向経営─』日本経済新聞社．
清水啓助［2000］『知的創造時代の知的財産』慶応義塾出版会．
受験新報編集部編［2001］『特許法コンメンタール（全訂第 5 版）』法学書院．
情報通信総合研究所ビジネスモデル特許研究編［2000］『ビジネスモデル特許─基礎と実践─』日経コンピュータ別冊，日経 BP 社．
仙元隆一郎［2000］『特許法講義（第三版）』悠々社．
高倉成男［2000］「講演録，電子商取引とソフトウェア」『知財権フォーラム』Vol.40，Spring．
竹田和彦［2005］『特許がわかる 12 章（第 6 版）』ダイヤモンド社．
─── ［2006］『特許の知識（第 6 版）』ダイヤモンド社．
田中洋［2002］『企業を高めるブランド戦略』序章「なぜブランドが重要なのか，講談社現代新書．
田中由多加編［1997］『現代商業政策』創世社．
谷　義一［2000］『ビジネスパテント』発明協会．
特許庁編［2012］『特許行政年次報告書（2012 年版）』発明協会．
中山信弘［2000］『注解・特許法（第 3 版）上・下』青林書院．
中山信弘［2000］『工業権所有法上，特許法（第 2 版増補版）』弘文堂．
中村祐輔・中村雅美［2001］『ゲノムが世界を支配する』講談社．
橋本良郎［1997］『特許法』発明協会．
馬場錬成［2001］『大丈夫か，日本の特許戦略』プレジデント社．
平尾光司［2005］『全米競争力評議会提起書・パルミサーノ・レポートの紹介と評価』専修大学都市政策研究センター論文集，第 1 号．
古谷栄男・松下正・眞島宏明［2000］『知って得するソフトウェア特許・著作権（改訂 3 版）』アスキー出版．

本庄武男［2000a］「ビジネスモデル特許の研究」『知財管理』Vol.50, No.2。
―――――［2000b］「ビジネス方法特許における考察」『パテント』Vol.54, No.4。
増井和夫・田村善之［2000］『特許判例ガイド（第2版）』有斐閣。
松元重敏［2000］『特許発明の保護範囲（新版）』有斐閣。
三木茂編著［2000］『ビジネス方法特許と権利行使』財団法人ソフトウェア情報センター，日本評論社。
紋谷暢男［1995］『特許法50講（第4版）』，有斐閣双書。
山木康孝編著［2000］『特許ライセンスと独占禁止法』商事法務研究会。
吉藤幸朔・熊谷賢一［1999］『特許法概説』有斐閣。
Aker, D. A. [1991], *Managing Brand Equity*, Free Press.（陶山計介・中田善啓・尾崎久仁博・小林哲訳［1994］『ブランド・エクイティ戦略―競争優位をつくりだす名前，シンボル，スローガン』ダイヤモンド社。）
Aker, D. A. and E. Joachimsthaler [2000], *Brand Leadership: The Next Level of the Brand Revolution*, Free Press.（阿久津聡訳［2000］『ブランド・リーダーシップ―「見えない企業資産」の構築―』ダイヤモンド社。）
Anderson, C. [2008], *The Long Tail, Revised and Updated Edition: Why the Future of Business is Selling Less of More*, Hyperison.（篠森のりこ訳［2014］『ロングテール―「売れない商品」を宝の山に変える新戦略―』早川書房。）
Bell, D. [1973], *The Coming of Post-Industrial Society: A Venture in Social Forecasting*, Basic Books.（内田忠男ほか訳［1975］『脱工業化社会の到来，社会予測の一つの試み』ダイヤモンド社。）
Chisum, D. S. [1987], *Element of United State Patent Law*.（竹中俊子訳［2000］『アメリカ特許法とその手続（改訂版）』雄松堂出版。）
Chandler, F. A. [1962], *Strategy and Structure: Chapters in the History of the Industrial Enterprise*, MIT Press.（有賀裕子訳［2004］『組織は戦略に従う』ダイヤモンド社，別訳三菱経済研究所［1967］『経営戦略と組織―米国企業の事業部制成立史』実業之日本社。）
Drucker, P. [1993], *Post-Capitalist Society*, New York: HarperCollins.（上田惇生訳［2012］『ドラッカー名著集8 ポスト資本主義社会』ダイヤモンド社。）
Keller, K. L. [2007], *Strategic Brand Management*, Prentice-Hall.
Miller, A. R. and M. H. Davis [1993], *Intellectual Property, Patents, Trademarks, and Copyright in a Nutshell*, Thompson West.（松尾悟訳［1995］『アメリカ知的財産法』木鐸社，p.121。）
Rivette, K. G. and D. Kline [1999], *Rembrandts in the attic: Unlocking the Hidden Value of Patents*, Harvard Business School Pr.（荒川弘煕監修［2000］『ビジネスモデル特許戦略』NTT出版。）
Toffler, A. [1980], *The Third Wave*, William Morrow & Company.（徳岡孝夫訳［1982］『第三の波』中公文庫。）

『新領域（ビジネス方法）における保護のあり方』財団法人 知的財産研究所，2000年。
『知的財産の流通・活用の実態に関する調査研究』財団法人 知的財産研究所，2007年。
「講演録，21世紀に向けた知的財産権制度」『知財権フォーラム』Vol.38, Summer, 2000年。
「講演録，21世紀のサイバースペースにおける知的財産」『知財権フォーラム』Vol.40, Winter, 2000年。
『特許から見た産業発展史に関する調査報告書』知的財産研究所，2000年。
『日米知的所有権アップディト98』ILS, 1997年。

『日本の消費者向け (B to C)の電子取引市場』電子取引実証推進協議会・アンダーセン・コンサルティング，2000 年。
「プロパテント時代を迎えて（対談）」『知財権フォーラム』Vol.38，知的財産研究所，Summer，1999 年。
「ビジネスモデル特許の現状と課題」ソフトウェア委員会『パテント』Vol.53, No.2, 2000 年。
「ビジネスモデル特許の背景と現状」マルチメディア・ソフトウェア委員会『知財管理』Vol.50, No.9, 2000 年。
『米国弁護士によるビジネスモデル特許事例解説』ジェトロ，2000 年。
"Global Competition The New Reality," President's Commission on Industrial Competitiveness, The Commission, 1985.
IMF International Financial Statistics.
"Innovate America: Thriving in a World of Challenge and Change," Council on Competitiveness, 2000.

（上野　博）

第12章

ICT への対応に関する研究の諸問題

1. はじめに

　情報通信技術（以下，ICT（Information and Communication Technology）と記述）のイノベーション（革新）によるデジタル・エコノミーの進展は，マーケティングのあり方を大きく変えつつあるが，そもそもマーケティングは，外部要因としての技術的イノベーションに，その生成段階から大きな影響を受けてきた。すなわち，産業革命を契機とする大量生産の技術的イノベーションが，大量流通，大量販売というマス・マーケティングを生み出し，その後も様々な技術的イノベーションが，マーケティングに多大な影響を与えてきた。

　そこで本章では，イノベーションを，マーケティングに影響を与える外部環境要因としての技術的イノベーションに絞り，マス・マーケティングの生成，発展のプロセスにおいて，技術的イノベーションが与えた影響について考察を行いながら，イノベーションの種類について分析する。その上で，現在進行しつつあるICTによるデジタル・エコノミーの進展が，どのようにマーケティングを変容させつつあるかに焦点をあてて考察する。

2. 技術的イノベーションとマーケティング

(1) 技術的イノベーションの変遷とイノベーションの種類

　まず，マーケティングだけではなく，人類の文明や繁栄に多大な影響を及ぼした技術的イノベーションについて考察する。

　Toffler [1980] は，人類の文明や繁栄に多大な影響を及ぼした，革命ともいえ

る技術的イノベーションを3つの波としてとらえ，それらを「農業革命」「産業革命」「情報革命」に分類している。「レボリューション（革命）」とは，「根本的に変革すること」であり，Tofflerの3つの革命は，従来のイノベーションとは断絶した非連続な「ラディカル・イノベーション」を指している。特に，1760年ごろから始まる第2の波である「産業革命」においては，ワットによる「蒸気機関」（1769年）の発明に始まった安価な化石燃料の利用を前提としたエネルギー革命によって，強大な科学技術と経済機構，そして大量生産，大量消費型の工業化社会が形成され，マス・マーケティングの生成発展のきっかけとなった。さらに1970年ごろから始まる第3の波である「情報革命」においては，デジタル情報技術によるエネルギー効率の劇的な向上が，エレクトロニクスやコンピュータ等の新しい産業を生み出し，第2の波で生まれた産業の多くもさらに成長することになった。

　Dodgson, et. al［2005］は，図表12-1のように，産業革命から情報革命にかけての技術的イノベーションの歴史的変遷を，さらに細かく分析している。すなわち彼は，既存技術とそれを置き換える新規技術との間には，価値の共存期間が存在すること，および技術革新によるインフラの構築と，それが定着し利用されてビジネスが開発される迄には，時間的隔たりが存在することを指摘している。具体的には，1760年から1820年頃の産業革命の場合，1769年のワットによる蒸気機関の発明に始まったエネルギー革命がインフラとして定着し始めるのは，そのあとの1825年から1875年の鉄道および船舶の時代であり，その後の電気技術や石油化学といったイノベーションもまた，それらが発明されてからインフラとして定着するまでには，既存技術との共存および時間的隔たりが存在する。このように，技術的イノベーションの多くは，従来の延長線上での連続的なイノベーションであるが，上述のワットによる蒸気機関の発明によって，その後の技術革新が促されたことは間違いなく，産業革命それ自体は非連続なイノベーションと捉えることができる。同様に，3．以降で述べる，情報革命においても，1970年代にコンピュータが本格的に普及することをその始まりとすることが多いが，その後の1995年ごろから始まるインターネットの本格的普及によるネットワーク化がインフラとして定着することによって，本格的な情報革命が進展したと考えられる。Anderson［2012］は，「コンピュータが，本当の意味で文化を変え始めたのは，それがネットワークにつながったときであり，最終的にはすべてのネットワークのネットワークであるインターネットにつながった時である」（訳書，

図表12-1 技術的イノベーション

技術的革命	主要な要素	新規技術および新たなまたは変革された産業	新たなまたは変革されたインフラ	イノベーションの特徴
産業革命 1760–1820年頃	工場の仕組みによって配置された手工業	絹、鉄、機械	運河；高速道路；水力	職人技術：個人主体
鉄道および船舶の時代 1825–1875年頃	経済活動において結合された大規模な改革	船舶エンジンまたは動力；機械、鉄と石炭掘削；機関車	鉄道；郵便サービス；国際船舶；テレックス；大規模貿易港；都市ガス	エンジニアリングによる職人技術主体
鉄鋼および電気の時代 1875–1920年頃	大規模エンジニアリングおよび経済活動の電化	ベッセマー鋼；重化学と土木工学；缶詰、瓶詰めと梱包	世界的規模の船舶貿易およびテレックス；電気ネットワーク；電話；大規模橋およびトンネル	個人と企業
石油および大量生産の時代 1910–1970年頃	安価な商品の大量生産	自動車；安価な石油；化学製品；家庭電気器具；冷蔵および冷凍食品	道路網；空港；汎用電力；世界規模のアナログコミュニケーション：	企業主体
情報およびコミュニケーション技術 1970年–	デジタル・エコノミー	マイクロエレクトロニクス；コンピューター；ソフトウェア；CAD/CAM；新素材	世界規模のデジタルコミュニケーション（光ファイバー、衛星）；インターネット／www	分散およびオープン

(出所) Dodgson, et. al [2005] 訳書, p.34.

p.56）と述べており，この意味で1970～80年代と1995年以降とを区別している。このように，イノベーションには，それまでのイノベーションとは断絶した非連続的な「ラディカル・イノベーション」と，イノベーションの普及と定着における連続的な「インクリメンタル・イノベーション」の2つがあるのであり（Utterback［1994］訳書，p.8），本格的に社会や文化全体を変えるのは後者のイノベーションが進展してからであるといえる。

(2) 産業革命以後のマーケティングの変化

Tedlow［1990］は，産業革命以後のマーケティングの変化において，細分化という変化を指摘している。彼は，アメリカにおけるマーケティングの変化を市場の変化と結び付け，1880年以前の第1段階を「分断の時代」，1880年以降の第2段階を「統一の時代」，そして1920年以降長らく続く第3段階を「細分化の時代」と3段階に分類し，それぞれのマーケティングの段階への移行において，技術的イノベーションがインフラストラクチャーとして定着していったことが，その背景として存在していることを示している（図表12-2，訳書，p.6）。

1880年以前の「分断の時代」においては，大陸を縦横断する輸送と通信のインフラストラクチャーの欠如により，国内市場は何百もの地方に分断されており，小規模な企業がそれぞれの地域で独占的な地位を占めていた。ところが1880年以降の「統一の時代」においては，鉄道と電信のネットワークの完成という，技術的イノベーションのインフラストラクチャーとしての定着により，全国的なマス・マーケットが誕生し，少数の企業が流通網を全米のいたるところに展開することによって，空前の規模の経済を実現した。こうして「大量生産」された製品を「大量販売」するのに必要な機能は，消費者の元へこれらの製品をいち早く届けることであり，消費者にその存在を知らせる広告活動であり，店舗での販売員の確保であった。かくして「大量販売」に必要な初期の重要なプロセスは，これらの「生産商人」による生産から流通，販売までの垂直統合の構築であり，マス・マーケティングを必然的に生みだすことになった。

さらに，1920年以降の「細分化の時代」においては，テレビという技術的イノベーションのインフラストラクチャーとしての定着によって市場細分化が大いに促進されたと述べている（Tedlow［1990］訳書，p.7）。すなわち，「統一の時代」における「大量生産」に代わって，「細分化の時代」の本格的進展においては，

図表 12-2　アメリカにおけるマーケティングの3段階

段　　階	特　　徴
Ⅰ　分　断	高マージン 少量販売 高い輸送費のために一市場の規模が小さい
Ⅱ　統　一	大量販売 低マージン 全国がマス・マーケットへ統合
Ⅲ　細分化	大量販売 顧客価値に基づく価格設定 人口統計的・心理的細分化

（出所）Tedlow［1990］訳書, p.50.

消費者の多様化するニーズに応え，新たなセグメントを生み出すためのコミュニケーションメディアとして，テレビという技術的イノベーションのインフラストラクチャーとしての定着が重要な役割を果たしていたのである。

同様に，情報革命においても，インターネット技術は，それ自体は電気工学や電子工学といった「産業革命」から派生する技術を織り交ぜて発生したイノベーションであるが，情報革命を本格的に進展させたという点で，それが社会に与えたインパクトは，かつての「産業革命」によるインパクトを凌駕するものである。産業革命における非連続的なイノベーションが本格的に文化を変え始めるのが鉄道や船舶というインフラとしての定着によってであったように，現在進行している情報革命において本格的に社会や文化全体を変えるようになるのは，インターネットによる情報ネットワーク技術によるインフラとしての定着以降である。次節からは，情報革命をこのインターネットによる情報ネットワーク技術の出現以前と以後の2つに区分したうえで，現在までに情報革命がマーケティングに与えたインパクトについて考察していくことにする。

3. 情報革命とマーケティング

(1) インターネット以前における情報革命とマーケティング

　情報革命には「① 1950 年前後の情報時代の幕開けの段階，② 1970 年代から 80 年代初めのパーソナル・コンピュータの開発段階，そして③ 1990 年代のインターネットとウェブの出現段階（Anderson [2012] 訳書，p.56)」という，大きく分けて 3 つのステージがある。インターネット以前の 2 つの情報革命のステージにおいては，企業のマーケティング活動における情報処理プロセスがアナログからデジタル化へと移行し，消費者行動の分析や，マーケティング情報システム（MIS：Marketing Information System）の構築とその意思決定への応用が数多く試みられている。

　マーケティング情報システムは，1945 年のペンシルバニア大学の「ENIAC」等の大型のホストコンピュータの開発を契機として，マーケティングを大きく変えるものとして期待されたが，1970 年代まではデータバンクの充実が主要課題であり，1980 年代以降になってマーケティングの意思決定支援システム（MDSS：Marketing Decision Support System）として再評価され，さらに戦略的な視点から再構築された（陸 [1989] p.57）。特に，1973 年のオイルショックを契機とする不況下において，ROI（Return on Investment）の視点から，コンピュータ・システムへの投資に対するマーケティング成果が求められるようになり，こうしたマーケティング情報システムが，CRM（Customer Relationship Management）や，ONE to ONE マーケティング，さらにはデータベースマーケティングといった，マーケティングにおける新たな展開を支える文字通りの情報システムとして機能するには，インターネットによるさらなる情報革命の進展が必須であった。

　他方，消費者行動の分析の例としては，顧客が購入した商品のバーコードをスキャナーで読み取った POS（Point of Sales）データから，商品の格付けや，店頭プロモーション，あるいは受発注作業の効率化といったマーケティング活動への応用がある（小川編 [1993] p.2）。POS データの特徴は，販売に関するデータが即時にかつ詳細に入手できることにあり，これは，情報のデジタル化による所産である。この情報のデジタル化は，次項で展開するインターネットにおける

ICTイノベーションでも中心的な特性としてあげられるが，インターネット以前の情報革命においては，ネットワーク性という特性が不十分であった。すなわち，POSシステム等の情報システムは，当初，特定の企業や企業グループ内での活用に限られていたからである。また，「POSデータが行動データであり，"購買の事実"を記録したものであるという強みがある半面，消費者の感覚や態度といった心理的側面については別の調査手段に頼るしかない」（小川［1993］p.17）ことも，POSシステムの限界の1つである。この購買データと，消費者の感覚や態度といった心理的データとを同時に測定するには，インターネット時代の情報革命による，ネットワーク性と，個別対応性といった特性が広くインフラとして普及し，さらにそれらがSNSに代表されるこれまでとは全く異なるコミュニケーション方法を活用することによって可能になりつつある。

このように，インターネット以前の情報革命における技術的イノベーションは，マーケティングに大きな影響を与えたものの，情報システムへの投資が十分に行える資金力のある大企業でさえも，ROIの視点で十分な成果を上げたとはいえず，中小企業やさらには個人をも含めて，情報システムを活用したマーケティングを十分に展開するためには，インターネットという安価で付加価値の高いネットワークインフラが不可欠である。次項以降，インターネット時代の情報革命がマーケティングに与えた影響を考察する。

(2) インターネットによるICTイノベーション

まずはじめに，インターネットがもたらしたICTの技術的イノベーションの特徴について考察する。Hanson［2000］は，①デジタル（Digital），②ネットワーク（Network），③個別対応（Individual）という3つの本質的特性を，マーケティング戦略に応用可能なインターネットの特性として指摘している（訳書，p.34）。特に，①デジタルという特徴は，ベルの発明した電話に代表される，アナログ回線を利用した情報通信技術とは一線を画す，いわば非連続なイノベーションによるものである。コンピュータの処理自体は当初からデジタルであったが，その処理結果を伝送する手段としての，ネットワーク回線のほとんどが電話回線等のアナログ回線の借用であった時代は，デジタル－アナログの変換が必要となり，通信速度の画期的な向上のためには，光ファイバー等の純粋なデジタルなネットワーク化の構築を待つことになった。

また Hanson［2000］は，①デジタル（Digital）について，その派生的特性として（1）低コスト性（ムーアの法則），（2）バーチャル，（3）結合性をあげている（訳書，pp.47-48）。（1）低コスト性は，インターネットによる情報通信ネットワークの進展により，付加価値の生産費用や取引費用が劇的に低下し，特にデジタル化された情報の流通コストが限りなくゼロに近づくことを示している。そしてインターネット上で生み出される情報は，日々膨大な量が蓄積されている。この結果，消費者と企業を取り巻くマーケティング・プロセスも低コスト化し，膨大な情報をリアルタイムに検索して利用することが可能になった。また，（2）バーチャル性により，物理的な空間の制約が取り払われ，インターネットのWWW上にはホームページが無限に広がることになった。そして国境を越え，地理的に離れた地点に存在する消費者，あるいは企業の，グローバルなコミュニケーション活動を可能にする。したがって，地理的に離れていて通常はめぐり合えないような企業・消費者間，企業間，消費者間の取引をリアルタイムに可能にする。さらに，（3）結合性により，これまでバラバラに存在した，企業，テクノロジー，コンテンツがそれぞれ融合し，インタラクティブなマルチメディアを形成する。インターネットを利用したデジタルメディアは，マス・メディア，パーソナル・メディアとともに双方向性という特徴を持つ。企業と消費者間のインターネットによる双方向のコミュニケーションにより，電子商取引が生まれ，企業による消費者への商品情報の提供から，実際の購買への意思決定プロセスは，リアルタイムに行われることが可能になった。また，企業同士のコミュニケーションにおいても，原材料の調達や製品の配送等がリアルタイムで意思決定されるようになり，消費者同士のコミュニケーションにおいても，メールやネットオークションなどの情報が，リアルタイムで行われるようになった。

　次に，②ネットワーク特性が生みだす派生特性として，（1）自在性，（2）期待，（3）共有，（4）専門化，（5）バーチャル・バリュー・アクティビティがあげられている（Hanson［2000］訳書，p.85）。（1）自在性は，「すべての人々がアクセスできるという通信ネットワークの力であり，誰でも何処でもネットワークにアクセスできる社会，すなわちユビキタス社会になった時に最大の価値を持つ。そして，ネットワークの価値に対する（2）期待は，参加者がネットワークに関わる際に（期待を）抱くことにより，増幅し，（3）共有される。インターネットのアーキテクチャーの基本はオープン性であり，インターネット上にアップロードされる情報は非公開や限定公開を指定しない限り，原則として公開される。こ

のオープン性により，企業も消費者も様々な情報を共有し，利用することが出来る。そして（4）専門化による生産性の向上は，産業革命によってもたらされたそれを，凌駕するスピードで進展していく。さらに，(5) バーチャル・バリュー・アクティビティでは，ネットワークを通じて情報を収集し，組織化し，選択し，合成し，そして流通させることにより，付加価値をさらに高めることができる。

さらに，デジタル化とネットワーク化というインターネットのもつ本質的な特性は，これまで不可能であった，圧倒的な多数の企業と顧客の間の相互作用を可能にした。この，③インディビデュアル（個別対応）特性は，企業間，企業消費者間，消費者間等のネットワーク上の（1）直接的な通信として可能にし，顧客による選択と売り手による提案という（2）個々の選択を組み合わせることで，顧客価値の極大化をもたらすことができる。そして何よりも，こうした個別対応が，(3) わかりやすい技術によってもたらされ，老若男女に関わらず，誰でも簡単に利用できることが，マーケティングにさらなるイノベーションを求めることになる。

こうした，①デジタル，②ネットワーク，③インディビデュアルといったインターネットの特性は，企業間および，企業消費者間，消費者間などの商取引とそれに伴う物的流通や情報流通に大きな影響を与えることになる。

図表12-3　本質的3特性から生ずる派生的11特性

①デジタル特性	(1)	低コスト性
	(2)	バーチャル性（グローバル性）
	(3)	結合性（双方向性）
②ネットワーク特性	(1)	自在性
	(2)	期待
	(3)	共有（オープン性）
	(4)	専門化（分業化）
	(5)	バーチャル・バリュー・アクティビティ（情報の取集，組織化，選択，合成，流通）
③インディビデュアル（個別対応）特性	(1)	直接的な通信（オンライン性，即時性）
	(2)	個々の選択
	(3)	使いやすい技術

（出所）Hanson [2000] 訳書，pp.47-48, p.85, p.126 より筆者作成・加筆。

(3) インターネットによる流通取引の変化

本項ではまず，これまで見てきたインターネットの特性が，企業間，企業消費者間，消費者間などの流通プロセスに与えた影響について考察する。インターネット等のネットワークを利用した取引は，その取引相手によって内部モデル3つ，関連モデル6つに分類される（図表12-4：加藤［2004］p.104）。

内部モデルは，企業（B：Business），消費者（C：Consumer），行政（G：Government）の，それぞれの内部で行われる取引で，それぞれ，IN B（IN Business），IN C（IN Consumer），IN G（IN Government）で示される。また，外部との関連モデルとしては，企業消費者間がB to C，企業行政間がB to G，消費者行政間がC to Gであらわされる。さらに，内部組織間の関連モデルとしては，企業間がB to B，消費者間がC to C，行政間がG to Gで表される。ここで

図表12-4　インターネット上の取引の分類

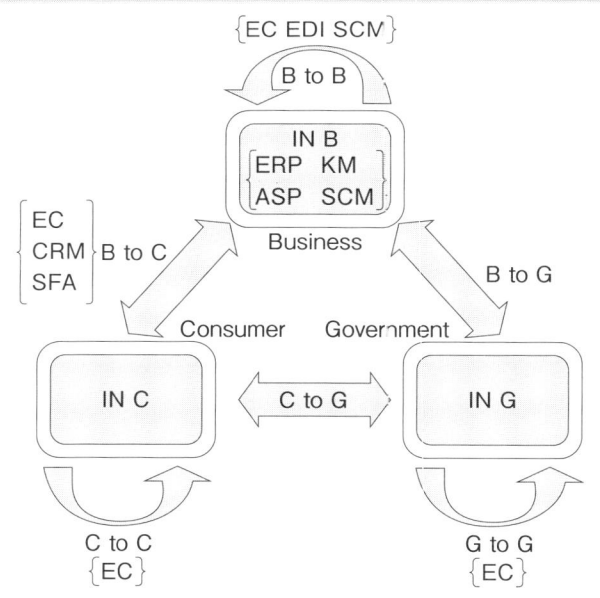

EC：Electronic Commerce　SCM：Supply Chain Management
KM：Knowledge Management　EDI：Electronic Data Interchange
ASP：Application Service Provider　CRM：Customer Relationship Management
ERP：Enterprise Resource Planning　SFA：Sales Force Automation

（出所）加藤［2004］p.104.

は，企業と消費者に焦点を絞り，内部モデルである，IN B，IN C と，関連モデルとしての B to B，B to C，C to C について解説する。

内部モデルの IN B（IN Business）においては，インターネットで利用可能なインフラを，イントラネットに応用し，企業内の情報の共有化と共創化に利用し，ERP（Enterprise Resource Planning：統合業務システム）[1]，ASP（Application Service Provider）[2]，KM（Knowledge Management）[3] などを活用することで，業務の効果効率性向上に役立てている。例えば ERP により，情報技術を軸にヒト，モノ，カネ，情報という経営資源を統合し，戦略的に対応できる組織構造を作り上げることが可能になった。すなわち，かつての MIS（Marketing Information System：マーケティング情報システム）も，SIS（Strategic Information System：戦略的情報システム）も，BPR（Business Process Reengineering：ビジネス・プロセス・リエンジニアリング）も実現できなかった，個別に処理されていた複数の膨大な業務プロセスを，ERP によりインターネット環境を利用し，統合化，一元管理することが可能になった。そしてこの ERP に国際的なビジネス標準を導入することで企業内 SCM（Supply Chain Management）が構築され，これが外部と接続することで企業間の取引である B to B における企業外 SCM へと発展させることが可能となる（加藤［2004］p.161）。また，標準的な業務アプリケーションをインターネット経由で提供する ASP の登場により，当初は多額の資金や人員を必要としていた ERP の導入や企業内 SCM の構築は，経営資源に余力のない中小零細企業でも可能になっている。

また，企業内の個人や組織が持つ様々な知識，特に暗黙知を形式知として共有し，マーケティングなどの経営活動に活用しようとする KM（Knowledge Management）は，インターネット環境を融合させることで，企業の垣根を越えた集合知として発展し，製品開発や消費者行動の分析といったマーケティング活動に応用されている。

内部モデルの IN C（IN Consumer）では，職場の PC，自宅の PC，スマートフォン，携帯電話，などの様々な情報機器が全てインターネットに接続されることで，それぞれの情報機器を利用して個別に生成した消費者の情報が，クラウド上のネットワークを通じて同期化され，いつでもどこでも発信することが可能になった[4]。こうしてネットワーク上に蓄積される情報は，公開されない限り IN C として自己完結するが，2014 年 4 月 25 日付の日本経済新聞朝刊によると，今や実名の利用が前提のフェイスブックの利用者は，全世界で 12 億人を超え，こ

うしたSNS（Social Network Service）を通じて外部の企業や消費者と接続されBto CやC to Cと結びつくことで，様々なマーケティングが展開されてきている。

次に，企業間モデルのB to Bにおいては，1984年頃までは特定の企業間で行われていた電子的な情報交換システム，すなわちEDI[5]（Electronic Data Interchange）が，1994年頃迄には業界内で標準化され，さらにインターネットを活用することで，オープンでグローバルなものになり，SCM（Supply Chain Management）へと発展していくことになる。このSCMは，IN Bのところでも述べたような企業内の標準化とB to Bによる企業間の標準化が，インターネットを介して同時に実現することで，企業間の生産と販売のシステムが統合し，投機の原理と延期の原理を同時に実現することが可能になり，企業のマーケティング活動を大きく変えることになった。デル社のBTO（Build To Order）は，受注生産方式のビジネスモデルでありながら，延期型の大量生産方式と同等の効率性を実現した例として有名である。

企業・消費者間モデルであるB to Cにおいては，Amazonや楽天などに代表されるインターネットを利用した直販サイトや仮想モールなどによって，企業と消費者が直結した商取引が行われるようになり，2012年の日本の市場規模は，9兆5,130億円に達し，全小売売り上げに占める割合（EC化率）は3.11%と，市場規模は堅調に成長している（経済産業省［2013］）。また，直接的な商取引以外にも，インターネット上のホームページや，フェイスブック等のSNSを利用して，広告・プロモーションや，消費者行動分析などの様々なマーケティング活動が行われている。こうしたインターネットを活用するマーケティングは，マス・マーケティングの時代で追及されてきた市場シェア追及から，ONE to ONEマーケティング（Peppers and Rogers［1993］）やロイヤルティマーケティング（Woolf［1996］）などにおける，顧客シェア追及へと，その視点が変化してきているのが大きな特徴である。特に，このB to Cによる企業消費者間の取引は，そのほとんどが実名取引であり，事後にメール等を利用して企業・消費者の双方からコンタクトを取ることができるし，また多くの場合取引の金額に応じてポイントを付与するポイント・システムが存在し，顧客に直接再購買を促すプロモーション活動に利用することができるという特徴を持っている。このポイント・システムは，企業が顧客を，その生涯価値（Life Time Value）に基づいて囲い込むためのものであるが，ポイント・システムが異業種・異形態の企業間で連携し，さらにリアル店舗での消費者購買行動や，その他の様々なビッグデータと連携すること

により，新たなマーケティングの展開の可能性が広がりつつある。この点については節を変えて詳述する。

　消費者間直接取引である C to C は，狭義には消費者間でオークションサイト等を通じて商品やサービスを直接取引することを指すが，広義としては，SNS に代表される，グローバルでリアルタイムな消費者間のコミュニケーションを指す。この SNS 等で作り出される集合知は，これまで時間的空間的に不可能であった，圧倒的多数による情報交換を可能にした。かつてギリシャのポリスで開かれていた全市民による会議を，世界レベルで行うことが可能になったといえるかもしれない。ウィキノミクスといわれるこの集合知は，①オープン性，②ピアツーピアのネットワーク性，③共有，④グローバル性という特徴を持っていて，マスコラボレーション，つまり「いままでありえなかったほど効果的かつ能率的に人間のスキルと才能，知性を結集することができるようになる」ということである（Tapscott and Williams［2006］訳書，p.31）。

◢ (4) マーケティングの新たな展開

　これまでみてきたように，インターネットによる ICT の技術革新は，企業と消費者の取引のあり方を大きく変え，様々なマーケティング活動に影響を与えてきている。ここでは，伝統的な枠組みである，マーケティング・ミックスの 4P のそれぞれについて，インターネットによる ICT の技術的イノベーションが大きな影響を与えた事例について，代表的なものを解説する。

　まず，製品戦略については，その生産プロセスと，開発プロセスそれぞれにおいて，ICT による技術的イノベーションが大きな影響を与えているが，生産プロセスについては，B to B のところで SCM の例をあげているので，ここではマスコラボレーションや集合知による製品開発について解説する。

　マスコラボレーションとは，「いままでありえなかったほどの効果的かつ能率的に人間のスキルと才能，知性を結集すること（Tapscott and Williams［2006］訳書，p.31）」であり，企業がこれを製品開発などのマーケティングに利用するには，①オープン性，②ピアリング，③共有，④グローバル性という4つの柱が重要である（訳書，p.34）。また，インターネットによる集合知とは「インターネットを利用して見ず知らずの他人同士が知恵を出し合って構築する知」（西垣［2013］）であり，マスコラボレーションによって生み出された集合知を，企業の

製品開発等に活用することが可能である。製品開発のための経営資源は，これまでは企業の内部に蓄積することが，他の企業との差別化において重要であったが，技術的イノベーションのスピードが速い今日においては，自社の優れた経営資源を積極的に開示し，外部の優れた経営資源を取り込むことが求められている。

　次に，流通戦略については，リアルな店舗では扱えなかった商品群が，インターネットのショッピングサイトでの重要な収益源となることを示した，Chris Anderson［2006］の「ロングテール」の概念が有用である。すなわち，インターネット上のショッピングサイトは，リアルな店舗とは異なり，提供する製品やサービスの量は無制限に多くすることができ，また対象とする顧客は地理的制約を受けず，全世界から注文を受けることができる。こうしたインターネットの特性により，インターネットのショッピングサイトは，リアルな店舗では提供していない，売れ筋ではない製品やサービスを扱うことができ，これらを「ロングテール」とよぶ。例えば，大型書店の平均的な蔵書数は10万タイトルであるが，Amazon.comでは，全体の4分の1を超える書籍販売数が，上位10万タイトル以外の本による売り上げであり，こうしたリアル店舗では取り扱えない，ニッチな製品やサービスが収益を支えている。2－8の法則としてよく知られている，パレートの法則では，一般に全体の2割の商品で，全体の8割の利益を上げているというが，Amazon.comでは，売り上げが上位ではない書籍数からも，大きな利益を上げているといえる。

　さらに，価格戦略については，Anderson［2009］の「free」ビジネスに基づいて解説する。インターネットがまだ存在しない時代から，サンプルを無料（フリー）で配布し，実際の購買を促進するプロモーションは存在した。例えば，替え刃式のカミソリをまずサンプルとして無料で提供し，それに満足した消費者が替え刃を継続的に購入することを期待するビジネスや，スーパーの店頭での試食販売などは存在したが，インターネット上で提供される無料のプログラムやコンテンツは，これらとは根本的に異なる。インターネット上で提供されるプログラムやコンテンツは，デジタルデータであるため，その複製を提供するコストは限りなくゼロに近い。この特性を利用して，最初は無料で，使い続けると有料になるビジネスモデルが成立する。例えば，マイクロソフトのOFFICEなどの多くのアプリケーションソフトは，1カ月程度の試用期間であれば，製品版と同じ機能を利用することができるが，試用期間を越えて利用を続けるには，製品版の購

入が必要となる．また，SNS を利用したソーシャル・ゲームの多くは，基本的に無料で遊べるが，ゲームの進行上で鍵となる重要なアイテムを手に入れるために，課金という有料手段が設けられており，これがソーシャル・ゲームの収益源となっている．Anderson [2009] 訳書では，こうしたインターネット上の「Free」ビジネスを，①直接的内部相互扶助，②三者間市場，③フリーミアム，④非貨幣市場の 4 つに分類しており，③のフリーミアムでは，無料の利用者と有料の利用者の比率が，95 対 5 で成り立つことを示し，前述のパレートの法則と比較して，わずか 5% の利用者で全体の 100% の利益を上げていることを意味している．

　最後に，インターネットを利用したコミュニケーション戦略について，インターネットによる消費者行動の変化を例にあげて解説する．コミュニケーション効果については，AIDMA（Attention：注意喚起 − Interest：興味 − Desire：欲求 − Memory：記憶 − Action：購買行動）という古典的モデルがあるが，秋山他（2004）p.163 は，インターネットによる情報の検索と共有を考慮し，AISAS（Attention − Interest − Search：検索 − Action − Share：共有）というモデルを提唱している．具体的には，消費者は「テレビ CM や雑誌広告を見て商品に注目し，ネットで検索をして詳細を調べたり，比較検討をしてから購入し，その経験や感想などをブログに書き込むので，その情報は結果として他者と共有され」，本人の次回の再購買や関連購買はもちろん，共有された情報による他人の購買行動にも影響を与え得ることを示している．また，片平 [2006] は，消費者のブランド体験に注目し，AIDEES（Attention − Interest − Desire − Experience：体験・経験 − Enthusiasm：心酔・熱中）を提唱し，欲求の後に生じた体験・経験が，心酔・熱中へと変化するとき，ブランド体験はより強いものとなることを示している．これらのコミュニケーションモデルに共通することは，これまで限られた範囲でしか影響を与えられなかった口コミ効果を，インターネットの SNS 等を通じて拡散していくことにある．

　以上みてきたように，インターネットによる ICT の技術的イノベーションは，マーケティングに対して様々な角度から大きな影響を与えていることがわかる．次節以降は，こうした様々な角度から行われているマーケティング活動のアウトプットを統合したビッグデータによるマーケティングのさらなる可能性について，ポイント・システムの視点から考察する．

4. 電子マネーとポイント・システムの展開とマーケティング

(1) 電子マネーとポイント・システム

　ここでは，インターネットやSNS等を利用したICTの技術的イノベーションによってもたらされる，物流，商流，情報流といった流通情報の変化について，電子マネーとポイント・システムを中心に考察する。

　マーケティングにおいて最も重要な情報は，売り手と買い手の接点である取引，すなわち商流に関する情報であり，これまでの情報革命においては，この個別情報をいかに詳細に収集し分析するかが焦点であった。この個別取引のデータの収集は，POS等の決済システムの電子化によって，かなり詳細に収集分析されるようになり，企業のマーケティングに活用されてきた。さらに近年では，その個別の取引データが，電子マネーやポイントカード等のポイント・システムや，位置情報やSNSなどの消費者接点から生み出される多様なデータによって統合されて収集・蓄積されるようになってきている。その結果，個別取引という商流の情報と，物流や情報流の情報も同時に収集することが出来るようになり，これは，「高精細，高精度で生成され，多様性・非構造性に富むデータ（野村総合研究所［2012］p.4）」，すなわちビッグデータに他ならない。これまでほとんどの個別取引において匿名の決済であったものが，電子マネーやポイントカード等のポイント・システムによって記名化され，個別商取引の総計が，社会全体の商取引の総額であることは自明であったが，社会全体の益々大きな部分における商取引の詳細を，個別商取引の1つ1つの情報の積み重ねとして理解することすら，ビッグデータにより可能になったと言える。以下，決済方法の電子化や，様々な消費者接点の情報からなるビッグデータによるイノベーションの特徴を明らかにし，企業のマーケティングに与えるインパクトについて，ビッグデータのデータ間の連動性を高める仕組みとしての，ポイント・システムに焦点をあて，消費者の決済情報と様々なビッグデータを結び付けて分析する方法を考察する。

　なお，ポイント・システムと電子マネーの相違点は，図表12-5のように分類することが出来る。

図表 12-5　ポイントと電子マネーの相違点

		企業通貨	
		複数企業にまたがるポイント	電子マネー
価値の入口	原資負担者	企業	消費者
	価値の性質	販促費・広告費	決済代金
価値の出口	価値の対象	特典	商品
	決定権	企業が指定	消費者が選択
	価値の性質	引換券 (債権の行使)	決済 (債権の弁済)
マーケティング	情報取得	行動・購買履歴を取得	購買履歴を取得
	囲い込み	きめ細かい施策	全員共通の施策

(出所) 小西 [2009]。

(2) ビッグデータへの移行とその可能性

　前述のとおりビッグデータとは,「高精細,高精度で生成され,多様性・非構造性に富むデータであり,ICTを活用してインターネット等を介して自動的にデジタル情報として日々刻々として収集されるデータのことである。「高精細」とは,取り扱うデータの解像度が高いこと,「高頻度」とはリアルタイムに取得・生成されること,そして「多様・非構造」とは取り扱うデータが非構造的なものも含む多様なデータのことである。この「非構造的」な情報とは,ネット上のつぶやきとか,企業等のコールセンターに寄せられる肉声などをさし,これまでその分析には特別な技法が必要とされていた。

　ビッグデータの特徴は3つのVであらわされる。まずVolume,すなわち量は,データ量の多さを表している。既存の技術では管理できないほどのデータ量を表し,現状では数十テラバイトから数ペタバイト程度である。次にVariety,すなわち多様性は,従来から企業内に存在する販売データや在庫データに加えて,ウェブのログデータやコールセンターの通話履歴,ツイッターやフェイスブックなどのソーシャル・ネットワーク内のテキストデータ,携帯電話やスマートフォンに組み込まれたGPSから発生する位置情報,時々刻々と生成される天候などのセンサーデータ,さらには画像や動画など,企業が収集し,分析の対象

とするべきデータは大幅に増加してきている。そして第3のVは，Velocity，すなわち速度である。データの発生頻度や更新頻度も，ビッグデータの特性を表す重要な特性のひとつである。例えば，全国のコンビニエンスストアで24時間発生するPOSデータやECサイトを，消費者が日々アクセスするクリックストリームデータ，そしてSuicaやPasmoなどの交通系ICカードから生み出される乗車履歴データや電子マネーの決済履歴などは，1秒当たり100件以上発生している計算となり，十分にビッグデータとなっている。

ところで，この日々刻々と発生するビッグデータが，個人を特定する情報と結び付くとき，これまでみてきた個別取引情報を扱いながら，全体として最大限規模の経済を発揮させるという，マス・カスタマイゼーションがリアルタイムで可能となる。この個人を特定する情報は，決済手段のイノベーションに伴って生まれた，電子ネットワークに接続されたポイント・システムの仕組みである。ポイント・システムはスタンプカードから始まり，磁気カードを経て，現在はICカードが主流になりつつある。コンビニエンスストアで発生する決済を伴うデータであっても，その利用者が匿名であれば，それ以外のデータと連動して分析することが難しいため，日々刻々と発生するビッグデータのうち利用者が特定できるデータを収集することが重要となり，ICカードを利用したポイント・システムの仕組みをその中核として利用することが多い。とりわけ，ビッグデータをロイヤルティマーケティングに利用する際には，このポイント・システムが欠かせない。

(3) 決済サービスのイノベーションとポイント・システム

次に，このポイント・システムがビッグデータと結び付くきっかけとなった，決済サービスのイノベーションについて考察する。

商流，すなわち個別取引における決済サービスは，人類が生み出した貨幣経済システムによって，「支払手段（＝誰もが受け取ってくれる価値）」と「サービス提供のための決済チャネル」の2つに分離された（野村総合研究所［2012］p.4）。物々交換の経済においては，商品と商品を現物同志突き合わせて交換したので，この2つの機能は同時に行われていた。現代の経済システムにおいて，決済手段は，現金に加え，クレジットカード，銀行振り込み，口座引落，代金引換，デビットカード，電子マネー，ケータイ口座決済，など多様化しているが，リアル

な流通市場においては，この支払手段と決済チャネルは一体化していた。すなわち，現金と商品とをコンビニ等の店頭で交換する場合，物々交換の経済と同様に，時間と場所が同じでなければならない。ところが，電子マネーやケータイ口座による決済などにおいては，支払手段と決済チャネルが別々になる。すなわち売り手と買い手を仲介して決済を行う，決済サービスというイノベーションが生み出されることになった。

さらに，電子化された決済サービスでは捉える事の出来ない，現金による決済も，ポイント・システムを導入することによって，個別取引内容をビッグデータとして蓄積することが可能になり，社会経済で生み出されている個別取引データの全てを蓄積して，社会全体の取引総額合計を導くことすら可能になりつつあ

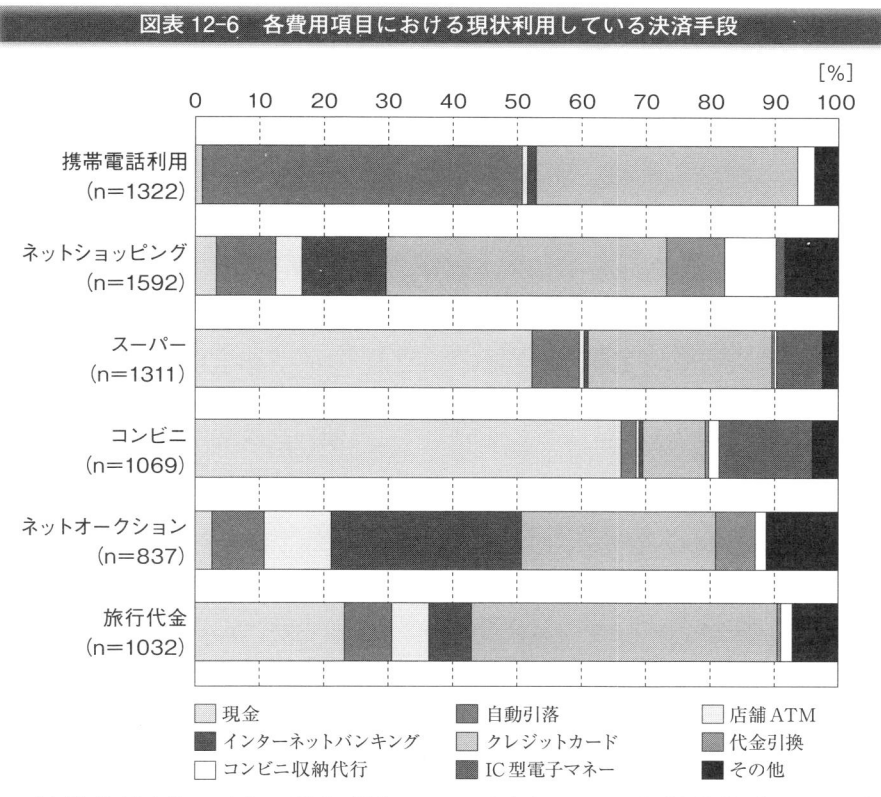

図表 12-6　各費用項目における現状利用している決済手段

凡例：現金／自動引落／店舗ATM／インターネットバンキング／クレジットカード／代金引換／コンビニ収納代行／IC型電子マネー／その他

対象項目：携帯電話利用（n=1322），ネットショッピング（n=1592），スーパー（n=1311），コンビニ（n=1069），ネットオークション（n=837），旅行代金（n=1032）

（出所）「日常生活での支払い／送金に関するアンケート」（NTT データ経営研究所が全国 2,000 人を対象に 2009 年 12 月に実施（杉浦・決済研究プロジェクトチーム［2010］p.79））。

る。ビッグデータとして蓄積されないのは，ポイント・システムを伴わない現金の決済だけということになる。NTTデータ研究所の「日常生活での支払い／送金に関するアンケート」（図表12-6）によると，スーパーやコンビニなどでは現金決済がまだ半数を超えるが，大半はポイント・システムで補足可能である。また同調査では，決済システムに関する課題意識として，ポイント等何らかのメリットがあることをあげている人が60％を超えていることから，現金決済のかなりの部分が，ポイント・システムで補足可能であると推察される。

(4) ポイント・システムを中心とするビッグデータの活用

次に，決済イノベーションを起点としたポイント・システムを包含したビッグデータが，企業の様々なマーケティングに与えるインパクトについて考察する。

先にも述べたように，ビッグデータとは『高精細，高精度で生成され，多様性・非構造性に富むデータ』であり，ITを活用してインターネット等を介して自動的にデジタル情報として日々刻々として収集されるデータのことであるが，マーケティングにおけるもっとも重要な企業と顧客の接点である個別取引のデータが，電子的な決済のイノベーションと，たとえ現金による取引であってもポイント・システムを活用することで，世の中に存在するほぼ全ての決済を補足することが可能になったことにより，マーケティングに画期的なイノベーションを起こしている。すなわち，かつて産業革命の時代に，大量生産された商品を消費者に大量に販売するために生まれたマーケティングのイノベーションは，消費者をマクロな集合としてとらえ，画一的な商品の効率的な販売を目指したものであった。すなわち，産業革命初期のマーケティングは「統一化」がキーワードであった（Tedlow［1990］訳書，p.50）。そして産業革命が進展し，第2次産業革命ともいうべき，テレビや電話等のアナログの情報技術や，電気電子技術の進展に伴い，消費者を異質な集団としてとらえ，マーケティングは，いわゆるSTP（Segmentation Targeting Positioning）により消費者をセグメントに分類し，対象を絞り，他との差別化を図っていくことになる。すなわち，産業革命後のマーケティングは「細分化」がキーワードであった。そしてインターネットに代表される新たな情報革命によって，マーケティングは細分化をより進めることになるが，それら細分化されたデータをビッグデータとしてリアルタイムに集積して蓄積する技術が生まれたことにより，細分化されたデータの再統合が行われつつあ

る。すなわち，新たな情報革命におけるマーケティングのキーワードは，「再統合化」である。これによって，マーケティングは個別取引の集合体としてのビッグデータとして，マクロ消費構造を捉えることが出来るようになり，このビッグデータをいかに早く有益に分析するかが，今後のマーケティングの焦点となるといえよう。

▶ (5) ビッグデータ時代のマーケティング・イノベーションの現状と課題

　ここでは，これまでみてきたマーケティングの外部要因としての技術革新の新たな段階を，Tedlow［1990］のマーケティングの発展段階に以下の様に追記することで整理するとともに，ビッグデータというICTの技術的イノベーションを活用したマーケティングの課題と問題点を考察する。

　すなわち図表12-2では，アメリカにおけるマーケティングの発展段階を，その生成期からおおまかに3つに分類しているが，さらにⅣ．「再統合化」を追加する。すなわち，1800年代後半に産業革命がおこって大量生産のための産業基盤の整備が始まったが，1900年頃のアメリカまでは，消費者と生産者は地理的に分断されており，高マージン少量販売を中心として，商業の集積が未発達であった。これを統一したのが，1900年代以降のアメリカでの統一化の時代であり，全国区のマス・マーケットの生成と，それを可能にする商業資本や産業資本の集積が進み，低価格，低マージンで大量に販売するためにマーケティングが生み出された。さらに，図表12-1にあるように，石油化学や電気電子工学の進展で産業革命がさらに進むと，顧客価値に基づく細分化が進み，アナログ技術を根本においた情報技術の発展によりさらに細分化が精緻化していく。ただし，この時代（1980年頃まで）における情報化は，インターネットを中心とするデジタルの情報革命ほど社会に与えるインパクトは大きくなく，それ以前の細分化をさらに進めることになった。そして，1995年のインターネットの爆発的普及開始から始まる情報革命は，前項までに見てきた細分化された情報をビッグデータとして再統合することで，マーケティングのあり方を根本的に変えつつある。すなわち，このⅣ．統合化の時代においては，詳細な取引データやSNS情報の集積等がビッグデータとして「再統合」され，マス・カスタマイゼーションがマーケティングの中心課題となりつつある。

　ところで，ビッグデータというICTの技術的イノベーションを利用したマー

ケティングに関しては，いくつかの批判的な見解もある。

まず，ビッグデータの量的な問題である。コンピュータの処理能力の飛躍的向上により，リアルタイムに膨大な情報を分析することが可能になったが，たとえ全量データを保持していても，「データが疎（sparse）である」と表現される，個人単位での絶対的なデータ量不足により，個人単位での解析が難しいことがあげられる（青柳・西郷［2004］）。またビッグデータの質的問題としては，データの精度の悪さや誤用によって，多くの誤った情報が含まれる危険性がある（生田目［2014］）。

さらに，セキュリティについて，そのまま流出するリスクに加え，匿名化され現在の法律では個人情報とはみなされないビッグデータの流通においても，様々な方法で個人が再識別されるリスクが存在する。

また，ビッグデータから得られる知見については，例えば，買ったという行動データは残るが，なぜ買ったのか，どういう評価だったのかは，人が仮説を立てなければそれを解釈することができず（樋口［2014］），また，これを行う専門家（データサイエンティスト）が不足しており，これを育成することが急務となっている。

こうした課題を抱えるビッグデータを活用したマーケティングは，「単に大量のデータを扱う分析手法で，大量の度合いが数年前の常識をはるかに超えているだけである（小林［2014］）。」という指摘もあり，ビッグデータというICTの技術的イノベーションが，非連続で革命的な変化であるかどうかが問われている。

5. おわりに

本章では，技術的イノベーションとマーケティングの関係を「産業革命」という技術的イノベーションにまで遡りながら考察した上で，インターネットによるICTの技術的イノベーションが，マーケティングに与えた影響に焦点をあててきた。

2.では，産業革命から今日までの技術的イノベーションの変遷を概観し，イノベーションには，それまでのイノベーションとは断絶した非連続的な「ラディカル・イノベーション」と，イノベーションの普及と定着における連続的な「インクリメンタル・イノベーション」の2つがあることを指摘し，産業革命という

「ラディカル・イノベーション」とテレビの普及という「インクリメンタル・イノベーション」のマーケティングへの影響を指摘した。

3.においては，情報革命をこのインターネットによる情報ネットワーク技術の出現以前と以後の2つに区分したうえで，そのマーケティングへの影響を指摘した。後者に関しては，インターネットによるICTの技術的イノベーションが，それ以前の情報革命による技術的イノベーションと異なった機能を生み出したという点を，インターネットの11の特性から明らかにした上で，このインターネットによるICTの技術的イノベーションによる流通取引の変化を，IN B，IN Cといった内部モデル，B to B，C to C，といった関連モデルで説明した。さらにマーケティング・ミックスの4Pのそれぞれにおいて，インターネットによるICTの技術的イノベーションが大きな影響を与えていることを，事例をあげて考察した。

4.においては，様々な角度から行われているマーケティング活動のアウトプットを統合したビッグデータによるマーケティングのさらなる可能性について，ポイント・システムの視点から検討を行い，その可能性と課題を考察した。ビッグデータというICTの技術的イノベーションが，非連続で革命的な変化であるかどうかは，現時点で結論が出ておらず，今後の動向次第であるという点が確認された。

【注】
1) ERP（Enterprise Resource Planning）は，直訳すると企業資源計画であるが，企業の経営資源を統合的に管理・配分し，効率化や全体最適を図るための手法・考え方であり，具体的にはそのための業務ソフトウェアパッケージ（ERPパッケージ）を指す。後述するERPがその後ASP等としてその機能を大きく開花させることになったのは，インターネットによるICTの技術革新によるところが大きい。
2) ASPとは，ERP等の業務ソフトウェアパッケージを，インターネット等のネットワークを経由して提供すること。メインフレームという大型コンピュータと，専用回線を用いたクライアント・サーバー・システムが1960年ごろに登場して以来，業務ソフトウェアパッケージを遠隔利用するシステムは存在したが，それが費用的にも，効果的にも，十分にその成果を上げることが可能になったのは，インターネットによる安価で高速なネットワークがインフラとして整備されて以降のことである。
3) KMとは，企業内外の様々な知識を「形式知」に加えて「暗黙知」にまでその範囲を広げて，それらを「集合知」として経営戦略に生かそうという考え方であるが，ウィキノミクス等，新たな集合知のシステムが，インターネットというICTの技術的イノベーションによって展開されてきており，インターネットというICTの技術的イノベーションの非連続性がここでもみられる。
4) 例えば，dropboxを利用すると，クラウド上の2GBの記憶領域を無料で利用することが

でき、インターネットに接続できる環境さえあれば、いつでもどこでも、自らが収集した情報を閲覧、更新することができる〈www.dropbox.com〉。
5)「標準コードとフォーマットを用いて、ビジネスに関するメッセージをコンピュータ間で転送すること」(Keen [1998])。

【参考文献】

青柳憲治・西郷　彰 [2014]「インターネット・マーケティングにおけるデータ活用」『経営システム』日本経営工学会, 23(4), pp.247-251。
秋山隆夫・杉山恒太郎 [2004]『ホリスティック・コミュニケーション』宣伝会議。
岡本泰治 [2014]「ビッグデータ時代のリレーションシップマーケティングに求められるアカデミズムの視点」『AD STUDIES』6月25日号。
小川孔輔 [1999]『マーケティング情報革命―オンライン・マーケティングがビジネスを変える』有斐閣。
―――編 [1993]『POSとマーケティング戦略』有斐閣。
片平秀貴 [2006]「消費行動モデルはAIDMAからAIDEESの時代へ」『日経BP LAP』18。
加藤英雄 [2004]『ネットワーク経営情報システム』共立出版。
陸　正 [1989]『マーケティング情報システム』誠文堂新光社。
経済産業省 [2013]「平成24年度我が国情報経済社会における基盤整備(電子商取引に関する市場調査)報告書」9月, 経済産業省 商務情報政策局 情報経済課。
小西英行 [2009]「ポイント・システムと地域通貨, 電子マネー」『季刊個人金融』春。
小林　元 [2014]「Webサービスにおけるデータ活用の課題と可能性」『経営システム』日本経営工学会, 23(4), pp.258-261。
佐々木良一・菊池浩明 [2014]「ビッグデータ時代のプライバシー保護」『経営システム』23(4), pp.262-267, 1月, 日本経営工学会。
城田真琴 [2012]『ビッグデータの衝撃―巨大なデータが戦略を決める』東洋経済新報社。
杉浦宣彦・決済研究プロジェクトチーム [2010]『決済サービスのイノベーション』ダイヤモンド社。
生田目　崇 [2014]「ビッグデータ分析の最近の潮流」『経営システム』日本経営工学会, 23(4), pp.224-229。
西垣　通 [2013]『集合知とは何か』中央公論社。
日本経済新聞 [2014]「フェイスブック, スマホ追い風, 10億人利用, 自信に, 1～3月, 広告伸び純利益が最高」『日本経済新聞』朝刊4月25日。
樋口　進 [2014]「本当は難しいビッグデータのマーケティング活用」『経営システム』日本経営工学会, 23(4), pp.242-246。
野村総合研究所 [2012]『ビッグデータ革命 無数のつぶやきと位置情報から生まれる日本型イノベーションの新潮流』アスキー・メディアワークス。
米国商務省 [1999]室田泰弘訳『ディジタル・エコノミー―米国商務省リポート』東洋経済新報社。
光沢滋朗 [1987]『マーケティング管理発展史―アメリカ事例の分析』同文舘出版。
山本　晶・片平秀貴 [2008]「インフルエンサーの発見とクチコミの効果― AIDEESモデルの実証分析」『マーケティングジャーナル』日本マーケティング協会, 28(1), 4月18日。
Anderson, C. [2006], *THE LONG TAIL — Why the Future of Business Is Selling Less of More*, Chris Anderson.（篠森ゆりこ訳 [2009]『ロングテール』ハヤカワ新書。）
――― [2009], *Free The Future of a Radical Price*, Chris Anderson.（小林弘人監修・解説, 高橋則明訳 [2009]『FREE―無料からお金を生み出す新戦略』NHK出版。）

───── [2012], *Makers: The New Industrial Revolution*, Chris Anderson.（関美和訳 [2012]『MAKERS — 21 世紀の産業革命が始まる』NHK 出版。）

Dodgson, M., D. Gann and A. Salter [2005], *Think, Play, Do-Technology, Innovation, and Organization*, Oxford university Press.（太田進一・企業政策研究科会訳 [2008]『ニュー・イノベーション・プロセス —技術，革新，組織—』晃洋書房。）

Drucker, P. F [1973], *Management: Tasks, Responsibilities, Practices*, The Peter F. Drucker Librry.（上田惇生訳 [2008]『マネジメント [上・中・下] —課題，責任，実践』ダイヤモンド社。）

Hanson, W. [2000], *Principles of Internet Marketing*, South-Western College Publishing.（上原征彦監訳，長谷川真実訳 [2001]『インターネット・マーケティングの原理と戦略』日本経済新聞社）。

Keen, P. G. W. and C. Ballance [1998], *On-Line Profits: A Manager's Guide to Electronic Commerce*, Harvard Business School Press.

Kotler, P. and L. K. Keller [2005], *Marketing Management*, Prentice Hall.（月谷真紀訳 [2011]『コトラー&ケラーのマーケティング・マネジメント』丸善出版。）

Kotler, P. and F. T. Bes [2011], *Winning at Innovation: The A-to-F Model*, Owls Agency inc.（櫻井祐子訳 [2011]『コトラーのイノベーション・マーケティング』翔泳社。）

Peppers, D. and M. Rogers [1993], *The One to One Future*, Doubleeday, a Division of Bantam Doubleday Dell Publishing group, Inc.（井関利明監訳 [1995]『ONE to ONE マーケティング』ダイヤモンド社。）

Schumpeter, J. A. [1926], *Theorie der Wirtschaftlichen Entwicklung*, 2. Aufl.（塩野谷祐一・中山伊知郎・東畑精一訳 [1977]『経済発展の理論』岩波文庫。）

Tapscott, D. and A. D. Williams [2006], *Wikinomics*, Portfolio Trade.（井口耕二訳 [2007]『ウィキノミクス』日経 BP 社。）

Tedlow, R. S. [1990], *New and Improved-The Story of Mass Marketing in Anerica*, Basic Books, Inc.（近藤文男訳 [1993]『マス・マーケティング史』ミネルヴァ書房。）

Toffler, A. [1980], *The Third Wave*, Kern Assosiates.（徳岡孝夫訳 [1982]『第三の波』中央公論新社。）

Utterback James M. [1994], *Mastering the Dynamics of Innovaton*, Harvard Business School Press.（大津正和・小川進監訳 [1998]『イノベーションダイナミクス』有斐閣。）

Woolf, B. P. [1996], *Customer Specific Marketing*, Teal Books.（上原征彦監訳 [1998]『顧客識別マーケティング』ダイヤモンド社。）

（小西　英行）

事項索引

(＊複数ページが示されている中でゴチックになっているページは，その語に関する特に重要なページを示す。)

〔あ　行〕

アウトソーシング 250
アカウンタビリティ 236
アクション 187
遊び **161**, 162
アナロジー 145
暗号技術ミスティ 299
アンチパテント 287
安定段階 182, 185
暗黙的知識（暗黙知） 76, **222**, 315

石井・石原論争 **168**, 170
意思決定 129
依存性（dependency） 72
依存度（dependence） 51
一体化 52
5つの競争要因 97
移動障壁 98
イノベーション（技術革新） ... 94, 105, 108-109, 122-123, 248-253
　　──のジレンマ 107, **108**
　　──の普及 123, **124**
　　──支援政策 291
　　──普及研究 144
イノベーター 144
イノベート・アメリカ 289
意味研究 154, **155**, 174
インクリメンタル・イノベーション **308**, 326-327
インターナル・マーケティング 12, **27**, 28-30, 180, 184, **199**, 269
インターネット 214, 246-247, 252-253, **305**-314
インタラクション・プロセス 187-188
インテグラル型 222
隠蔽 170, **171**, 173

永続的関与 130
エコロジカル・マーケティング 2, 233
エステティックス連続体 159
エピソード 187
延期 60, 219

エンパワーメント 28
オーストリア学派 172-173
オープン化戦略 296, **298**
オファリング 183, 189
オフィスグリコ 300
オフショアリング 250
オペラント資源 194, 197, **201**

〔か　行〕

解釈学的方法（アプローチ） 4, **156**, 165-166, 174
外部情報 143
開閉基準 48
開放的チャネル 48
買回品 121
快楽消費 160-163
　　──研究 154, **155**, 174
科学・イノベーションフレームワーク ... 291
科学的管理法 237
学習 77
　　──構成体 **125**, 126
　　──組織 26
拡大的問題解決行動 125
仮説構成概念 125
価値共創 38, 63, 194, **196**, 198
価値創造 74, 86
　　──活動 185
　　──プロセス 189, 196
価値連鎖⇒バリューチェーン
各国共通セグメント方式 215
カテゴリー 134, 139
下流活動 **208**, 219
感覚的経験価値 164
環境の不確実性 70
環境変化 285
関係ケイパビリティ 77-80, 85-87
関係性アプローチ **82**, 87
関係性マーケティング⇒リレーションシップ・マーケティング
関係の規範 82
関係的経験価値 164
関係的取引 184

索引

関係特殊的資産 78
関係の発展 5 段階 185
関係レント 77, 78
観察 166
監視費用 184
感情 164-166
　——型製品 218
　——と経験消費の研究 155, 174
感性工学 166
環太平洋パートナーシップ協定 294
関与 129, **130**, 133
官僚制 35
関連公衆および制度的環境への対応 14

機会主義 70, 73, 76, 82
企業間結合 71
企業戦略論 **95-96**, 100
企業の社会的責任⇒ CSR
疑似権限関係 50
技術革新⇒イノベーション
拮抗力 53, **64**
機能別組織 20
規模の経済 308
逆オークション 300
逆ピラミッド型組織 29-31
吸収能力 78
教育・訓練 28
競合者志向 26, 106
共進化アプローチ **84**, 87
強制的-非強制的パワー基盤 52
共創 196-198
競争優位 74
協調 73, 81, 83-84
　——的関係 86, **184-185**, 198
共通価値の創出 249
共通報償システム 24
共同生産者 196-197
均衡 6

クール・ジャパン 220
口コミ 192-193
国別多様セグメント方式 215
国別ポートフォリオ分析 210
グローバリゼーション 3.0 214
グローバル・ニッチ 214
グローバル・ブランド 220
グローバル・マーケティング 205, 223
クロス・バリュー戦略 252
軍事ケインズ主義 94

経営資源 72, 74
経営戦略論 **95-100**, 101
経営層支援 29
計画と執行の分離 7
経験(価値)マーケティング 33-34, **164**
経済学の公準 120
経済的-非経済的パワー基盤 52
形式的知識（形式知） **222**, 315
芸術消費 159-163
　——と遊びの研究 155, 174
啓発された自己利益 235
ケイパビリティ 74-75, 77, 79-80 100
契約関係に基づく統制 50
系列 71
　——チャネル 55
ゲシュタルト 161
決定的瞬間 30
限界効用理論 120
研究開発部署 23
権限 71
　——委譲 29
検索連動型広告 300
顕示的選好理論 120
限定合理性 70
限定的問題解決行動 125

コア・コンピタンス理論 75
コア・サービス戦略 184, **199**
コア価値 189
コア製品アプローチ **218**, 220
効果階層モデル 121
交換 187, 194-196
高関与 121, 129
広狭基準 48
広告 6, 93
　——効果階層研究 121
高コンテクスト文化 210
構造の埋め込み 83
行動科学 120
　——的研究 154-155, **157-158**, 168
　——的消費者行動研究 13, **120**
行動主義 126
　——心理学 128
行動的経験価値 164
行動的反応 121
購買関与度 148
購買後のプロセス 129
コーポレート・ガバナンス 235, 237, 241
顧客シェア 316
顧客志向（顧客志向性） 25-26, 106, **123**

顧客ベースのブランド・エクイティ	138
顧客への約束	251
顧客満足	13, 27, 30, 180, **189**-**193**, 198
国際市場細分化	**209**, 212
国際標準化機構	236
国際マーケティング研究	4, 8
個人的意味研究	155
国家中長期科学技術発展計画	291
個別管理	**121**, 123
個別消費者選択行動研究（タイプⅠ）	**119**, 133
コマーシャル・チャネル	46
コミットメント	83, 87, 182, 185, 192-193, **200**
コミュニケーション	24, 28, 38-39
コミュニティ・ビジネス	252
コモディティ	250
コンシャス・キャピタリズム	266, **279**
コンシューマー・エステティックス	160
コンシューマー・ビヘイビア・オデッセイ	157
コンシューマリズム	4
混沌	37-38
コンピタンス	100
コンプライアンス	235, 237, 241, 248, 254
コンフリクト	**52**, 71

〔さ　行〕

サービスシーズ	194, **195**, 196, 198
サービス・ドミナント・ロジック（S-Dロジック）	180, **194**-**198**
サービス・マーケティング	4, 27, 180-184, 186, 198
サービス拡大	184, **199**
サービス行為	**195**, 196
サービス提供者	182, 186-187, 191
サービスの特性	182, **186**, 187
最終消費者	93
再販売価格維持制度	284
採用・人的管理	28
採用者カテゴリー	124
サスティナブル・ブランド	**250**, 251, 254
サプライチェーン・マネジメント	**63**, 84
産学活力再生特別措置法	292
産業革命	306, 309, 324, 326
産業財市場	**181**, 182
産業財マーケティング	180, **181**, 185, 198
産業組織論	97
3次元バーコード	300
参入モード	**211**, 223
シークエンス	187
シェアホルダー	238

自我関与	130
時間消費	160
時間の乖離	46
事業戦略	**96**-**97**, **108**-**112**
事業提携化戦略	296
事業部制	283
刺激	125
――－反応型モデル	119
――－反応連合	119, **126**, 128
――変数	125
資源・ケイパビリティ・アプローチ	74
資源依存	72
――アプローチ	**72**, 73, 79-80
資源ベース論（アプローチ）	8, 13, 79-80, **99**
資源ポジション障壁	99
思考型製品	218
自己言及のパラドクス	**170**, 171
自己知識	139-141
資産価値活用戦略	296, **297**
資産特殊性	70
自社開拓事業戦略	296
市場	93
――のグローバル化	205
――の成熟化・多様化	127
――への対応	13
市場革新	**110**, 113
市場駆動戦略	40
市場形成	**119**, 124, 145, 147
市場細分化⇒マーケット・セグメンテーション	
市場志向	13, **25**-**26**, 28-29, **106**-**107**
――的組織	21, 40
市場情報に対する反応	**25**, 26
市場情報の拡散	**25**, 26
市場情報の創出	26
市場浸透	**111**, 113
市場創造	**110**, 113
市場別組織	20
市場誘導	**111**, 113
システムズ・アプローチ	48
持続的イノベーション	33
持続的競争優位	**99**, 108, 111
実効的ガバナンス	78, 86
実証主義的アプローチ	165-166
実践コミュニティ	76
資本関係に基づく統制	50
社会階層	**123**, 127
社会の乖離	46
社会の関係	83
――に基づく統制	50
社会的刺激	125

索　引　333

索引

社会的責任 ……………………………………… 235
　——投資 …………………………………… **235**, 241
収益志向性 ……………………………………… 25
従業員管理 ……………………………………… 27
従業員の約束 …………………………………… 251
集合知 …………………………………… 315-317
集団面接法 ……………………………………… 165
主観主義 ………………………………… 172-173
手段-目的連鎖モデル ………………………… 134
需要創造 …………………………………………… 6
生涯価値 ………………………………………… 316
使用価値の恣意的性格 ……………… 168-169, 173
状況関与 ………………………………………… 130
商業的刺激 ………………………………… **125**, 128
使用行動 ………………………………… 155, 157, 174
情緒的経験価値 ………………………………… 164
情緒的反応 ……………………………………… 121
使用における価値 ……………………………… 196
消費経験論 …………………………… 13, 155, 174
消費者意思決定(選択)包括モデル ………… 124
消費者運動 ……………………………………… 247
消費者感情セット ……………………………… 163
消費者関与 …………………… 119, 121-122, **130**, 148
消費者行動選好理論 …………………………… 120
消費者行動類型 ………………………………… 125
消費者志向 ………………………… 105, 107, **123**, 124
消費者知識 ……………………………………… 134
消費者需要理論 ………………………………… 120
消費者知識 ……………………… 133, **134**, 137-138
消費者利益 ……………………………………… 234
消費者類型 ……………………………… 145, 147-148
消費体験 ………………………………… 160, 162-163
商品分類研究 …………………………… 119, **121**
情報科学シンポジウム ………………… 128, **129**
情報革命 ………………… 5, 306, 309, 311, 324-325, 327
情報共有 ……………………………………… 85-86
情報取得と評価 ………………………………… 129
情報処理 ………………… 119, 128-129, 133, 165
　——概念装置 …………………………………… 128
　——能力 …………………………………… **129**, 130
　——パラダイム ……………… **128**, 133, 144-145
　——モデル ……………………………… 129-130
　——理論 ………………………………… 160, 164
情報統合 ………………………………………… 127
情報の乖離 ………………………………………… 46
消滅性 …………………………………………… 186
上流活動 ……………………………………… **208**, 219
初期少数採用者 ………………………………… 124
職能間調整(諸機能間の調整) ……………… 26, 106
自律的作用 ………………………………………… 38

新行動主義 ……………………………………… 125
人事管理部署 …………………………………… 30
新需要理論 ……………………………………… 120
新製品開発 ……………………………………… 22
　——競争 ………………………………… 94, 123
新製品の採用 …………………………………… 124
　——プロセス ………………………………… 144
新製品普及 ………………………… 119, 123, **124**
深層面接法 ……………………………………… 165
進展段階 …………………………………… 182, 185
信念因子 ………………………………………… 127
信頼 …………………………… 83, 87, 182, 185
心理経済学 ……………………………………… 120

垂直型組織論 …………………………………… 34
垂直的提携 ……………………………………… 68-69
垂直的マーケティング・システム ……………… 49
スイッチング・コスト ………………………… 200
スイッチング・バリア ………………………… 200
水平的提携 ……………………………………… 68-69
スキーマ ………………………………… 134, **137-139**
スキャナー ……………………………………… 129
スキル …………………………………… 194-195, 197
ステークホルダー ……………… 236, 238, 240-241,
　　　　　　　　　　　　254, 259, **260-267**
　——・エンゲージメント …………… 270-271, **279**
　——・マーケティング …………………… 268, **269**
　——・マネジメント …… 260, 263, 265, **267-279**
　——・リレーションズ ……………………… 279
　——研究 ………… 9, 14, **262**-266, 273, 277-278
ストックホルダー ……………………………… 238

生活の質 ………………………………………… 132
制裁 ……………………………………………… 52
生産志向 …………………………………… 110, 113
生産部署 ………………………………………… 22
製造主導型チャネル ……………………… 60, **61**
生体 ……………………………………………… 125
静態的な意味研究 ……………………………… 167, 172
精緻化見込みモデル ……………… 131, 148, **164**
成長ベクトル …………………………………… 95, 101
正当性 ……………………………………………… 52
制度変化 ………………………………………… 14, 285
製販同盟 ……………………………… 68-69, 81, 84
製品カテゴリー ………………………… 138, 143-145
　——知識 ……………………………………… 135
製品関与 ………………………………………… 130
製品差別化 ……………………………………… 109
製品志向 …………………………………… 110, 113
製品精通性 ……………………………………… 134

索引　335

製品戦略……………………………………292
製品属性…………………………………136, 138
製品判断力………………………………**136**, 148
製品別組織………………………………20-21
製品（プロダクト）ライフサイクル…………8, 32
セグメンテーション…………**123**, 124, 127, 132
接客要員……………………………………27
説得型消費者志向………………………109-111
説明…………………………………………156
セレンディピティ……………………………38
線形代償型モデル…………………………127
先見的競争志向…………………………109-110
戦術的領域……………………………………9
全体性……………………………**161**, 162-163
選択的チャネル……………………………48
専門性………………………………………52
専門品……………………………………121
戦略グループ………………………………98
戦略計画…………………………………36-37
戦略市場計画……………………………102-104
戦略的経験価値モジュール………………164
戦略的情報システム………………………315
戦略的提携…………12, **68**-69, 73-75, 81-82, 84
戦略的領域………………………………9-10
戦略同盟……………………………………62
戦略ドメイン…………………………102, 104
戦略変化…………………………………285

相互依存……………………………………6
創造性を活かす組織………………………34
創造の組織…………………………………33
ソーシャル・ゲーム………………………319
ソーシャル・トレンド・アプローチ…………133
ソーシャル・ネットワーク………………39, 247
ソーシャル・ビジネス……………………252
ソーシャル・マーケティング……4, 9, 233, **242**,
　　　　　　　　　　　　252-253, 272, 279
ソーシャル・メディア……………………142
属性…………………………………………127
組織間学習………………………75-77, 79, **85**-**87**
組織間関係………………………………68, 71
　　──への対応……………………………10
組織の知識…………………………………76
組織内への対応……………………………12
組織文化………………………26, 28-30, 32-33, 36
ソニー……………………………………298
ソフトウェア特許…………………………299
ソリューション………………………183, 187

〔た　行〕

ダイアローグ・プロセス………187, **188**, 189
大規模小売店舗法…………………………284
大店立地法…………………………………284
態度………………………………………126-127
　　──研究………………………………124
　　──変容……………………………130
ダイナミック・ケイパビリティ………75-77, 100
　　──・アプローチ………………………80
第2次流通再編成…………………………59
タスクフォース……………………………23
多属性態度モデル………124, **126**, 136-137
短期記憶…………………………………129
探索行動理論……………………………126
探索段階…………………………………182
単品管理……………………………………59

地域クラスター…………………………222
チェーンストア……………………………58
知覚構成体………………………………125
知覚品質…………………………………183
知覚符号化………………………………129
知覚リスク………………………………122
知価社会…………………………………286
知識………………………………119, 122, 130
　　──移転……………………………77, **221**
　　──概念……………………………134-135
　　──研究……………………………131
　　──創造（創発）…………68-69, 76, 85-86
　　──補完…………………………68-69
知識共有……………………………………78
　　──ルーティン…………………………78
知識ベース・アプローチ………75, **76**, 79-80
知的財産基本権法………………………287
知的財産権戦略………………14, 286, **295**
知的消費………………………………**161**, 162-163
チャネル・キャプテン……………………49
チャネル・パートナーシップ……………8, 62, 81
チャネル・パワー……………………51, **52**
チャネル拡張組織論………………………49
チャネル管理………………………………12
チャネル研究……………………………184, 198
チャネル構造選択論………………………81
チャネル選択…………………………………7
チャネル組織拡張論………………………8
チャネル類型選択論………………………48
チャレンジャー…………………………101
注意………………………………………129
中央集権型組織……………………………30

中間商業者（中間商人）·················· 6, 93
中間組織··························· 71, 73
中断メカニズム······················· 129
中断要因の解釈および反応··············· 129
長期記憶···························· 129
調整·························· 23, 24, 208
　　──課題······················· 215
　　──と統合··················· 21, 23, 25
長短基準···························· 48
地理的乖離·························· 46

低関与·························· 121, 129
　　──学習······················· 130
提携事業化戦略····················· 298
低コンテクスト文化··················· 210
適応型消費者志向··················· 109-111
デジタル・エコノミー················· 305
デジタル化························· 313
デジタル・ネイティブ················· 205
デファクトスタンダード················ 37
デプス・インタビュー················· 166
デモグラフィクス··········· 123, 125, 127, 132
電子マネー····················· 320, 323
デンソー··························· 300

投影法···························· 165
投機······························ 219
統合··························· 23, 24
　　──と調整···················· 23, 30
統合的マーケティング管理············· 123
統合志向（性）················ 25, 105, 107
同時性························· 182, 186
統制的関係····················· 184, 198
動態的な意味研究················ 167, 172
独占禁止法························ 297
独占度の志向······················ 295
特許市場戦略··················· 295, 299
凸版印刷·························· 300
トップダウン型処理·················· 137
トランスナショナル・モデル········ 207, 222-223
取引特殊的投資················· 82, 87
取引費用······················ 78, 184
　　──アプローチ········ 72-73, 79, 80-82, 87
　　──理論···················· 70, 185
取引諸要素·························· 6
トリプル・ボトムライン············ 235, 250
問屋無用論························· 58

〔な　行〕

内部化市場························ 184
内部化理論························ 221
内部顧客························ 29-30
　　──志向性···················· 28-29
内部情報··················· 129, 133, 143
内部組織····················· 70-71, 81
ナレッジ····················· 194-195, 197

日米構造協議······················ 237
ニッチャー························ 101
2-8の法則························· 318
認知······························ 129
　　──科学······················ 129
　　──革命················ 119, 125, 128
　　──神経科学··················· 129
　　──心理学················ 128-129
　　──的経験価値················· 164
　　──的反応····················· 121
　　──理論······················ 126

ネットワーク··················· 311, 313
　　──組織····················· 38-39
年次改革要望書···················· 237

農業革命·························· 306
能力ベース論···················· 99-100
ノルディック学派············ 182, 183, 187

〔は　行〕

パーソナリティ················· 127, 132
バイオ特許························ 299
排他的チャネル····················· 48
配置···························· 208-209
ハイブリッド製品················ 142, 143
破壊的イノベーション··············· 33, 35
パターン標準化················· 218, 220
バック・システム···················· 219
パラダイム························ 123
バリュー・プロセス·········· 187, 188, 189
バリューチェーン（価値連鎖）······· 74, 98, 208,
                                  219, 249-252
バルサミーノ・レポート·············· 290
パワー・コンフリクト理論（モデル）···· 8, 12,
                                  53, 72
パワー関係························· 72
パワー基盤························· 52
反応······························ 125
　　──関与······················ 131

──的競争志向	109, 111
──的市場志向	108
──に基づく定義	130
──変数	**125**, 126
販売員	6
販売キャンペーン	6
販売志向	111, 113
非営利組織	272-274, 276-278, 280
ビジネス・プロセス・リエンジニアリング	315
ビジネス方法特許	299
ビッグデータ	316, 320-323, 325-327
ヒット商品	37-38
ヒューリスティックス	127
評価・報償システム	24
評価因子	127
評価システム	23
標準化／現地化	14, **208**, **215**, 217-221
標的市場の決定	123-124
品質管理	183
フィット	113
フィランソロピー	236, 242, 244-245, 248-249, 253
フェアトレード	236, 250
フォロアー	101
不可分性	182, **186**
普及研究	**123**, 124
プッシュ要因とプル要因	212
プライスライン社	300
プライベート・ブランド	85
ブラックボックス	126
フラット化	205, **214**
ブランド	8
──・アイデンティティ	8, **138**
──・エクイティ	8, **138**
──・ビルディング	140, **141**
──・リレーションシップ	194, **199**-200
──・ロイヤルティ	8, 126
──間競争	56
──選択行動	**119**, 144
──戦略	292-294
──知識	**135**, 139
──内競争	56
フリーミアム	319
プレ・リレーションシップ段階	182
プロイノベーション	289
プロシューマー	39
プロセス	182-183, 187-188, 196
──の消費	182

──のマネジメント	182
プロダクト・ポートフォリオ	96
プロパテント	287-289
フロント・システム	219
文化的意味研究	155, 166-168, 174
ベネフィット	132
ベネフィット・セグメンテーション	132
変動性	186
ポイント・システム	316, 320, 322-324, 327
包括的消費者意思決定（選択）モデル	**125**, 126
報酬	52
報償システム	24, 28
ホールドアップ問題	70, 81
ボーン・グローバル	212
ポジショニング（ポジション・アプローチ）	73, 79-80, 101, 113, 252
ポストモダン	13, **154**-158, 161, 164-166, 174, **175**
ボトムアップ型処理	136
ポリクロニックな時間	210

〔ま　行〕

マーケット・セグメンテーション（市場細分化）	105, **109**, 119, **123**, 124, 127, 132, 308
マーケティング・コンセプト	19, **25**, 39, 100, **105**, 106, **107**
マーケティング・マネジメント	**124**, 292
マーケティング・ミックス	124, 181, 198, 317
マーケティング概念拡張論争	4, **242**, 272-273, 280
マーケティング計画	21
マーケティング実践と研究	119
マーケティング情報システム	310, 315
マーケティング組織	19, **40**
マーケティング部署	21-23, 30
マーケティング方法論論争	4
マイクロソフト社	297
マイクロトレンド	32
マクロ・マーケティング研究	3
マクロ的市場研究	119
マス・カスタマイゼーション	184, 322, 325
マス・マーケティング	305
マスコラボレーション	317
マスメディア	247
松下電器産業	298
マトリックス組織	20
マネジメント・サイクル	7

マネジリアル・マーケティング............3, 8, 40, 94, 101-103, 105, 120, 122, 180, 181, 183, 187, 189, 194
マピオン特許...300
マルチステークホルダー・プロセス....265, 279

ミクロ・マーケティング研究.....................3, 119
3つの基本戦略..97
三菱電機...299

無形性..186
無差別曲線による選好理論............................120

メセナ...236, 242, 253

モジュラー型...222
モティベーション..122
　――・リサーチ..............................121, 122, 165
モノ..194, 196
モノクロニックな時間...................................210
最寄品..121
問題解決に対する自己のコントロール度.....295

〔や　行〕

ヤンキーシティー研究...................................123
ヤング・レポート..288

有用性..119

欲求段階説...140

〔ら　行〕

ライフスタイル...................127, 131, 132-133
ラディカル・イノベーション
　...306, 308, 326-327

ランハム法...293

リージョナル・ブランド...............................221
リーダー..101
利益志向...105, 107
理解..156-157
利害関係者..260, 266
離散的取引...184, 190
リナックス..299
リバース・イノベーション...........................213
流通系列化..69
流通主導型チャネル..................................59, 61
リレーショナル・ベネフィット............189, 190, 192-193, 199, 200
リレーションシップ・カスタマイゼーション
　...184
リレーションシップ・プライシング.............184
リレーションシップ・マーケティング（関係性マーケティング）....4, 13, 27, 82, 140, 141, 180, 183, 184, 185, 187-188, 193-194, 196, 198-201
　――戦略...184

類型化研究（タイプⅡ）..................119, 124, 131
類似国グループ化方式..................................215
ルーティン化反応行動..................................125
ルールなき意思決定の問題....169, 170-171, 173

ロイヤルティ........................189, 192-193, 200
　――マーケティング..............................316, 322
ローカル・ブランド......................................221
ロングテール...214, 299, 318

欧文・略語索引

[A]

AA（Anglo-Australian）アプローチ 183
Act 164
AIDA 121
AIDEES 319
AIDMA 319
AIO アプローチ 132
AISAS 319
ASP 315, **327**

[B]

B to B 315-316, 317, 327
B to C 315-316
BOP **213**, 245, 253
BPR 315
BTO 316

[C]

C to C 315-317, 327
CES 163
CGM 142
COO 220
CRM 14, 180, **184**, 243, **244**, 253, 310
CSR（企業の社会的責任） 233-238, **239**,
　　　　240-242, 244-246, 250-251, 253, 259, 265
　──研究 9, 14
CSV 14, 249, 251, 253
Customer Engagement 251
CVS 254

[E]

EDI 316
Ego-Involvement 130
ELM 164
Employee Engagement 251
Enlightened self-interest 235
EPRG プロファイル 206
EPS **125**, 126
ERP 315, **327**
EU 新リスボン戦略 291

[F]

FCB グリッド 165
Feel 164

FFP 184
Fishbein モデル **126**, 127
4P 3, 7, 8

[H]

Howard-Sheth（H-S）モデル **125**, 129, 147

[I]

I-R グリッド 207
IBM 297
ICT 9, 15, 140-141
IMC 9
IMP **181**, 182-183, 185
IN B 315-316, 327
IN C 315, 327
IPLC **209**, 213, 223
IR265
ISO 236, 240
ISO26000 236-237

[K]

KM 315, **327**

[L]

LPS **125**, 126

[M]

MIS 315

[N]

NB 60
NGO 233, 247, 252
NPO 233, 242, 247, 252-253

[O]

OLI パラダイム **206**, 211
ONE to ONE マーケティング 184, 310, 316

[P]

PB **60**, 85
POS 310-311, 322
PPM **96**, 101

[R]

Relate 164

340　索引

RRB ··· **125**, 126

〔S〕

SAI ··· 236, 240
SCM ······································· 63, 84-85, 316, 317
S-D ロジック⇒サービス・ドミナント・ロジック
SEM ·· 164
Sense ··· 164
SIS ·· 315
SNS ······················· 247, 311, 317, 319-320, 325
S-O-R ······························· 124, **125-126**, 129
SR ··· 265
S-R ·· 126
SRI ················· **133**, **235**, 236, 241, 245, 253, 265
STP ·································· 8, 104-105, 123, 324
SWOT ································· **96-97**, 98, 100

〔T〕

Think ·· 164
TPP ··· 294

〔U〕

UK アプローチ ·· 183

〔V〕

VALS ··· 133
VALS2 ··· 133
Variety ··· 321
Velocity ·· 322
VMS ··· 49, 68
Volume ·· 321
VRIO ··· 99

人名索引（アルファベット順）

〔A〕

Aaker, D. A. ···································· 138, **220**
Abell, D. F. ·· 102
Abernathy, W. J. ··· 114
Achrol, R. S. ·· 39
Alba, J. W. ·· 134
Albrecht, K. ·· 30-31
Alderson, W. ·· **65**, 219
Anderson, C. ······················ 299, 306, 310, 318-319
Anderson, E. ··· 20
Anderson, R. ·· 24
Andreasen, A. R. ·· 125
Andrews, K. R. ·· 96
Ansoff, H. I. ·· 95
Armstrong, G. ··· 114
Arndt, J. ·· 184-185
Arnould, E. J. ·· 191
Aspinwall, L. V. ·· 149
Assael, H. ·· 148

〔B〕

Barney, B. J. ··· 99
Bartlett, C. A. ··· **207**, 223
Baudrillard, J. ·· 167, 169
Beatty, S. E. ······································ **190-191**, 199
Belk, R. W. ·· 156-157
Bell, D. ·· 287

Bell, W. E. ·· 124
Berlyne, D. E. ··· 126
Berry, L. L. ················· 27-29, **184**, **193**, **200-201**
Bettman, J. R. ······························· 119, **129**, 165
Bhattacharya, C. B. ·· 199
Bitner, M. J. ··· 190-200
Blackwell, R. D. ·· 125
Bolton, R. N. ·· 199
Borch, F. J. ··· 105
Bowen, D. E. ·· 29
Brafman, O. ·· 38
Britt, S. H. ·· 122
Bucklin, L. P. ·· 149, 219
Burke, M. C. ··· 27
Butler, R. S. ······································· 3, **6-7**, **48**, 93

〔C〕

Cacioppo, J. T. ····································· 131, 164
Cantril, H. ··· 130
Capodagli, B. ··· 36
Carroad, C. A. ·· 24
Carroad, P. A. ·· 24
Chakrabarti, A. K. ··· 24
Chandler, A. D., Jr ·· 95
Chandler, F. A. ······································ 283-285
Chomsky, A. N. ·· 129
Christensen, M. ······································ 33, 107
Christopher, M. ·· 183

Clark, K. B.	114
Cleland, D. I.	20
Collins, J. C.	37
Copeland, M. T.	**121**, 122
Crittenden, V. L.	22
Czepiel, J. A.	159

〔D〕

Dahl, R. A.	51, **64**
Day, G. S.	40
Dichter, E.	122
Dodgson, M.	306
Drucker, P. F.	32, **105**, 108, 286
Duncan, D. J.	48, 64
Dunning, , J. H.	**206**, 211
Dwyer, F. R.	184-185

〔E〕

Emarson, R. D.	51
Engel, J. F.	125
Enis, B. M.	150
Erikson, E. H.	150

〔F〕

Felton, A. P.	25
Finn, D. W.	130
Fishbein, M.	127
Ford, D.	181-182
Fournier, S.	200
Freeman, R. E.	262-263
Friedman , T. L.	205, **214**
Fromm, E. S.	150

〔G〕

Gale, H.	121
Ghemawat, P.	214
Ghoshal, S.	**207**, 223
Gilmore, J. H.	164
Glassman, M.	27
Goldman, S. L.	37
Gore, B.	35
Govindarajan, V.	213
Gray, D.	39
Grönroos, C.	28, 31, **182-183, 187-188, 196**
Gummesson, E.	182-183
Gupta, A, K.	24
Gwinner, K. P.	**190-191**, 199

〔H〕

Haire, M.	122
Håkansson, H.	181
Haley, R. I.	132
Hall, E. T.	210
Hamel, G.	34, 100
Hammond, J. S.	102
Handy, C.	33
Hanson, W.	311-313
Hayek, F. A.	173
Helsen, K.	217
Henderson, B. D.	96
Henning-Thurau, T	**191**, 199, **200**
Hirschman, E. C.	155-156, 160, 163
Holbrook, M. B.	155-156, 160-163
Holmlund, M.	187
Holton, R. H.	149
Howard, J. A.	119, **125**, 126
Hull, C. L.	126
Hunt, S. D.	**64**, 113-114, **130**, 199
Hutchinson, J. W.	134

〔J〕

Jackson, L.	36
Jalesen, E. K.	32
Jaworski, B. J.	25-26, 29, 106
Jobs, S.	33

〔K〕

Kaish, S.	150
Kassarjian, H. H.	127, 160
Katona, G.	120
Keller, K. L.	138
Kelley, E. J.	100
King, W. R.	20
Kohli, A. K.	25-26, 29, 106
Kollat, D. T.	125
Kotabe, M.	217
Kotler, P.	5, 31, **101**, 114, **186**, 263, 268, 272-273
Krugman, H. E.	130

〔L〕

Laaksonen, P.	**130**, 131
Lancaster, K.	120
Lashinsky, A.	33
Lawler, E. E.	29
Lazer, W.	100, **124**
Levitt, T.	205
Levy, S. J.	156, 159, 272
Lings, I. N.	28
Little, W.	48

Lukas, B. A. 29
Lusch, R. F. 194

〔M〕

Maignan, I. 29
Martineau, P. 123
Maslow, A. H. 150
Maynard, H. H. 121
McAfee, B. 27
McCammon, B. C. 48
McGray, D. 220
Mckitterick, J. B. 105
McNamara, C. P. 25
Mick, D. G. 156
Miller G. A. 129
Miracle, G. E. 149
Mitchell, A. 150
Mittal, B. 130
Morgan, R. M. 199
Muncy, J. A. 130

〔N〕

Narver, J. C. 26, 106
Neisser, U. 129
Nevin, J. R. 64
Newell, A. 129
Nicosia, F. M. 125

〔O〕

O'Malley, L. 199, **200**
Oliver, R. L. 189
Olson, J. C. 134
Oreilly, C. A. 36
Osgood G. E. 126
O'Shaughnessy, J. 156

〔P〕

Packard, V. 122
Parasuraman, A. 28
Park, C. W. 130
Parvatiyar, A. 193, 200
Patterson, P. G. 200
Payne, A. 183, 199
Penn, M. J. 32
Penrose, E. T. 99
Peppers, D. **184**, 316
Perlmutter, H. V. 206
Peter, J. P. 134
Petty, R. E. 131, 164
Pfeffer, J. 36

Piercy, N. F. 28
Pine, B. J. 164
Pine, B. J. Ⅱ 164, 184
Pollack, J. 38
Porras, J. I. 37
Porter, M. E. 12, **97**-**98**, 101, 103-104, 205, **208**, **215**, **218**, 219
Prahalad, C. K. 39, 100, **207**, 213
Preiss, K. 37
Price, L. L. 191

〔R〕

Ramaswamy, V. 39
Reichheld, F. F. 199
Retolaza, J. L. 268-269
Reynolds, K. E. 199, **190**-**191**
Richins, M. L. 163
Riesman, D. 150
Rifkin, J. 35
Robertson, T. S. 124
Roering, K. J. 150
Rogers, E. M. **123**, 124
Rogers, M. **184**, 316
Root, F. R. **211**, 223
Ruekert, R. 28
Ruiz-Roqueni, M. 268-269
Rumelt, R. P. 99

〔S〕

Sasser, W. E., Jr. 199
Schmitt, B. H. 33, 164, 166
Scot, W. D. 121
Selznick, P. 113
Semler, R. 36
Shapiro, B. P. 22-23, 25-26
Shaw, A. W. 3, **5**-**6**, **47**, 93, **121**
Sherif, M. 130
Sheth, J. N. 119, **125**, 126, **193**, **200**
Simon, H. A. 52, **129**
Slater, S. F. 26, 106
Smith, T. 200
Smith, W. R. **109**, 113, **123**
Sorenson, R. Z. 217
Sounder, W. E. 24
Stern, B. B. 156
Stern, L. W. 51
Strong, E. K. 148

〔T〕

Takeuchi, H. 215, 218

Tapscott, D.	317
Tedlow, R. S.	308, 324-325
Teece, D. J.	100
Thompson, C. J.	156
Tigert, D. J.	132
Toffler, A.	305-306
Tomes, A.	28
Torvalds, L.	299
Tynan, C.	199, **200**

〔U〕

Utterback, J. M.	308

〔V〕

Vander Wal, T.	39
Vargo, S. L.	194
Vernon, R.	**209**, 213, 223

〔W〕

Warner, W. L.	123
Weber, M.	34
Weinrauch, J. D.	24
Weitz, B.	20
Wells, W. D.	132
Wernerfelt, B.	99
Wiechmann, U. E.	217
Williams, A. D.	317
Wind, Y.	21
Winter, J. P.	27
Woolf, B. P.	316

〔Y〕

Yankelovich, D.	133
Yi, Y.	189
Young, J. A.	288

〔Z〕

Zaltman, G.	124, 150

人名索引 (50音順)

〔あ　行〕

青木幸弘	130
青柳憲治	326
秋山隆平	319
池尾恭一	136, 148
石井淳蔵	166, **168-174**
石原武政	**168-169**, 173-175
井上昌美	263, 270
井上真里	221
上野　博	296
上原征彦	59, 102
江尻　弘	64
大石芳裕	205, 218
小川孔輔	310-311
片岡一郎	40
片平秀貴	319
加藤英雄	315
川合　歩	35
川端基夫	219
菅野佐織	200
岸田民樹	21
陸　　正	37, 310
栗木　契	166, **170**, 173
小島健司	127
小林　哲	57, 60, 65
小林　元	326
西郷　彰	326
斎藤通貴	150
堺屋太一	286-287
嶋　　正	212, 223
島岡未来子	263, 273
嶋口充輝	**58**, 102, 104
清水　聰	123
陶山計介	102
高井　透	224
高野陽太郎	126
田坂広志	38

田島義博	65
田中　洋	293
谷口勇仁	264
谷本寛治	261, 263
田村正紀	102
崔　容熏	185
出見世信之	261, 264
戸田裕美子	105
生田目　崇	326
新倉貴士	138
西垣　通	317
沼上　幹	37
野中郁次郎	37
林 周二	58
樋口　進	326
藤本隆宏	222
星野克美	167
堀越比呂志	123, **181**, 272, 279
前野芳子	33
三浦俊彦	218
水口清一	35
三谷　真	167
諸上茂登	222
余田拓郎	185
若林直樹	39

〈編著者略歴〉

堀越比呂志（ほりこし・ひろし）

1954年	東京都港区三田にて生誕
1984年	慶応義塾大学大学院商学研究科博士課程修了
	青山学院大学経営学部専任講師，助教授
	慶應義塾大学商学部助教授を経て
現在	慶応義塾大学商学部教授
	博士（商学）〔慶應義塾大学〕

［主要業績］

『歴史から学ぶマーケティング第1巻　マーケティング研究の展開』（編著），同文舘出版，2010年。

『マーケティング・メタリサーチ―マーケティング研究の対象・方法・構造―』千倉書房，2005年。

『オルダースン理論の再検討』（共著）同文舘出版，2002年。

K. R. ポパー『フレームワークの神話』（共訳）未来社，1998年。

B. J. コールドウェル『実証主義を超えて―20世紀経済科学方法論―』（共訳）中央経済社，1989年。

他。

《検印省略》

平成26年10月20日　初版発行　　略称：戦略マーケ構図

戦略的マーケティングの構図
―マーケティング研究における現代的諸問題―

編著者　ⓒ　堀　越　比　呂　志

発行者　　　中　島　治　久

発行所　**同文舘出版株式会社**

東京都千代田区神田神保町1-41　〒101-0051
電話　営業（03）3294-1801　編集（03）3294-1803
振替　00100-8-42935　http://www.dobunkan.co.jp

Printed in Japan 2014　　　印刷：萩原印刷
　　　　　　　　　　　　　製本：萩原印刷

ISBN 978-4-495-64691-2

[JCOPY]〈（社）出版者著作権管理機構　委託出版物〉
本書の無断複写は著作権法上での例外を除き禁じられています。複写される場合は，そのつど事前に，（社）出版者著作権管理機構（電話 03-3513-6969，FAX 03-3513-6979, e-mail: info@jcopy.or.jp）の許諾を得てください。